Wilhelm Windelband
Geschichte der neueren Philosophie.
Band 2

SEVERUS Verlag

Windelband, Wilhelm: Geschichte der neueren Philosophie. Band 2. 2020
Neuauflage der Ausgabe von 1880
ISBN: 978-3-96345-028-0

Korrektorat und Satz: Weronika Alicja Frajkur

Umschlaggestaltung: Annelie Lamers, SEVERUS Verlag
Umschlagmotiv: www.pixabay.com

Bibliografische Information der Deutschen Nationalbibliothek: Die Deutsche Nationalbibliothek verzeichnet diese Publikation in der Deutschen Nationalbibliografie; detaillierte bibliografische Daten sind im Internet über https://dnb.de abrufbar.

Der SEVERUS Verlag ist ein Imprint der Bedey & Thoms Media GmbH, Hermannstal 119k, 22119 Hamburg

SEVERUS Verlag, 2020
http://www.severus-verlag.de
Gedruckt in Deutschland

Wilhelm Windelband

Geschichte der neueren Philosophie

Band 2

In ihrem Zusammenhang mit der allgemeinen
Kultur und den besonderen Wissenschaften

Inhalt

VORWORT 3

II. Teil 5

§57. Kants Leben und Schriften 8
§58. Kants philosophische Entwicklung 19
§59. Kants theoretische Philosophie 53
§60. Kants praktische Philosophie 113
§61. Kants ästhetische Philosophie 153

III. Teil 180

I. Kapitel 183
§62. Die ersten Wirkungen der kritischen Philosophie 187
§63. Der ethische Idealismus 206
§64. Der physische Idealismus 236
§65. Der ästhetische Idealismus 256
§66. Der absolute Idealismus 280
§67. Der religiöse Idealismus 293
§68. Der logische Idealismus 306
§69. Der Irrationalismus 343
§70. Der kritische Realismus 380
§71. Der Psychologismus 400

VORWORT

Der zweite Band dieses Werkes erscheint fast ein Jahr später, als ich gehofft, und enthält noch nicht, wie ich ursprünglich beabsichtigte, den Abschluss desselben. Der Grund davon liegt in den Schwierigkeiten, welche der noch fehlende Teil des Gegenstandes bereitet. Wenn ich den Wunsch hegte, diese Darstellung bis auf die Gegenwart zu führen, so zeigte sich bei der Ausführung immer mehr, dass ich die neueste und namentlich die ausländische Philosophie, für deren Gebiet die Zeit noch nicht, wie das bei dem bisher Behandelten der Fall ist, das Wichtige und Bedeutsame aus der Masse der Literatur herausgesiebt hat, nur mit einem Umfang von literarischen Hilfsmitteln zu bearbeiten vermag, wie er mir hier zur Zeit nicht zur Disposition steht. Nachdem ich mich dann überzeugt hatte, dass noch Jahre vergehen können, ehe ich meinen Plan mit derjenigen Sorgfalt, welche mir unerlässlich erscheint, zu Ende zu führen in der Lage sein werde, habe ich es jetzt vorgezogen, denjenigen Teil, dessen Quellen mir schon lange vollständig zu Gebote standen und dessen Darstellung bereits abgeschlossen war, gesondert zu veröffentlichen, und ich spreche der verehrten Verlagsbuchhandlung auch an dieser Stelle meinen besten Dank für die Bereitwilligkeit aus, mit der sie diesem Wunsche entgegengekommen ist. Ich glaubte mich dazu umso mehr berechtigt, als nun diese beiden Bände die Geschichte der neueren Philosophie bis zu dem Punkte umfassen, bei welchem auch der größere Teil der bisherigen Darstellungen abschließt und über welchen hinaus nur skizzenhafte Umrisse der neuesten Entwicklung vorhanden sind. Alles, was im eigentlichen Sinne »der Geschichte angehört«, ist in diesen beiden Bänden enthalten: Der dritte Band wird es mit der historischen Darstellung derjenigen Bewegungen zu tun haben, in denen wir noch gegenwärtig stehen. In diesem Sinne mag man mein Werk auch schon mit diesem Bande als ein abgeschlossenes Ganzes und, was noch aussteht, als ein relativ selbständiges Supplement dazu ansehen. Namentlich gilt das in der Hinsicht, dass der »Plan des Ganzen«, auf dessen völlige Entfaltung die Kritik mehrfach die ausführliche Besprechung des ersten Bandes verschoben hat, in dem vorliegenden zweiten Bande zu genügender Klarheit gekommen sein dürfte.

Weiterhin fand ich eine Berechtigung zur gesonderten Herausgabe dieses Bandes in dem Umstande, dass der Inhalt desselben, die große Periode der deutschen Philosophie von Kant bis Hegel und Herbart, ein sich gewissermaßen von selbst aus der geschichtlichen Bewegung heraushebendes und in sich abschließendes Ganzes bildet. Je mehr dem Bewusstsein der Gegenwart das Verständnis für die geistige Größe verloren zu gehen droht, welche jener Zeit trotz aller Irrtümer und Mängel der einzelnen Lehren den unvergänglichen Wert, der Höhepunkt des modernen Denkens zu sein, aufprägt, umso wertvoller musste für die historische Darstellung die Aufgabe erscheinen, den tiefsten und bleibenden Gehalt jener gewaltigen Entwicklung in seiner reinen Gestalt hervortreten zu lassen.

Freiburg i. B. Mai 1880.

Der Verfasser.

II. Teil

DIE KANT'SCHE PHILOSOPHIE

Von mannigfachen Ausgangspunkten her hat sich das moderne Denken sowohl in seiner Form als auch in seinem Inhalte entwickelt; in der ganzen Breite des europäischen Kulturlebens angelegt, hat es alle Motive desselben zu bewusster Gestaltung gebracht, und wenn auch der gemeinsame Zug einer innerlichen Verselbständigung der vernünftigen Erkenntnis durch alle diese Bewegungen hindurchgeht, so ergab sich doch von selbst, dass, den besonderen Veranlassungen und Beziehungen entsprechend, jede dieser Bewegungen zunächst sich selbst auslebte und in ihrer ganzen Eigentümlichkeit ausprägte. Zwar war es dabei durch die Natur der Sache und durch den Zusammenhang des geistigen Lebens geboten, dass in der vielfältigsten Weise diese verschiedenen Richtungen sich durcheinander flochten und dass hervorragende Geister allerorten diese Zusammengehörigkeit durchschauten und befestigten. Aber es bedurfte erst jener weitschichtigen Durcharbeitung und jener allmählichen Ausgleichung aller dieser Gedankenmassen, welche sich im Jahrhundert der Aufklärung vollzog, ehe ein Geist erstehen konnte, der mit vollständiger Beherrschung derselben die innerste Struktur ihres Zusammenhanges in einem umfassenden Systeme zur Klarheit und zur Darstellung brachte. Dieser Geist ist K a n t , und darin eben besteht seine historische Stellung, dass sich in ihm alles, was an bewegenden Prinzipien das moderne Denken vorher erfüllt hatte, in lebendiger Einheit konzentriert, und dass alle Fäden des modernen Denkens, nachdem sie durch die schwierige Verschürzung seiner Lehre hindurchgegangen sind, in durchaus veränderter Form wieder daraus hervorgehen. Die große Gewalt, welche Kant über die philosophische Bewegung zunächst seiner Zeit ausgeübt hat, liegt vielleicht am meisten in der geradezu ungeheuren Weite seines geistigen Horizontes und in der

Sicherheit, mit welcher er das Nahe und das Ferne von seinem Standpunkte aus überall im richtigen Verhältnis zu sehen wusste. Es ist kein Problem der neueren Philosophie, das er nicht behandelt hätte – keines, dessen Lösung er nicht, selbst wo er es nur gelegentlich streifte, das eigenartige Gepräge seines Geistes aufgedrückt hätte. Aber diese Universalität ist nur der äußere Umriss und noch nicht der Kern seiner Größe; dieser liegt vielmehr in der bewunderungswürdigen Energie, mit der er die Fülle des Gedankenstoffes zur einheitlichen Durchdringung zu bringen und zu verarbeiten vermochte. Weite und Tiefe sind in seinem Geiste von gleicher Größe, und sein Blick umspannt ebenso den ganzen Umfang der menschlichen Vorstellungswelt, wie er an jedem Punkte bis in das Innerste dringt. In dieser Paarung sonst selten vereinter Eigenschaften liegt der Reiz, welchen die Persönlichkeit und die Werke Kants immer ausgeübt haben und welcher ihn unter den Philosophen stets den ersten Platz einnehmen lassen wird.

Darin zeigt sich zugleich das eigentümliche Verhältnis, in welchem sich Kant zum Zeitalter der Aufklärung befindet. Insofern als alle philosophischen Bestrebungen, welche dasselbe erfüllen, in seiner Lehre irgendwo ihren Platz und zugleich ihre schärfste Formulierung finden, ist er der größte Philosoph der Aufklärung selbst und ihr allseitiger und kräftigster Repräsentant. Insofern aber als dabei jedem dieser Gedanken sein Verhältnis zu den übrigen angewiesen und so ein gänzlich neuer Zusammenhang des Ganzen geschaffen wird, erhebt sich die Kant'sche Philosophie über jede Einseitigkeit, die der Aufklärung in ihren einzelnen Richtungen angehaftet hatte und beginnt damit eine neue, der Aufklärung teilweise sich entgegenstellende Periode des deutschen und in der weiteren Wirkung des europäischen Denkens. Kants Lehre ist der Punkt, an welchem die Entwicklungslinie der Aufklärung kulminiert und damit aus ihrem schöpferischen Aufstreben in die absteigende Bahn zurückfällt; sie ist der Abschluss der Aufklärungsbewegung und eben deshalb z u g l e i c h d i e V o l l e n d u n g u n d d i e Ü b e r w i n d u n g d e r A u f k l ä r u n g.

Eine so dominierende Stellung auf der Höhe eines großen kulturhistorischen Prozesses kann der Philosoph nur dadurch einnehmen, dass es ihm gegeben ist, mit schöpferischer Organisation den Ideenreichtum der Zeit zu einem geschlossenen Ganzen zu gestalten, und diese organisierende Kraft ist nirgends anders als in einem großen Prinzip zu suchen, auf welches der ganze Reichtum des Zeitinhaltes bezogen und von dem aus er in ein neues Licht gestellt wird. Sucht man dieses Prinzip bei Kant, so stößt man auf die erstaunliche Tatsache, dass dasselbe nicht in einem theoretischen Grundgedanken zu finden ist. So lange man sich auf dem Felde der Ideen umsieht und in dem Reiche des abstrakten Gedankens bleibt, trifft man das Prinzip der Kant'schen Philosophie nicht. Es ist keine zentrale Erkenntnis, von der aus das Licht auf alle Lehren der Kant'schen Philosophie gleichmäßig fiele. Wer da etwa eine Kant'sche Lehre herausheben und meinen wollte, dass das ganze übrige System sich aus der Entwicklung derselben, aus ihrer Anwendung auf die verschiedenen Probleme mit logischer Notwendigkeit ergeben habe (wie das so oft bei anderen Philosophen der Fall ist), der würde seine Erwartung getäuscht finden. Einen derartigen Hauptschlüssel, um alle Türen des weitläufigen Gebäudes der Kant'schen Philosophie aufzuschließen, gibt es nicht. Die zentralisierende und organisierende Kraft dieses Systems liegt nicht in einem abstrakten Gedanken, sondern in einer lebendigen Überzeugung seines Urhebers. Es ist der unerschütterliche G l a u b e an die Macht der Vernunft, welcher die gesamte Kant'sche Philosophie belebt und durchwärmt, und es ist dieser Glaube nicht etwa eine erkenntnistheoretische Ansicht, sondern er überschreitet von vornherein den Kreis der theoretischen Funktion und nimmt seine Stellung in der s i t t l i c h e n V e r n u n f t d e r m e n s c h - l i c h e n G a t t u n g. Von diesem Mittelpunkte aus, welcher nicht derjenige eines rein theoretischen Gedankens, sondern derjenige einer persönlichen Überzeugung war, muss man die Kant'sche Lehre bis in ihre Einzelheiten betrachten, um sie ganz zu verstehen und zu würdigen. Und das ist auch sein wahres Verhältnis zur Aufklärung. Er teilt mit ihr das Bestreben, im ganzen Umkreis der Dinge, der menschlichen und der außermenschlichen, allüberall der Vernunft ihr Recht zu wahren und ihre Herrschaft zu sichern; aber er überwindet ihre trockene und kühle Verständigkeit, indem er das tiefste Wesen dieser Vernunft statt in theoretischen Sätzen vielmehr in der Energie der sittlichen Überzeugung sucht. So zieht mit ihm in die deutsche Philosophie die gefühlswarme Macht der persönlichen Überzeugung ein.

Und dieser Bund des klaren Denkens mit dem überzeugungsvollen Wollen ist zum bestimmenden Charakter für die von Kant zunächst abhängige Entwicklung der Philosophie geworden.

Den Mittelpunkt also von Kants Philosophie bildet seine Persönlichkeit. Wenn irgendeiner unter den großen Denkern, so ist er der lebendige Beweis davon, dass die Geschichte der Philosophie nicht ein webstuhlartiges Abspinnen abstrakter idealer Notwendigkeiten, sondern ein Ringen denkender Menschen ist, und dass wir in jedem bedeutenden Systeme die weltbewegenden Gedankenmächte in einer individuellen Konzentration vor uns haben. Unter allen Systemen der neueren Philosophie ist keines, welches dieselbe so in nuce darstellte, welches ein so vollkommenes Bild des modernen Denkens gäbe, als das Kant'sche; darum erfordert es eine selbständigere und ausführlichere Behandlung als alle anderen. Wenn aber der Mittelpunkt dieses Systems in der Persönlichkeit seines Schöpfers liegt, so ist es in diesem Falle mehr denn sonst erforderlich, den Mann zu kennen, ehe man an die Betrachtung seiner Lehre geht.

§57. Kants Leben und Schriften

Einsamkeit ist das Geschick der Größe. Davon hat selten eines großen Mannes Leben so vollgültiges Zeugnis abgelegt, wie dasjenige Kants. An der äußersten Peripherie deutschen Kulturlebens geboren und in dem engen Kreise des heimatlichen Daseins bis an den Schluss seines Lebens festgehalten, hat er niemals das Glück kennengelernt, welches in der Berührung ebenbürtiger Geister dem Genie entspringt. Er hat nicht einmal als Schüler zu den Füßen eines bedeutenden Menschen gesessen, und von den persönlichen Anregungen, die er in seiner Entwicklung erfuhr, ist keine, die ihn in seiner wahren Bedeutung unmittelbar gefördert hätte. Umso riesenhafter ragt er aus dieser Umgebung heraus; was er geworden, verdankt er im Wesentlichen sich selbst. Sogar da, wo der Einfluss der großen Philosophen, deren Werke er kennenlernte, eines Leibniz und Hume, bestimmend in seine innere Laufbahn eingreift, sogar da zeigt die selbständige Vorbereitung seines Geistes für diesen Einfluss und die Verarbeitung und Umgestaltung desselben bei weitem größere Dimensionen als dieser Einfluss selbst. Und so ist es der frische Hauch der Ursprünglichkeit, welcher über der Kant'schen Gedankenwelt schwebt. Aus seiner Einsamkeit heraus erzeugt er in origineller Form die Gedanken, welche die Zeit bewegen, von neuem und liefert den Beweis, dass man die Welt kennen kann, ohne sie gesehen zu haben –, wenn man sie in sich trägt.

Als der Sohn einer bescheidenen Handwerkerfamilie, die sich aus schottischer Abkunft herleitete, war Immanuel Kant am 22. April 1724 zu Königsberg in Preußen geboren. Unter den Jugendeinflüssen, welche für sein gesamtes Leben bestimmend geblieben sind, ist derjenige seiner Mutter hervorzuheben, die in frommer Gläubigkeit der pietistischen Richtung der Zeit ergeben war, jener Richtung, welche als leiser Ausklang der deutschen Mystik in der Verinnerlichung des Glaubens und in der sittlichen Betätigung desselben das Wesentliche des religiösen Lebens suchte. Der Hauptvertreter derselben war damals in Königsberg der Professor F. A. Schultz, und dessen persönliche Bekanntschaft mit der Familie vermittelte es, dass der junge Kant in das von ihm geleitete *Collegium Fridericianum* eintrat, um die gelehrte Laufbahn zu ergreifen. Es war eine strenge Schule der klassischen Bildung und der sittlich-religiösen Erziehung, welche der Philosoph hier durchzumachen hatte, und sie gab seinem Geiste jenen reinen Ernst, jene großartige Kraft der Selbstbeherrschung, welche ihm den antiken Charakter einfacher und edler Größe aufprägt. Frühe gelehrt, das wahre Glück im Innern zu suchen, hat Kant auch auf dem Gipfel des Ruhms niemals die Bescheidenheit verlernt und niemals die Äußerlichkeit gelernt, und von Jugend auf gewöhnt, in dieser innern Arbeit die Wahrheit gegen sich selbst für das Höchste zu achten, ist sein ganzes Leben ein Dienst der Wahrhaftigkeit gewesen – jener Wahrhaftigkeit gegen sich selbst und andere, welche der einzige Weg ist zur Wahrheit.

Als er im Jahre 1740 die Universität seiner Vaterstadt bezog, um dem Wunsche seiner Mutter gemäß Theologie zu studieren, fand er dort vielseitige und lebendige Anregung. In dem allgemeinwissenschaftlichen Vorstudium trat er zunächst der Philosophie nahe. Sein Lehrer M a r t i n   K n u t z e n war einer der besseren Vertreter der W o l f f 'schen   S c h u l p h i l o s o p h i e und erfreute sich, auch über Königsberg hinaus einer angesehenen Stellung innerhalb der Schule. In dieser war nämlich – ein Sturm in einem Glass Wasser – ein sehr lebhaft geführter Streit über den Begriff der prästabilierten Harmonie entstanden, an welchem Wolff nicht im Stande gewesen war, dem kühnen Gedankenfluge seines Meisters zu folgen. Aus den Schriften, mit denen Knutzen diese Frage gewissermaßen zum Abschluss brachte, lässt sich ersehen, dass er, nicht ohne Selbständigkeit des Denkens und mit völliger Beherrschung des Leibniz-Wolff'-schen Gedankenmaterials, wohlgeeignet gewesen sein muss, den jungen Kant in den Zustand der damaligen Philosophie einzuführen, und dabei war es von besonderem Werte, dass er, obwohl er in jener Streitfrage wesentlich auf Seiten Wolffs stand, doch im Ganzen nicht bei diesem stehen blieb, sondern offenbar auch seine Schüler darauf hingewiesen hat, bei Leibniz selbst die Quelle der philosophischen Erkenntnis zu suchen. Neben den philosophischen waren für Kant hauptsächlich die naturwissenschaftlichen Studien wichtig, die ihn schon damals sehr lebhaft in Anspruch nahmen und denen er einen so großen Teil seiner späteren Bedeutung verdanken sollte. In dieser Hinsicht war es eine sehr glückliche Fügung, dass er sich früh von dem Professor der Physik, Teske, in die N e w t o n'sche Weltauffassung eingeführt sah. So kam in Kant ein wichtiger Antagonismus zu Stande, der sich lange ‚durch sein Denken hindurchgezogen hat. Die beiden großen Männer, welche bei Lebzeiten in so leidenschaftlichem Kriege gelebt hatten, setzten diesen Kampf in dem Geiste des größeren Schülers fort, und die philosophische Entwicklung Kants zeigt sich in ihrer ersten Phase durch den Gegensatz Leibniz'scher Metaphysik und Newton'scher Naturphilosophie bedingt. Umso fester aber gestaltete sich in ihm die Überzeugung, welche beiden gemeinsam war, und welche zugleich der Richtung seines Fachstudiums entsprach. In sehr verschiedener Form hatten Leibniz und Newton gleichmäßig die Anerkennung des kausalen Mechanismus des Weltgeschehens einer teleologischen Grundüberzeugung eingefügt und durch das Mittelglied des physiko-theologischen Beweises für das Dasein Gottes die Versöhnung zwischen der Philosophie und der religiösen Überzeugung gesucht. Das war der Punkt, an welchem sich bei Kant zunächst alle Einflüsse seiner Jugenderziehung und seines akademischen Studiums kreuzten und welcher deshalb für ihn zum Kernpunkt seiner persönlichen Überzeugung wurde.

Gegen diese philosophische und naturwissenschaftliche Vermittlung trat offenbar im Laufe der Zeit die dogmatisch-theologische Ausprägung des religiösen Glaubens für das Interesse Kants mehr und mehr zurück. Äußerliche Verhältnisse mögen hinzugetreten sein, – er verzichtete auf die theologische Laufbahn und verließ 1746 die Universität mit der festen Absicht, sich dem akademischen Lehramt zu widmen und zur pekuniären Vorbereitung dafür sich den Lasten des Hauslehrertums zu unterziehen. Neun Jahre lang hat er diese Pflichten mit treuer Hingabe, aber, wie er selbst sagt, mit geringem pädagogischen Erfolg erfüllt, zuletzt in der Familie des Grafen Kayserlingk, welche seine geistige Bedeutung und seine persönliche Liebenswürdigkeit zu schätzen wusste und. auch später mit ihm in den freundschaftlichsten Beziehungen geblieben ist. Rastlos hat er diese Zeit zur Erweiterung seiner eigenen Studien benutzt und besonders auf dem naturwissenschaftlichen Gebiete sich vollständig auf die Höhe der Zeit gestellt. Es schien im Anfang fast, als wolle Kants Geist völlig in die Naturforschung aufgehen. Vor dem Antritt seiner ersten Hauslehrerstelle schrieb er seine erste Abhandlung »Gedanken von der wahren Schätzung der lebendigen Kräfte«, welche in einer zwischen den Anhängern von Descartes und denjenigen von Leibniz vielfach ventilierten Streitfrage der mathematischen Naturphilosophie mit Sicherheit und Bescheidenheit eine originelle kritische Stellung nahm, und am Schlusse seiner Hauslehrertätigkeit veröffentlichte er ein Werk, welches in der Tat den Beweis lieferte, dass er ein großer Naturforscher war.

Die »Allgemeine Naturgeschichte und Theorie des Himmels« (1755) ist eins von den Werken, welche in der Geschichte der menschlichen Weltauffassung unvergessen bleiben werden. Es enthält denjenigen Ausbau der Newton'schen Gravitationstheorie, welcher in seinen Grundzügen noch von der gegenwärtigen Astrophysik der Theorie der Himmelserscheinungen zu Grunde gelegt wird und unter dem Namen der Kant–Laplace'schen Hypothese allgemeiner bekannt ist. Der Fortschritt, den Kant in diesem Werke über Newton hinaus macht, erstreckt sich wesentlich nach zwei Richtungen. In erster Linie ist die Betrachtung der Milchstraße für ihn die Veranlassung, ein analoges Verhältnis, wie es in der Gruppierung und Bewegung der Planeten unseres Sonnensystems besteht, für alle jene in annähernd der gleichen Ebene erscheinenden Fixsterne anzunehmen und so auch die Sonnen miteinander in eine durch die Gravitationsgesetze bestimmte Bewegung treten zu lassen. Wenn auch die Details dieses Kant'schen Analogieschlusses, namentlich was die Gestalt der Milchstraße anbetrifft, von der neueren Forschung mannigfach anders aufgefasst werden, so ist doch das Prinzip derselben bisher die einzige Möglichkeit, uns in dem unendlichen Räume zu orientieren und die Bewegung der Sterne gesetzmäßig zu organisieren. Der andere Schritt der Kant'-schen Hypothese führt in die Vergangenheit des Planetensystems zurück. Den Anfang der harmonischen Bewegung, deren mathematische Gesetze Newton aus dem Prinzip der Gravitation erklärt hatte, vermochte dieser selbst nur auf einen unbegreiflichen Anstoß, auf einen göttlichen Bewegungsakt zurückzuführen. In dieser Hinsicht entwickelte nun Kant, gestützt auf die Fortschritte, welche Chemie und Physik hauptsächlich in Bezug auf die Theorie der Gase inzwischen gemacht hatten, die Lehre von dem ursprünglichen Gasball, aus dessen rotierender Bewegung sich nach rein mechanischen Gesetzen einer nach dem andern von den kleineren Bällen habe ablösen müssen, die nun mit erkalteter Rinde, immer noch der allgemeinen Bewegung folgend, die Planeten darstellen; die Grundzüge dieser Anschauung sind zu sehr ein Gemeingut unserer Bildung geworden, als dass es sich verlohnte, im Besonderen hier auszuführen, wie Kant von dieser Annahme aus die einzelnen Verhältnisse der Größe, der Dichtigkeit, der Entfernung der Planeten resp. ihrer Trabanten auf rein mechanischem Wege ableitete und so sein stolzes Wort bewahrheitete: »Gebt mir Materie, und ich will euch eine Welt daraus bauen«. Nichts weiter als die beiden Grundkräfte der Attraktion und der Repulsion, aus denen sich für ihn schon zu dieser Zeit das Wesen der Materie konstituiert, ist nötig, um den ganzen Zusammenhang der planetarischen Bewegungen begreiflich erscheinen zu lassen. Und wenn nun auch hierin die Hypothese von unserem Sonnensystem auf das Universum ausgedehnt wird, wenn jener rotierende Gasball selbst schon wieder als der Ausfluss eines größeren erscheint, so ist damit eine großartige

Vollendung der mechanischen Welterklärung gewonnen, welche zugleich das Leben der Weltkörper nicht als ein stets sich gleich bleibendes, sondern vielmehr als einen historischen Prozess betrachtet. Wenn wir jetzt ganz gewöhnt sind, von einer solchen Entwicklung des Universums zu sprechen, so darf man auch sagen, dass Kants Hypothese zuerst die astrophysische Grundlage dafür geschaffen hat. Denn er geht weiterhin dem Gedanken nach, dass die Planetensysteme, sowie sie einst aus ihren Sonnen hervorgegangen sind, vermöge der allmählichen Verlangsamung ihrer zentrifugalen Bewegungstendenz dereinst wieder in den heimatlichen Gasball zurückstürzen müssen; er stellt die Betrachtung an, dass vermutlich die verschiedenen Sonnensysteme in sehr verschiedenen Lebensaltern stehen und dass so das Universum eine unendliche Mannigfaltigkeit von verschiedenen Lebenserscheinungen zugleich darbiete, und er knüpft daran schließlich Phantasien über die Bewohner anderer Welten und Weltsysteme. Aber gerade dieses volle Ausdenken des Prinzips der mechanischen Welterklärung führt nun Kant zu einer vertieften Darstellung des physiko-theologischen Beweises für das Dasein Gottes. Gerade wenn es Tatsache ist, dass die Natur auch aus dem Chaos wirbelnder Gase nach den ihr einmal inne wohnenden Gesetzen zum Ausbau der harmonischen Systeme des Gestirnlaufes kommen muss, so zeigt sich eben darin, dass Sie mit dieser ihrer Gesetzmäßigkeit in einer höchsten Intelligenz ihren Ursprung haben müsse. So akzeptiert Kant das von der Analogie der Maschinen hergenommene Argument, um die bisherige Benutzung desselben noch zu überbieten und die mechanische Welterklärung bis an die letzte Grenze zu verfolgen. Und doch ließ auch er noch einen Punkt übrig, an welchem eine spätere Erweiterung seiner Beweisführung anzusetzen vermochte. Seine gesamte Erklärung galt nur der unorganischen Natur, und es entsprach der damaligen Stellung der empirischen Wissenschaft, wenn er behauptete, die Hypothese, welche für die Erklärung der Sonne und der Planeten ausreiche, müsse scheitern am Grashalm und an der Raupe. Der Organismus ist für ihn schon an dieser Stelle der Grenzbegriff der mechanischen Naturerklärung.

Die unzweifelhafte Größe, welche Kant als Naturforscher besitzt, ist gewiss mit die hervorragendste Grundlage seiner philosophischen

Größe. Aber die in diesem Werke niedergelegte Lehre charakterisiert ihn doch mehr persönlich, als dass sie mit seiner späteren Philosophie in unmittelbar notwendigem Zusammenhange stünde. Das Gleiche gilt von den zahlreichen kleineren naturwissenschaftlichen Abhandlungen, welche er vorher und nachher veröffentlicht hat. Erst allmählich kommt in seiner schriftstellerischen Tätigkeit das philosophische Moment in den Vordergrund zu stehen. Noch seine Promotionsschrift (1755) war eine Abhandlung über das Feuer, welche sich in einer gleichfalls modernen Theorien vorgreifenden Weise mit der Lehre von den Imponderabilien beschäftigte und in ihnen den gemeinsamen Ursprung der Wärme, des Lichts, aber freilich auch der Erscheinungen der Elastizität suchte. Natürlich war die Naturphilosophie, das Gebiet des Überganges von der Naturforschung zur Philosophie, um diese Zeit für ihn von besonderem Interesse. Nachdem er sich im Herbst 1755 mit einer Schrift über die Prinzipien der metaphysischen Erkenntnis (*Principiorum primorum cognitionis metaphysicae nova dilucidatio*) in der philosophischen Fakultät der heimischen Universität habilitiert hatte, gab er im folgenden Frühjahr ein naturphilosophisches Programm, seine »Physische Monadologie«, heraus, welche hauptsächlich die verschiedene Stellung der Mathematik und der Metaphysik zum Probleme des Raumes behandelte und in dieser Hinsicht zwei Jahre später durch einen kleinen Aufsatz »Neuer Lehrbegriff der Bewegung und Ruhe« ergänzt wurde.

Wurde Kant nun auch in seiner Haupttätigkeit Dozent der Philosophie, so hat er doch bis in sein spätestes Alter stets das regste Interesse für naturwissenschaftliche Gegenstände besessen und bezeugt. Namentlich war es die physische Geographie, über welche er von Zeit zu Zeit seine besuchtesten Vorlesungen hielt. Außer der Klarheit der wissenschaftlichen Grundlegung wurden dabei die Zuhörer, welche sich aus allen Ständen in diesen Vorlesungen zusammenfanden, durch die Anschaulichkeit in seiner Schilderung von Land und Leuten angezogen. Während er selbst die Mauern seiner Vaterstadt nie mehr als um einige Meilen überschritt, hatte er durch die Lektüre von Reisebeschreibungen und durch die scharfe Beobachtung seiner nächsten Umgebung eine so feine und ausgebreitete Welt- und Menschenkenntnis erworben, dass auch seine Vorlesungen über pragmatische

Anthropologie einen gesuchten Genuss zahlreicher Zuhörer bildeten. In dieser Hinsicht war er ein Weltweiser im antiken Sinne des Worts, und seine Mitbürger schätzten ihn gerade als solchen derartig, dass sie bei Gelegenheiten, wie dem Erdbeben von Lissabon oder dem Auftreten abenteuerlicher Menschen von ihm Belehrung erwarteten und durch kleine Schriften und Aufsätze erhielten. Dahin gehören die zwei Betrachtungen über das Erdbeben von Lissabon (1756), der »Versuch über den Optimismus« (1759), das »Raisonement über den Abenteurer Komarnicki« (1764), der »Versuch über die Krankheiten des Kopfes« (1764), schließlich auch in gewissem Sinne die »Träume eines Geistersehers erläutert durch Träume der Metaphysik« (1766).

Durch diese stetige Fühlung mit der Erfahrung hielt sich Kant von dem Schulpedantismus frei, welchem die meisten seiner Fachgenossen um diese Zeit in Deutschland verfielen. Seine Sprache in diesen Essays ist fein, beweglich, frisch und zum großen Teil sehr witzig. Es sind Essays im englischen Genre, und es ist deshalb wohl zu bemerken, dass Kant gerade in diesen Jahren sich vielfach und eingehend mit der englischen Literatur beschäftigte und seine Zuhörer mündlich und schriftlich auf dieselbe ebenso hinwies, wie auf den von ihm bewunderten Rousseau. Selbst die spezifisch philosophischen Schriften, welche diesem Zeitraume entstammen, zeigen dieselben Eigentümlichkeiten und dasselbe Bestreben, sich von der Schulsprache nicht minder frei zu machen, als von der Schulmeinung. »Die falsche Spitzfindigkeit der vier syllogistischen Figuren« (1762), der »Versuch, den Begriff der negativen Größen in die Weltweisheit einzuführen« (1763), »Der einzig mögliche Beweisgrund für das Dasein Gottes« (1763), die »Untersuchung über die Deutlichkeit der Grundsätze der natürlichen Theologie und Moral« (1764), der moralisch-ästhetische Essay »Beobachtungen über das Gefühl des Schönen und Erhabenen« (1764), diese in rascher Folge geschriebenen und erschienenen Abhandlungen sind ebenso viele Beweise für die Selbstbefreiung des Kant'schen Geistes aus den Fesseln der herkömmlichen Denk- und Schreibweise.

Inzwischen ging es mit der akademischen Laufbahn des innerhalb und außerhalb Königsbergs schon so hoch geachteten Mannes außerordentlich ungünstig vorwärts. Die erste freiwerdende Professur wurde durch den 1758 in Königsberg regierenden russischen General anderweitig besetzt. Eine Professur der Dichtkunst, die man ihm 1762 antrug, lehnte der Philosoph ab, und die im folgenden Jahre errungene Stellung eines schwach dotierten Unterbibliothekars konnte doch dafür nur geringen Ersatz bieten. Erst das Jahr 1770 brachte ihm gleichzeitig Berufungen nach Erlangen und Jena, deren Befolgung indes durch seine Ernennung zum Professor in Königsberg selbst vorgebeugt wurde. Mit der Schrift »De mundi sensibilis atque intelligibilis forma et principiis« inaugurierte er nicht nur diese seine Professur, sondern auch seine neue Philosophie, die inzwischen herangereift war, und damit ein neues Zeitalter des philosophischen Denkens. Von hier an ist sein ganzes Leben der Ausbildung und der akademischen Lehre seines eigenen Systems gewidmet geblieben.

Auch einem Rufe nach Halle im Jahre 1778 widerstand er und blieb bis an sein Lebensende in Königsberg. Seine Vorlesungen mit ihrer anregenden Kraft, mit ihrem Bestreben, statt des toten dogmatischen Vortrages den Zwang des Selbstdenkens auf den Zuhörer auszuüben, waren bald weithin berühmt, und in Stadt und Universität war er eine gefeierte Persönlichkeit. Es ist ein Eindruck stiller glanzloser Größe, mit dem die letzten Jahrzehnte von Kants Leben unwillkürlich ergreifen. Die bewusste Grundsätzlichkeit seiner Lebenseinrichtung und Lebenseinteilung, welche ein Ausfluss seines wunderbar hohen Pflichtbewusstseins war, ermöglichte es ihm, die Riesenarbeit seiner philosophischen Werke und die treue Erfüllung seiner akademischen Pflichten mit einer behaglichen Geselligkeit zu verbinden. Nie verheiratet, schätzte er den Genuss der Freundschaft sehr hoch und suchte denselben, wie um seinem Geiste die Fülle der Abwechslung in der stets regen Betätigung zu gewähren, weniger bei seinen Berufsgenossen als in anderen Ständen. Er behielt gerade dadurch die Fühlung mit dem praktischen Leben und den Sinn für die Wirklichkeit, der sich in seinem Charakter und in seinen Schriften so merkwürdig mit dem Grübelsinn des Philosophen verbindet. Die hohe Liebenswürdigkeit, welche er in diesem geselligen Verkehr entwickelte, fand ihre Grenze nur da, wo entweder das Bewusstsein seiner Pflicht und seiner gewaltigen Lebensaufgabe oder aber jene pedantische Eigensinnigkeit eintrat, welche sich allmählich, wie die Züge des Menschen durch das Alter

16

eckiger und steifer werden, als die Kehrseite dieser Tugend bei ihm einstellte, und von der sich zahlreiche Anekdoten erhalten haben. Eine bewunderungswürdige Konsequenz, eine großartige Selbstbeherrschung, eine absolute Unterwerfung seiner Lebenstätigkeit unter die erfassten Ziele, ein eisernes Festhalten an dem erkannten Gehalte des eigenen Lebens, alle diese Züge machen Kant zu einem Charakter, der so gewaltig war wie sein Geist. Auch er ist ein Beweis davon, dass es keine wahre Größe der geistigen Kraft gibt ohne diejenige des Willens.

In diesem stillen Abfluss seines innerlich so tief bewegten Lebens wurde Kant nur einmal gestört, als nach dem Tode des großen Königs, dem er in aufrichtiger Bewunderung ‚die »Naturgeschichte des Himmels« gewidmet hatte, unter dessen Nachfolger eine jener Anwandlungen der gewaltsamen Religionsmacherei von oben herab eintrat, welche in Folge von persönlichen Verschiebungen von Zeit zu Zeit den ruhigen Gang der preußischen Politik unterbrochen haben. Das verschärfte Zensursystem, welches das Ministerium Wöllner einführte, traf Kant nicht nur durch die Beanstandung seiner religionsphilosophischen Schriften, sondern auch, durch einen ungnädigen königlichen Erlass und durch das an ihn und alle seine Kollegen gerichtete Verbot eines akademischen Vortrages seiner Philosophie. Kant empfand diese Beeinträchtigung schwer, er trug sie mit mannhafter Würde. Als dann der neue Regierungswechsel 1797 die Folgen dieses Verbotes aufhob, da senkten sich freilich über Kant schon die Schatten des Alters. Seit demselben Jahre sah er sich genötigt sich von den Vorlesungen zurückzuziehen, und, zerstört von der mächtigen Arbeit des Geistes, siechte der Körper, in welchem die größte aller Philosophien ihren Sitz aufgeschlagen hatte, noch Jahre lang in traurigem Marasmus dahin, bis ihn der Tod am 12. Februar 1804 erlöste.

Vom Jahre 1770 an ist Kants schriftstellerische Tätigkeit, von geringen Abzweigungen abgesehen, ausschließlich der systematischen Darstellung seiner Philosophie gewidmet gewesen, deren Ausbildung die Arbeit seines Lebens ausmachte und der er selbst den Namen der kritischen Philosophie gegeben hat. Wenn die Inauguraldissertation nur einen, obschon einen der bedeutendsten Keime derselben zur Darstellung brachte, so dauerte es ein volles Jahrzehnt, bis Kant im Stande war, in seinem großen Hauptwerke die theoretische Grundlage seiner

Lehre zu veröffentlichen. Die »Kritik der reinen Vernunft«, das Grundbuch der deutschen Philosophie, erschien 1781. Zwei Jahre darauf gab Kant in den »Prolegomena zu einer jeden künftigen Metaphysik« eine Erläuterung und eine Verteidigung dieses Werks. Sie war nötig; denn die Darstellung der Kritik der reinen Vernunft war so schwierig, Kants Wortgebrauch darin zum Teil so unsicher, der Gedankengehalt so riesig und der Widerspruch der mannigfachen in sie hineingearbeiteten Denkprozesse so ungelöst, dass die zahlreichen Missverständnisse und der verhältnismäßig geringe Erfolg des Buches nicht lediglich der Missgunst der Schulphilosophen zuzuschreiben waren. Als dann das Interesse des Publikums an der neuen Lehre rege geworden war, folgte 1787 eine zweite Auflage, der alle folgenden Auflagen nachgedruckt worden sind. Die vielfachen Veränderungen, welche das Werk dabei erfuhr, zuerst von Jacobi bemerkt, dann durch Schopenhauer und Rosenkranz hervorgehoben, sind die Veranlassung eines bis zur äußersten Heftigkeit geführten Streites über den Vorzug der einen oder der anderen Auflage geworden. In der Tat liegen wesentliche Verschiedenheiten darin vor, dass von den vielfach verschlungenen Gedankenreihen, aus denen dieses Werk zusammengearbeitet ist, einige in der zweiten Auflage eine entschieden stärkere Betonung gefunden haben als in der ersten. Aber jeder Vorwurf, als habe Kant in der zweiten Auflage den Geist der ersten verlassen, ist deshalb unberechtigt, weil auch die Töne, die in der zweiten Auflage am stärksten anklingen, ausnahmslos schon in der ersten leise angeschlagen wurden. Zweifellos ist daraus zu schließen, dass bei Kant selbst die Kraft dieser Gedanken nach dem Erscheinen der ersten Auflage sich energischer und bestimmender entwickelt hat als vorher. Aber eine Verwunderung darüber kann nur bei demjenigen entstehen, der an die Kritik der reinen Vernunft mit der Erwartung herantritt, in ihr ein vollkommen geschlossenes, absolut mit sich übereinstimmendes und fertiges System vorzufinden. Eine solche Erwartung wird hier mehr als in irgendeinem andern Werke der gesamten Literatur getäuscht. Darin gerade besteht das Einzige der Kritik der reinen Vernunft und zugleich der Grund ihrer ungeheuren historischen Wirkung, dass sie alle Gedankengänge der modernen Philosophie ineinander arbeitet, ohne zu einem sich scharf formulierenden, jeden anderen Gedanken ausschließenden Abschlusse zu gelangen.

Der zweiten Auflage der Kritik der reinen Vernunft waren bereits andere Werke vorhergegangen, in denen Kant die Anwendung seiner Prinzipien auf die besonderen Aufgaben der philosophischen Erkenntnis darzustellen begann. 1785 erschien die »Grundlegung zur Metaphysik der Sitten«, 1786 die »Metaphysischen Anfangsgründe der Naturwissenschaft«. Es folgten später 1788 die »Kritik der praktischen Vernunft«, 1790 die »Kritik der Urteilskraft«, 1793 die »Religion innerhalb der Grenzen der bloßen Vernunft«, eine Sammlung von vier religionsphilosophischen Abhandlungen, 1797 die »Metaphysischen Anfangsgründe der Rechts- und diejenigen der Tugendlehre«, zwei Schriften, welche, unter dem Namen der »Metaphysik der Sitten« zusammengefasst, bereits das Zeichen des alternden Geistes ihres Verfassers an der Stirne tragen. An diese Hauptwerke schließen sich eine Reihe höchst bedeutender kleiner Aufsätze, welche teils in verschiedenen Zeitschriften zu Kants Lebzeiten erschienen, teils aus seinem Nachlass gedruckt worden sind. Aus ihnen mögen an dieser Stelle hauptsächlich die geschichtsphilosophischen erwähnt werden, weil ihr Gegenstand durch keines jener Hauptwerke unmittelbar vertreten wird. Es gehören dazu die »Idee zu einer allgemeinen Geschichte in weltbürgerlicher Absicht« (1784), die »Beantwortung der Frage, was ist Aufklärung« (1784), der »Mutmaßliche Anfang der Weltgeschichte« (1786), das »Ende aller Dinge« (1794) und der »Philosophische Entwurf zum ewigen Frieden« (1795).

§58. Kants philosophische Entwicklung

Es würde schon ein Blick auf die Gegenstände von Kants schriftstellerischer Tätigkeit genügen, um jene Universalität seines philosophischen Interesses bestätigt zu finden, welche die Grundbedingung für seine dominierende Stellung in der Geschichte der modernen Philosophie ausmacht. Wer aber auch nur eins von seinen großen Werken in die Hand nimmt, der wird immer wieder über die Fülle der Gesichtspunkte erstaunen müssen, welche Kant in der Behandlung der einzelnen Gegenstände geltend macht und in ihr richtiges Verhältnis zu setzen bemüht ist. Aber es sind nicht etwa historische

Anknüpfungen, welche dabei im Vordergrund ständen. Von jener Gelehrsamkeit, mit deren Früchten Leibniz an die Behandlung eines jeden Problemes herantritt, ist Kant weit entfernt, und wenn man eine schwache Seite bei ihm finden will, so ist sie bei der gelehrten Kenntnis der Geschichte seiner eigenen Wissenschaft und besonders der antiken Philosophie zu suchen. (Aber darin gerade beweist sich die Weite seines Geistes, dass er aus schwachen Andeutungen und aus der Einwirkung der zeitgenössischen Literatur den Kern jeder Denkweise, nach der die Lösung der Probleme versucht worden ist, zu erfassen und selbständig zu reproduzieren im Stande ist. Eben deshalb aber, weil er jeden dieser Gedanken als einen eigenen erzeugt hat, ist seine eigene Denkarbeit die komplizierteste und verwickeltste von allen, welche die Geschichte der Philosophie darbietet. Jede Richtung der modernen Philosophie ist ein integrierender Bestandteil seines Systems, und darauf beruht die große Mannigfaltigkeit von Ausdeutungen, welche dasselbe, oft in diametral entgegengesetzten Richtungen, bei den späteren Denkern erfahren hat. Damit hängt es auch zusammen, dass das, was wir sein eigenes System nennen, nicht von Jugend an bei ihm vorhanden, ja in seinen ersten Schriften nicht einmal im Entferntesten angelegt, sondern erst in verhältnismäßig spätem Alter zur Reife gekommen ist. In diesem Stadium der Reife verdichten und verschlingen sich in ihm alle die mannigfaltigen Gedankengänge, welche er mit der ruhigen Gewalt, die er über sich selbst besaß, langsam in sich hat zur Entfaltung kommen lassen. Jenes eigene System ist deshalb nicht zu begreifen, wenn man nicht seinen Entwicklungsgang in das Auge fasst, und um diesen zu verstehen, muss man wiederum kein einfaches und durchsichtiges Schema desselben annehmen, sondern von vornherein voraussetzen, dass sein Entwicklungsgang ein überaus vielseitiger und verwickelter gewesen ist. Er ist eine Repetition der vorkantischen Philosophie, aber in durchaus origineller Form: allein die für sein Verständnis in den Schriften und im Briefwechsel vorliegenden Dokumente sind, gerade in Rücksicht auf die große Kompliziertheit, so sporadisch, dass man denselben nur hypothetisch zu rekonstruieren vermag und dass auch dieser Darstellung nichts weiter übrig bleibt, als zwischen den verschiedenen Wegen, die man dazu eingeschlagen hat, sich den eigenen zu bahnen.

Wenn Kant seine eigene spätere Lehre als K r i t i z i s m u s bezeichnet und damit die e r k e n n t n i s t h e o r e t i s c h e Tendenz
derselben in den Vordergrund gerückt hat, so ist in der Tat die Originalität seines Systems nicht in der Berücksichtigung der erkenntnistheoretischen Frage überhaupt, sondern vielmehr in der neuen Fassung, welche zugleich eine ganz neue Methode der Lösung nach sich
zog, zu suchen. Von erkenntnistheoretischen Untersuchungen ist die
gesamte Philosophie des 18. Jahrhunderts durchsetzt, aber einerseits
stehen dieselben immer unter dem methodologischen Gesichtspunkte
der Frage nach dem richtigen Wege der philosophischen Erkenntnis,
andererseits machen sie eine Reihe von Voraussetzungen teils metaphysischer Art, teils in Bezug auf den Zusammenhang und das Wesen
anderer Wissenschaften. Es ist das Wesentliche in der Kant'schen Entwicklung, dass er sich von diesen Voraussetzungen sukzessive befreit
und so zuletzt die verhältnismäßig voraussetzungsloseste Formel für
den Ausgang des philosophischen Denkens gefunden hat.

Die tiefste und zugleich unwillkürlichste dieser Voraussetzungen
ist jener »n a i v e R e a l i s m u s «, der da meint, dem erkennenden
Geiste stehe eine Welt von Dingen gegenüber, die es nun zu fassen,
deren es sich durch das Denken zu bemächtigen gelte, und es sei nur die
Frage, auf welchem Wege das am sichersten und richtigsten geschehen
könne. Dieser naiven Metaphysik haben sich als der Grundlage ihrer
erkenntnistheoretischen Fragestellung und somit als einer die Lösung
des Problems von vornherein bestimmenden Voraussetzung weder
der Empirismus noch der Rationalismus der vorkantischen Philosophie entschlagen können. Der eine erklärte sich den Prozess des
Erkennens durch eine Einwirkung der Dinge auf den Geist, der andere
musste schließlich eine prästabilierte Harmonie annehmen, vermöge
deren die Gesetze des Denkens mit denjenigen der zu erkennenden
Wirklichkeit von vornherein identisch seien. So beruhen die Lehren
von Locke und Leibniz gleichmäßig auf jener Voraussetzung, und es
war trotz aller Versuche, zwischen ihnen zu vermitteln und ihre Einseitigkeiten zu überwinden, eine prinzipielle Überschreitung der von
ihnen gewonnenen Ansichten so lange unmöglich, bis jene Voraussetzung des naiven Realismus als solche durchschaut und der bestimmende Einfluss, welchen sie auf die Erkenntnistheorie ausgeübt hatte,

eliminiert wurde. Diese Einsicht ist die Tat, welche Kant zum kritischen Philosophen κατ' εξοχήν gemacht hat, und der Augenblick, wo er sie gewann, bezeichnet den Ursprung seiner eigentümlichen Lehre. Sie ist aber eben deshalb erst das Ziel und der Abschluss seiner vorkritischen Entwicklung, und die Anfänge derselben entspringen an anderen, sehr viel spezielleren Problemen.

Unter den besonderen Voraussetzungen, welche die gesamte vorkantische Philosophie machte, hat eine geradezu das Ferment für Kants Entwicklung gebildet: die herrschende Meinung über den wissenschaftlichen Charakter der M a t h e m a t i k . Empiristen und Rationalisten waren darin einig, in der Mathematik das Ideal aller beweisenden Wissenschaft zu erblicken. Diese Ansicht war die Richtschnur, nach welcher der empiristische Skeptizismus in Hume seine rücksichtslose Kritik an den übrigen Wissenschaften vollzog; diese Ansicht war die Voraussetzung, unter welcher der Rationalismus von Descartes bis Wolff unablässig an der Konstruktion einer »geometrischen Methode« der Philosophie arbeitete.

Wenn Kant mit seinen philosophischen Studien in diesen Rationalismus hineinwuchs, wenn auch er zunächst die Identität mathematischen und philosophischen Verfahrens als etwas Selbstverständliches ansehen lernte, so musste der erste Anstoß zu einer selbständigen Entwicklung bei ihm in dem Momente entstehen, wo er sich an irgendeinem Punkte einer prinzipiellen Differenz mathematischer und philosophischer Behandlung desselben Problems bewusst wurde. Nun war aber gerade die Naturphilosophie, in welcher am ehesten mathematische und metaphysische Theorien miteinander in Konkurrenz treten, das Gebiet seiner ersten selbständigen Arbeiten, und umso mehr musste ihm das Verhältnis dieser beiden Wissenschaften zu einem Gegenstande der Untersuchung werden, als der Philosoph, den er am höchsten schätzen gelernt hatte, und der große Vertreter der mathematischen Naturphilosophie, den er auf das Tiefste bewunderte, gerade über die wichtigsten Fragen in unlöslichem Widerspruch miteinander zu stehen schienen.

War daher Kant schon in seiner allerersten Schrift auf ein verschiedenes Resultat der mathematischen und der philosophischen Naturbetrachtung aufmerksam geworden, indem er gefunden hatte, dass die

»lebendigen Kräfte aus der Mathematik verwiesen werden« müssten, um in die Natur und ihre metaphysische Betrachtung aufgenommen zu werden, so nahm diese Erkenntnis viel weitere Dimensionen an, als er sich klar wurde, dass zu den P r o b l e m e n   d e s   R a u m e s Leibniz und Newton eine diametral entgegengesetzte Stellung einnahmen und einnehmen mussten. Als er in seiner physischen Monadologie untersuchen wollte, wie sich Metaphysik und Geometrie in der naturphilosophischen Untersuchung miteinander verbinden, fand er zunächst, dass sie sich trennen. Die Metaphysik, worunter Kant immer die Leibniz'sche Monadologie denkt, leugnet die unendliche Teilbarkeit des Raumes, leugnet die Existenz des leeren Raumes, leugnet die Wirkung in die Ferne, und die mathematische Naturphilosophie behauptet in allen diesen Stücken das Gegenteil. Indem Kant hier einen Versuch der Vermittlung macht, benutzt er gegen Newton die Leibniz'sche Lehre von der Phänomenalität des Raumes. Die Newton'sche Lehre würde unanfechtbar sein, wenn der Raum eine absolute Wirklichkeit und das Substrat für die Körperwelt wäre, wenn infolgedessen die Gesetze des Raumes auch für das innerste Wesen der Körperlichkeit bestimmend wären. Ist dagegen der Raum nur ein Kraftprodukt der die Körper konstituierenden Monaden, so gelten die räumlichen Gesetze zwar für die Erscheinungsform der Körperlichkeit, aber nicht mehr für das metaphysische Wesen der Körper. So siegt zunächst noch in Kants Betrachtung die Leibniz'sche Metaphysik über die Newton'sche Lehre, und die Letztere wird aufgrund der Unterscheidung zwischen dem wirklichen Körper und dem Raume, den er einnimmt (eine Unterscheidung, welche sich zugleich gegen die fundamentale Annahme der kartesianischen Naturphilosophie richtet), auf die äußerliche Erscheinungsform der Körper eingeschränkt. Während für Newton der Raum etwas Absolutes bildet, betrachtet ihn Kant mit Leibniz als etwas Relatives und sucht diese Ansicht als einen neuen Lehrbegriff von Bewegung und Ruhe durch empirische Betrachtungen zu begründen.

In gewisser Weise grenzt also Kant in diesen Schriften die Gebiete der Mathematik und der Metaphysik in Rücksicht auf die Gegenstände gegeneinander ab, und es ist sehr zu beachten, dass diese Grenzscheidung an der Linie entlang läuft, welche Leibniz zwischen dem metaphysischen Wesen der Körper und ihrer räumlichen

Erscheinungsweise gezogen hatte. Allein wertvoller als diese Einsicht in die sachliche Differenz zwischen beiden Wissenschaften erwies sich in den folgenden Jahren bei Kant diejenige in den formellen und methodischen Unterschied derselben. In dieser Beziehung ist es sehr wichtig, dass schon Kants erste erkenntnistheoretische Schrift, wenn sie auch im Allgemeinen den Standpunkt der Leibniz-Wolff'schen Schulansicht der Metaphysik festhält, doch daneben sehr lebhaft den Einfluss eines Mannes erkennen lässt, welcher der Herrschaft der geometrischen Methode in Deutschland am kräftigsten entgegengetreten war. Wenn Kant die ersten Prinzipien der metaphysischen Erkenntnis neu zu beleuchten unternahm, so tat er es zwar an der Hand der Grundbegriffe der Wolff'schen Logik, aber so, dass er stets auf dieselben das Licht der Kritik von C r u s i u s fallen ließ. Er verfolgt die von diesem begonnene Unterscheidung des Realgrundes und des Erkenntnisgrundes, und wenn er sich auch später gerade über Crusius sehr abfällig geäußert hat, so ist doch dessen Wirkung auf ihn ganz augenfällig. Kant sieht wie jener die Aufgabe der Philosophie in der Erkenntnis der Wirklichkeit, und mit dem Sinn für die Letztere, welcher in Kant durch die naturforschende Richtung seines Geistes repräsentiert war und in seinen Schriften dieser Zeit immer lebhafter sich geltend machte, tritt er immer mehr in Opposition zu der schulmäßigen Auffassung des Rationalismus, welche ihre Ansichten von der metaphysischen Realität aus logischen Möglichkeiten und Unmöglichkeiten ableitete. Diesen Sinn hat es, wenn er dem Satze des Widerspruches in seiner Habilitationsschrift denjenigen der Identität koordinierte, und wenn er daran eine Auseinandersetzung darüber knüpfte, dass es unmöglich sei, das höchste, absolute Sein aus der »Unmöglichkeit des Gegenteils« nach dem Schema der Wolff'schen Ontologie abzuleiten. Er hat begriffen, dass es kein Denken geben kann, welches noch hinter die absolute Wirklichkeit zurückginge und deren Grund etwa in logischen Verhältnissen aufsuchte, und er sagt vom »Sein« die tiefen Worte: »Est: hoc vero de eodem et dixisse et concepisse sufficit«. Nicht die Notwendigkeit des Seins, sondern das bloße Sein selbst gilt es zu konstatieren und zu beweisen.

Innerhalb dieser charakteristischen, schon leise nach der empiristischen Seite sich hinziehenden Grenzen hält Kant in der Habilitationsschrift völlig an der durch Knutzen vertretenen Metaphysik der Wolff'schen Schule fest. Er ist namentlich überzeugt, dass die analytische Methode der logischen Begriffsentwicklung durchaus im Stande sei, die Wirklichkeit und weiterhin ihre kausalen Zusammenhänge in einer apriorischen Erkenntnis zu rekonstruieren, und er glaubt noch fest an die Möglichkeit, durch den logischen Gedankenfortschritt eine Erkenntnis der Welt zu gewinnen. Aber nachdem er einmal auf eine gewisse Diskrepanz der Realität und der logischen Begründung aufmerksam geworden war, verfolgte er, um die Methode der Metaphysik zu vervollkommnen, die Beziehungen weiter, welche zwischen realen und logischen Verhältnissen obwalten. Es ist ja die Kardinalfrage alles Rationalismus, wie weit und in welchem Sinne logische Notwendigkeiten reale Notwendigkeiten sind – wie weit m.a.W. die Kraft der Logik reicht, um die Wirklichkeit zu begreifen. War nun Kant in der rationalistischen Ansicht von der Bedeutung der logischen Formen aufgewachsen, so ist in seiner allmählichen Entwicklung diese Ansicht völlig unterwühlt worden: doch war es nicht nur die Beschäftigung mit den englischen Philosophen, sondern weit mehr seine eigene, wühlende Kritik, welche ihn dem rationalistischen Vorurteil entfremdete und mit der Zeit zu der Ansicht führte, dass das Vorgehen des Rationalismus, die Welt aus logischer Konstruktion zu begreifen, illusorisch sei. Schon die logischen Ansichten, welche Kant im Jahre 1762 in dem kleinen Aufsatze über die falsche Spitzfindigkeit der vier syllogistischen Figuren niederlegte, gehen darauf hinaus zu zeigen, dass alle begrifflichen Operationen immer nur den bisherigen Erkenntnisinhalt in neue formale Beziehungen bringen, niemals aber etwas Neues erschließen und hinzufügen können. In einfachster und durchaus selbständiger, rein logisch-theoretischer Form bricht bei Kant dieselbe Ansicht durch, mit der Bacon und Descartes sich gegen den logischen Formalismus der Scholastik empört hatten, und er wendet diese Einsicht gegen die scholastische Gestalt, welche der Rationalismus in der Wolff'schen Schule wieder angenommen hatte. Er proklamiert hier bereits den Kampf gegen diesen logisch-metaphysischen »Koloss, dessen Haupt bis in die Wolken des Altertums ragt, und dessen Füße von Ton sind«. Die Ausführung dieses Gedankens ist in den Schriften der Sechzigerjahre niedergelegt, und sie endet folgerichtig mit einer völlig neuen Auffassung Kants von der Methode der Philosophie.

Zwei Grundfragen sind es, welche alle Metaphysik zu beantworten hat; die eine lautet: Was ist?, die andere lautet: Nach welchen Gesetzen wirkt das Seiende? E x i s t e n z   u n d   K a u s a l i t ä t sind die beiden Grundpfeiler unserer gesamten Weltauffassung. Wenn daher Kant der Kritik der metaphysischen Methode näher tritt, so fragt es sich, wie diese beiden auf dem Wege der logischen Analyse erkennbar sind. Für den Schluss auf die Existenz kennt die logische Betrachtung nur den einen Erkenntnisgrund, der in der Unmöglichkeit des Gegenteils besteht. Diese Unmöglichkeit des Gegenteils wird, insofern es sich um endliche Dinge handelt, durch kausale Vermittlungen erschlossen. Sobald es sich aber um das absolute Wesen handelt, bleibt nur die logische Unmöglichkeit, es als nicht existierend zu denken, übrig. So stößt Kant auf den Nerv des ontologischen Beweises für das Dasein Gottes, und seine neue Einsicht entwickelt sich in einer Kritik der Beweisgründe für das Dasein Gottes, welche in der Behauptung gipfelt, dass es in alle Wege unmöglich ist, aus dem Begriffe die Existenz »herauszuklauben«, mit anderen Worten, dass die logische Analyse unfähig ist, die Existenz zu beweisen.

Von hier an richtet Kant mit geschärfter Kraft sein Auge auf alle Verwechslungen, welche in der bisherigen Philosophie zwischen den logischen und den realen Verhältnissen gemacht worden sind, und unter diesen fällt ihm vor allem der Begriff des Widerspruches auf. Je größer die Rolle ist, welche in allen logischen Operationen des Menschen die N e g a t i o n spielt, umso gefährlicher ist dabei die Neigung, diese logischen Verhältnisse zu hypostasieren. Auch in der Wirklichkeit herrscht überall Gegensatz, und der logischen Betrachtung erwächst daraus die Verleitung, die einander widerstrebenden Kräfte der Wirklichkeit in demselben Verhältnisse zueinander zu denken, wie die Begriffe oder Sätze, welche zueinander in dem logischen Verhältnisse des Widerspruchs stehen. Hiegegen erhebt Kant Protest, und die tiefste seiner vorkritischen Schriften macht den Versuch, den mathematischen Begriff der negativen Größen in die Weltweisheit einzuführen, welchen er für wertvoller hält, als die Anwendung der mathematischen Methode auf die Philosophie. Die Kräfte, die man in der mathematischen Betrachtung als positiv und negativ bezeichnet, sind beide vollkommen real, und der Begriff der Positivität und der Negativität (der sich durch die Vertauschbarkeit der Vorzeichen als relativ erweist) will nur sagen, dass die Wirkung dieser Kräfte sich gegenseitig aufhebt. Das ist ein ganz anderes Verhältnis als die logische Aufhebung, welche durch das Zusammentreffen kontradiktorischer Bestimmungen erfolgt und zum reinen Nichts führt. Kant exemplifiziert diesen Gedanken sehr glücklich an der Körperbewegung. Ein Körper, der zugleich sich bewegt und sich nicht bewegt, ist ein Unding. Aber ein Körper, der von zwei gleich starken Kräften nach diametral entgegengesetzten Seiten zugleich bewegt wird, ist in Ruhe. In dem erstem Falle haben wir das Beispiel der logischen Opposition, in dem zweiten Falle dasjenige der R e a l r e p u g n a n z , und Kant macht darauf aufmerksam, dass sehr viele Begriffe, welche man leicht versucht ist, in das erstere Verhältnis zu setzen, in Wahrheit zueinander in dem zweiten stehen. Lust und Unlust, Hass und Liebe, Übel und Gut, Tadel und Ruhm, Hässlichkeit und Schönheit, Irrtum und Wahrheit stehen nicht so zueinander, dass das eine immer nur der Mangel oder das Nichtvorhandensein des andern, sondern so, dass es eine demselben entgegengesetzte reale und nur in der Entgegensetzung negativ zu nennende Kraft ist. Bedenkt man, welche Bedeutung in der spinozistischen Philosophie die metaphysische Existenz der Negation spielte, welche Wichtigkeit in der rationalistischen Erkenntnistheorie die Lehre von der Negativität des Irrtums einnahm, und wie sehr sich die Theodizee von Leibniz auf die Negativität der Unlust und des Bösen stützte, so begreift man die Tragweite dieses Schriftchens, dessen Verfasser sicher das Vorurteil des Rationalismus überwunden haben musste. Allein Kant begnügt sich nicht damit, die logische und die reale Opposition genau voneinander zu unterscheiden, sondern er gründet darauf den weiteren Schluss, dass das analytische Verfahren logischer Begriffsentwicklung zwar für die Erkenntnis der logischen Opposition selbstverständlich kompetent sei, dagegen das Verhältnis der realen Opposition nicht aus den begrifflichen Voraussetzungen zu entwickeln im Stande sei, und es führt ihn am Schlusse diese Betrachtung zu einer allgemeinen Kritik der kausalen Erkenntnis überhaupt. Hat sich gezeigt, dass der Syllogismus unfähig ist, zu begreifen, wie es kommt, dass die eine Kraft die Folge der anderen aufhebt, so erweist sich schließlich, dass es ebenso wenig möglich ist, auf lediglich syllogistischem Wege »herauszuklauben«, dass ein Ding auf ein anderes eine positive Wirkung ausübe, und Kant schließt mit einer kurzen Andeutung darüber, dass die kausalen Verhältnisse sich einer Erkenntnis auf dem analytischen Wege der Begriffsentwicklung durchaus entziehen.

Wer aber eingesehen hat, dass weder die Existenz noch die Kausalität begrifflich erkannt werden können, dass die Anwendung des Satzes des Widerspruches und desjenigen des zureichenden Grundes innerhalb der bloßen Begriffsbewegung fruchtlos ist, dass es also eine Erkenntnis der Wirklichkeit aus bloßen Begriffen nicht geben kann, der ist kein Schüler der rationalistischen Metaphysik mehr, und der muss überzeugt sein, dass die geometrische Methode ein Irrweg der Metaphysik ist. Als deshalb Kant vermutlich gleichzeitig mit der Abfassung jener beiden Schriften eine Beantwortung der Preisfrage der Berliner Akademie nach der Evidenz in den metaphysischen Wissenschaften unternahm, gab er als seine Untersuchung über die Deutlichkeit der Grundsätze der natürlichen Theologie und Moral in erster Linie eine formelle und m e t h o d i s c h e U n t e r s c h e i d u n g z w i s c h e n P h i l o s o p h i e u n d M a t h e m a t i k. Während er für die Metaphysik den Charakter einer analytischen Wissenschaft der Begriffe festhält, hat er sich klargemacht, dass die Mathematik ein ganz entgegengesetztes Verfahren einschlägt. Ihr Wesen ist dasjenige der synthetischen Konstruktion, und sie darf dasselbe anwenden, weil ihr Objekt die räumlichen Größen bilden, welche sie in der Anschauung konstruiert. An dieser Stelle liegt, vermutlich durch eine Art von Kontrastwirkung entsprungen, Kants erste große wissenschaftliche Entdeckung vor. Es ist die Einsicht, dass die Mathematik keine analytisch verfahrende Wissenschaft des Verstandes, sondern eine synthetisch verfahrende Wissenschaft der Anschauung ist. In gewisser Weise kehrt Kant damit zu Descartes zurück, der sich wenigstens des synthetischen Charakters des mathematischen Denkens bewusst geblieben war, und jedenfalls tritt er damit in einer für seine weitere erkenntnistheoretische Entwicklung bestimmenden Weise der allgemeinen Meinung seines Zeitalters durchaus entgegen. Die beiden Elemente seiner wissenschaftlichen Bildung, Mathematik und Philosophie, treten zu dieser Zeit am weitesten bei ihm auseinander und erscheinen in durchgängigem Antagonismus. Denn jener Gegensatz des analytischen und des synthetischen Verfahrens hat noch weitere Folgen. Die Mathematik geht von Definitionen aus, die Philosophie hat dieselben zu suchen; die Mathematik behandelt Größen, welche sie selbst in der Anschauung konstruiert, die Philosophie Begriffe, welche ihr gegeben sein müssen. Das ist die weiteste Entfernung, welche Kant je von den Prinzipien des Rationalismus erreicht hat; es klingt darin der Grundgedanke von Crusius an, dass eine nach Analogie der Mathematik konstruierende Methode für die Philosophie deshalb nicht brauchbar sei, weil sie eine gegebene Wirklichkeit zu erkennen hat. Den Ausgangspunkt der philosophischen Erkenntnis bilden daher für Kant in dieser Schrift nicht die Axiome der Wolff'schen Ontologie, sondern vielmehr die gegebenen Begriffe der Erfahrung, die Philosophie ist ihm noch immer eine Wissenschaft aus Begriffen, aber nicht mehr aus reinen Begriffen, sondern aus Begriffen der Erfahrung und es ist begreiflich, dass er um diese Zeit die Lehren des englischen Empirismus mit großer Sympathie ergriff und persönlich wie auf dem Katheder vielfach auf Locke, Shaftesbury, Hutcheson und Hume Rücksicht nahm.

Es ist viel darüber verhandelt und die Frage vielleicht noch nicht zu völligem Austrag gebracht worden, an welcher Stelle seiner Entwicklung und in welcher Weise die e n g l i s c h e P h i l o s o p h i e und besonders Hume auf Kant jenen Einfluss ausgeübt haben, welchen er in späteren Jahren wohl etwas überschwänglich selbst anerkannt hat. Es ist namentlich die Frage, ob Kant durch die Lektüre der englischen Empiristen dem Rationalismus entfremdet wurde, oder ob er umgekehrt, nachdem er in anderer Weise an der Lehre des Rationalismus irre geworden war, sich der entgegengesetzten Richtung zuneigte. Offenbar ist nun die Art, in welcher Kant die Unzulänglichkeit des Rationalismus hinsichtlich der Erkenntnis sowohl der Existenz als auch der Kausalität in seinen Schriften der Sechzigerjahre darstellt, eine so durchaus originelle, dass die größere Wahrscheinlichkeit dafür vorliegt, er habe sich, wenn auch mit Hilfe der mannigfachen Opposition, die in Deutschland selbst gegen Wolff aufgetreten war, im Wesentlichen doch durch eigene Kraft aus den Fesseln des Schulsystems befreit und dann erst dem Empirismus »Gehör geschenkt«. Er war durch die eigene kritische Arbeit auf dieselben Resultate geführt und schien sich eine Zeit lang mit den englischen Philosophen in gewisser Hinsicht einstimmig zu sein. Die »zetetische« Auffassung der philosophischen Methode, wonach sie von den durch die Erfahrung gegebenen Begriffen allmählich zu den höchsten Definitionen aufsteigen soll, dieser Baconismus beherrschte nicht nur seine Vorlesungen, sondern auch seine Schriften und besonders auch die Behandlung der moralischen und ästhetischen Probleme in den »Beobachtungen«. Er war in Form und Inhalt auf dem freien und beweglichen Standpunkt der weltmännischen Philosophie angekommen, deren Typus der englische Essay bildete.

Bis zu diesem Punkte ist die Entwicklung Kants verhältnismäßig einfach und durchsichtig; von hier an aber wird sie sehr bald außerordentlich viel verwickelter und undurchsichtiger. Schon die Preisschrift zeigt, dass Kant dem englischen Empirismus niemals ohne eine gewisse Reserve beigetreten ist. Die Erkenntnistheorie, welche er in dieser Schrift entwickelt, ist fast in derselben Weise unfertig und widerspruchsvoll, wie es diejenige von Crusius immer geblieben war. Einen gewissen Rest des Rationalismus hat Kant auch in diesem äußersten Stadium immer bewahrt, und dieser besteht in der Überzeugung, dass mit den gegebenen Begriffen der Erfahrung die letzten Aufgaben der Erkenntnis nicht gelöst werden können, wenn man nicht gewisse »unauflösliche« Begriffe und unauflösliche Axiome hinzunimmt. Über die Stellung derselben zu den Begriffen der Erfahrung, über die Art ihres Ursprungs und ihrer Anwendung ist Kant während dieser Übergangszeit offenbar durchaus noch nicht im Klaren. Und daher ist der Eindruck dieser prinzipiellen Schrift verhältnismäßig unsicher und vielfacher Deutungen fähig. Bemerkenswert aber ist hauptsächlich der Zweck, um dessentwillen Kant den Erfahrungsbegriffen zur Ergänzung diese unauflöslichen Begriffe zur Seite stellen will. Ohne dieselben würde unser Denken niemals den Kreis der endlichen und sinnlichen Dinge zu überschreiten im Stande sein. Nur mit Hilfe dieser unauflöslichen Begriffe lassen sich die Grundsätze der natürlichen Theologie und Moral in wissenschaftlicher Weise feststellen, und diese Feststellung andererseits galt Kant um diese Zeit noch als die letzte und höchste Aufgabe der Philosophie. Er erwartete und verlangte von ihr die w i s s e n s c h a f t l i c h e B e g r ü n d u n g d e r r e l i g i ö s e n u n d m o r a l i s c h e n Ü b e r z e u g u n g , welche er als das Unerschütterlichste in sich trug. In diesem Sinne war er »in die Metaphysik verliebt« und hoffte er eine Methode der Metaphysik zu finden, vermöge deren sie ohne die willkürlichen Annahmen der schulmäßigen Ontologie aus der Erfahrung heraus jenen Beweis leisten könnte. Offenbar aber hatte er über den Charakter jener unauflöslichen Begriffe und die Methode ihrer Verwertung noch durchaus unbestimmte Vorstellungen.

Während er aber so dem Gedanken einer metaphysischen Methode nachging, welche die Grundlage für die religiöse und moralische Überzeugung gewähren sollte, griff allmählich eine ganz entgegengesetzte Strömung in seinem Geiste Platz, und den Ursprung dieser Strömung darf man mit Recht in einem ausländischen Einflusse suchen. Kant war einer der ersten und sein Leben lang einer der begeistertsten Verehrer von R o u s s e a u . Wenn er selbst sich in metaphysischen Grübeleien erging, ohne zu dem gewünschten Ziele der absoluten Gewissheit zu kommen, und wenn er dabei beobachtete, wie die metaphysischen Ansichten sich in ihm gewandelt hatten, ohne dass doch seine moralische und seine religiöse Überzeugung dabei ins Wanken gekommen war, so musste ihn der Émile auf das Tiefste ergreifen. Hier fand er Moral und Religiosität aus den Wirren des metaphysischen Zankes herausgehoben und auf die Basis des natürlichen Gefühls gestellt. Hier fand er, was ihn auch der Blick in seine Umgebung lehrte, dass moralische und religiöse Überzeugung weder ein Privilegium des wissenschaftlichen Denkens sind noch durch die metaphysische Spekulation befestigt und erhalten worden. Der freie Ausblick auf die Weite des menschlichen Lebens, den er durch die empiristische Richtung gewonnen hatte, machte ihn diesen Einflüssen noch zugänglicher. Und so reifte in ihm die Meinung, dass die Metaphysik zur Begründung der Moralität und der Religion weder nötig noch nützlich sei. In ähnlicher Weise wie Voltaire, dessen Schriften Kant gleichfalls eifrig las, wurde er durch sein skeptisches Verhalten gegen die Metaphysik, in der er aufgewachsen war, dazu geführt, Metaphysik und moralisch-religiöses Leben als zwei geschiedene und zu scheidende

Gebiete aufzufassen. Diese Scheidung hat er dann, wenn auch in einer unendlich vertieften Form, in seinem eigenen Systeme zur Geltung gebracht. Aber ihre Keime sind schon in dieser Phase seiner Entwicklung zu suchen. Während er sich abmühte, den bisherigen von seiner Kritik zerstörten Beweisen von dem Dasein Gottes noch einen neuen »einzig möglichen Beweisgrund« hinzuzugrübeln, den er später stillschweigend hat fallen lassen, fügte er hinzu, es sei durchaus nötig, dass man vom Dasein Gottes überzeugt sei, aber nicht ebenso nötig, dass man es beweise. Von dieser Äußerung des Jahres 1763 ist zwar ein langer Weg, aber immer in derselben Richtung bis zu jener Erklärung, mit der er in der Vorrede zur zweiten Auflage der Kritik der reinen Vernunft den Zweck dieses Werkes dahin angab, er habe das Wissen forträumen müssen, um Platz für den Glauben zu gewinnen.

Je mehr sich diese Trennung des t h e o r e t i s c h e n und des p r a k t i s c h e n E l e m e n t s in Kants Überzeugung befestigte, umso wertloser mussten ihm seine eigenen metaphysischen Spekulationen, musste ihm die Metaphysik selbst erscheinen. Wenn sie den Zweck, von dem er immer geglaubt hatte, dass sie für ihn wesentlich da sei, doch nicht zu erfüllen vermochte, was war sie noch wert? was enthielt sie dann anders als nutzlose, törichte Grübeleien? Dieser Antagonismus zwischen seinen eigenen metaphysischen Bestrebungen und der Rousseau'schen Überzeugung brachte Kant in eine geteilte und fast verzweifelte Stimmung, und dieser machte er durch eine seiner geistreichsten und charakteristischsten Schriften gewissermaßen gewaltsam Luft. Gerade in seinem metaphysischen Bedürfnis nach dem Übersinnlichen hatte er begierig nach den Enthüllungen gegriffen, welche ein schwedischer Geisterseher, Swedenborg, über die Geheimnisse des Jenseits versprach. Als er dann, enttäuscht und ärgerlich »die Träume dieses Geistersehers durch die Träume der Metaphysik erläuterte«, als er mit glänzendem Witz die luftige Nichtigkeit der gelehrten Spekulation geißelte, da waren es eigene Erfahrungen, welche er in diesem Selbstbekenntnis niederlegte, und eigne Bestrebungen, welche sein Spott traf. Darum aber war es, wie man sehr richtig bemerkt hat, auch kein reiner Humor, der in dieser Schrift waltete. Wer zwischen ihren Zeilen zu lesen versteht, der muss herausfühlen, welchen schweren Kampf es den Verfasser gekostet hat und noch kostet, auf jenes geliebte Ziel der metaphysischen Spekulation zu verzichten und wie er nur darum ihr seine bitteren Vorwürfe entgegenschleudert, weil sie ihm seinen innigsten Wunsch nicht erfüllt hat. Aber mag er auch damit in das eigene Fleisch schneiden, in vollem Ernste macht er hier den Schnitt zwischen Metaphysik und Moral, und während er für die Letztere an den gesunden Menschenverstand und an die Lebensweisheit des Candide appelliert, verweist er die Erstere aus dem Reiche des Übersinnlichen und Unerfahrbaren. Die Bescheidung der theoretischen Philosophie auf das Gebiet der Erfahrung als einer der Grundsteine von Kants Überzeugung ist gewonnen.

Was sollte aber aus der Metaphysik werden, wenn sie jene »Lieblingsgegenstände« der Aufklärungsphilosophie nicht mehr behandeln durfte, wenn ihr der Weg von der Erfahrung zu dem Unerfahrbaren versperrt war? Auch darin hatte der englische Empirismus und namentlich Hume den Weg gewiesen. Wenn die Metaphysik nicht mehr die Erfahrung überschreiten und wenn sie doch auch nicht in die besonderen Erfahrungswissenschaften sich verlaufen soll, so bleibt ihr nur übrig, die Tatsache der Erkenntnis selbst zum Gegenstande ihrer Untersuchung zu machen. Die Metaphysik, die keine Lehre von der übersinnlichen Welt sein darf, kann nur Erkenntnistheorie werden. An die Stelle der Metaphysik der Dinge tritt die »Metaphysik des Wissens«. Die theoretische Philosophie wird Wissenschaftslehre, und da dieser ganze Gedankenprozess auf der Überzeugung beruht, dass der menschlichen Erkenntnis die theoretische Begründung von Moral und Religion versagt ist, so wird die M e t a p h y s i k e i n e W i s s e n s c h a f t v o n d e n G r e n z e n d e r m e n s c h l i c h e n E r k e n n t n i s. Wer darin den Schwerpunkt des Kant'schen Kritizismus sieht, muss den Ursprung desselben bis in das Jahr 1766 zurück verlegen.

Mit dieser Ansicht rechtfertigte sich vor Kant sein fortwährendes Bemühen, die Methode der Metaphysik sicher zu stellen. Mochte dieselbe nun auch nicht mehr dem Zwecke dienen, den er ihr einst gesetzt, so waren doch gerade die Untersuchungen über die Methode wertvoll für die Theorie von dem Wesen und den Grenzen der menschlichen Erkenntnis, in die er nun den Schwerpunkt der theoretischen Philosophie verlegte. So trat denn Kant allmählich ganz in jene kritische Atmosphäre ein, welche in Bezug auf die Theorie des Erkennens die besseren Geister der Zeit erfüllte, und es war von großem Einflusse auf ihn, dass er mit dem bedeutendsten derselben, mit L a m b e r t , in lebhafte briefliche Berührung kam. Kants Preisschrift erschien in demselben Jahre mit Lamberts neuem Organon, und es fanden sich in diesen beiden erkenntnistheoretischen Schriften nicht weniger Berührungspunkte, als zwischen Lamberts kosmologischen Briefen und Kants Naturgeschichte des Himmels. Die wesentlichste Übereinstimmung war die, dass beide den Erkenntnisprozess auf die doppelte Grundlage der Erfahrung einerseits und der unauflöslichen Begriffe andrerseits zu stellen suchten. Lambert hatte diese Theorie bereits tiefer verfolgt und hatte eingesehen, dass jene Unterscheidung identisch sei mit derjenigen von I n h a l t u n d F o r m der Erkenntnis. Wenn man einen Beweis dafür haben will, dass Kant selbst zu der Zeit, welche man gewöhnlich als diejenige seines radikalsten Empirismus und Skeptizismus zu bezeichnen pflegt, sich niemals restlos mit diesen Richtungen identifizierte, so bilden ihn seine Briefe an Lambert, welche aus der Abfassungszeit der Träume eines Geistersehers stammen, und in denen er mit dem gleichstrebenden Genossen die der englischen Philosophie direkt entgegenstehende Frage behandelt, wie die Formen systematisch zu finden seien, nach denen der menschliche Geist den erfahrenen Inhalt bearbeitet. Beide sind darüber einig, dass diese Formen allein niemals einer Metaphysik zu Grunde gelegt werden können. Sie haben die Wolff'sche Ontologie überwunden und wissen, dass diese Formen keine Realitäten, sondern nur »Verhältnisbegriffe« sind, welche ohne etwas, was in ein solches Verhältnis tritt, keinen Sinn haben. Sie wissen, dass man zumal aus den logischen Formen niemals ein inhaltliches, die Wirklichkeit begreifendes Denken entwickeln kann. Aber sie sind sich auch nicht minder darüber klar, dass der bloße rohe Stoff der Erfahrung für sich allein zu keiner Welterkenntnis führen kann, wenn nicht jene Verhältnisbegriffe verarbeitend hinzutreten. In der Ausführung dieser Gedanken stehen beide Männer ebenbürtig neben einander, und erst dadurch überflügelt Kant den Freund, dass er ein ganz neues Prinzip für die Analyse dieser Formen fand, während der Andere sie schließlich mit Hilfe des Lexikons suchte.

In der Auffindung dieses Prinzips ist Kant offenbar am meisten durch das erkenntnistheoretische Hauptwerk von L e i b n i z gefördert worden, welches um diese Zeit bekannt wurde. Der gewaltige Eindruck der *Nouveaux essais* musste ihn in Gedankenrichtungen zurückführen, denen er in der Zeit seines Empirismus fremd und fremder geworden war. Die *Nouveaux essais* behandelten ja gerade dasselbe Thema, an dem er mit Lambert sich abmühte: die Verarbeitung der sinnlichen Erfahrung durch die Vernunft. Leibniz hatte zu zeigen gesucht, dass einerseits jene unauflöslichen Begriffe und Grundsätze, mit denen der Geist den Inhalt der Erfahrung in seiner Erkenntnis durchsetzt, nichts anderes enthalten, als das Bewusstsein der Gesetze der geistigen Funktion selbst, und dass andererseits der zu bearbeitende Stoff der geistigen Form nicht als ein Fremdes gegenübersteht, sondern dieselbe bereits in unbewusster, dunkler oder verworrener Gestalt in sich trägt. Diese Theorie war die tiefste Form, in welcher Leibniz den Gegensatz des Rationalismus und des Empirismus dahin zu versöhnen gesucht hatte, dass er die apriorische Erkenntnis der Vernunft von ihren eigenen Gesetzen und die aposteriorische Erkenntnis der sinnlichen Erfahrung in eine graduelle Entwicklungsreihe brachte. Für Leibniz schloss sich daran die weitere erkenntnistheoretische Annahme, dass die niedere Stufe dieser Entwicklung, die sinnliche Erfahrung, die Dinge nur in ihrer Erscheinungsweise, dass dagegen die höhere Stufe, die klare und deutliche Vernunfterkenntnis, uns die Gesetzmäßigkeit der Dinge, wie sie an sich sind, zum Bewusstsein bringe. Mit diesem Gegensatze hing der andere zusammen, dass Vernunfterkenntnis eine notwendige und allgemeine, dass dagegen sinnliche Erkenntnis immer nur eine zufällige und besondere Geltung zu beanspruchen habe. Wenn sich Kant in diese Gedankenwelt hineinarbeitete, so gab ihm dieselbe nach einer Richtung eine wertvolle psychologische Erklärung jenes Gegensatzes von Form und Inhalt der Erkenntnis, den er mit Lambert aufgestellt hatte. Die Formen, die ihm ja von vornherein nur Verhältnisse waren, in welche der Inhalt im Denken tritt, durften ihm nun als die bewusst gewordenen Funktionsgesetze der Intelligenz gelten, und er befand sich mit Leibniz ebenso wie mit Lambert in Übereinstimmung, wenn er daran festhielt, dass diese Formen im menschlichen Geiste nur an einem erfahrungsmäßigen Inhalt als die Funktionen von dessen Verarbeitung zum Bewusstsein kommen. Hatte daher Leibniz von einem virtuellen Angeborensein der Ideen (im Gegensatz zur Lehre der Cartesianer) gesprochen, so überzeugte sich Kant, dass jene Verhältnisbegriffe, über die er mit Lambert verhandelte, in der Tat nur die Funktionsformen der Vernunft sind, vermöge deren dieselbe die Synthesis des Erfahrungsstoffes vollzieht und sich zum Bewusstsein bringt. Die Erfahrung erscheint ihm danach als eine Synthesis, deren Inhalt *a posteriori* durch die Sinnlichkeit, deren Form *a priori* durch die Vernunft gegeben ist.

Diese Verstärkung, welche das rationalistische Element in Kants Denken durch den Einfluss von Leibniz erfuhr, wäre vielleicht dazu angetan gewesen, ihn vollständig auf die Seite des früheren Rationalismus zurückzuziehen, wenn diese Erkenntnistheorie nicht mit seinen Überzeugungen vom Wesen und Werte der Mathematik in einem weittragenden Widerspruche gestanden hätte. Mit Hilfe der Unterscheidung von Dingen an sich und Erscheinung erkannte die Leibniz'sche Lehre den Empirismus, der bei Kant schon einen so bedeutenden Raum einnahm, zwar an, aber doch nur in der Weise und mit der Beschränkung, dass die Erfahrung eine zufällige Erkenntnis der sinnlichen Erscheinungsweise der Dinge enthalte. Hatte Kant in seiner dem Empirismus nahe stehenden Periode sich vollkommen klar gemacht, dass es eine Erkenntnis von Tatsachen und ihrem kausalen Zusammenhange durch bloße Begriffe nicht geben kann, so war das auch die Ansicht von Leibniz; aber für Leibniz waren deshalb auch die Tatsachen nichts als die sinnliche Erscheinungsform der Dinge, während ihr wahres metaphysisches Wesen ihm nur durch die reine Vernunfterkenntnis zugänglich galt. So beruhte die ganze Leibniz'sche Erkenntnistheorie auf der Grundannahme, dass Vernunfterkenntnis mit notwendiger und allgemeiner Erkenntnis und mit Erkenntnis des Wesens der Dinge, umgekehrt aber sinnliche Erkenntnis mit zufälliger Erkenntnis und mit Erkenntnis der Erscheinung identisch sei. Wenn Kant gegen die zweiten Glieder dieser Identifikation nichts einzuwenden fand, so wurde er umso mehr stutzig in Rücksicht der ersten. Und an dieser Stelle seiner Entwicklung nun war es, wo die M a t h e m a - t i k von entscheidender Bedeutung für ihn wurde. Sie fügte sich in das Schema der Leibniz'schen Erkenntnislehre so lange ein, als man sie für eine analytisch verfahrende Wissenschaft des reinen Verstandes hielt, wie das eben in der gesamten vorkantischen Philosophie geschah. Nun aber hatte sich Kant überzeugt, dass die Mathematik eine anschauliche Wissenschaft der Sinnlichkeit sei, und so bildete für ihn die Notwendigkeit und Allgemeingültigkeit ihrer Erkenntnisse, an der niemand und am allerwenigsten er selbst zweifelte, eine negative Instanz gegen die Leibniz'sche Erkenntnislehre. Sie gab den Beweis, dass es sinnliche Erkenntnis gibt, welche vollkommen klar und deutlich ist, und auf der anderen Seite gab die Verworrenheit der metaphysischen Systeme ihm den Beweis, dass das Denken, welches lediglich mit reinen Begriffen zu operieren glaubt, auch nicht immer das Ideal von Klarheit und Deutlichkeit ist.

Wollte er nun seine eigene Ansicht vom Wesen der Mathematik und doch zugleich die rationalistische Auffassung von Leibniz, welche ihm in Rücksicht auf die Erkenntnis der Dinge an sich eingeleuchtet hatte, festhalten, so blieb nichts anderes übrig, als jene Annahme seines großen Vorgängers umzugestalten, nach welcher die Sinnlichkeit sich zum Verstande als die niedere, unklarere und verworrenere zu der höheren, klareren und deutlicheren Erkenntnisstufe verhalten sollte. Während also für Leibniz Sinnlichkeit und Verstand nur zwei verschiedene Entwicklungsstufen desselben einfachen Erkenntnisvermögens gewesen waren, so kam Kant dem Gedanken auf die Spur, ob nicht in beiden zwei grundverschiedene Tätigkeitsweisen des erkennenden Geistes vorliegen sollten. Wenn er Sinnlichkeit und Verstand als zwei entgegengesetzte Erkenntnisweisen betrachtete und die schärfste Sonderung ihrer Erkenntnisgebiete verlangte, so schien sich zunächst seine eigene Überzeugung von der Mathematik mit der Leibniz'schen Lehre vertragen zu wollen. Wendete man nämlich dann auf beide den von Lambert präzisierten Unterschied von Form und Inhalt des Denkens an, so konnte man auf beiden Gebieten den Inhalt als ein Zufälliges und Tatsächliches, die Form dagegen als ein Notwendiges und Allgemeines ansehen. Alles kam daher für Kant darauf an, ob man in der Sinnlichkeit ebenso reine Formen zu entdecken vermögen würde, wie es die Leibniz'sche Erkenntnistheorie hinsichtlich des Verstandes tat. Wenn Kant dieselben suchte, so konnte es nur an der Hand der Mathematik geschehen, deren Notwendigkeit und Allgemeingültigkeit ja eben dadurch begründet werden sollte. In diesem Zusammenhange der Gedanken machte Kant die einschneidendste seiner Entdeckungen. Es ergaben sich ihm nämlich die beiden r e i - n e n A n s c h a u u n g s f o r m e n , R a u m u n d Z e i t , jener dem geometrischen, diese (als das Element des sukzessiven Zählens) dem arithmetischen Teile der mathematischen Gesetzgebung zu Grunde liegend. Denkt man sich eine Erkenntnistheorie von diesem Standpunkte aus durchgeführt, so beruht dieselbe auf der Kreuzung der beiden Gegensätze von Sinnlichkeit und Verstand einerseits, von Inhalt und Form andererseits, und sie überträgt dann das Prinzip von Leibniz' *Nouveaux essais* auch auf die Sinnlichkeit. Es gibt dann einen zufälligen Inhalt der Sinnlichkeit in Gestalt der Empfindung, welcher lediglich eine Erscheinungsform der Dinge darstellt; es gibt reine Formen der Sinnlichkeit, Raum und Zeit, welche mit ihren mathematischen Gesetzen ein adäquater Ausdruck der absoluten Wirklichkeit sind; es gibt einen aus den sinnlichen Anschauungen synthetisch gewonnenen empirischen Inhalt der Verstandeserkenntnis, welcher natürlich auch wieder nur die Erscheinung der Dinge spiegelt; es gibt endlich reine Formen der Verstandeserkenntnis, in denen sich der metaphysische Zusammenhang der Dinge an sich darstellt. Eine solche Auffassung arbeitete alle Richtungen der bisherigen Erkenntnistheorie ineinander, sie akzeptierte die Subjektivität der sinnlichen Empfindungen, sie gab dem Empirismus so weit Raum, als er eine verstandesmäßige Bearbeitung dieser subjektiven Erscheinungen beanspruchte, sie begründete wieder eine Metaphysik durch reine Verstandesbegriffe, und indem sie mit den Letzteren die reinen Formen der Sinnlichkeit, Raum und Zeit, parallel behandelte, gab sie auch dem Newton'schen Grundgedanken einer metaphysischen Realität von Raum und Zeit seine Stelle im System der Erkenntnistheorie. Betrat Kant diesen Standpunkt, so stellte er sich vermöge seiner neuen Unterscheidung von Sinnlichkeit und Verstand als zweier nicht graduell, sondern prinzipiell verschiedener Erkenntnisweisen nicht nur der Leibniz'schen Lehre von der Phänomenalität des Raumes, sondern vor allem seiner eigenen früheren naturphilosophischen Theorie von dem Verhältnis des Körpers zum Raum diametral gegenüber. Als Anzeichen für diese Phase seiner Entwicklung besitzen wir nur das Schriftchen »Vom ersten Grunde des Unterschiedes der Gegenden im Raume« aus dem Jahre 1768. In dieser entwickelt Kant an der Hand des Problems der symmetrischen Körper, dass es Unterschiede im Wesen der Körper gibt, die lediglich räumlicher Natur sind, und dass diese Unterschiede niemals begrifflich definiert, sondern immer nur anschaulich bezeichnet werden können. Daraus folgt in objektiver Beziehung, dass nicht, wie Kant früher mit Leibniz gelehrt hatte, die Körper erst den Raum, sondern vielmehr der Raum die Körper möglich macht, dass also der R a u m   e i n e   d e r   M ö g l i c h k e i t   d e r   K ö r p e r   ü b e r - h a u p t   z u   G r u n d e   l i e g e n d e   R e a l i t ä t   i s t , und in subjektiver Beziehung, dass unsere Erkenntnis dieses Raumes nicht begrifflicher, sondern anschaulicher Natur ist. Das Newton'sche Element steht wieder stark und kräftig neben dem Leibniz'schen.

Aber Kant ist auch dabei nicht stehen geblieben, sondern hat sich von diesem Standpunkte aus gleichmäßig über beide Elemente erhoben. Was ihn weiter geführt hat, sind offenbar wesentlich zwei Gedankenreihen von sehr verschiedener Richtung. Zunächst vertiefte er sich immer energischer in das von ihm neu formulierte Verhältnis von Sinnlichkeit und Vernunft, und dasselbe wurde im Verlaufe dieser Betrachtungen so ausgebildet, dass es den Charakter eines W e r t - v e r h ä l t n i s s e s   annahm. Schon bei Leibniz deckte sich ja dieser Gegensatz mit demjenigen der sinnlichen und der übersinnlichen Welt, und wenn Kant wieder die Möglichkeit der rationalistischen Erkenntnis der Dinge an sich energischer ins Auge fasste, so regten sich in ihm alle Triebe, welche auf die moralische und religiöse d.h. auf die übersinnliche Bestimmung des Menschen hinwiesen, und er warf wiederum sein Auge auf die Metaphysik, ob sie ihm nicht doch noch den wissenschaftlichen Beweis für den Inhalt seiner praktischen Überzeugung geben könnte. Zugleich aber nahm diese Überzeugung selbst im Zusammenhang mit jenen theoretischen Überlegungen eine schärfere und eigenartigere Gestalt an. Hatte er nämlich auf dem Gebiete der Erkenntnis eingesehen, dass der allmähliche Übergang der sinnlichen in die verstandesmäßige Erkenntnis ein Irrtum des bisherigen Rationalismus und durch die scharfe Sonderung zwischen beiden zu ersetzen sei, so galt die gleiche Konsequenz auch für das praktische Leben. Die empiristische Moralphilosophie, welche er selbst in den »Beobachtungen« noch vertreten hatte, leitete die moralischen und religiösen Gefühle und Handlungen aus der allmählichen Veredlung der sinnlichen Triebe her. Dieser Ansicht konnte Kant mit seiner neuen psychologischen Auffassung nicht mehr beitreten, sondern er musste auch hier den sinnlichen Trieb und den vernünftigen Trieb als grundverschiedene und ebendeshalb antagonistische Formen der praktischen Natur des Menschen ansehen. Der eigene persönliche Rigorismus, der mit den Jahren mehr und mehr in Kant zur Geltung gekommen war, trat nun hinzu, um die e r k e n n t n i s - t h e o r e t i s c h e A n s i c h t d e s p r i n z i p i e l l e n G e g e n - s a t z e s v o n S i n n l i c h k e i t u n d V e r n u n f t z u r i n n e r - s t e n Ü b e r z e u g u n g d e s M a n n e s zu stempeln, und es kam ihm gewiss aus tiefster Seele, wenn er an Lambert schrieb, er habe nun nach mancherlei »Umkippungen« den Punkt gewonnen, von dem er nie wieder weichen werde. Aber mit dieser praktischen Überzeugung musste dann auch die theoretische Hand in Hand gehen, dass ‚die sinnliche und die übersinnliche Welt nicht gleichen Wertes auch für die Erkenntnis sein dürften. Galt der sinnliche Trieb des Menschen als Gegner des sittlichen, so konnte auch die sinnliche Erkenntnis nicht eine Erkenntnis des wahren Wesens der Dinge sein. Es war die eigene Natur Kants, es war sein persönlicher Charakter, welcher ihn in den Platonismus der Leibniz'schen Lehre zurückzog und ihn die Lehre, dass die reinen Formen der Sinnlichkeit ebenso wie diejenigen des Verstandes die absolute metaphysische Wirklichkeit erkennen, schließlich wieder aufgeben ließ.

Eine andere Überlegung trat hinzu. Über die Gegensätze, welche hinsichtlich der räumlichen Probleme zwischen Newton und Leibniz obwalteten, hatte Kant sich früher durch des Letzteren Unterscheidung von Ding an sich und Erscheinung hinwegzuhelfen gewusst. Wenn er jetzt eine Zeit lang der Newton'schen Auffassung von der absoluten Realität von Raum und Zeit zuneigte, so wurden diese Probleme von neuem in ihm lebendig. Es waren namentlich die Begriffe der Totalität und der Unendlichkeit, welche ihm Schwierigkeiten machten, und schon damals stieß er, wie sich durch mancherlei Zeugnisse höchst wahrscheinlich machen lässt, auf die rätselhafte und ihn beunruhigende Tatsache, dass er sich hinsichtlich dieser Probleme die widersprechenden Lehrsätze der verschiedenen Richtungen mit gleicher Sicherheit beweisen und dieselben somit auch zu gleicher Zeit durcheinander widerlegen zu können meinte. Dass sowohl die Ausdehnung als auch die Teilbarkeit der räumlichen Körperwelt eine Grenze habe, schien ebenso des Beweises fähig, wie dass es eine solche Grenze nicht geben könne. Was Kant später die mathematischen A n t i n o m i e n genannt hat, bewegte ihn schon um diese Zeit und gab mit den Ausschlag für die weitere Wandlung seiner erkenntnistheoretischen Ansicht. Ein Raum, von dem sich beweisen ließ, dass er begrenzt und dass er unbegrenzt, dass die ihn erfüllende Körperwelt bis ins Unendliche Teilbar und dass sie es nicht sei, konnte unmöglich eine metaphysische Realität sein; denn er wäre der gesetzte Widerspruch; eher ließe sich diese Antinomie begreifen, wenn der Widerspruch in unsere Vorstellungstätigkeit verlegt würde d.h. wenn der Raum keine metaphysische Realität, sondern nur eine menschliche Anschauungsform wäre. So drängte auch diese Betrachtung von der Newton'schen Lehre wieder ab und der Phänomenalität des Raumes wieder zu; sie störte aber in keiner Weise das frühere Ergebnis von Kants Überlegungen, wonach Raum und Zeit als reine Formen der Sinnlichkeit und als Grundlage der gesamten Sinnenwelt betrachtet werden sollten. Ja, jene Phänomenalität schien sich am besten begreifen zu lassen, gerade wenn man Raum und Zeit als die im Geiste des Menschen vorgezeichnet liegenden Auffassungsweisen unserer sinnlichen Empfänglichkeit bestimmte.

Nur aus der Verschlingung dieser mannigfaltigen Gedankenreihen lässt sich der eigentümliche, nach vorwärts und rückwärts schillernde Standpunkt begreifen, den Kant in seiner I n a u g u r a l d i s s e r t a t i o n einnahm. Die wesentliche Aufgabe dieser Schrift sah Kant später selbst darin, seinen neuen Lehrbegriff vom Wesen des Raumes und der Zeit zu entwickeln. Diese Aufgabe erfüllt er nach einer vorangeschickten Untersuchung über den Begriff der Welt, worin jene antinomischen Betrachtungen leise anklingen, durch eine scharfe Präzisierung des Gegensatzes von Sinnlichkeit und Verstand. Jene ist die Rezeptivität, dieser die Spontaneität unseres Erkenntnisvermögens. Jene enthält daher nur die subjektive Art und Weise, wie sich die Dinge in unserer Empfänglichkeit darstellen, dieser erkennt mit den reinen

Formen seiner eigenen Funktion den gesetzmäßigen Zusammenhang der Wirklichkeit. Aber auch die Sinnlichkeit besteht nicht nur in dem Vermögen, affiziert zu werden, sondern vor Allem darin, dass die bei dieser Affizierung entsprungenen Empfindungen in uns eine Anordnung nach räumlichen und zeitlichen Gesetzen finden, durch welche Synthesis erst das anschauliche Bild einer Sinnenwelt in uns entsteht. Kant liefert hier den im Wesentlichen nachher von der transzendentalen Ästhetik reproduzierten Beweis, dass Raum und Zeit nicht Gegenstände der Empfindung, sondern vielmehr synthetische Formen sind, nach denen sinnliche Empfindungen angeordnet werden, und dass diese Formen in uns nicht erst durch Abstraktion aus den einzelnen Erfahrungen gewonnen werden sein können, sondern vielmehr die ursprünglichen und bei den einzelnen Wahrnehmungen erst zur Anwendung und zum Bewusstsein kommenden Funktionsgesetze der Sinnlichkeit sind. Er behandelt also Raum und Zeit genauso, wie Leibniz in den *Nouveaux essais* die Formen der Verstandestätigkeit behandelt hatte, er behauptet von ihnen dasselbe virtuelle Angeborensein, welches Leibniz den »ewigen Ideen« zugeschrieben hatte, und wie jener darauf die Möglichkeit einer reinen und allgemeingültigen Verstandeserkenntnis, so gründet Kant darauf seine Lehre von einer reinen, notwendigen und allgemeingültigen Erkenntnis der Sinnlichkeit, d.h. der Mathematik. War die Leibniz'sche Ontologie eine Reflexion auf die notwendigen Formen des Denkens, so ist für Kant die Mathematik eine Reflexion auf die notwendigen Formen der sinnlichen Anschauung.

Indem aber Kant mit Leibniz die Erkenntniskraft der Formen des Denkens für das metaphysische Wesen der Dinge anerkannte, schränkte er nun ebenfalls mit ihm die Sinnlichkeit auf die Erscheinungen ein. Jene ganze Außenwelt, welche durch die Synthesis der Empfindungen in räumlicher und zeitlicher Form in unserer Vorstellung entsteht, gilt ihm nur noch als die Erscheinungsweise der Dinge an sich. Ihre Elemente, die sinnlichen Empfindungen, sind Wirkungsweisen der Dinge auf uns – diese seit Descartes, Hobbes und Locke der modernen Philosophie allgemein eigene Auffassung behandelt Kant als so selbstverständlich, dass er sie kaum mehr berührt –: und die Anschauungsbilder, welche sich aus diesen Elementen zusammensetzen, vollziehen sich nach dem Schema von Raum und Zeit, welches lediglich die Form unserer sinnlichen Anschauung ist. Da nun Kant an der Newton'schen Auffassung festhält, dass die Körper nur im Raume möglich sind, so fallen damit auch die Körper restlos unter den Begriff der Erscheinung. Die gesamte körperliche Welt ist lediglich Erscheinung, und von dem Ding an sich, welches dahinter steckt, wissen wir durch die sinnliche Erfahrung nichts.

Aber das gleiche Prinzip gilt auch für die innere Erfahrung, welche der äußeren als ebenbürtig an die Seite gestellt zu werden pflegte. Auch sie enthält nur die Art und Weise, wie unser Bewusstsein von unserem Wesen und seinen Zuständen affiziert wird, und für die Form der Synthese dieses inneren Sinnes erklärt Kant in einer weiterhin zu besprechenden Weise die Zeit. Nimmt man dies hinzu, so ergibt sich, dass die ganze Welt der Erfahrung nur die Erscheinung und nicht das Wesen der Dinge an sich uns offenbart. Die Welt der Erfahrung ist der *mundus sensibilis*, zusammengesetzt aus den Empfindungen und beherrscht von den Gesetzen der reinen Anschauung, Raum und Zeit. Von diesen gibt die Mathematik eine notwendige und allgemeingültige Erkenntnis, weil wir im Stande sein müssen, die Formen, in denen wir anzuschauen durch unsere eigene Natur genötigt werden und welche deshalb in aller Anschauung als bestimmendes Gesetz wiederkehren, uns zum klaren und deutlichen Bewusstsein zu bringen. Der sinnlichen Welt aber stellt nun Kant als ein *toto genere* Verschiedenes die intelligible Welt gegenüber, die Welt der Dinge an sich, auf welche die Bestimmungen unserer Sinnlichkeit keinerlei Anwendung finden, und deren Wesen wir nur durch die reinen Formen der Verstandeserkenntnis zu begreifen im Stande sind. In der Ausführung der letzteren Lehre ist Kant verhältnismäßig kurz; sie war ja nur eine Reproduktion der Leibniz'schen Ansicht, deren Übertragung *mutatis mutandis* auf die sinnliche Welt und auf die Mathematik die eigentliche Absicht seiner Schrift war. Schärfer aber und weit energischer als Leibniz, und in vermutlich unbewusster totaler Übereinstimmung mit Platon, betont Kant den unüberbrückbaren Gegensatz zwischen der sinnlichen Welt der Erscheinungen und der intelligiblen Welt der Dinge an sich. Über das Verhältnis der Wissenschaften und speziell der Metaphysik zu diesen beiden Welten haben sich Kants Ansichten noch mannigfach geändert: aber dieser platonisierenden Weltanschauung, welche sich durch die schroffe Scheidung der sinnlichen und der übersinnlichen Welt charakterisiert, ist er treu geblieben, – so treu, dass er damit selbst die Konsequenz seines wissenschaftlichen Denkens durchbrochen hat. In diesem Sinne, mit Rücksicht auf den Durchbruch der persönlichen Weltanschauung, ist die Inauguraldissertation wirklich der Beginn der Kant'schen Selbständigkeit; sie ist es, wie der scharfe Bruch mit der sensualistischen Moralphilosophie bekundet, nicht minder hinsichtlich der gleichmäßigen Anwendung des Gegensatzes von Vernunft und Sinnlichkeit auf die theoretische und die praktische Philosophie. Aber von dem geheimsten Tiefsinn der Kant'schen Erkenntnistheorie und damit von der bahnbrechenden Kraft des Kant'schen Denkens zeigt sie noch keine Spur. Die Lehre der transzendentalen Ästhetik enthält sie bereits völlig; aber diese betrifft nur jene neue Darstellung der Platonischen Weltansicht, in der Kants Persönlichkeit sich ausprägt und in der seine wahre Originalität nicht zu suchen ist. Allein der Inauguraldissertation fehlt noch die eigenste Tiefe des Kant'schen Denkens: sie hat noch keine Ahnung von der transzendentalen Analytik.

Für den Weg bis zu deren Veröffentlichung hat Kant bekanntlich ein Jahrzehnt gebraucht, und was wir von den Etappen dieses dornenvollen Weges durch die letzten Geheimnisse des menschlichen Denkens wissen, besteht in so abgerissenen Briefstellen, dass schon die hypothetische Skizzierung desselben auf große Schwierigkeiten stößt. Allein die Vergleichung der Kritik der reinen Vernunft mit jenem Stande des Kant'schen Denkens, dessen Umriss die Inauguraldissertation darbietet, gibt doch in Verbindung mit den Briefen wenigstens einige Andeutungen, aus denen man die Hauptzüge dieser Entwicklung zu ahnen vermag. Den Schwerpunkt bildet wieder unverkennbar das Verhältnis der Mathematik zur Metaphysik. In der Inauguraldissertation ist jene die apriorische Erkenntnis der Sinnenwelt aufgrund der reinen Anschauungen, Raum und Zeit, ist diese die apriorische Wissenschaft der intelligiblen Welt aufgrund der reinen Formen des Denkens. Darin besteht ihr Parallelismus. Aber zugleich ist diese eine notwendige und allgemeine Erkenntnis von den Erscheinungen, ist jene eine notwendige und allgemeine Erkenntnis von den Dingen an sich, und zwar deshalb, weil jene auf die Formen der sinnlichen

Empfänglichkeit, diese auf die Formen des Denkens reflektiert. Darin
besteht ihre Verschiedenheit. Zahlreiche, persönliche Vermittlungen
waren es, in Folge deren Kant diesen verschiedenen Wert der Formen
der Sinnlichkeit und des Verstandes auch für die Erkenntnis aufrecht
erhalten zu sollen glaubte: der Vorgang von Leibniz, das praktische
Bedürfnis, sinnliche und übersinnliche Welt scharf zu scheiden, endlich die sachlichen Schwierigkeiten, welche der antinomische Charakter einer räumlichen und zeitlichen Welt, wenn sie in metaphysischer
Realität gedacht werden sollte, ihm darzubieten schien. Aber wie das
System der Inauguraldissertation so vor ihm lag, da musste doch die
rein theoretische Frage ihn ergreifen, welches denn die Berechtigung
für eine so verschiedene Behandlung beider Elemente des menschlichen Erkennens sei. Raum und Zeit auf der einen Seite, und die
Verstandesbegriffe auf der anderen Seite galten ihm gleichmäßig als
die reinen Formen der menschlichen Vorstellungstätigkeit, jene des
Anschauens, diese des Denkens. Warum sollten die einen mehr realen
Wert haben als die anderen? wenn die Formen der Anschauung nur
eine menschliche Vorstellungsweise der Dinge an sich bilden – und
das war zur unzerstörbaren Gewissheit für Kant geworden – warum
sollten die Formen des Denkens die Dinge an sich begreifen? Auch
das Denken mit allen seinen Formen und Gesetzen ist doch zunächst
nur ein subjektiver, eben ein menschlicher Vorstellungsprozess: wenn
die menschliche Anschauung nur subjektiv ist, gilt nicht dasselbe aus
demselben Grunde auch für das menschliche Denken? In der Inauguraldissertation hatte Kant bei der kurzen Behandlung der rationalistischen Metaphysik das Recht des logischen Denkens, Dinge an sich
zu begreifen, darauf zurückgeführt, dass die Welt der Dinge an sich
eben die intelligible sei, dass sie ihren Ursprung in demselben göttlichen Geiste habe, aus dem auch der menschliche Geist mit seiner
ganzen inneren Gesetzmäßigkeit des Denkens hervorgegangen sei. Er
hatte auf Malebranche und dessen Lehre, dass die Erkenntnis Gottes
diejenige der Welt involviere, als die seiner Auffassung am nächsten
liegende hingewiesen. Aber dagegen ließ sich zweierlei einwenden.
So gut wie die Gesetze des Denkens sind auch die reinen Formen
der Anschauung ursprüngliche Besitztümer des menschlichen Geistes, wie er aus der Hand der Gottheit hervorgegangen ist, Besitztü-

mer, deren wir uns als der gesetzmäßigen Funktionen unserer eigenen Intelligenz erst bei Gelegenheit der Erfahrung gerade so wie der Formen des Denkens bewusst werden. Galten deshalb diese als Erkenntnis des Wesens der Wirklichkeit, warum nicht auch jene, über deren bloße Phänomenalität Kant in sich keinen Zweifel mehr duldete? Zweitens aber setzte diese ganze Auffassung zwischen den Formen des menschlichen Denkens und dem Wesen der Dinge eine durch die gemeinsame Abstammung aus der Gottheit erklärte »prästabilierte Harmonie« voraus. In diesem Sinne war die Inauguraldissertation durchaus von Leibniz'schem Geiste beseelt. Aber zu tief wurzelte in Kant die Abneigung gegen die Annahme der prästabilierten Harmonie, eine Abneigung, die in ihm durch Martin Knutzen befestigt war, als dass er sich bei dieser Erklärung hätte beruhigen sollen, und so stieß er auf den Kern aller erkenntnistheoretischen Untersuchungen mit der Frage, wie denn überhaupt das menschliche Denken dazu komme, mit seinem Inhalte so gut wie mit seinen reinen Formen die Wirklichkeit zu erfassen und abzubilden. In dieser Frage und ihrer Beantwortung nach den gegebenen Prämissen des Kant'schen Denkens, in dieser Frage, welche der Philosoph am klarsten in seinem Briefe an Markus Herz vom 21. Februar 1772 formuliert hat, liegt der wahre Ausgangspunkt und die Größe der Kant'schen Philosophie in erkenntnistheoretischer Beziehung. Mit dieser Frage steht er auf dem Punkte, den »naiven Realismus« in seiner ganzen Tragweite zu durchschauen und zu durchbrechen, und damit erst an der Schwelle der kritischen Philosophie.

Der naive Realismus des gemeinen Denkens macht sich mit dieser Frage nicht viel zu schaffen; er meint, die Dinge spazierten so in den erkennenden Geist hinein, drückten sich in ihm ab, spiegelten sich in ihm, würden von ihm erfasst, oder wie sonst das sinnliche Bild ist, mit dem man dem Erkenntnisprozess einen Namen gibt. Der Rationalismus macht diese Frage vollständig überflüssig, indem er von vornherein das Postulat aufstellt, dass, was notwendig gedacht wird, auch ist. Wo ihm einmal das Problem aufstößt, wie man denn dessen gewiss sein könne, da hilft er sich in der Richtung, wie es Kant selbst in Hinblick auf Leibniz und Malebranche in der Inauguraldissertation versuchte. Am schwersten wiegt jene Frage für den Empirismus und

Sensualismus. Selbst wenn dieser annimmt, die einzelnen Erfahrungen seien Abbilder der Dinge, so wird es für ihn umso schwieriger zu begreifen, wie es kommen soll, dass die Beziehungen, welche das Denken zwischen dem Inhalte der Wahrnehmungen aufstellt, ebenfalls Abbilder der Realität seien. Wo daher der Empirismus ganz konsequent durchgeführt wurde, da musste er notwendig in Subjektivismus und Skeptizismus umschlagen, da blieb nichts weiter übrig (selbst wenn man von der Phänomenalität der Sinnesempfindungen absehen wollte), als den ganzen Prozess des Denkens für ein subjektives Gebilde zu erklären, dessen reale Bedeutung niemals erwiesen werden könne. So weit war der Scharfsinn und die spekulative Energie von David Hume gedrungen. Das Hume'sche Argument galt aber, wie sich Kant überzeugen musste, schließlich auch für den Rationalismus und Apriorismus. Konstruierte derselbe seine notwendigen Wahrheiten, sei es in der Mathematik, sei es in der Metaphysik, durch Reflexion auf die gesetzmäßigen Funktionsformen der Vorstellungstätigkeit, so lag nirgends ein Punkt vor, von dem aus sich die metaphysische Realität dieser Formen behaupten ließ. Die Phänomenalität der in der Mathematik zu erkennenden Formen der Sinnlichkeit hatte Kant bereits anerkannt: weshalb sträubte er sich, das Gleiche von den Formen des Denkens zu sagen?

Aber so einfach ist der Kant'sche Gedankenprozess nicht gewesen; er verwickelte sich noch viel mehr durch die weitere Frage, in welcher Weise wir denn überhaupt veranlasst und im Stande sind, unsere Vorstellungen auf außer uns befindliche »Gegenstände« zu beziehen. Alle unsere Vorstellungen von Dingen sind Synthesen jener einfachen Empfindungen, in denen wir uns durch die Außenwelt affiziert glauben. Betrachteten wir nun diese Verbindungen eben lediglich als in unserem Denken sich vollziehende Gebilde, so existierte gar keine erkenntnistheoretische Schwierigkeit. Allein wir sehen diese Synthesen nicht als subjektiv und willkürlich, sondern als objektiv und notwendig an. Soll untersucht werden, mit welchem Rechte das geschieht, so hat Kant nach dem Vorgange des gesamten 18. Jahrhunderts nur die psychologische Methode, den Ursprung unserer Vorstellungen von Gegenständen ins Auge zu fassen. In dieser Hinsicht stand nun Hume unter dem Prinzip der Assoziationspsychologie und meinte jene Synthesen lediglich als Produkte des psychischen Mechanismus auffassen zu müssen, in welchem nichts weiter als der ursprüngliche Inhalt der in der Synthesis zusammenschmelzenden Vorstellungen tätig wäre. Hierin aber stand Kant umgekehrt auf dem Standpunkte von Leibniz und war sich darüber klar, dass eine jede solcher Synthesen durch eine geistige Funktion vonstattengeht, deren Form wir uns als einen reinen Begriff zum Bewusstsein bringen können. Wenn daher irgendwo ein Grund dafür vorliegen soll, dass unseren subjektiven Vorstellungsverknüpfungen objektive Geltung zukommt, so ist derselbe nur bei der Funktion jener reinen Begriffe zu suchen. In diesem Zusammenhange der Gedanken ergaben sich für Kant zwei Aufgaben: zunächst jene reinen Begriffe systematisch zu suchen und zweitens sich klar zu machen, wie durch dieselben unsere subjektiven Vorstellungsgebilde den Charakter der Objektivität annehmen. Was das Erste anbetrifft, so benutzte Kant die Tatsache der Logik, dass Vorstellungsverbindungen, deren Objektivität ausgesprochen werden soll, in der Form des Urteils auftreten, um aus den Formen des Urteils, wie sie in dem Lehrvortrag der Logik dargestellt zu werden pflegten, sein System der Kategorien zu entwickeln. In der Lösung der zweiten Aufgabe dagegen gibt er nun dem Leibniz'schen Rationalismus der *Nouveaux essais* die größte Vertiefung, welche innerhalb der Untersuchungen über das Wesen der menschlichen Erkenntnis je erreicht worden ist. Er sah nämlich ein, dass dasjenige, was wir Erfahrung nennen und was der Empirismus als ein rein Gegebenes zu betrachten pflegt, bereits eine Verarbeitung des Materials der sinnlichen Qualitäten durch die Kategorien enthält, und dass nur darauf die Notwendigkeit und Allgemeingültigkeit beruht, mit welcher diese Synthesen im Bewusstsein des Individuums auftreten. Auch für ihn sind deshalb die Kategorien nicht etwas Fremdes, was willkürlich an die Erfahrung herangebracht würde, sondern vielmehr die organisierende Kraft, ohne welche die Erfahrung gar nicht zu Stande kommen würde.

Indem die Ausführung dieser Theorie der folgenden Darstellung der kritischen Philosophie selbst überlassen bleibt, mussten hier nur ihre Grundzüge angedeutet werden, um die Stellung Kants zu Leibniz und Hume auf diesem entscheidenden Wendepunkt seines Denkens zur völligen Klarheit zu bringen. Kant führte das Leibniz'sche Prinzip des »virtuellen Angeborenseins« der Ideen in der umfassendsten Weise durch, und in diesem Sinne hatte er Recht, wenn er später einmal erklärt hat, es möchte wohl die Kritik der reinen Vernunft die eigentliche Apologie für Leibniz selbst wider seine Anhänger sein. Aber er unterscheidet sich von Leibniz wesentlich darin, dass die die Erfahrung konstituierenden Ideen bei ihm nicht sowohl die logischen als die erkenntnistheoretischen Formen des Denkens sind, und so begründet er neben der formalen die transzendentale Logik. Mit dieser Ausbildung der Leibniz'schen Gedanken überwindet Kant den Hume'schen Skeptizismus, und die erkenntnistheoretischen Formen, unter denen ihm in dieser Hinsicht die Kausalität die wichtigste war, gelten ihm nicht als zufällige Produkte des psychischen Mechanismus, sondern vielmehr als die konstituierenden Prinzipien des Erkenntnisprozesses, die deshalb für den gesamten Inhalt des Denkens dieselbe apriorische Geltung haben, wie die reinen sinnlichen Formen, Raum und Zeit, für den gesamten Inhalt der Anschauung. Aber wenn damit die Apriorität der Formen des Denkens gegen Hume gerettet ist, so hat es nur in der Weise geschehen können, dass Kant mit Hume ihre Phänomenalität anerkennt.

Denn nach dieser Untersuchung treten nun die reinen Formen des Verstandes mit denjenigen der Sinnlichkeit in einen vollkommenen und absoluten Parallelismus. Erst aus beiden zusammen besteht die synthetische Funktion, vermöge deren die Empfindungen für uns zu der Vorstellung von Dingen und ihren notwendigen Beziehungen zusammenschießen. Beide sind Funktionsgesetze unserer Erkenntnistätigkeit, welche erst bei Gelegenheit ihrer Anwendung uns zum Bewusstsein kommen. Von beiden gibt es deshalb eine allgemeine und notwendige Erkenntnis, aber beide gelten auch nur für die notwendige Vorstellungsweise, in welcher wir nach den Gesetzen unseres »Gemüts« die Welt anzuschauen und zu denken genötigt sind. Jetzt erscheint an dem Horizonte des Kant'schen Denkens wiederum eine der Mathematik an Apodiktizität ebenbürtige Metaphysik. Aber es ist nicht mehr eine Metaphysik der Dinge an sich, sondern eine Metaphysik der Erscheinungen. Es ist eine Lehre von den notwendigen Begriffen und Grundsätzen, nach denen wir die Welt denken müssen, weil schon unsere Erfahrung nur durch sie zu Stande kommt.

Es darf angenommen werden, dass Kant in der Mitte der Siebziger-jahre diese Entwicklung durchgemacht hatte. Wenn er sie noch nicht zum Abschluss brachte, so geschah es, weil in diesem Gedankenzusammenhange, (der ja unendlich viel tiefer war, als die im Resultat scheinbar ähnliche Lehre von den »subjektivischen Notwendigkeiten«, zu welcher um die gleiche Zeit T e t e n s nicht ohne Anregung von Kants Inauguraldissertation gelangte), das Problem der Beziehung unserer Vorstellungen auf Dinge, weit davon entfernt, gelöst zu werden, sich nur noch mehr verwickelt hatte. Denn stellte sich nun heraus, das alles, was wir in Anschauung und Denken für Gegenstände anzusehen gewohnt sind, ein immanentes Produkt unserer Vorstellungtätigkeit bildet, dass mathematische und metaphysische Erkenntnis, wenn auch mit Notwendigkeit und Allgemeingültigkeit, so doch immer nur auf die Erscheinung und nicht auf die Dinge an sich geht, so musste unser Denken derartig in sich selbst geschlossen und von der absoluten Realität so vollständig getrennt erscheinen, wie nie zuvor in einem anderen philosophischen System. Und zog Kant diese Konsequenz, so musste sie sich sogleich auch weiter erstrecken und zuletzt gegen sich selber wenden. Denn wenn weder der Weg des Anschauens noch derjenige des Denkens zur Erkenntnis der Dinge an sich führt, so ist zunächst gar nicht zu verstehen, wie wir überhaupt zu Vorstellungen von Dingen an sich kommen sollen. Ist das Ding an sich ein unbekanntes x, welches jenseits der Grenze aller unserer Erkenntnisfähigkeit liegt, welche Veranlassung haben wir, eine solche Grenze und ein jenseits derselben liegendes Etwas überhaupt anzunehmen? Jedenfalls ist dieser Gegensatz von Vorstellung und Ding an sich, welcher die allgemeine Grundlage des naiven Realismus ausmacht, nicht mehr etwas so Selbstverständliches, wie es der gemeinen Meinung erscheint, sondern er ist selbst eines der höchsten und letzten Probleme der erkenntnistheoretischen Kritik. Wenn man sich nur auf diesem Gebiete hält und sich aller unwillkürlichen Vorurteile entschlägt, so sieht man bald ein, dass es für die Erkenntnistätigkeit weder ein Bedürfnis ist noch einen Sinn hat, ein außer ihr befindliches x anzunehmen, das sie weder anzuschauen noch zu erkennen im Stande wäre, und auf welches sich selbst die Anwendung der Kategorien der Dinghaftigkeit und des kausalen Verhältnisses hinsichtlich unserer Empfindungen verbietet.

Aber selbst angenommen, es lägen andere Motive vor – und es wird sich zeigen, welche für Kant vorlagen –, an der Realität unerkennbarer Dinge an sich festzuhalten, so ergibt sich von vornherein, dass diese Annahme nicht mehr als Voraussetzung der erkenntnistheoretischen Kritik zu Grunde gelegt werden darf. Nun beruhten aber alle die psychologischen Theorien über den Ursprung der Erkenntnisse, welche die Philosophie vor Kant und welche nun Kant in ihrer ganzen Ausdehnung auch durchgemacht hatte, nun beruhte vor allem die Fragestellung, wie kommt es, dass subjektive Denkprozesse objektive Geltung haben sollen, selbst auf dieser Voraussetzung des naiven Realismus, dass der Geist den Dingen an sich gegenüberstehe. Jetzt musste Kant sich klar machen, dass schon der Gegensatz von Subjekt und Objekt eine in ihrem Erkenntniswerte erst zu prüfende Voraussetzung ist, dass also das erkenntnistheoretische Problem anders formuliert werden muss, um jene Voraussetzung nicht von vornherein mitzumachen. Dabei gaben ihm die Untersuchungen über die Genesis unserer Vorstellungen von Gegenständen die neue Fassung des Problems unmittelbar an die Hand. Sie hatten gelehrt, dass es für den einzelnen Geist ein Gegenständliches gibt, sobald durch die Funktion der reinen Formen sich in ihm eine notwendige und allgemeingültige Synthese vollzogen hat. Gegenständlichkeit heißt für den menschlichen Geist Notwendigkeit und Allgemeingültigkeit seiner synthetischen Funktion. Die erste Vorbedingung für das Verständnis der kritischen Philosophie ist deshalb die Einsicht in den Unterschied, welchen Kant hier zwischen Objektivität und Realität im Sinne des gewöhnlichen Denkens macht. Seine Erkenntnistheorie geht nicht mehr auf die Frage hinaus, wie das Denken die Realität erfasse, sondern vielmehr auf die andere, welche Prozesse des Denkens objektiv, d.h. notwendig und allgemeingültig sind. Das ist der Sinn jener Frage nach dem Begriffe der »s y n t h e t i - s c h e n U r t e i l e a p r i o r i «, welche die Kant'sche Kritik eröffnet. Und nach der ganzen Entwicklung, welche sein Denken genommen hatte, ist es von vornherein klar, dass diese Apriorität, diese Notwendigkeit und Allgemeingültigkeit überall nur da gesucht werden kann, wo es sich um eine Anwendung der reinen Formen der Vernunft handelt.

Ist es auf diese Weise klar, dass es die Erkenntnistheorie, so gefasst und durchgeführt, nur mit dem Umkreise der menschlichen Erfahrung und ihrer Verarbeitung durch die reinen Formen der Vernunft, dass sie es also mit dem Begriffe des Dinges an sich überhaupt gar nicht zu tun hat, so musste für Kant die wissenschaftliche Erkenntnis wiederum in ein ganz anderes Verhältnis zu seiner persönlichen Weltanschauung treten. Es hatte sich für ihn herausgestellt, dass auch die reinen Formen des Denkens nur innerhalb der von der sinnlichen Anschauung gegebenen Materialien eine Erkenntniskraft besitzen. Die Welt der menschlichen Erkenntnis ist, in der Sprache der Inauguraldissertation zu reden, der *mundus sensibilis*. Wären wir nur erkennende Wesen, so wüssten wir von der übersinnlichen Welt ebenso viel wie von den Dingen an sich – d.h. nichts. Aber Kants moralphilosophische Überzeugung war ja schon vorher völlig in sich befestigt. Für sie war es das Gewisseste, dass der Mensch als moralisch frei handelndes Wesen der übersinnlichen Welt angehört. Mochte daher auch die theoretische Vernunft den Begriff einer intelligiblen Welt als etwas ihr vollkommen Fremdes und Gleichgültiges beiseiteschieben, – in dem sittlichen Bewusstsein, in der praktischen Vernunft ruhte für Kant eine vollkommen gewisse Überzeugung von der Realität einer intelligiblen Welt von Dingen an sich. Mochten alle Formen der Erkenntnis nicht ausreichen, sie auch nur als möglich zu denken, – die praktische Überzeugung lebte in ihm: sie ist. So erwies sich noch jetzt für Kant die frühere Unterscheidung der Moral und der Religiosität von ihrer metaphysischen Begründung außerordentlich folgenreich. Er vermochte seine persönliche Weltanschauung mit ihrem ganzen Rigorismus des Gegensatzes von sinnlicher und sittlicher Welt gerade jetzt auf dem Grunde seines moralischen Glaubens aufzubauen, wo er die Metaphysik aus dem Reiche des Übersinnlichen verwiesen und für eine apriorische Wissenschaft der Erscheinungen erklärt hatte. So fand die Annahme von Dingen an sich, nachdem sie theoretisch unterwühlt worden war, bei Kant ihre Basis in der praktischen Überzeugung, und in diesem Sinne konnte er später mit Recht erklären, es sei ihm nie in den Sinn gekommen, an der Realität der Dinge zu zweifeln. Diese seine Überzeugung deckte sich aber völlig mit der Annahme des naiven Realismus, und so kam es, dass Kant zu derselben Zeit und in demselben Werke, wo er den naiven Realismus als eine für die wissenschaftliche Kritik der Erkenntnistheorie unbrauchbare Voraussetzung verwarf, in seiner gesamten Weltanschauung mit umso größerer Energie daran festhielt.

Aus diesem I n e i n a n d e r   a n t a g o n i s t i s c h e r   G e d a n - k e n s t r ö m u n g e n ist schließlich die Kritik der reinen Vernunft und mit ihr die gesamte kritische Philosophie hervorgegangen. In jenem Grundwerke sind alle die Schlussreihen und alle die Auffassungen, welche sich in Kants Geiste um diese Zeit kreuzten, gleichmäßig niedergelegt. Darin besteht der eigentümliche Charakter dieses Werkes, welches so unendlich mannigfachen Beurteilungen unterlegen ist. Will man diese Gegensätze an e i n e m Punkte und auf e i n e n Begriff konzentriert finden, so ist es derjenige der Sinnlichkeit. Von dem rein erkenntnistheoretischen Standpunkte dürfte Kant dieselbe nur als das Gebiet der Empfindungen und ihrer zeitlich-räumlichen Anordnung bestimmen, und dürfte er nur von unserer Erfahrung und ihren notwendigen Formen sprechen. Weil er aber wegen seiner praktischen Überzeugung an der Realität der Dinge an sich festhielt, so konnte er seine frühere, aus der Psychologie des naiven Realismus erwachsene Begriffsbestimmung, die Sinnlichkeit sei das Vermögen des Geistes, affiziert zu werden, und seine Bezeichnung, die Welt der menschlichen Vorstellungen sei diejenige der Erscheinungen, auch in der Kritik der reinen Vernunft stehen lassen. Die erkenntnistheoretische Formulierung ist voraussetzungslos geworden, aber die psychologischen Bestimmungen setzen den naiven Realismus voraus. Damit aber war in die Darstellung der Kant'schen Kritik selbst ein innerer Antagonismus verlegt, welcher der Polemik eine willkommene Handhabe bot, welcher aber zugleich auch das kräftigste Ferment in der weiteren Ausbildung des Kant'schen Gedankenkreises gebildet hat. Diesen nun in seiner ganzen Ausdehnung und in der Mannigfaltigkeit seiner Bestandteile auseinander zu legen, ist die nächste Aufgabe dieser Darstellung.

§59. Kants theoretische Philosophie

Kant selbst hat stets das größte Gewicht darauf gelegt, dass der unterscheidende Charakter seiner Philosophie in jener neuen Methode zu suchen sei, welche er die kritische oder die transzendentale genannt hat. Umso merkwürdiger ist es, dass über diese Methode unter den historischen Forschern eine fast noch geringere Übereinstimmung herrscht, als über den Entwicklungsgang des Philosophen. Während Kant sich schmeichelte, es werde das Ende des Jahrhunderts nicht vergehen, ohne dass der von ihm durch unbetretenes Dickicht gebahnte Fußsteig sich in eine breite Heeresstraße verwandelte, so herrscht über die Gesamtrichtung und die einzelnen Windungen dieses Fußsteigs noch heute Streit. Diese Tatsache macht es wahrscheinlich, dass ebenso wie Kants Entwicklungsgang und ebenso wie der Grundstock seiner Ansichten auch seine Methode sich nicht in eine einfache Formel bringen, sondern als eine Verdichtung mannigfacher methodischer Gesichtspunkte ebenso vielfache Deutungen möglich erscheinen lässt, wie jene.

Als »t r a n s z e n d e n t a l« setzt Kant seine Philosophie dem »transzendenten« Bestreben der früheren Metaphysik, die Dinge an sich zu erkennen, in dem Sinne entgegen, dass er es für ihre Aufgabe erklärt, die Bedingungen apriorischer Erkenntnis auf allen Gebieten des menschlichen Denkens festzustellen, und transzendental will er in diesem Sinne alles dasjenige nennen, was sich auf die Möglichkeit allgemeinen und notwendigen Denkinhalts bezieht. Aber die bei Kants sonstiger Pedanterie außerordentlich merkwürdige Erscheinung seines höchst laxen und unbestimmten Sprachgebrauches, welche zu der Dunkelheit seiner Schriften ebenso viel wie die Schwerfälligkeit seines Periodenbaues beiträgt und ein deutliches Bild seines steten Ringens mit dem Gedanken gibt, – dieser sein Schreibgebrauch lässt ihn an jener Fixierung des Unterschiedes von transzendent und transzendental durchaus nicht festhalten und sehr häufig nach der alten Sitte transzendental da brauchen, wo er transzendent meint. Sicherer deshalb und weniger Verwirrungen ausgesetzt scheint die Bestimmung seiner Methode als der k r i t i s c h e n, umso mehr, als dieser Terminus in einem greifbaren und deutlichen Gegensatz erscheint. Dogmatisch nennt Kant alle Philosophie, welche ohne Prüfung der Erkenntnistätigkeit und ihrer Grenzen von irgendwelchen Voraussetzungen und Vorurteilen her gleich unmittelbar an die Erkenntnis der Dinge gehen will, und darunter fällt ihm der Empirismus so gut wie der Rationalismus seiner nächsten Vorgänger. Nicht minder verwerflich aber erscheint ihm der Skeptizismus, insofern derselbe den Nachweis liefern will, dass das menschliche Denken den Anforderungen, welche man von irgendwelchen dogmatischen Voraussetzungen her an dasselbe gestellt hat, nicht genügen kann, und darauf dann eine Art von Verzweiflung an der Erkenntnisfähigkeit des Menschen überhaupt gründet. Nicht also insofern er eine Kritik der Erkenntnis gibt, sondern insofern er diese Kritik unter dogmatischen Vorurteilen ausführt, wird der Skeptizismus von Kant bekämpft. Für die kritische Philosophie aber setzt er die Aufgabe, zunächst den Begriff der Erkenntnis neu, d.h. ohne dogmatische, metaphysische oder psychologische Voraussetzungen zu formulieren und dann zu untersuchen, in wie weit das menschliche Denken denselben zu realisieren vermag. So wurzelt der Begriff der kritischen Philosophie in ihrer erkenntnistheoretischen Aufgabe; aber derselbe überträgt sich dann, wenn auch mit einigen Veränderungen, auf die übrigen Gebiete der Philosophie. In diesem Sinne gilt es, dass durch Kant der e r k e n n t n i s - t h e o r e t i s c h e G e s i c h t s p u n k t zum maßgebenden für die Philosophie überhaupt gemacht werden ist. Nun gab es Ansätze zu dieser erkenntnistheoretischen Behandlung genug auch in der vorkantischen Lehre. Bei Locke, bei Leibniz, bei Hume sind sie unverkennbar vorhanden; aber die Voraussetzung, dass das Urteil über den Erkenntniswert der Vorstellungen von der Einsicht in ihren Ursprung abhänge, verquickte vor Kant überall diese Untersuchung mit psychologischen Theorien. Kant wurde erst dadurch originell, dass er sich klar machte, es sei für den Erkenntniswert des Denkens ganz gleichgültig, wie es zu Stande gekommen ist. Die Erkenntnistheorie soll weder beschreibende noch erklärende Psychologie sein; sie ist eine kritische, den Wert prüfende Wissenschaft, und sie muss deshalb statt von Voraussetzungen über das Wesen der Seele und den Ursprung der Vorstellungen, vielmehr von einem Idealbegriffe der Erkenntnis ausgehen, welcher sich lediglich auf immanente Unterschiede im Werte der Vorstellungen bezieht. In dieser Rücksicht nun stellt Kant an die Spitze seiner Untersuchungen das Ideal der s y n t h e t i s c h e n U r t e i l e a p r i o r i. Erkenntnisse sind Urteile, aber Urteile, in denen Vorstellungen miteinander in eine Verknüpfung gebracht werden, die nicht durch bloße logische Analyse ihres Inhaltes begründet ist, aber synthetische Urteile, welche auf Allgemeingültigkeit und Notwendigkeit Anspruch machen. Man hat den Unterschied analytischer und synthetischer Urteile, von dem die Kritik der reinen Vernunft ausgeht, vielfach dadurch bemängelt, dass man auf die psychologische Tatsache hinwies, es könne dasselbe Unheil für den einen Menschen synthetisch sein, welches für den andern analytisch sei. Dieser Einwurf ist ebenso wohlfeil, wie er den Sinn der Kant'schen Unterscheidung völlig missversteht. Kants Unterschied analytischer und synthetischer Urteile will nicht ein solcher der psychologischen Genesis, sondern der erkenntnistheoretischen B e g r ü n d u n g sein. Die analytischen Urteile haben keinen Erkenntniswert, weil die formal-logische Begründung nur dem Inhalt der Prämissen eine neue Form gibt. Der wahre Erkenntniswert gebührt erst denjenigen Urteilen, welche Vorstellungen in Beziehungen zueinander setzen, die nicht durch das logische Verhältnis ihres Inhaltes begründet sind. Dieser Wert gebührt in der ersten Linie allen tatsächlichen Vorstellungsverknüpfungen, die durch die Wahrnehmung gewonnen werden. Der Grund der Synthesis ist aber in diesem Falle ein Akt der Erfahrung. Deshalb nennt Kant diese Urteile synthetische Urteile *a posteriori*. Nun kommt der rationalistische Charakter seines Denkens mit voller Klarheit darin zutage, dass er diese Urteile zwar als zu Recht bestehend und als die Grundlage aller Erkenntnistätigkeit anerkennt, dass sich aber seine Erkenntnistheorie mit der Kritik derselben prinzipiell nicht befasst. Wenn man Kants Lehre eine Theorie oder Kritik der Erfahrung genannt hat, so darf man darunter im Prinzip nicht eine Untersuchung über den Wert derjenigen einzelnen Urteile vermuten, welche, wie man sich gewöhnlich ausdrückt, durch die Erfahrung gewonnen sind. Alle diese Urteile bilden vielmehr für Kant keinen Gegenstand der philosophischen Kritik: diese richtet sich auf die ganz neue Art von Erkenntnissen, welche Kant in dem Begriff der synthetischen Urteile *a priori* aufstellt. Die Leibniz'sche Theorie hatte den *vérités de fait* nur die *vérités éternelles* d.h. die logischen Grundsätze des analytischen Verfahrens gegenüber zu stellen gewusst. Kant aber fand, dass es ursprüngliche Begriffsverknüpfungen gibt, welche nicht logischen Charakters, und doch allgemein und notwendig sind. Gibt es solche, so muss es sich fragen, worin in diesem Falle der Grund der Synthesis liegt. Damit ist die Aufgabe der Kant'schen Philosophie und die kritische Methode ihrer Lösung bestimmt.

Auf allen Gebieten des menschlichen Denkens, nicht nur auf denjenigen des Erkennens, forscht Kant nach der Existenz synthetischer Urteile *a priori* d.h. ursprünglicher, nicht logisch begreiflicher Begriffsverknüpfungen von allgemeiner und notwendiger Geltung. Aber mit ihrer Konstatierung ist es nicht abgetan, sondern darauf folgt erst die wichtigere Frage nach dem Grunde ihrer Synthesis; und erst die Einsicht in diesen kann für die Kritik den Maßstab abgeben, nach welchem sie beurteilt, ob der Anspruch auf Allgemeingültigkeit und Notwendigkeit im einzelnen Falle berechtigt sei oder nicht. Man hat die kritische Methode so aufgefasst, als schlösse sie von den konstatierten synthetischen Urteilen *a priori* auf die Bedingungen ihrer Möglichkeit und lehrte dann, dass diese Bedingungen im menschlichen Geiste wirklich vorhanden seien, weil ja ihre Wirkungen konstatiert seien. Wäre dies das Schlussverfahren Kants, so müsste er aus der von ihm konstatierten Tatsache synthetischer Urteile *a priori* in der Metaphysik des Übersinnlichen haben erschließen müssen, dass die von ihm deduzierte Bedingung derselben, die intellektuelle Anschauung, dem menschlichen Geiste angehöre: denn es wäre sonst ganz willkürlich von ihm, den Anspruch der einen Wissenschaft anders als denjenigen der andern zu behandeln. Aber Kants Schlussweise ist eine ganz andere. Er konstatiert die synthetischen Urteile *a priori* nicht als Beweismaterial, sondern als Objekt der Kritik. Er untersucht bei einer jeden Art, unter welchen Bedingungen allein sie berechtigt sein können, und fragt dann, ob diese Bedingungen im menschlichen Geiste erfüllt sind oder nicht. Je nachdem diese Frage bejaht oder verneint wird, entscheidet sich dann das Urteil über die Berechtigung der synthetischen Urteile *a priori*. Wenn dies die eigentliche Anlage der kritischen Methode ist, so kann es andererseits nicht zweifelhaft sein, dass dieselbe aus den verwickelten Deduktionen der Kant'schen Lehre erst herausgeschält werden muss. Namentlich auf dem Gebiete der praktischen Philosophie wird sie, wie sich zeigen wird, durch einen anderen Gedanken derartig gekreuzt, dass sie fast bis zur Unkenntlichkeit entstellt ist. Hauptsächlich aber ist ihre Klarheit durch die Nötigung getrübt, in welche sich Kant versetzt sah, zu ihrer Durchführung wiederum psychologische Voraussetzungen und Untersuchungen anzuwenden. Denn wenn die Frage nach der Berechtigung des Anspruchs der synthetischen Urteile auf Allgemeingültigkeit und Notwendigkeit danach entschieden wurde, dass die Bedingungen dazu im menschlichen Geiste entweder vorhanden sind oder fehlen, so liegt ja die Entscheidung der erkenntnistheoretischen Fragen zuletzt doch immer wieder bei einer psychologischen Einsicht, wenn auch nicht in den Ursprung der Vorstellungen, so doch in die Eigenschaften der menschlichen Intelligenz oder, wie Kant mit der empirischen Psychologie seiner Zeit sagt, in die Vermögen des menschlichen Gemüts. So kommt es, dass die Erkenntnistheorie, wenn sie auch ihre Aufgabe ohne jede Rücksicht auf psychologische Voraussetzungen formuliert hat, doch zur Lösung derselben überall auf psychologische Tatsachen und Theorien rekurrieren muss, und dieses Verhältnis rechtfertigt sich von selbst, sobald man bedenkt, dass es sich um die Kritik nicht irgendeiner anderen, sondern eben der menschlichen Erkenntnisfähigkeit handelt. Aber Kant hat nun in seiner Durcheinanderarbeitung des ungeheuren Stoffs es versäumt, diese verschiedenen, im Ganzen sich gegenseitig ergänzenden und tragenden Gedankenreihen, auseinanderzuhalten und ihre Gliederung überall klar zu legen, und er hat dadurch nicht zum Wenigsten das Verständnis seines gesamten philosophischen Werkes erschwert.

Es ist aber hieraus klar, dass dem ganzen Umfang der Kant'schen Kritik eine nicht minder umfangreiche psychologische Ansicht zu Grunde liegt, und es wird das umso merkwürdiger dadurch, dass Kant im Verlaufe seiner Kritik der Wissenschaften der Psychologie den Charakter der Apodiktizität absolut abgesprochen hat. In dem energischen Einblicke auf die Kritik des Wertes bedachte er nicht die große Anzahl von psychologischen Voraussetzungen, mit denen er selbst nicht nur bei der Lösung jedes einzelnen Problems verfuhr und der Natur der Sache nach verfahren musste, sondern auch den ganzen Aufbau seiner neuen Lehre gliederte. So enthält seine Lehre zwar die vollkommene Unterordnung des psychologischen unter das erkenntnistheoretische Moment, aber doch auch zugleich den Beweis, dass ohne die Aufnahme des Ersteren die kritische Aufgabe durchaus nicht gelöst werden kann.

Von der psychologischen Grundlage seines gesamten Systems hat Kant den klarsten Ausdruck teils in der Einleitung in die Kritik der Urteilskraft, teils besonders in einem kleinen Aufsatze gegeben, welcher anfänglich für diese Einleitung bestimmt war, später von S. Beck am Schlusse seines »Erläuternden Auszuges aus den kritischen Schriften des Herrn Professor Kant« mit Autorisation des Philosophen auszugsweise veröffentlicht wurde und unter dem Titel »Über Philosophie überhaupt« in die Sammlung seiner Schriften übergegangen ist. Kant akzeptiert hier die Dreiteilung der psychischen Funktionen, welche in der empirischen Psychologie seiner Zeit durch Sulzer, Mendelssohn und Tetens geläufig geworden war und neben dem Erkenntnis- und dem Begehrungsvermögen ein Empfindungsvermögen ansetzte. Er fügt dann hinzu, dass allen drei Vermögen gewisse synthetische Urteile *a priori* eigen seien und dass deren kritische Untersuchung das ganze Geschäft seiner Transzendentalphilosophie ausmache. Im Erkenntnisvermögen bestehen die apriorischen Synthesen in einer Reihe von Urteilen, welche ohne formal-logische Verknüpfung die Grundbegriffe unserer Weltauffassung in notwendiger und allgemeingültiger Weise miteinander verbinden[1]. Auf dem Gebiete des Begehrungsvermögens bestehen die apriorischen Synthesen darin, dass gewissen Willensbetätigungen die moralischen Prädikate gut oder böse in notwendiger und allgemeingültiger Weise zugesprochen werden: die praktischen Synthesen *a priori* sind Wertbeurteilungen von allgemeiner und notwendiger Geltung. Auf dem Gebiete des Empfindungsvermögens bestehen die synthetischen Urteile *a priori* darin, dass es gewissen Gegenständen gegenüber allgemeingültige und notwendige Gefühle der Lust oder Unlust gibt, welche sich durch

---

1 Man übersieht von hier aus vielleicht am einfachsten Kants – historisch übrigens, so weit bekannt, völlig unvermittelte – Stellung zu der s c h o t t i s c h e n Schule. Diese behauptete gegen Locke und die Assoziationspsychologie die Existenz »ursprünglicher Urteile«, welche sie auf empirisch-psychologischem Wege konstatieren wollte. In gewissem Sinne decken sich dieselben mit Kants synthetischen Urteilen *a priori*: nur mit dem Unterschiede, dass die Schotten diese Urteile als absolute Wahrheit des *Commonsense* anerkannten, während Kant ihre Berechtigung in Frage stellte. Kant fängt also genau da an, wo die Schotten aufhörten.

die Prädikate der Schönheit oder Hässlichkeit, der Zweckmäßigkeit oder Unzweckmäßigkeit zu erkennen geben: die apriorischen Synthesen des Gefühlsvermögens sind, *a potiori* benannt, die ästhetischen[2] Urteile. Hiernach gliedert sich die kritische Philosophie in die drei Hauptteile einer Kritik der theoretischen, der praktischen und der ästhetischen synthetischen Urteile *a priori*, und das ganze Kant'sche System in seine theoretische, praktische und ästhetische Lehre. Den Grundstock der kritischen Werke Kants bilden deshalb die sogenannten drei großen Kritiken, von denen jede das Grundwerk für einen dieser drei Teile bildet: die Kritik der reinen Vernunft, die Kritik der praktischen Vernunft und die Kritik der Urteilskraft, – die drei Werke, um welche sich alle übrigen Kant'schen Schriften mit mehr oder minder naher Beziehung gruppieren.

Wenn man unter theoretischer Philosophie bei den früheren Philosophen in erster Linie ihre wissenschaftliche Begründung der Weltanschauung, m.a.W. ihre Metaphysik versteht, so bezieht sich bei Kant dieser Name im Wesentlichen auf seine Theorie der menschlichen Erkenntnis, d.h. also eigentlich auf die Theorie der Theorie. Es ist seine Wissenschaftslehre, welche diesen Namen verdient, und nur der besondere Charakter derselben gibt, wie sich entwickeln wird, die Berechtigung, seine Naturphilosophie in diesen Kreis seiner Betrachtungen hineinzuziehen.

Die Grundfrage dieses Teiles der Kant'schen Lehre ist also diejenige nach der Berechtigung derjenigen Wissenschaften, welche synthetische Urteile *a priori* enthalten. Kant konstatiert nach dem Schema, welches zuerst die Prolegomena darbieten, deren drei. In erster Linie steht die Mathematik. Die Gesetze, welche dieselbe entwickelt, sind zweifellos als allgemeingültig und notwendig anerkannt: Dass sie zugleich synthetischen Charakters sind, behauptete Kant aufgrund seiner Einsicht in den anschaulichen Charakter des mathematischen Denkens. In zweiter Linie kommt die »reine Naturwissenschaft« in Betracht. Unter diesem Namen begreift Kant das System der Grundsätze, welche aller Naturauffassung und Naturforschung zu Grunde liegen, und welches er nicht als gegeben vorfand, sondern selber erst

---

2   Über den Terminus »ästhetisch« vgl. Bd.1, S.515.

in der ersten Auflage der Kritik der reinen Vernunft schuf. Drittens aber beansprucht die Metaphysik mit ihrer Seelen-, Welt- und Gotteslehre die Notwendigkeit und Allgemeingültigkeit von Sätzen, welche nur scheinbar durch bloß logische Analyse, in Wahrheit aber durch synthetische Akte begründet sind.

Die Aufgabe der Kritik der reinen Vernunft ist die Prüfung dieser drei Wissenschaften, und sie vollzieht sich wiederum nach einer psychologischen Schematisierung. Der Gegensatz von Sinnlichkeit und Denken gliedert die transzendentale »Elementarlehre« in die transzendentale Ästhetik und die transzendentale Logik, von denen die Erstere die Kritik der Mathematik zu ihrem Gegenstande hat. Die Letztere teilt sich danach, dass das Denken als Verstand eine rationale Erkenntnis der Sinnenwelt, als Vernunft dagegen eine solche der übersinnlichen Welt zu finden sucht, in transzendentale Analytik und transzendentale Dialektik, von denen der Ersteren die Kritik der reinen Naturwissenschaft, der Letzteren diejenige der Metaphysik anheimfällt.

Der gesamten erkenntnistheoretischen Kritik Kants liegt die psychologische Auffassung bestimmend zu Grunde, dass Sinnlichkeit und Verstand die beiden vielleicht in ihrer letzten Wurzel vereinigten, in unserem Bewusstsein jedoch vollkommen gesondert und verschieden funktionierenden Stämme der Erkenntnis seien, dass aber andererseits jede objektive d.h. notwendige und allgemeingültige Erkenntnis nicht an einem dieser beiden Stämme allein reife, sondern vielmehr stets die Frucht von beiden sei. Spielt dabei die Sinnlichkeit die weibliche Rolle der Empfänglichkeit, so gebührt dem Verstande die befruchtende Funktion der Spontaneität. Es erweisen sich in dem Kant'schen System alle Arten der Erkenntnis *a priori* durch die verschiedenen Verhältnisse bedingt, in welche diese beiden Faktoren unseres Denkens miteinander treten.

Wenn zunächst Kant die M a t h e m a t i k als eine anschauliche Wissenschaft bezeichnet, so ist das nicht so zu verstehen, als ob damit aus ihr die Verstandestätigkeit eliminiert werden sollte. Begriffsbildung, Urteil und Schluss gehören selbstverständlich zu ihrem Apparate ebenso wie zu demjenigen aller anderen Wissenschaften. Was Kant der früheren Auffassung gegenüber behauptet, ist vielmehr nur dies, dass der Grund für die Begriffe und die Axiome[3], mit denen die Mathematik operiert, nicht in rein logischen Prozessen, sondern vielmehr in Akten der Anschauung zu suchen sei. Dass die gerade Linie die kürzeste zwischen zwei Punkten, dass die Summe von 5 und 7 gleich 12 ist, sind Sätze, welche durch logische Analyse ihrer Subjektbegriffe nicht gefunden werden können. Im Begriffe der Geradheit liegt kein Merkmal der Entfernungsgröße, im Begriff der Summe zweier Zahlen liegt nicht eine andere Zahl als ihr Merkmal. Diese Sätze müssen also in einer Synthesis begründet, und diese Synthesis kann nicht diejenige einer zufälligen Erfahrung sein, denn sonst wäre die Allgemeingültigkeit und Notwendigkeit jener Sätze nicht erklärt. Das ein- oder mehrmalige Ausmessen, das ein- oder mehrmalige Zusammenzählen ist kein Beweis für jene Sätze. Aber dieselben leuchten sofort und unmittelbar ein, sobald man ihren Inhalt in der Anschauung konstruiert. Indem man die gerade Linie zwischen zwei Punkten zieht, ergibt es sich in der Anschauung als unmittelbar selbstverständlich, dass es keine kürzere geben kann, und indem man den Akt des Summierens in der Zahlenreihe ausführt, bleibt auch nicht der Schatten eines Zweifels darüber bestehen, dass das Resultat unter allen Umständen dasselbe sein muss. Liegt somit der Grund der Synthesis in der Anschauung, so ist es nicht eine einzelne oder die Summe mehrerer einzelnen Erfahrungen, sondern vielmehr die Notwendigkeit und Allgemeingültigkeit des Aktes als solchen, denen jene Sätze ihre Apodiktizität verdanken. Diese Apodiktizität gilt also nur, wenn es allgemeingültige und notwendige Anschauungsakte gibt. Nun ist aber in der Anschauung alles, was die sinnliche Qualität der einzelnen Gegenstände der Wahrnehmung bildet, Farben, Töne und so weiter, von subjektiver, individueller Wandelbarkeit. Allgemein und notwendig können deshalb nur die räumlichen und zeitlichen Formen sein; und auch nur für diese gilt ja die mathema-

---

3   Dass auch die Beweisführung der Mathematik nicht in der Form des Syllogismus stattfinde, sondern auf anschaulichen Überführungen beruhe, hat Kant niemals behauptet. Diese Konsequenz hat erst Schopenhauer zu ziehen gesucht, während für Kant sich die Anschaulichkeit des mathematischen Verfahrens auf die Konstruktion der Begriffe und die der Beweisführung zu Grunde liegenden Axiome beschränkt.

tische Gesetzmäßigkeit. Die Bedingung also, unter welcher allein der Anspruch der Mathematik auf Allgemeingültigkeit und Notwendigkeit berechtigt sein kann, ist diejenige, dass sie eine Reflexion auf die notwendigen und allgemeingültigen Formen aller Anschauungen überhaupt bildet, und dass die beiden Elemente der mathematischen Konstruktion, R a u m   u n d   Z e i t , solche Formen d.h. Anschauungen *a priori* sind. Die Untersuchung dieser Frage gibt also eine transzendentale Anschauungslehre, d.h. (nach dem etymologischen Sinne des Wortes) Ästhetik.

Den Beweis für die Apriorität von Raum und Zeit führt Kant auf vier Wegen. Die Vorstellungen von Raum und Zeit können nicht erst auf dem Wege der Abstraktion aus denjenigen von einzelnen Räumen und einzelnen Zeiten begründet werden, sondern die Letzteren tragen bereits in den Merkmalen des Nebeneinander und Nacheinander das allgemeine Merkmal der Räumlichkeit und der Zeitlichkeit in sich. Haben sie auf diese Weise keine empirische Begründung, so sind sie zweitens dennoch durchaus notwendige Vorstellungen, da man zwar alle Gegenstände aus ihnen, nicht aber sie selbst fortzudenken im Stande ist. Drittens sind Raum und Zeit überhaupt nicht Begriffe in dem logischen Sinne des Wortes. Denn es gibt eben nur den einen allgemeinen Raum und die eine allgemeine Zeit, und eine Vorstellung, der nur ein einziges Objekt entsprechen kann, ist kein Gattungsbegriff, sondern eine Anschauung. Das Verhältnis des Raums zu den einzelnen Räumen und der Zeit zu den einzelnen Zeiten ist ein gänzlich anderes als dasjenige eines Gattungsbegriffs zu seinen Arten resp. Exemplaren. Einzelne Räume resp. Zeiten sind realiter Teile des allgemeinen Raums resp. der Zeit; aber ein einzelner Tisch ist durchaus nicht realiter ein Teil des allgemeinen Tisches, sondern hier ist umgekehrt die allgemeine Vorstellung Tisch nur ein Teil der Vorstellung des einzelnen Tisches. Endlich würde ein Begriff niemals so gedacht werden können, dass sein Gegenstand eine unendliche Menge einzelner Gegenstände in sich als reale Teile enthielte. Da nun Raum und Zeit das letztere tun, so folgt daraus, dass sie nur durch die Unbegrenztheit einer anschaulichen Funktion zu Stande kommen. So findet Kant durch eine Untersuchung des Verhältnisses, in welchem sich die Vorstellungen von Raum und Zeit zu unseren einzelnen Anschauungen befinden, dass die Letzteren überhaupt erst dadurch zu Stande kommen, dass ihnen Raum und Zeit als n o t w e n d i g e und a l l g e m e i n e Anschauungsformen, als Anschauungen a p r i o r i zu Grunde liegen. Ist aber dies erwiesen, so ergibt sich daraus, dass die Reflexion auf die innere Gesetzmäßigkeit dieser reinen Anschauungen – und nichts anderes enthält die Mathematik – notwendige und allgemeine Geltung mit vollem Rechte beansprucht.

Die Apodiktizität der Mathematik gründet sich also darauf, dass Raum und Zeit die apriorischen Formen der sinnlichen Anschauung sind. Man muss den Begriff der A p r i o r i t ä t ganz scharf verstehen, um nicht die Kant'sche Lehre von vornherein misszudeuten. Sein Begriff von Apriorität hat mit der psychologischen Priorität nichts zu tun, so sehr es bei Kants vieldeutiger und unsicherer Ausdrucksweise manchmal den Anschein haben mag. Es ist Kant auch nicht im Entferntesten eingefallen, jemals zu behaupten, dass Raum und Zeit angeborene Ideen etwa im Sinne des Cartesianismus seien; er hat niemals daran gedacht, zu meinen, dass der Mensch die Vorstellung des allgemeinen Raums und der allgemeinen Zeit mit auf die Welt brachte und in dieselbe nun die einzelnen sinnlichen Anschauungen an passenden Stellen einfügte. Sein Begriff der Apriorität will eben nur sagen, dass Raum und Zeit die immanente, dem Wesen der Anschauungstätigkeit eigene Gesetzmäßigkeit bilden, welche nicht etwa erst durch die einzelnen Erfahrungen erzeugt wird, sondern vielmehr ihrerseits zu den konstitutiven Prinzipien jeder einzelnen Wahrnehmung gehört. Lösen daher wir in der Abstraktion die räumliche und die zeitliche Form von ihrem besonderen sinnlichen Inhalt ab, so bringen wir uns nur die Gesetzmäßigkeit zum Bewusstsein, welche bei der Genesis der Wahrnehmung ohne unser bewusstes Zutun in uns wirksam war. Mit der psychologischen Frage, wie wir dazu kommen, uns diese unbewusst in uns tätige Gesetzmäßigkeit zum Bewusstsein zu bringen, hat sich Kant niemals eingehender beschäftigt; wo er sie jedoch streift, hat er stets seine Ansicht dahin ausgesprochen, dass diese Gesetzmäßigkeit uns nicht anders zum Bewusstsein kommen kann, als indem wir sie in den besonderen, einzelnen Wahrnehmungen anwenden. In dem Streite der modernen Physiologen und Psychologen über den

Ursprung der Raumvorstellung würde Kant zweifellos auf Seite der Empiristen stehen; aber seine Lehre von der Apriorität hat überhaupt mit der ganzen Streitfrage nichts zu tun und ist daher am allerfalschesten gedeutet worden, wenn man sie mit dem jetzigen Nativismus vergleichen zu dürfen meinte.

Mit der Gültigkeit der mathematischen Apodiktizität ist aber durch die Lehre von der Apriorität von Raum und Zeit jene p h ä n o m e n a - l i s t i s c h e Konsequenz verbunden, welche in Kants Entwicklung eine so bedeutsame Rolle spielte. Waren Raum und Zeit die Formen unserer sinnlichen Anschauung und zwar die notwendigen und allgemeingültigen Formen derselben, so galt die mathematische Gesetzmäßigkeit ausnahmslos für den gesamten Umfang unserer sinnlichen Vorstellungswelt. Aber diese Konsequenz reichte nur so weit, als es sich eben um unsere Vorstellungswelt handelt. Müssten wir räumliche und zeitliche Verhältnisse erst durch die Einwirkung wirklicher räumlicher und zeitlicher Dinge auf unseren Geist erfahren, so könnten wir niemals sicher sein, dass nicht eine spätere Erfahrung unsere bisherige Erkenntnis der mathematischen Gesetzmäßigkeit rektifizierte. Die absolute Apodiktizität derselben ist dagegen begreiflich, sobald wir in ihr nur unsere eigene Funktionsweise erkennen. Dann sind wir sicher, dass diese selbe Funktionsweise sich in allen ihren späteren Anwendungen mit derselben Notwendigkeit und Allgemeinheit wiederfindet. So ist die Apriorität der Mathematik nur zu begreifen, wenn alles, was wir anschauen, das Produkt eben unserer Anschauungsweise und ganz originaliter in uns entsprungen ist. Die Rätselfrage, welche Kant durch die Newton'sche Naturphilosophie nahe gelegt war, wie es denn kommen könne, dass die mathematischen Gesetze, die wir aus dem eigenen Geiste heraus zu entwickeln vermögen, sich als bestimmende Mächte des Naturgeschehens zu erkennen geben, diese Rätselfrage nach der realen Geltung der Mathematik, welche noch viel weiter greift, als diejenige nach ihrer Apodiktizität, löste sich nur, aber sie löste sich auch vollständig unter dem phänomenalistischen Gesichtspunkte. Wenn die Sinnenwelt nur unsere Vorstellungsweise von den Dingen ist, so gelten die Formen unserer sinnlichen Anschauung d.h. die mathematischen Gesetze für ihren ganzen Umfang, aber es ist in keiner Weise abzusehen, wie sie weiter reichen sollen. In diesem Sinne spricht Kant von der empirischen Realität und der transzendentalen Idealität von Raum und Zeit.

Auf den ersten Blick sieht diese Kant'sche Lehre wie eine einfache Erweiterung der allgemeinen phänomenalistischen Lehre aus, welche schon vor ihm in der modernen Philosophie herrschte. Bei Locke, der die Theorien von Descartes und Hobbes in seiner Weise verknüpfte, hatten alle Qualitäten der einzelnen Sinne für subjektiv, dagegen die räumlichen und zeitlichen Bestimmungen für primäre Qualitäten oder reale Eigenschaften der Dinge gegolten – ganz so, wie es die moderne Naturwissenschaft lehrt. Was scheint nun Kant anders getan zu haben, als die räumlichen und zeitlichen Eigenschaften auch für subjektiv zu erklären? Gegen eine solche Auffassung hat Kant mit vollem Rechte auf das Äußerste protestiert. Ihm gelten Raum und Zeit in ganz anderem Sinne für subjektiv als die sinnlichen Qualitäten. Die Letzteren sind es in der Weise, dass sie von einer Beziehung des Gegenstandes auf die Sinne der wahrnehmenden Organismen abhängen, dass sie also durch die wechselnde Funktion dieser Sinne sogar individuell different auftreten. Derselbe räumlich-zeitliche Gegenstand erscheint deshalb verschiedenen wahrnehmenden Organismen und wiederum den verschiedenen Sinnen desselben Organismus, ja sogar demselben Sinn unter verschiedenen Umständen verschieden, und die naturwissenschaftliche Theorie selbst liefert den Beweis, dass wir alle diese sinnlichen Qualitäten von dem Gegenstande fortdenken und doch einen deutlichen und klaren Begriff von ihm haben können. Die räumlichen und zeitlichen Bestimmungen der Wahrnehmungsgegenstände dagegen sind nicht nur den verschiedenen Auffassungen der verschiedenen Sinne gemeinsam, sondern sie konstituieren das Wesen der Gegenstände derartig, dass ohne sie dieselben überhaupt nicht mehr gedacht werden können. Sie bilden daher eine allgemeine und notwendige Vorstellungsform der Gegenstände, während die sinnlichen Qualitäten nur besondere und zufällige Wahrnehmungsweisen derselben darstellen. Die Subjektivität der sinnlichen Qualitäten ist individuell und zufällig, diejenige von Raum und Zeit ist allgemein und notwendig. Indem Kant diese a l l g e m e i n e u n d n o t w e n d i g e g e s e t z m ä ß i g e S u b j e k t i v i t ä t a l s O b j e k t i v i t ä t bezeichnet, gelten ihm Raum und Zeit als objektive Bestimmungen der Erscheinungen[4]; aber diese ihre Objektivität, lehrt er, sei weit entfernt von R e a l i t ä t im Sinne der alten metaphysischen Auffassung.

Gegen diese Wendung des Kant'schen Gedankens ist früh eingeworfen worden, es sei damit zwar vielleicht bewiesen, dass die ganze Vorstellung, welche wir von der Erfahrungswelt haben, in unseren gesetzmäßigen Funktionen ihren Ursprung habe, aber es sei nicht widerlegt, dass sie trotzdem ein vollkommenes Abbild der absoluten Wirklichkeit sei. Die Möglichkeit bleibe offen, dass diese unsere gesetzmäßige Funktion von vornherein so eingerichtet sei, dass das in uns nach den Gesetzen unserer Sinnlichkeit vollkommen neu entspringende Weltbild dennoch der wirklichen Welt entspreche. Es ist richtig, dass Kants Veröffentlichungen eine ausdrückliche Widerlegung dieses Einwurfes nicht enthalten. Seine Briefe dagegen bezeugen, dass er diese »präformierte« Harmonie zwischen den Formen der Intelligenz und der wirklichen Welt, welche er selbst noch in der Inauguraldissertation hinsichtlich der Verstandesbegriffe vertreten hatte, in seiner kritischen Periode für den seichtesten aller Auswege hielt, auf dem die Erkenntnistheorie sich ihren schweren Fragen entziehen könne. Gewiss hat er damit Recht, dass eine solche prästabilierte Harmonie ein rein problematischer Gedanke ist, für dessen Annahme sich ebenso wenig wie für seine Ablehnung irgendwie die geringsten Handhaben aufweisen lassen und der deshalb für eine erkenntnistheoretische Untersuchung gänzlich außerhalb ihres Horizontes bleiben muss. Aber er würde den Gedanken an die Möglichkeit, dass Raum und Zeit zugleich apriori-

---

4   Inwieweit diese Kant'sche Unterscheidung zwischen der Subjektivität der sinnlichen
    Qualitäten und derjenigen der räumlichen und zeitlichen Bestimmungen tatsächlich
    berechtigt ist, kann hier nicht untersucht werden. Die moderne Physiologie würde ihr
    kaum beitreten; sie würde vielmehr geltend machen müssen, dass es gleichmäßig auf beiden Gebieten bei der Wahrnehmung jeden Gegenstandes einerseits einen Kern gesetzmäßiger, allgemeiner und notwendiger Normalität, andererseits aber auch in der räumlich-zeitlichen Auffassung so gut, wie in derjenigen der einzelnen Sinne einen gewissen
    Umfang individueller und zufälliger Differenzen gibt. Es genügt jedoch hier zu konstatieren, dass Kant von jener prinzipiellen Verschiedenheit des Wertes der spezifischen Sinnesqualitäten und der räumlich-zeitlichen Bestimmungen überzeugt war und die erkenntnistheoretischen Konsequenzen dieser psychologischen Überzeugung gezogen hat.

sche Formen unserer Sinnlichkeit und reale Formen der wirklichen Welt seien, nicht so völlig absprechend behandelt haben, wenn er nicht einerseits in den Antinomien einen direkten Beweis dagegen zu besitzen geglaubt hätte und wenn nicht andererseits seine persönliche Überzeugung vollständig in der Richtung befestigt gewesen wäre, dass die Welt der Dinge an sich den moralischen Wert der Übersinnlichkeit besitze und dass eben die gesamte sinnliche Welt nur eine mit dem wahren Wesen inkongruente Erscheinungsform desselben sei. Es ist unrichtig, in dieser Überzeugung Kants philosophische Originalität zu suchen. Die Lehre, dass die Sinnenwelt nur der schwache Abglanz einer höheren Welt sei, ist so alt wie das metaphysische Denken überhaupt. Sie ist weder dem Grübelsinn der indischen noch der begrifflichen Klarheit der griechischen Philosophie fremd, sie ist in der mittelalterlichen und in der neueren Philosophie an mehr als einer Stelle und in mannigfachen Verhältnissen aufgetreten, und sie trägt bei Kant zunächst nur den eigentümlichen Zug, dass sie in der transzendentalen Ästhetik durch lediglich erkenntnistheoretische Überlegungen begründet erscheint und den Nerv derselben bei ihm das Prinzip bildet: eine allgemeingültige und notwendige Erkenntnis sei nur soweit möglich, als der menschliche Geist nach seinen eigenen Bewegungsgesetzen sich das Bild der Welt entwerfe, und zu diesen Formen, nach denen er dasselbe zu entwerfen genötigt sei, gehörten in erster Linie diejenigen der sinnlichen Synthese in Raum und Zeit.

Dagegen gibt es noch einen anderen Gesichtspunkt, hinsichtlich dessen Kants Vertretung des Phänomenalismus eine neue Phase innerhalb dieser Lehre bedeutet: Das ist seine vollkommen konsequente Ausdehnung der phänomenalistischen Ansicht auch auf die Zeit. Dass die Körperwelt mit ihrer ganzen sinnlichen Gestaltung nur ein subjektives Bild im Geist des Menschen sei, ist eine vielfach aufgestellte und verfochtene Ansicht: Dass aber auch der zeitliche Charakter unserer ganzen Vorstellungswelt nicht eine reale Bestimmung desselben, sondern auch nur eine menschliche Auffassungsweise sei, ist vor Kant zwar gelegentlich in mystisch-religiösen Phantasien gestreift, von der wissenschaftlichen Philosophie dagegen nur selten und auch in gewissem Sinne nur schüchtern behauptet werden. Hauptsächlich nur bei den Eleaten, bei Platon und bei Spinoza finden sich Anklänge der Kant'schen Auffassung. Die große Schwierigkeit für die Betrachtung der Zeit unter dem phänomenalistischen Gesichtspunkte besteht nämlich darin, dass wir ohne zeitliche Sukzession uns einen Prozess des Geschehens, der Tätigkeit oder der Veränderung überhaupt nicht vorzustellen im Stande sind, und dass deshalb die phänomenalistische Auffassung der Zeit, sobald sie sich mit einer positiven Metaphysik verbinden will, zu der Annahme eines absolut starren, an sich veränderungslosen Seins hindrängt. Eine Welt, in der es keine Zeit gibt, ist auch eine solche, in der nichts geschieht. Diese Schwierigkeiten sind bei Kant dadurch verdeckt, dass sein Phänomenalismus eine Metaphysik der Erkenntnis überhaupt ablehnt und nur eine solche des ethischen Bewusstseins anerkennt; aber es wird sich zeigen, dass sie auch in seiner Freiheitslehre nicht überwunden sind. Zur Annahme dieser Konsequenz ist Kant wohl hauptsächlich dadurch geführt werden, dass er in Folge des Newton'schen Vorganges Zeit und Raum völlig parallel als die absoluten Bedingungen für den gesamten Inhalt unserer Erfahrung behandelte. In seiner psychologischen Schematisierung fasste er das Verhältnis dieser beiden Bedingungen unter Benutzung der Locke'schen Unterscheidung von äußerem und innerem Sinne derartig auf, dass er den Raum als die reine Anschauungsform des äußeren, die Zeit als diejenige des inneren Sinnes bestimmte. Da nun alle Vorstellungen als Funktionen unseres Geistes überhaupt unter den Begriff des inneren Sinnes fallen, so gilt die Zeit ausnahmslos für alle, und unter ihnen bilden den äußeren Sinn nur diejenigen, welche zu jener allgemeinen Bedingung der Zeit noch die weitere des Raumes hinzufügen. Kants völlig konsequenter Phänomenalismus lehrt also, dass der äußere Sinn mit seiner allgemeinen räumlichen Bestimmtheit nur eine Provinz des inneren Sinnes, d.h. unseres Wissens von unserer eigenen psychischen Tätigkeit ist. Die Zeit ist die Form, in welcher wir uns selbst und alle anderen Dinge, der Raum nur diejenige, unter welcher wir jene anderen Dinge anschauen.

Vermöge dieser Ausdehnung des Phänomenalismus auf den inneren Sinn erklärte nun Kant, dass das Wahrnehmungsmaterial unseres gesamten Wissens E r s c h e i n u n g sei, von deren Verhältnis zum Ding an sich nichts behauptet werden darf. Nicht nur unsere Vorstellung von den Körpern, sondern auch diejenige von uns selbst und unseren eigenen Tätigkeiten und Zuständen ist eben nur eine Art, wie wir vorstellen, und durchgängig durch die gesetzmäßige Form unserer Anschauung bedingt. Indem so der innere Sinn in den phänomenalen Bereich der Sinnlichkeit hineingezogen wird, entsteht bei Kant eine Doppelbedeutung des Terminus »s i n n l i c h «, welche dem ganzen Zusammenhange seiner Lehre große Schwierigkeiten bereitet und die Auffassung derselben bedeutend erschwert hat. Hatte Kant aus einem zum großen Teile ethischen Interesse sich die scharfe Sonderung der sinnlichen und der übersinnlichen Welt zur Lebensaufgabe gemacht, so war dabei der Begriff des »Sinnlichen« in metaphysischer Bedeutung und in dem populären Sinne genommen, welcher unter »sinnlich« das Materielle oder das auf materiellen Veranlassungen Beruhende versteht. Mit der Aufnahme der Lehre vom inneren Sinn gewann das Wort »sinnlich« die erkenntnistheoretische Bedeutung, alles zu umfassen, was durch Wahrnehmung, äußere oder innere, uns zum Bewusstsein kommt, und dabei fallen unter diesen Begriff auch alle die psychischen Tätigkeiten, welche nach der metaphysischen Terminologie als übersinnlich bezeichnet zu werden pflegten und pflegen. Auf diese Weise schillern die metaphysische und die erkenntnistheoretische Bedeutung der »Sinnlichkeit« bei Kant fortwährend ineinander, und das außerordentlich schwierige Verhältnis seiner theoretischen und seiner praktischen Lehre ist nicht zum Mindesten durch diese Unsicherheit bedingt.

Kants Phänomenalismus ist aber mit der Lehre von Raum und Zeit noch keineswegs erschöpft, sondern erfährt seine wahre Vertiefung erst durch den Fortgang der erkenntnistheoretischen Untersuchung. Konnten nämlich auch Raum und Zeit als die objektiven, d.h. allgemeinen und notwendigen Anschauungsformen betrachtet werden, so würden sie doch allein noch nicht genügen, um unseren Vorstellungen den wahren Charakter der Objektivität d.h. der Gegenständlichkeit aufzuprägen. Wenn die sinnlichen Empfindungen nach räumlichen und zeitlichen Gesetzen angeordnet werden, so entstehen dadurch zwar Anschauungsbilder; aber dieselben würden als bloße Vorstellungen in unbestimmter Schwebe bleiben, wenn nicht zu der räumlichen und zeitlichen noch eine andere Synthese hinzukäme, um diese Bilder zu objektivieren. Erst dadurch, dass die Empfindungen, welche die

Elemente unserer Anschauungsbilder sind, bei der räumlichen und zeitlichen Synthese zugleich als Eigenschaften von Dingen aufgefasst und dass zwischen diesen Dingen bestimmte Beziehungen als notwendig gedacht werden, verwandelt sich der Inhalt unserer Vorstellungen in das Bild einer Welt von Dingen, die miteinander in Verhältnissen stehen. Diese Verwandlung ist nicht mehr eine Sache der Sinnlichkeit, so sehr auch das gewöhnliche Bewusstsein von einer unmittelbaren Wahrnehmung von Dingen und ihren Verhältnissen sprechen mag. Die reine Wahrnehmung enthält nichts als Empfindungen in räumlicher und zeitlicher Anordnung; das reine Wahrnehmungsurteil ist, wie es Hume charakterisiert hatte, nur das Bewusstwerden einer räumlichen Koordination und einer zeitlichen Sukzession von Empfindungen. Alles was darüber hinausgeht, enthält eine Deutung der Wahrnehmungen, welche nur durch die Anwendung gewisser begrifflicher Beziehungen auf das Material der Empfindungen zu Stande kommt. Begriffliche Beziehungen aber sind die Funktion nicht mehr der Sinnlichkeit, sondern des Verstandes. Wenn also das gemeine Bewusstsein davon spricht, dass es Dinge mit ihren Eigenschaften und Verhältnissen »erfahre«, so ist diese Erfahrung eine Tätigkeit, welche sich aus dem Zusammenwirken der Sinnlichkeit und des Verstandes ergibt, und die Erkenntnistheorie hat die Aufgabe, den Anteil, welchen jeder dieser Faktoren an dem Produkte hat, genau festzustellen. Kants scharfe Sonderung der Sinnlichkeit und des Denkens führt ihn daher zu der weittragenden Einsicht, dass in allem, was wir Erfahrung nennen, unsere Wahrnehmung bereits mit einer großen Anzahl von Funktionen des Denkens durchsetzt und von denselben verarbeitet ist. Offenbar ist dies nun aber eine ganz andere Art der Verarbeitung des Empfindungsmaterials als diejenige, welche man im eigentlichen Sinne als die logische bezeichnet. Die logische Funktion des Verstandes, Begriffe, Urteile und Schlüsse zu bilden, setzt bereits ein Material von Vorstellungen voraus, an welchem sich jene Objektivierung der sinnlichen Bilder durch verstandesmäßige Beziehungen betätigt hat. Es muss also neben den logischen Formen der Verstandestätigkeit noch andere geben, welche von einem viel tieferen Gebrauche und von einer viel innigeren Beziehung zu der Anschauungstätigkeit, obwohl von der Letzteren durchaus verschieden sind.

An diesem Punkte liegt die eigenste Bedeutung, welche Kant für die Erkenntnistheorie hat. Sinnliche Anschauungen und logische Formen ihrer Verarbeitung, das waren die beiden einzigen Elemente der Erkenntnistätigkeit, welche man vor ihm kannte, und wenn den Inhalt aller menschlichen Erkenntnis die notwendigen Beziehungen des Vorstellungsinhalts bilden, so suchte den Grund derselben der Rationalismus in den logischen Formen, der Empirismus in dem ursprünglichen Inhalt der Wahrnehmungen. Nun hatte sich Kant davon überzeugt, dass mit den logischen Formen eine sachlich neue Erkenntnis niemals gewonnen werden kann; er hatte aber auch durch die Konsequenz des Hume'schen Gedankens erfahren, dass die wichtigste aller Notwendigkeitsbeziehungen, diejenige der Kausalität, in der Wahrnehmung selbst nicht enthalten ist. Sollte es daher allgemeingültige und notwendige Erkenntnis von den Verknüpfungen des Anschauungsinhaltes geben, so war dieselbe weder durch die Anschauungen selbst noch durch die logischen Formen noch durch die Verbindung von beiden zu gewinnen. Diese Folgerung hatte Hume gezogen, und im Hinblick auf sie gilt es, dass der größte der englischen den größten der deutschen Philosophen »aus dem dogmatischen Schlummer gerüttelt hat«. Denn im Gegensatz dazu erhob sich nun Kant gleichzeitig über den empiristischen Skeptizismus und über den logisch-formalistischen Rationalismus durch die größte seiner theoretischen Entdeckungen, diejenige nämlich, dass es neben den logischen noch andere Formen der Verstandestätigkeit gibt und dass in ihnen der Grund für alle notwendige und allgemeingültige Erkenntnis der Erfahrungswelt zu suchen ist. Diese Formen, welche im Gegensatz zu den rein logischen die erkenntnistheoretischen genannt werden dürfen, bezeichnete Kant als K a t e g o r i e n .

Aus diesen Prämissen ergibt sich Kants durchaus neue und schöpferische Stellung zur Wissenschaft der Logik. Von der alten Gestalt derselben, in welcher sie eine Theorie des Begriffs, des Urteils und des Schlusses sein will, behauptete er mit Recht, dass sie seit Aristoteles keinen wesentlichen Fortschritt gemacht habe. Aber über den Wert dieser logischen Formen des Denkens hatte er erkannt, dass sie lediglich eine formale Umbildung und Verdeutlichung eines schon gegebenen Stoffes zu gewähren im Stande sind. So betrachtet, können die logischen Formen nicht mehr als Erkenntnisformen im eigentlichsten Sinne des Wortes gelten, und dann ist die Logik nicht mehr eine Theorie der Erkenntnis, sondern vielmehr eine Lehre von den Formen des richtigen Denkens, soweit dasselbe sich auf die analytische Behandlung eines irgendwie sonst schon feststehenden Vorstellungsinhaltes beschränkt. Mit dieser Auffassung wurde Kant zum Vertreter der f o r - m a l e n   L o g i k im modernen Sinne des Wortes. Er lehrte, dass für die wissenschaftliche Betrachtung dieser Denkformen jede Berücksichtigung des Inhaltes des Denkens fortzufallen und lediglich die Form des Gedankenfortschrittes die Untersuchung zu beschäftigen habe. Die scharfe Scheidung, welche er mit Lambert zwischen dem Inhalt und der Form des Denkens gemacht hatte, erwies sich für seine Bestimmung der Aufgabe der Logik entscheidend, und unter diesem Gesichtspunkte behandelte er dieselbe in seinen Vorlesungen, deren Grundzüge auf seine Veranlassung von Jäsche (1800) herausgegeben wurden. Aber dieser formalen Logik setzte Kant nun eine e r k e n n t - n i s t h e o r e t i s c h e   L o g i k entgegen, welche sich zwar auch mit den Formen des Denkens, aber nicht mit den logischen sondern mit den erkenntnistheoretischen, die er neu entdeckt hatte, beschäftigte und die Frage zu beantworten hatte, wie aus diesen Kategorien eine allgemeine und notwendige Erkenntnis hervorzugehen im Stande sei. Das ist Kants Begriff der »t r a n s z e n d e n t a l e n   L o g i k «, welche sich also zum Denken ebenso verhält wie die transzendentale Ästhetik zum Anschauen. Kant suchte nun zwar formale und transzendentale Logik als vollkommen gesonderte Wissenschaften zu behandeln. Wenn sich aber doch zeigte, dass sie in der Lehre vom Urteile nicht nur sich flüchtig berührten, sondern vielmehr auf das Innigste verwachsen waren, so ergab sich daraus als eine Aufgabe der Zukunft eine neue Gesamtbehandlung der Logik vermittelst einer Ineinanderarbeitung des formalen und des erkenntnistheoretischen Gesichtspunktes. Auf diese Weise ist in der Tat durch Kant nach Aristoteles der erste große Schritt zu einer Umbildung der Logik geschehen.

Die transzendentale Logik entwickelt Kant nun im Anschluss an eine gebräuchliche Behandlungs- und Bezeichnungsweise als eine Kritik einerseits der berechtigten, andererseits der unberechtigten Anwendung der Kategorien, jener in der Analytik, dieser in der Dialektik.

Die Frage der transzendentalen Analytik geht auf die Berechtigung derjenigen synthetischen Urteile *a priori*, aus denen Sich die reine Naturwissenschaft konstituiert. An der Spitze der empirischen Naturforschung figurieren ausgesprochen oder unausgesprochen eine Anzahl von Axiomen, welche durch die einzelnen Tatsachen zwar bestätigt, welche aber in der Allgemeingültigkeit und Notwendigkeit, mit der wir von ihnen überzeugt sind, niemals durch die Erfahrung begründet werden können. Sätze, wie derjenige, dass die Substanz in der Natur sich weder vermehrt noch vermindert, oder derjenige, dass alles Geschehen in der Natur seine Ursache habe, sind unmöglich durch Erfahrung zu begründen. Dass sie nur durch die Erfahrung uns erst allmählich zum Bewusstsein gekommen sind, würde Kant gern zugegeben und nicht als einen Einwurf gegen ihre Apriorität angesehen haben, da ja die Letztere keine psychologische, sondern eine erkenntnistheoretische Bestimmung ist. Zugleich sind diese Sätze synthetisch; denn es liegt weder im Begriff der Substanz, dass sie quantitativ unveränderlich, noch in demjenigen des Geschehens, dass es ursächlich bedingt sei. Sind nun diese Synthesen nicht durch Erfahrung begründbar, worin besteht ihre Berechtigung? Sie alle enthalten den Anspruch, die allgemeine Gesetzmäßigkeit der N a t u r zum Ausdruck zu bringen. Wäre nun die Natur ein realer Zusammenhang von Dingen, so. könnte unser Geist von der Gesetzmäßigkeit dieses Zusammenhanges eine Erkenntnis nur auf zwei Wegen gewinnen: entweder indem er den Zusammenhang durch die Wahrnehmung erführe oder indem er denselben aus seiner eigenen Gesetzmäßigkeit konstruierte, dabei aber so eingerichtet wäre, dass er damit die Realität wirklich erkennte. Die letztere Annahme setzt wieder jene präformierte Harmonie voraus, welche Kant ein für alle Mal aus der Erkenntnistheorie verbannt hatte. Die erstere dagegen wurde, selbst wenn man zugäbe, dass wir in der Wahrnehmung noch einen anderen als den räumlich-zeitlichen Zusammenhang erfahren (was Kant leugnet), doch niemals die Allgemeingültigkeit und Notwendigkeit, welche wir für unsere Naturerkenntnis in Anspruch nehmen, berechtigt erscheinen lassen. Dagegen wird es möglich, diese Berechtigung zu begreifen, wenn wir uns auf den phänomenälistischen Standpunkt begeben. Dass der Wahrnehmungsinhalt sowohl in seiner sinnlichen

Qualität als auch in seiner räumlich-zeitlichen Formung subjektiven Charakters ist, gilt durch die transzendentale Ästhetik für bewiesen. Auf alle Fälle ist also, was wir Natur nennen, immer doch nur ein gesetzmäßiger Zusammenhang von Erscheinungen. Es gibt nun einen erkenntnistheoretischen Standpunkt, welcher dies zugibt und dabei doch behauptet, dass der gedachte Zusammenhang der Erscheinungen, d.h. die Formen der Gesetzmäßigkeit, welche das Denken als die Verhältnisse der Erscheinungen auffasst, mögen die Letzteren selbst auch nur-phänomenalen Charakters sein, dennoch eine Erkenntnis der Realität bilden. Genauso verhielt sich die Leibniz'sche Lehre. Aber für Kant war diese prästabilierte Harmonie unannehmbar, und so stieß er auf die Frage, ob vielleicht diese Formen auch nur phänomenalen Charakters seien. Wenn sie die Gesetze darstellen, nach denen der menschliche Geist vermöge seiner eigenen Organisation den Zusammenhang der Erscheinungen denken muss, gleichviel ob derselbe so real ist oder nicht, so ist jede dieser Formen für uns ein Naturgesetz von allgemeiner und notwendiger Geltung. Schriebe eine außer uns bestehende Natur dem menschlichen Geiste seine Erkenntnis vor, so könnten wir nie wissen, ob wir diese Vorschriften schon in dem Umfange kennen gelernt haben, um zu wissen, mit welchem Grade von Allgemeinheit die einzelnen gelten: Dagegen ist diese Apriorität sogleich begründet, wenn es umgekehrt u n s e r V e r s t a n d i s t, w e l c h e r d e r N a t u r d i e G e s e t z e v o r s c h r e i b t. Die Paradoxie dieses Satzes besteht nur so lange, als man dabei an eine willkürliche Tätigkeit des individuellen Verstandes denkt: Was Kant meint ist vielmehr, dass wir von einer allgemeinen und notwendigen Erkenntnis der Natur nur unter der Bedingung sprechen dürfen, wenn das, was wir Natur nennen, nicht eine Welt von Dingen an sich, sondern vielmehr der nach den allgemeinen Gesetzen unseres Geistes gedachte Zusammenhang von Erscheinungen ist. Apriorische Naturerkenntnis ist nur möglich unter dem phänomenalistischen Gesichtspunkte, nur möglich, wenn alles, was wir von einer wirklichen Welt zu erfahren glauben, ein Produkt nicht nur unserer Empfindungs- und Anschauungs-, sondern auch unserer Denkweise ist. Danach kann unsere apriorische Naturerkenntnis nur darin bestehen, dass wir uns die Gesetze zum Bewusstsein bringen, nach denen die Organisation

75

unserer Intelligenz ohne unser bewusstes Zutun die Vorstellung der Natur in uns produziert. Die Entscheidung der Frage nach der Berechtigung einer reinen Naturwissenschaft hängt also daran, ob sich solche reinen Formen des Denkens als konstituierende Kräfte für unsere Erfahrung von der Natur ebenso nachweisen lassen, wie die reinen Anschauungen für unsere Auffassung der sinnlichen Bilder.

In der Aufsuchung dieser Formen nun lehnt sich die transzendentale an die formale Logik an. Wenn es solche reinen Formen der Denktätigkeit geben soll, so können sie nur die Arten der Verknüpfung darstellen, in denen die Vorstellungen im Denken auftreten. Die Vorstellungsverknüpfung aber hat, sobald sie den Anspruch nicht nur auf subjektive, sondern auch auf objektive, d.h. allgemeine und notwendige Geltung macht, stets die Form des Urteils. Gegenständliches Denken ist Urteilen. Die Aufgabe, die verschiedenen Verknüpfungsweisen, welche das Denken anzuwenden im Stande ist, systematisch zu finden, muss deshalb zu ihrer Lösung sich des Leitfadens bedienen, den eben die formale Logik in der Lehre von der Einteilung der Urteile darbietet. Es gibt so viele Kategorien, als es ursprüngliche Verknüpfungsarten von Vorstellungen gibt, und es gibt der Letzteren so viele, als es Formen des Urteils gibt. Wenn man bei jeder dieser Formen auf die eigenartige Beziehung achtet, welche das Unheil zwischen Subjekt und Prädikat ansetzt und worin seine spezifische Eigentümlichkeit besteht, so wird man in diesem Verhältnisbegriffe eine der Grundfunktionen des Denkens erkennen müssen. In dieser Auffassung der Urteilsformen besteht, prinzipiell betrachtet, die entscheidende logische Tat Kants. Mit ihr erhebt er sich über die schematische Behandlung, welche die Lehre vom Urteil in der Logik bis zu ihm hin deshalb gefunden hatte, weil man dabei lediglich auf die Subsumtionsverhältnisse zwischen Subjekt und Prädikat seine Aufmerksamkeit richtete. Kant hatte eingesehen, dass das Urteil weder stets eine Gleichsetzung von Subjekt und Prädikat besagen noch den Ausdruck für das Verhältnis des Umfangs dieser beiden Begriffe geben will, sondern vielmehr zwischen Subjekt und Prädikat eine begriffliche Beziehung stiftet, welche sich in der Abstraktion als einer der reinen Verstandesbegriffe verselbstständigen lässt. Das Urteil: Zucker ist süß, will weder die beiden Begriffe Zucker und süß einander gleichsetzen noch den einen unter den anderen subsumieren, sondern vielmehr aussagen, dass das Ding Zucker zu seinen Eigenschaften auch diejenige habe, süß zu sein. Das Wesen des Urteils besteht also darin, die beiden Vorstellungen »Zucker« und »süß« in das begriffliche Verhältnis von Ding und Eigenschaft miteinander zu setzen, und der verbindende Akt, welcher in diesem Urteil die Synthesis von Subjekt und Prädikat vollzieht, spricht sich, wenn er gesondert zum Bewusstsein gebracht werden soll, als das Verhältnis von Ding und Eigenschaft, als die Kategorie der Substanzialität aus. Dies Beispiel mag genügen, um die Absicht zu erläutern, welche Kant bei seiner Behandlung des Urteils vorschwebte. Die transzendentale Logik will nicht mehr, wie die formale, eine Logik des Umfangs der Begriffe sein, sondern vielmehr die sachlichen Beziehungen untersuchen, welche durch die verschiedenen Formen der Urteilstätigkeit zwischen den Begriffen angesetzt werden. Jene einseitige Berücksichtigung des Umfangs der Begriffe war der alten Logik dadurch aufgenötigt worden, dass ihre wesentliche Aufgabe auf eine Theorie des wissenschaftlichen Beweisverfahrens, auf eine Lehre vom Schluss hinauslief. Erst von dem erkenntnistheoretischen Gesichtspunkt Kants her konnte es entdeckt werden, dass den Formen des Urteils ebenso viele Verhältnisse zwischen den Begriffen entsprechen. Mit dieser Entdeckung hat Kant jene große Umwälzung der Logik begonnen, welche heute noch nicht vollendet ist. Und diese Bedeutung seines neuen Prinzips wird dadurch nicht geschmälert, dass Kant sich in der Anwendung desselben offenbar vergriffen hat.

Denn es ist bei der klaren Vorstellung, welche Kant von der Verschiedenheit der Aufgabe der formalen und der erkenntnistheoretischen Logik gehabt hat, höchst merkwürdig, dass er dennoch meinte, das von der formalen Logik aufgestellte System der Urteile als Leitfaden für die Aufsuchung der erkenntnistheoretischen Funktionen benutzen zu können. Mit seiner Überzeugung von der Unanfechtbarkeit der formalen Logik legte er, obwohl ihm doch die Verschiedenheit, welche in dem Vortrage der Urteilslehre selbst unter den Schulphilosophen obwaltete, kaum hat entgehen können, dennoch seiner Aufsuchung der Kategorien die Tafel der Urteile, wie er sie vorzutragen pflegte, zu Grunde. Diese Tafel zeigte vier Gesichtspunkte, denen jedes Urteil unterworfen werden müsse, diejenigen der Quantität, der Qualität, der Relation und der Modalität, und für jeden dieser Gesichtspunkte drei verschiedene Formen, von denen eine in jedem Urteil enthalten sein müsse. Der Quantität nach ist das Urteil entweder ein allgemeines oder ein partikulares oder ein singulares, der Qualität nach entweder ein bejahendes oder ein verneinendes oder ein unendliches, der Relation nach entweder ein kategorisches oder ein hypothetisches oder ein disjunktives, der Modalität nach ein problematisches oder ein assertorisches oder ein apodiktisches. Aus der Reflexion auf diese zwölf möglichen Formen des Urteils entwickelt nun Kant seine Tafel der zwölf Kategorien. Die Kategorien der Quantität sind: Allheit, Vielheit, Einheit; diejenigen der Qualität sind: Realität, Negation, Limitation; diejenigen der Relation sind: Inhärenz und Subsistenz (*substantia et accidens*), Kausalität und Dependenz (Ursache und Wirkung), Gemeinschaft (Wechselwirkung zwischen Handelndem und Leidendem); diejenigen der Modalität sind: Möglichkeit und Unmöglichkeit, Dasein und Nichtsein, Notwendigkeit und Zufälligkeit. Es ist klar, dass der Zusammenhang zwischen jenen Urteilsformen (selbst deren System als richtig zugegeben) und diesen reinen Verstandesbegriffen, welche die darin wirksamen Verknüpfungsfunktionen enthalten sollen, zum großen Teil nur ein äußerst loser, willkürlicher und zufälliger ist. Und von allen Teilen der Kant'schen Philosophie ist diese Ausführung eines seiner bedeutendsten und fruchtbarsten Gedanken offenbar der schwächste. Leider ist die Wirkung davon nicht auf diesen Teil beschränkt, sondern Kant fand vielmehr sonderbarerweise an diesem Schema der Kategorien so viel Freude, dass er dasselbe in der Folgezeit überall zu Grunde legte, wo es ihm um die erschöpfende Behandlung eines Problems zu tun war. Seine zunehmende Pedanterie trat nicht am wenigsten darin zutage, dass er meinte, jeder Gegenstand müsse nach Quantität, Qualität, Relation und Modalität gesondert abgehandelt werden, und dass er in dieses Schema seine späteren Untersuchungen nicht zu ihrem Vorteil künstlich »wie in ein Prokrustesbett« hineinpresste.

Das sind also die reinen Verstandesbegriffe, deren durchaus parallele Behandlung mit den reinen Anschauungsformen den eigentlichen Charakter von Kants kritischer Erkenntnistheorie bildet, indem er von ihnen mit einer analogen Beweisführung und mit den gleichen phänomenalistischen Konsequenzen die Apriorität behauptet. Auch hier gilt dieselbe nicht in dem psychologischen Sinne, dass etwa Begriffe, wie diejenigen der Substanzialität und Kausalität von vornherein im Bewusstsein des Menschen vorhanden seien und dann erst zur Anordnung des sinnlichen Vorstellungsmaterials ausdrücklich verwendet werden sollten. Für Kant ist vielmehr auch das Bewusstsein von diesen reinen Formen des Denkens in derselben Weise wie dasjenige der räumlichen und zeitlichen Gesetze nur eine Reflexion auf die Formen der Synthesis, welche das Denken unwillkürlich in seiner Erfahrungstätigkeit anwendet. Den Beweis davon führt Kant in demjenigen Abschnitt der Kritik der reinen Vernunft, welcher von allen am tiefsten geht, aber eben deshalb auch von jeher als der dunkelste und schwierigste gegolten hat. Will man sich den Beweisgang desselben ohne die zum Teil sehr künstliche und verwickelte Terminologie, welche Kant dafür konstruiert hat, klarmachen, so muss man als Ausgangspunkt die für Kants eigene Entwicklung so bedeutungsvolle Frage nach dem Grunde der Gegenständlichkeit unserer sinnlichen Wahrnehmungsbilder nehmen. Versteht man unter Wahrnehmung die nach dem Schema von Raum und Zeit angeordneten Zusammenfassungen von Empfindungen, welche in dem individuellen Bewusstsein entstehen, unter Erfahrung dagegen das Bewusstsein des Individuums, eine notwendige und allgemeingültige Vorstellungsverbindung bei dieser sinnlichen Wahrnehmung vollzogen zu haben, so lautet die Frage der t r a n s z e n d e n t a l e n D e d u k t i o n d e r r e i n e n V e r s t a n d e s b e g r i f f e : Wie wird aus Wahrnehmung Erfahrung? Oder schärfer im Geiste der kritischen Methode ausgedrückt: Aus welchem Grunde kann aus Wahrnehmung Erfahrung werden? Erfahrung setzt das Verhältnis eines subjektiven Vorstellungsgebildes zu einem Gegenstande voraus; und so lässt sich die Frage auch so formulieren: Worin besteht und worauf beruht die Beziehung unserer Wahrnehmungen auf Gegenstände? Um aber in der Beantwortung dieser Frage nicht von vornherein fehl zu gehen, muss man sich klarmachen, dass Gegenständlichkeit im Sinne des Kant'schen Kritizismus nicht mit Realität nach altem und gewöhnlichem Sprachgebrauch, sondern vielmehr lediglich mit Notwendigkeit und Allgemeingültigkeit identisch ist. Daraufhin formt sich jene

Frage in die weitere um: Aus welchen Gründen können wir überzeugt sein, dass die in der Wahrnehmung des einzelnen Subjektes sich vollziehenden räumlich-zeitlichen Synthesen von Empfindungen notwendige und allgemeine Geltung haben? In der Beantwortung dieser Frage entwickelt Kant die größte Energie seines Denkens, und es ist dies der Punkt, wo er sich über das Vorurteil des naiven Realismus weit emporhebt. Den Nerv aber der gesamten Deduktion der reinen Verstandesbegriffe muss man in Kants Nachweise sehen, dass schon die Allgemeingültigkeit und Notwendigkeit, welche in der Wahrnehmung dem räumlichen und zeitlichen Schema der Empfindungen beiwohnt, nicht durch die bloße Anschauungstätigkeit, sondern bereits durch begriffliche Beziehungen oder, wie Kant sich ausdrückt, durch Regeln des Verstandes bestimmt ist.

Man sagt gewöhnlich, Kant habe sich nur um die Apriorität von Raum und Zeit und den Kategorien, niemals aber um den Erkenntniswert der einzelnen Erfahrungen gekümmert, und Jacobi und Herbart haben gleichmäßig diesen Einwurf gegen die Vernunftkritik gemacht. Die transzendentale Deduktion lehrt das Gegenteil; sie sucht zu zeigen, dass räumliche und zeitliche Anordnung von Empfindungen nur dann einen objektiven, d.h. notwendigen und allgemeinen Wert haben, wenn sie durch eine begriffliche Funktion in ihrer Anwendung bestimmt sind. Zwei Empfindungen A und B, welche in demselben individuellen Bewusstsein hintereinander aufgetreten sind, können innerhalb desselben nach den Gesetzen der empirischen Reproduktion und Assoziation in beliebiger Weise und von jedem Individuum in anderer Weise räumlich und zeitlich in Beziehung gesetzt werden. Sollen sie aber in die allgemeine und notwendige Beziehung treten, dass immer B auf A folge, so ist das nur dadurch möglich, dass A die Ursache von B ist. In ähnlicher Weise, meint Kant, seien alle räumlichen und zeitlichen Verhältnisse individuell verschiebbar und würden zur Notwendigkeit und Allgemeingültigkeit erst dadurch fixiert, dass sie nach den begrifflichen Verhältnissen geregelt werden.

Nun liegt aber eine solche Notwendigkeit und Allgemeingültigkeit in dem, was wir Erfahrung nennen, tatsächlich vor. Wir haben ein exaktes Bewusstsein davon, dass die räumliche und zeitliche Anord-

nung, in welche wir bei der Wahrnehmung die Empfindungen versetzen, allgemein und notwendig gilt. Und doch ist in den bloßen
Empfindungen kein Grund für eine solche bestimmte Anordnung
enthalten. Wenn wir unsere Augen über die einzelnen Teile eines großen Gegenstandes wandern lassen und uns diese Teile sukzessive zum
Bewusstsein bringen, so bleiben wir doch davon überzeugt, dass diese
sukzessive in uns aufgetretenen Empfindungen als gleichzeitig im
Raume koordiniert gedacht werden müssen, während wir in anderen
Fällen nicht minder sicher davon überzeugt sind, dass der Sukzession
unserer Empfindungen (z.B. bei der Bewegung eines Gegenstandes)
auch eine objektive Sukzession in der Zeit entspreche. Nichts anderes
können wir nun aber meinen, wenn wir den subjektiven Vorstellungs-
bewegungen gegenüber von »G e g e n s t ä n d e n « sprechen, welche die Richtschnur für die Richtigkeit der Ersteren bilden. Gegenständlichkeit ist eine Regel für die räumlich-zeitliche Anordnung der
Empfindungen, eine Regel, welche nach dem Obigen jedes Mal die
Anwendung einer der Funktionen des reinen Verstandes enthält, und
wodurch der subjektiven Vorstellungsverknüpfung objektive Geltung
verschafft werden soll. Von der erkenntnistheoretischen Analyse aus
gesehen, ist also Erfahrung nur notwendige und allgemeingültige
Wahrnehmungstätigkeit, und ist der Gegenstand der Wahrnehmung
nur diese Bestimmtheit der räumlich-zeitlichen Synthese durch einen
Verstandesbegriff. Die Gegenstände also sind nicht an sich bestehende
Dinge, sondern sie sind der individuellen Assoziation gegenüber lediglich die allgemeinen und notwendigen Empfindungsverknüpfungen.

Nun treten aber diese objektiven Synthesen gleichfalls in dem individuellen Bewusstsein auf. Sie zeichnen sich nur dadurch aus, dass
ihnen ein Gefühl von Notwendigkeit und Allgemeingültigkeit beiwohnt, welches aus der empirischen Assoziationstätigkeit des individuellen Geistes nicht erklärbar ist. Deshalb kann der Grund der
Objektivität nur darin gesucht werden, dass im tiefsten Grunde des
individuellen Bewusstseins eine allgemeine Organisation tätig ist, welche nicht sowohl in ihrer Funktion selbst, als vielmehr in den Produkten derselben vor das individuelle Bewusstsein tritt. Dieses findet deshalb die Vorstellung der Gegenstände als ein Fertiges und Gegebenes
vor und betrachtet dieselben als etwas ihm Fremdes und Äußerliches,

während sie in Wahrheit in der innersten Werkstätte seines eigenen Lebens erzeugt worden sind. Das Gegenständliche also in unserem Denken beruht auf einer ü b e r i n d i v i d u e l l e n   F u n k t i o n, welche gleichmäßig den Untergrund aller individuellen Vorstellungstätigkeit bildet. Indem Kant daran geht, diese Funktion zu definieren, ergibt sich zunächst, dass ihr innerster Charakter derjenige der Einheit des Denkaktes sein muss. Alle Gegenstände sind Synthesen von Empfindungen, aber sie sind als solche stets eine Vereinheitlichung des Mannigfaltigen. Wenn nun dies Mannigfaltige in den Empfindungen besteht, so ist andererseits die Vereinheitlichung eine Funktion der reinen Formen der Intelligenz. Raum und Zeit einerseits und die Kategorien andererseits bilden also die Formen der notwendigen und allgemeingültigen Vereinheitlichung für die Mannigfaltigkeit der Empfindungen d.h. sie sind in ihrer Verbindung die konstituierenden Prinzipien der Objektivität. Diese ganze »transzendentale Synthesis des Mannigfaltigen« ist aber nur so denkbar, dass ihr eine absolute Einheit zu Grunde liegt, in welcher und an welcher das Verschiedene als solches erkannt und miteinander in Beziehungen gesetzt wird. Diese absolute Einheit kann natürlich weder in einem bestimmten Denkinhalt noch in einer der besonderen Denkformen, sondern nur in jener allgemeinsten Form bestehen, welche als der stets sich gleichbleibende Akt »ich denke« alle Vorstellungen überhaupt nicht nur begleitet, sondern erst möglich macht. Den tiefsten Grund jener überindividuellen Organisation bildet also dieses »reine Selbstbewusstsein«, welches Kant mit dem Namen der »t r a n s z e n d e n t a l e n   A p p e r z e p t i o n « bezeichnet.

In dieser überindividuellen Intelligenz liegt also der Grund für die Allgemeingültigkeit und Notwendigkeit der Erfahrung. Die Kategorien sind nichts als die besonderen Formen der Synthesis, welche die transzendentale Apperzeption anwendet, um die Mannigfaltigkeit der Empfindungen in die begriffliche Einheit zu bringen, in welcher allein auch die Notwendigkeit und Allgemeingültigkeit der räumlich-zeitlichen Anordnung begründet ist. Die Welt der Gegenstände ist also ein Produkt der überindividuellen Organisation, welche als Erfahrung in uns Einzelnen tätig ist. Bildet sich das Individuum willkürlich und nach den Gesetzen der Assoziation aus dem Material seiner Wahrnehmungen neue Zusammenstellungen, so bezeichnet man diese Tätigkeit als Einbildungskraft, welche im Individuum stets reproduktiver Natur ist. Indem nun die transzendentale Apperzeption aus den Empfindungen mit Hilfe des Schemas von Raum und Zeit durch die Einheitsfunktion der Kategorien originaliter die Gegenstände erzeugt, verdient sie den Namen der p r o d u k t i v e n E i n b i l d u n g s k r a f t.

Dies ist nun der »Kopernikanische Standpunkt«, den Kant gewonnen zu haben glaubte, um das Verhältnis unserer Vorstellungen zu einer gegenständlichen Welt begreiflich zu machen. Die einzige Bedingung, unter der es Begriffe *a priori* von den Gegenständen geben kann, ist die, dass die Gegenstände unserer Erkenntnis nicht Dinge an sich, sondern Erscheinungen sind. Hätte unsere Erkenntnistätigkeit es mit Dingen an sich zu tun, so würden unsere Begriffe für dieselben niemals allgemeine und notwendige Bedeutung haben können. Von den Dingen selbst, durch Erfahrung im gewöhnlichen Sinne des Wortes gewonnen, wurden sie *a posteriori* sein; aus uns als angeborene Ideen genommen, würde ihre reale Gültigkeit immer unbegreiflich bleiben. Empirismus und Rationalismus sind gleich unfähig, apriorische Erkenntnis von Gegenständen zu erklären; nur die Transzendentalphilosophie vermag dies, indem sie zeigt, dass die Kategorien allgemein und notwendig für alle Erfahrung gelten, weil diese Erfahrung erst durch sie zu Stande kommt. Was aber dadurch zu Stande kommt, sind nicht Gegenstände an sich, sondern Gegenstände, welche in jener überindividuellen Organisation als Vorstellungssynthesen entsprungen sind, d.h. Erscheinungen. Wenn es nur Erscheinungen sind, mit denen es die menschliche Erkenntnis zu tun hat, so ist es begreiflich, dass es für dieselbe Begriffe *a priori* gibt. Denn als Erscheinungen sind die Dinge nur in uns vorhanden, und die Art, wie das Mannigfaltige der Empfindung in unserem Bewusstsein vereinigt erscheint, geht dann den Erscheinungen selbst als ihre intellektuelle Form vorher. Eine Natur als System von Dingen an sich könnte in eine allgemeine und notwendige Erkenntnis nie eingehen; aber eine Natur, welche ein Produkt unserer Organisation ist, d.h. eine Erscheinungswelt, ist in ihren allgemeinen Gesetzen *a priori* zu begreifen, weil diese Gesetze nichts anderes sind, als die reinen Formen unserer Organisation.

Diese Lehre Kants ist Rationalismus, insofern sie eine apriorische Erkenntnis mit den Formen des menschlichen Geistes behauptet und begründet; sie ist Empirismus, insofern sie diese Erkenntnis nur auf die Erfahrung und die darin gegebenen Erscheinungen beschränkt; sie ist Idealismus, insofern sie lehrt, dass es nur unsere Vorstellungswelt ist, welche wir erkennen; sie ist Realismus, indem sie behauptet, dass diese unsere Vorstellungswelt Erscheinung d.h. die Auffassung unseres Geistes von einer wirklich bestehenden Welt, obwohl nicht deren Abbild ist. Sie fasst alle diese Charakteristiken zusammen als transzendentaler Phänomenalismus, indem sie zeigt, dass die Welt der Objekte für den individuellen Geist das Produkt einer überindividuellen Organisation ist, die demselben nicht fremd gegenübersteht, sondern den Grund seines eigenen Lebens bildet. Auch für Kant gilt deshalb die populäre Bezeichnung, dass die Wahrheit des Denkens in seiner Übereinstimmung mit Gegenständen besteht: aber diese Gegenstände können nicht Dinge im Sinne des naiven Realismus, sondern nur Vorstellungen höherer Art sein. Wahrheit für den subjektiven Geist ist Übereinstimmung der individuellen mit der überindividuellen Vorstellung.

Es ist verzeihlich, dass dies Resultat des Kritizismus bei seinem Erscheinen mit der Lehre von Berkeley verwechselt worden ist; aber es ist ebenso berechtigt, das Kant sich gegen diese Verwechslung energisch verwahrt hat. Denn während Berkeley jede Realität der Körperwelt überhaupt aufhob, hält Kant an derselben absolut fest und behauptet seinerseits nur, dass alles, was wir von diesen Körpern durch Wahrnehmung und Denken wissen, in der Organisation unseres Geistes begründet, und deshalb nur eine Erscheinungsweise derselben sei; und während Berkeley eine metaphysische Substanzialität der individuellen Geister und infolgedessen eine Mitteilung des göttlichen Vorstellungsprozesses an die einzelnen Geister annahm, entschlägt sich Kant vermöge seiner Ausdehnung des Phänomenalismus auch auf den inneren Sinn dieses metaphysischen Spiritualismus vollständig und betrachtet auch das empirische Selbstbewusstsein nicht als eine reale Wesenheit, sondern als eine Erscheinung. In diesem Sinne gab er in der zweiten Auflage der Vernunftkritik eine seiner gesamten Lehre vollkommen entsprechende »Widerlegung des Idealismus«, indem er zeigte, dass das individuelle Selbstbewusstsein statt der Vorstellung der Außenwelt, wie Descartes und Berkeley meinten, zu Grunde zu liegen, vielmehr umgekehrt erst aufgrund einer entwickelten Vorstellung von äußeren Gegenständen zu Stande kommt, dass also mit Rücksicht sowohl auf die psychologische Genesis, als auch auf die erkenntnistheoretische Begründung die Funktion des äußeren Sinnes derjenigen des inneren Sinnes vorhergeht.

So erweist sich die transzendentale Ästhetik nur als Präludium der Analytik. Dort handelt es sich um die räumlichen und zeitlichen Gesetze, insofern dieselben in sich apodiktisch und von allgemeiner Geltung für die gesamte Sinnenwelt sind. Hier dagegen zeigt es sich, dass die ganze Welt unserer Erfahrung erst durch die Zusammenwirkung der Sinnlichkeit und des Verstandes zu Stande kommt, und dass jede besondere Anwendung der räumlichen und zeitlichen Synthese nur dadurch objektiven Wert erhält, dass sie durch eine Funktion des reinen Verstandes, durch eine Kategorie geregelt wird. Die beiden Erkenntnisquellen, Sinnlichkeit und Verstand, welche Kant so scharf gesondert hat, lassen ihre innere Zusammengehörigkeit und ihre gemeinsame Abstammung aus der uns unbekannten Wurzel darin erkennen, dass sie sich an demselben Material der Empfindungen in engster Verbindung betätigen, und dass die Verhältnisse der sinnlichen Synthese sich durch diejenigen der begrifflichen Synthese bedingt zeigen. Indem Kant dieser Vereinbarkeit der heterogenen Funktionen nachgeht, stellt er zwischen beiden als psychologisches Zwischenglied eine Analogie zwischen den kategorialen Verhältnissen und gewissen zeitlichen Beziehungen auf, die er als den »S c h e m a t i s m u s d e r r e i n e n V e r s t a n d e s b e g r i f f e « bezeichnet. Die stetige Gleichzeitigkeit z.B. von Empfindungen steht mit der Kategorie der Substanzialität, die stetige Sukzession derselben mit derjenigen der Kausalität in einer ursprünglich unserem Denken einleuchtenden Beziehung. Während nun Hume, der diese Beziehungen wenigstens an den eben gewählten Beispielen zuerst entdeckte, dieselben lediglich als Produkte des individuellen Assoziationsmechanismus auffasste, sieht dagegen Kant: In dieser Koinzidenz sinnlicher und begrifflicher Verhältnisse die eigentliche Funktion der transzendentalen Einbildungskraft, und da das zeitliche Schema und die Formen des Denkens sich in der Tätigkeit des inneren Sinnes begegnen, so glaubt er auf diese Weise die Möglichkeit begriffen zu haben, dass eine transzendentale Urteilskraft die räumlich-zeitlichen Gebilde unter reine Verstandesbegriffe subsumiere, und dadurch die begrifflichen Regeln der Kategorien ihre Anwendung auf die Welt der sinnlichen Wahrnehmung finden. Kants Lehre von der Zeit zeigt sich hier als ein unentbehrliches Zwischenglied seiner gesamten psychologisch-erkenntnistheoretischen Konstruktion. Die Zeit als die reine Form des inneren Sinnes gilt einerseits als transzendentale Bedingung auch für alle Erscheinungen des äußeren Sinnes und andererseits als ein allgemeines Schema für die Anwendung der Kategorien. So vermittelt sie jene Gemeinsamkeit der Funktion zwischen Sinnlichkeit und Verstand und lässt es begreiflich erscheinen, dass aus der Subsumtion der Erscheinungen unter die Kategorien sich allgemeine Sätze ergeben, welche für den gesamten Umfang der Ersteren als apriorische Gesetze gelten.

Daraufhin entwickelt Kant die G r u n d s ä t z e d e s r e i n e n V e r s t a n d e s. Sie enthalten dasjenige, was er die reine Naturwissenschaft nennt, d.h. die Axiome, welche, ohne durch die Erfahrung begründbar zu sein, aller Erfahrung zu Grunde liegen, und alle besonderen Naturgesetze nicht nur als einzelne Anwendungen auf empirische Gegenstände unter sich enthalten, sondern auch allein wirklich zu begründen im Stande sind. Jeder dieser Grundsätze enthält nichts anderes als den Satz, dass die betreffende Kategorie oder Kategorienklasse auf jede Erscheinung ihre Anwendung zu finden habe. So ergibt der Gesichtspunkt der Quantität das allgemeine A x i o m d e r A n s c h a u u n g, dass alle Erscheinungen ihrer Anschauung nach extensive Größen sind. So folgt aus dem Gesichtspunkt der Qualität der Grundsatz der A n t i z i p a t i o n d e r W a h r n e h m u n g, dass in allen Erscheinungen das Objektive, welches den Gegenstand der Empfindung bildet, eine intensive Größe ist, d.h. einen Grad hat. So begründen die Gesichtspunkte der Modalität als P o s t u l a t e d e s e m p i r i s c h e n D e n k e n s die Begriffsbestimmungen: möglich sei dasjenige, was der Anschauung und dem Begriffe nach mit den formalen Bedingungen der Erfahrung übereinkommt; wirklich dasjenige, was mit den materialen Bedingungen der Erfahrung, d.h. der Empfindung zusammenhängt; notwendig endlich dasjenige, dessen

Zusammenhang mit dem Wirklichen nach allgemeinen Bedingungen der Erfahrung bestimmt ist. Am wichtigsten aber sind zweifellos unter diesen Grundsätzen des reinen Verstandes die A n a l o g i e n d e r E r f a h r u n g , welche aus der Unterordnung aller Erscheinungen unter die Kategorien der Relation sich ergeben. Die Anwendung der Kategorie der Substanzialität auf die Erscheinungen ergibt als erste Analogie den »Grundsatz der Beharrlichkeit der Substanz«, nach welchem bei allem Wechsel der Erscheinungen die Substanz beharrt und das Quantum derselben in der Natur weder vermehrt noch vermindert wird. Aus der Subsumtion aller Erscheinungen unter die Kategorie der Kausalität folgt als zweite Analogie der »Grundsatz der Zeitfolge nach dem Gesetze der Kausalität«, dass alle Veränderungen nach dem Gesetze der Verknüpfung von Ursache und Wirkung geschehen. Die Kategorie der Gemeinschaft erzeugt in ihrer Anwendung auf die Erscheinungen als dritte Analogie den »Grundsatz des Zugleichseins nach dem Gesetz der Wechselwirkung«, wonach alle Substanzen, insofern sie im Raum als zugleich wahrgenommen werden können, in durchgängiger Wechselwirkung stehen. Diese Analogien enthalten nicht mehr und nicht weniger als die G r u n d - z ü g e e i n e r M e t a p h y s i k d e r E r f a h r u n g s w e l t ; sie lehren, dass nach den Gesetzen unserer geistigen Organisation sich alle Erfahrung als ein System von räumlichen Substanzen darstellen muss, deren Zustände im Verhältnis wechselseitiger Kausalität stehen. In ihnen erst entwickelt sich die besondere Darstellung davon, dass die Natur als System von Ordnung und Gesetzmäßigkeit, welches wir wahrzunehmen glauben, in Wahrheit auf dem Grundriss der gesetzmäßigen Funktion unseres Verstandesgebrauches aufgebaut ist: und so hat Kant erwiesen, dass wir die Welt in diesem ihren Zusammenhange vermöge unserer Organisation so wie es geschieht anschauen und denken müssen, ganz unabhängig davon, ob sie – worüber wir nichts entscheiden können und was uns auch gar nichts angeht – außerhalb unseres Geistes so ist oder nicht.

Die so gefundenen und deduzierten Grundsätze des reinen Verstandes enthalten also die Metaphysik, d.h. die apriorische Verstandeserkenntnis der Erscheinungswelt. Allein sie bedürfen behufs ihrer Anwendung auf die Erfahrungswissenschaften noch einer Ergänzung.

Wenn die Erfahrung nur durch die gemeinsame Wirkung der Sinnlichkeit und des Verstandes erzeugt wird, so steht ihr Gegenstand, d.h. die Natur *a priori* unter den Gesetzen, d.h. den reinen Formen der Sinnlichkeit und des Verstandes. Nun zeigte sich zwar schon die Anwendung der Letzteren durch die zeitliche Schematisierung bedingt, und in den Grundsätzen des reinen Verstandes liegt in dieser Weise schon eine Verknüpfung der beiden Prinzipien vor. Allein da alle Erscheinungen sinnlichen Charakters sind, so muss sich in ihnen auch die besondere Gesetzgebung von Raum und Zeit, d.h. die mathematische als maßgebend erweisen. Mit jenen zwölf Grundsätzen ist, da die Tafel der Kategorien als ein vollständiges System gilt, der Umfang dessen, was man durch bloße Begriffe *a priori* von der Erfahrung weiß und wissen kann, erschöpft. Erst die mathematische Erkenntnis fügt dieser apriorischen Metaphysik der Erscheinungen das anschauliche Element hinzu. Ohne dieses Element ist eine Verknüpfung zwischen jenen höchsten Grundsätzen und den besonderen Erfahrungen nicht denkbar, mithin auch eine Subsumtion der Letzteren unter die Ersteren nicht vollziehbar. Die psychologische Konstruktion, welche Kant seiner Erkenntnistheorie zu Grunde legte, lässt die Formen der Sinnlichkeit als das unentbehrliche Zwischenglied zwischen dem Empfindungsmaterial und den reinen Formen des Denkens erscheinen, und deshalb ist ihm die Mathematik das einzige Medium, durch welches unsere Erfahrung von der Natur auf jene reinen Grundsätze bezogen werden kann. Darum erklärt Kant, dass in jeder Naturlehre sich nur so viel Wissenschaft (d.h. Wissenschaft im eigenlichsten Sinne oder apriorische Wissenschaft) finde, als sie Mathematik enthalte. Hier zeigt sich nun, wie Kant durch seine kritische Arbeit sich die Möglichkeit geschaffen hatte, die mathematischen Prinzipien der Naturphilosophie ganz in dem Sinne von Newton durchzuführen, – mit dem Unterschiede nur, dass die Natur für Newton eine absolute Realität, für Kant eine in der Organisation des menschlichen Geistes begründete Erscheinung ist, dass Raum und Zeit bei jenem die Möglichkeit der realen, bei diesem diejenige der Vorstellungswelt bildete. Metaphysik der Erscheinungen oder N a t u r p h i l o s o p h i e r e i c h t a l s o f ü r K a n t s o w e i t , a l s e s e i n e m a t h e m a t i s c h e B e h a n d l u n g d e r E r s c h e i n u n g e n g i b t ; wo diese aufhört, da gibt es auch keine apriorische Erkenntnis mehr, sondern nur noch eine Sammlung von Tatsachen. Dieses Verhältnis waltet nun in Bezug auf die Erscheinungen des inneren Sinnes ob. Es gibt für die psychischen Tatsachen weder eine messbare Bestimmung der einzelnen noch infolgedessen eine mathematisch formulierbare Bestimmung ihrer Verhältnisse und Gesetze. Darum gibt es k e i n e M e t a p h y s i k d e s S e e l e n - l e b e n s , selbst nicht einmal in dem bescheidenen Sinne, welchen die Vernunftkritik unter Metaphysik versteht. Da nun eine rationale Psychologie im alten Sinne, eine Lehre von der Seele als Ding an sich nach Kants Ansicht erst recht nicht möglich ist, so bleibt für die P s y - c h o l o g i e nur der Charakter einer deskriptiven und mangelt ihr derjenige einer erklärenden Wissenschaft. Kants Ansicht von der Aufgabe der Erfahrungswissenschaften ist bei seiner aprioristischen Tendenz durchaus von dem Newton'schen Prinzip beherrscht, das Exaktheit und wahre Wissenschaftlichkeit nur da zu finden sei, wo es eine korrekte Subsumtion der Erfahrung unter *a priori* aufgestellte Gesetze gibt. Diese Forderung ist eben im strengsten Sinne nur da zu erfüllen, wo das apriorische Element in mathematischen Deduktionen und das empirische in messbaren Größen besteht, sodass die Übereinstimmung zwischen beiden unmittelbar anschaulich und einleuchtend gemacht werden kann. Dieses naturwissenschaftliche Ideal lässt sich an der Psychologie nicht erfüllen: und deshalb erklärt Kant, sie werde niemals den Charakter der Exaktheit erlangen.

Aus diesem Grunde beziehen sich »die metaphysischen Anfangsgründe der Naturwissenschaft« nur auf die äußere Natur, auf die Erscheinungen im Raum, auf die K ö r p e r w e l t . Ihre Aufgabe also ist zu untersuchen, welche Folgerungen sich aus den Grundsätzen des reinen Verstandes und aus mathematischen Gesetzgebung für unsere erfahrungsmäßige Theorie der Körperwelt ergeben. Es wird sich also darum handeln, dasjenige, was an der Körperwelt erfahrungsmäßig ist, bis zu einem gewissen Grade jener apriorischen Gesetzgebung zu unterwerfen. Nun beziehen sich alle besonderen Naturgesetze, welche die Physik aufstellt, auf die gesetzmäßigen Veränderungen der Körperwelt; jedes Gesetz ist ein Gesetz des Geschehens. Da aber die Körper nichts als Erscheinungen im Raume sind, so ist alles Geschehen der äußeren Natur räumliche Veränderung, d.h. B e w e g u n g . Die Bewe-

gung erweist sich aber auch dadurch als Zentralbegriff unserer Naturauffassung, weil in ihrer Messung und mathematischen Bestimmung
sowohl das räumliche als auch das zeitliche Merkmal unentbehrlich
ist. Deshalb gestaltet sich Kants Naturphilosophie als eine b e g r i f f -
l i c h e   u n d   m a t h e m a t i s c h e   B e w e g u n g s l e h r e   a   p r i -
o r i . In der Ausführung bedient sich Kant des Schemas der Katego-
rientafel, indem er nach den vier Gesichtspunkten derselben seine
Naturphilosophie einteilt in Phoronomie, Dynamik, Mechanik und
Phänomenologie. Den Begriff der Bewegung bestimmt Kant im Ein-
klang mit jenem für seine Entwicklung wichtigen Schriftchen aus dem
Jahre 1758 auch hier in dem relativen Sinne als die Entfernungsver-
änderung zweier Punkte. Er leitet daraus die ersten Grundsätze von
der Zusammensetzbarkeit der Bewegungen oder die Prinzipien der
Disziplin, welche man heutzutage Kinematik nennt, besonders aber
die Folgerung ab, dass, sobald im Universum sich irgendetwas bewegt,
nichts in absoluter Ruhe bleiben kann. Was sich bewegt, nennen wir
die Materie, aber deren raumerfüllendes Dasein ist nicht als eine
stoffliche Existenz, sondern vielmehr als ein Produkt der ursprünglichen Kräfte zu betrachten, die einander in verschiedenem Maße das
Gleichgewicht halten. Diese d y n a m i s c h e   N a t u r e r k l ä r u n g
steht dem Atomismus und der Corpuscularphilosophie gleich scharf
gegenüber. Die unendliche Teilbarkeit des Raumes, welcher das
gesamte Wesen der Körper beherrscht, lässt die Annahme der Atome
als unzulässig erscheinen. Die verschiedenen Aggregatzustände, zu
deren Erklärung man hauptsächlich den Atomismus benutzt, begreifen sich vielmehr aus dem verschiedenen quantitativen Verhältnis
der beiden antagonistischen Kräfte, die erst in ihrer Zusammenwirkung die Materie konstituieren, der Attraktion und der Repulsion.
Ist Kants Naturauffassung in dieser Hinsicht dynamisch, indem sie
als den eigentlichen Grund der stofflichen Erscheinung ein Verhältnis von Kräften bezeichnet, so ist sie in ihrer Lehre von den Ursachen
der Veränderung streng mechanistischen Charakters. In der Natur als
räumlicher Erscheinungswelt kann für die Ursache einer räumlichen
Bewegung immer nur eine andere räumliche Bewegung angesehen
werden. Jede Abhängigkeit einer körperlichen Veränderung von nicht-
räumlichen Prozessen würde dem gesetzmäßigen Zusammenhang der

Natur, d.h. der Funktion unseres reinen Verstandes widersprechen. Deshalb sind in der exakten Naturwissenschaft alle Versuche teleologischer Erklärungen eine Absurdität. Nur die mechanischen Gesetze von dem Beharren der Substanz und der Kraft und von der Gleichheit der Wirkung und Gegenwirkung beherrschen den ganzen Ablauf des körperliehen Geschehens. Alle Vorstellungen, welche wir von demselben haben, beruhen allein darauf, dass wir im Stande sind, Bewegungen als möglich zu denken, als wirklich zu konstatieren, als notwendig zu begreifen. Aber so sehr wir dazu durch unsere Erfahrung und durch die mathematisch-physikalische Gesetzgebung befähigt sein mögen, so zwingt uns doch unser Begriff der Bewegung, dabei stets eine Voraussetzung zu machen, welche wir weder erfahrungsmäßig konstatieren, noch durch Anschauungen oder Begriffe zu beweisen im Stande sind: es ist diejenige des leeren Raumes. Die Erfahrung zeigt nichts als erfüllten Raum. Denn wahrnehmen kann man nur, was auf unsere Sinne wirkt, und das Tun nur die den Raum erfüllenden Kräfte. Um uns aber gegenüber dem mechanischen Begriff der Undurchdringlichkeit die Möglichkeit der Bewegung überhaupt vorzustellen, bedürfen wir der Annahme des leeren Raumes, und die Newton'schen Gesetze beweisen sogar, dass die Größe dieses leeren Raumes den entscheidenden Koeffizienten für die Intensität der Kraftwirkung bildet. Hier liegt das alte Rätsel von der Wirkung in die Ferne vor, dem Leibniz und Newton so verschiedene Lösungen geben wollten. Innerhalb der Naturauffassung bleibt Kant auch hier auf dem Standpunkte Newtons. Aber er fügt auch hinzu, dass der leere Raum nur eine notwendige Voraussetzung für unsere besonderen naturwissenschaftlichen Erklärungen, niemals aber selbst ein Objekt der Erkenntnis sein kann. Der leere Raum ist das Ding an sich in der Naturphilosophie, d.h. er ist ihr Grenzbegiff, er enthält das Bewusstsein davon, dass für unsere Auffassung der Natur noch ein Etwas vorausgesetzt werden muss, was wir nicht kennen, und was sich weder durch Anschauungen noch durch Begriffe umschreiben lässt.

So schließt Kants Naturphilosophie mit der Rückkehr zu der phänomenalistischen Grundlage, auf der sie beruht, und mit der Einsicht, dass in den reinen Formen der sinnlichen und begrifflichen Erkenntnis, sobald sie auf einen empirischen Gegenstand, wie denjenigen der

Bewegung angewendet werden, sich eine Hindeutung auf jene unbekannte Realität entwickelt, ohne welche der gesamte Inhalt, welchen wir für jene Formen vorfinden, uns unbegreiflich wäre. Die Stellung Kants in der Geschichte des Phänomenalismus wird erst hier völlig klar, aber zugleich auch von einer außerordentlichen Verwickeltheit. Die transzendentale Analytik hat zu dem Resultat geführt, dass nicht nur die sinnlichen Qualitäten und die räumlichen Formen, wie das schon früher behauptet worden war, nicht nur die zeitlichen Formen, wie die transzendentale Ästhetik bewies, sondern auch die begrifflichen Beziehungen, in welche jenes gesamte Material durch den Verstand gesetzt wird, lediglich Funktionen des menschlichen Geistes sind. Das Weltbild in unserem Kopfe mit seinem gesamten Inhalt und seinen gesamten Formen ist ein Produkt unserer Organisation, ein Produkt, welches aus derselben mit innerer Notwendigkeit und Allgemeingültigkeit hervorgeht, und von dem aus daher gar kein Schluss auf eine dieser Organisation etwa gegenüberstehende Welt möglich ist. Es ist in dieser Entdeckung Kants, die bestehen bleiben wird, auch wenn die einzelnen Formen ihrer Begründung sich verändern und verschieben sollten, – es ist in ihr etwas von dem Ei des Kolumbus. Dass alle Erkenntnis der Welt diese Welt nicht realiter, sondern nur in der Vorstellung enthalten und deshalb nur durch die Organisation der Vorstellungstätigkeit selbst bedingt sein kann, ist eigentlich eine Binsenwahrheit, und nur das ist das Wundersame, dass in der Geschichte der menschlichen Wissenschaft erst die Riesenarbeit des Kant'schen Denkens notwendig war, um dieselbe zum Bewusstsein zu bringen.

In Kants Begriffsbestimmungen und Formulierungen begründet sich die Lehre vom a b s o l u t e n P h ä n o m e n a l i s m u s des menschlichen Wissens gerade durch seine Theorie der Erfahrung. In ,der Deduktion der reinen Verstandesbegriffe erwies sich, dass dieselben die synthetischen Formen sind, in denen die transzendentale Apperzeption das Material der sinnlichen Empfindungen zu Gegenständen gestaltet. Daraus ergibt sich zunächst, dass die Kategorien nur Sinn haben, insofern ein Material vorliegt, dessen Mannigfaltigkeit der Vereinheitlichung bedarf. Eine synthetische Form ohne etwas, was verknüpft werden soll, ist eine leere Abstraktion. Zweitens aber zeigte sowohl die Deduktion als auch der Schematismus der reinen Verstandesbegriffe, dass die begriffliche Synthese des Vorstellungsmaterials nur durch Vermittlung einer sinnlichen Synthese einzutreten vermag. So ist bewiesen, dass die Kategorien nur als Verknüpfungsformen einer sich sinnlich anordnenden Vorstellungswelt in Funktion treten. Ohne Anschauungen sind diese Begriffe leer, wie andererseits die bloßen Anschauungen ohne die begriffliche Verknüpfung »blind«, d.h. ohne Erkenntniswert sind. Alle Anwendung der Kategorien ist also durch Anschauung bedingt. Weil nun aber wir Menschen nur eine sinnliche Anschauung haben, so haben für uns die Kategorien nur Sinn, insofern sie auf die Welt unserer sinnlichen Erfahrung bezogen werden. Nach der psychologisch-erkenntnistheoretischen Ansicht Kants beruht die Phänomenalität der reinen Formen des Verstandes nicht sowohl in ihnen selbst, als vielmehr darin, dass ihre Anwendung stets als Bedingung ein anschauliches Material voraussetzt. An sich würden also die Kategorien für anderen Vorstellungsinhalt sehr wohl verwendbar sein, sofern derselbe nur anschaulich wäre. Da wir Menschen aber keine andere als unsere sinnliche Anschauung haben, so wird dadurch für uns die Anwendung der Kategorien auf die sinnliche Welt – und das ist nach der transzendentalen Ästhetik nur eine Erscheinungswelt – beschränkt. Unsere nur sinnliche Anschauungsweise also ist es, welche den Gebrauch der Kategorien außerhalb der Erfahrungsweit als unberechtigt erscheinen lässt. Hätten wir eine andere Anschauungsform, so. wäre es denkbar, dass auch für diese durch einen ähnlichen Schematismus, wie jetzt den zeitlichen, sich die Kategorien als anwendbar erwiesen.

Eine solche andere als sinnliche Anschauungsweise fehlt uns. Aber es ist gar kein Grund, anzunehmen, dass sie überhaupt unmöglich sei, dass es nicht andere Wesen geben könnte, denen eine solche andere Art von Anschauung beiwohnte. Andererseits aber liegen auf dem theoretischen Gebiete auch gar keine Veranlassungen vor, die Existenz einer solchen anderen Anschauungsweise bei anderen Wesen anzunehmen, und der Begriff einer nicht sinnlichen Anschauung ist daher rein problematisch, d.h. es gibt, theoretisch betrachtet, weder Gründe, seine Existenz anzunehmen, noch solche, sie zu leugnen.

Mit diesem Begriffe einer nicht sinnlichen Anschauung steht nun aber derjenige des D i n g e s a n s i c h in einer sehr innigen Beziehung, und durch diese Beziehung ist Kants Lehre auf diesem Höhepunkte ihres theoretischen Teiles zu einer ganz außerordentlich schwierigen geworden. Denkt man zurück an das gemeinsame Kriterium, welches seiner Begründung und Rechtfertigung der Apriorität sowohl der mathematischen Gesetze als auch der reinen Grundsätze des Verstandes die Richtschnur gab, so beruhte dasselbe darauf, dass wir eine allgemeingültige und notwendige Erkenntnis nur von demjenigen haben können, was wir aus der inneren Organisation unseres Geistes heraus selbst erzeugen. Das ist aber nicht der besondere Empfindungsinhalt, sondern es sind die allgemeinen Formen der Erfahrung, Raum, Zeit und die Kategorien. Wir erkennen *a priori* nur, was wir nach der Organisation unseres Geistes selbst schaffen. Wir würden daher Dinge an sich auch nur dann *a priori* erkennen können, wenn wir sie erzeugten. Eine Erkenntnis der Welt an sich ist *a priori* nur für ihren Schöpfer möglich. Der Anspruch apriorische Erkenntnis der Dinge an sich wäre identisch mit demjenigen, sie zu schaffen. Was wir schaffen, ist unsere Vorstellungsweise von den Dingen, d.h. ihre Erscheinung, und von dieser haben wir in der Tat eine apriorische Erkenntnis. Se bedingen sich das positive und das negative Resultat der Vernunftkritik gegenseitig. Der Apriorismus ist nur als Phänomenalismus möglich.

Allein wenn es eine Erkenntnis der Dinge an sich nicht gibt, wie kommen wir dazu, sie überhaupt vorzustellen und mit Rücksicht auf ihre Annahme unsere Vorstellungswelt als eine Welt der Erscheinungen zu bezeichnen? Diese Frage, welche von Kant auf dem Übergange aus der transzendentalen Analytik in die Dialektik in dem Abschnitte »Über den Grund der Unterscheidung aller Gegenstände in Phänomena und Noumena« behandelt wird, bildet den Herd aller der Widersprüche, welche man in der Kritik der reinen Vernunft und weiterhin in Kants gesamtem System aufzufinden vermocht hat, und zwar deshalb, weil es gerade diese Frage ist, in deren Lösung die verschiedenen Gedankenströmungen, die sich bei Kant entwickelt hatten, sich kreuzen, und weil Kants Darstellung keines der ihn bewegenden Motive unterdrückt, aber auch keine endgültige Aussöhnung derselben erzielt hat. Fixiert man sich nämlich auf dem rein erkenntnistheoretischen Gesichtspunkte, so ist durch die obigen Ausführungen begründet, dass es sich zwar nicht verbietet, dass aber auch nicht die geringste Veranlassung vorhanden ist, Dinge an sich außerhalb der Vorstellungstätigkeit anzunehmen. Schon die Begriffe, welche wir bei dieser Annahme anwenden, z.b. diejenigen des Dinges und der Realität sind ja Kategorien, gelten also im eigentlichen Sinne wiederum nur in anschaulicher Vermittlung für die Welt der Erfahrung und dürfen streng genommen auf das außerhalb der Vorstellung Befindliche gar nicht angewendet werden. Das Letztere bleibt danach also ein völlig unbekanntes x, für welches, wie keine unserer Anschauungen, so auch keiner unserer Begriffe gilt. So wenig es eine Tür gibt, durch welche eine Außenwelt, so wie sie da ist, in die Vorstellungen »hineinspazierte«, so wenig gibt es eine Tür, durch welche die Vorstellungstätigkeit ihren eigenen Kreis zu überschreiten und eine solche Außenwelt zu erfassen vermöchte. Damit aber wird der Begriff des Dinges an sich hinfällig. Für die rein theoretische Analyse gibt es nichts als Vorstellungen, deren verschiedener Inhalt nach verschiedenen Kategorien geformt ist, und innerhalb deren dasjenige, was wir ein Ding nennen, nur eine allgemeingültige und notwendige Verknüpfung nach der Kategorie der Substanzialität enthält. Ist dies die eine Tendenz des Kant'schen Denkens, so spricht sie sich darin aus, dass er erklärt, jene Unterscheidung aller Gegenstände in Phänomena und. Noumena, welche er im Anschluss an Leibniz in der Inauguraldissertation selbst noch vorgetragen hatte, sei völlig grundlos. Alles, was wir Gegenstände nennen, ist Erscheinung in dem Sinne, dass es ein Produkt unserer Vorstellungstätigkeit bildet, und jeder dieser Gegenstände ist Objekt nur dadurch, dass er durch die Anschauung und den Verstand zugleich vorgestellt wird. Will man die Art und Weise, wie wir den Zusammenhang der Erfahrung nach Begriffen in der wissenschaftlichen Theorie denken, als intelligible Welt, dagegen die unmittelbaren Erfahrungen des gewöhnlichen Bewusstseins als sensible Welt bezeichnen, so ist dagegen nichts einzuwenden: aber man muss sich klar bleiben, dass das Objekt von beiden immer nur die Erfahrung ist und beide nur eine notwendige und gesetzmäßige Vorstellungsweise derselben darstellen. Noumena dagegen in dem Sinne von Dingen an sich, die vom reinen Verstand ohne Anschauung erkannt werden, gibt es für uns nicht. Die Vorstellung eines Gegenstandes an sich ist vielmehr geradezu ein innerer Widerspruch. Gegenstände gibt es nur in der Vorstellungstätigkeit und nicht außerhalb derselben. Jenes unbekannte x wird nur so angenommen, dass man die allgemeine Funktion der Vergegenständlichung, ohne die es kein Bewusstsein gibt, selbst für ein Ding, für etwas Bestehendes außerhalb der Vorstellung ansieht. Das Ding an sich ist das hypostasierte Korrelatum der synthetischen Funktion, welche das gemeinsame Wesen der Kategorien ausmacht. Die alte rationalistische Metaphysik besteht darin, dass die Gesetze unseres Verstandes, deren Gültigkeit für unsere Erfahrung unzweifelhaft, aber auch auf diese eingeschränkt ist, als Gesetze einer außer dem Verstande bestehenden Welt angesehen werden; aber die bloße Annahme der Letzteren ist, rein theoretisch betrachtet, nur dadurch möglich, dass die allgemeine synthetische Funktion der Gegenständlichkeit sich den Vorstellungen gegenüber zu einer Welt an sich hypostasiert.

Diesen Überlegungen läuft nun aber eine zweite Tendenz des Kant'schen Denkens zuwider. Die theoretisch unbegründbare und unverwendbare, aber auch nicht widerlegbare Annahme einer übererfahrungsmäßigen Welt war für Kant selbst durch das sittliche Bewusstsein begründet. Diesen praktischen Nerv seiner Überzeugung konnte er jedoch in der Kritik der reinen Vernunft nicht bloßlegen, sondern nur andeuten. Aber dieselbe machte sich natürlich trotzdem in seiner Auffassung vom Dinge an sich geltend. Von ihr erfüllt, wich er von der bloß theoretischen Konsequenz, dass es für unser Wissen nichts gibt, als die Vorstellungen mit ihren immanenten begrifflichen Beziehungen, wieder ab und identifizierte sich mit jenem naiven Realismus, dem nichts gewisser ist, als die Annahme einer Existenz von Dingen an sich außerhalb der Vorstellungen. Ja, er scheute selbst gelegentlich nicht vor der Benutzung des plausibelsten Arguments der gewöhnlichen Meinung zurück, eine solche Welt außerhalb der Vorstellungen müsse als Ursache der Empfindungen oder als das, was der Erscheinung entspricht, angenommen werden, obwohl er sich doch nicht hätte verbergen können, dass er die Anwendung der Kategorien des Seins, der Substanzialität und der Kausalität über die Erfahrung hinaus soeben verboten hatte.

Danach musste der Begriff des Dinges an sich noch anders formuliert werden, und auch dafür ließ sich das psychologische Schema seiner Lehre benutzen. Die Beschränkung der Kategorien auf die Erfahrung hatte ihren Grund darin, dass die Anschauung, welche die Anwendung derselben stets vermitteln muss, beim Menschen nur die sinnlich-rezeptive ist. Wir schaffen nur Erscheinungen und können nur solche erkennen. Dinge an sich würden nur einem (göttlichen) Geiste erkennbar sein, der durch seine Vorstellungen nicht nur Erscheinungen, sondern eben diese Dinge an sich erzeugte. Für einen solchen Geist musste also der Gebrauch der Kategorien durch eine Anschauung vermittelt sein, welche sich zu den Dingen an sich ebenso verhielte, wie unsere Anschauung zu den Erscheinungen, nämlich erzeugend. Eine solche Anschauung wäre nicht mehr von sinnlicher Rezeptivität, sondern von jener Spontaneität, die nach Kants Lehre nur dem Denken zukommt. Es wäre ein »anschauender Verstand« oder eine i n t e l l e k t u e l l e   A n s c h a u u n g . Sollen daher Dinge an sich überhaupt möglich sein, so müssen sie gedacht werden als die Objekte zugleich der Erzeugung und der Erkenntnis eines anschauenden Verstandes, d.h. einer Intelligenz, bei der jene beiden Stämme der Erkenntnis, welche im menschlichen Geiste nur in ihrer Besonderung auftreten, von vornherein und in ihrer ganzen Ausdehnung identisch sind. Die Annahme eines solchen Geistes enthält keinen Widerspruch, und danach erscheint für die theoretische Vernunft die Existenz von Dingen an sich als möglich.

Aus dieser Möglichkeit folgt nun zwar noch nicht die Wirklichkeit, und es bleibt in Kants Lehre eben der praktischen Vernunft vorbehalten, diese Möglichkeit zu realisieren. Die theoretische muss sich damit begnügen, nachzuweisen, dass die Annahme von Dingen an sich keinen Widerstand involviert. Aber sie gibt noch eine weitere Hindeutung. Es ist zwar richtig, dass sich die rein theoretische Erkenntnis diesen problematischen Begriffen der Dinge an sich und der intellektuellen Anschauung gegenüber völlig indifferent zu verhalten hat: allein sobald jemand behaupten wollte, dass, weil sich kein Beweis für die Realität dieser Dinge auf theoretischem Wege erbringen lässt, dieselben gänzlich eliminiert werden müssten, so würde das so viel heißen, als ob unsere sinnliche Anschauungsweise die einzige und die Welt unserer erfahrungsmäßigen Vorstellungen das einzig Reale wäre. Sofern wir daher nicht die ungeheuerliche Behauptung machen wollen, dass es nicht nur in Rücksicht auf unsere Erkenntnis, sondern überhaupt und an sich gar nichts weiter gibt als unsere Vorstellungen, so bleibt uns nichts anderes übrig, als anzunehmen, dass es eine solche nicht sinnliche d. h. intellektuelle Anschauung und damit als Objekte derselben Noumena, Dinge an sich gibt. Jene problematischen Begriffe der intellektuellen Anschauung und des Dinges an sich erweisen sich daher als echt kritische G r e n z b e g r i f f e , als das Bewusstsein davon, dass unsere Sinnenwelt, auf welche wir mit unserer Erkenntnis beschränkt sind, nicht das einzig Reale ist. Freilich auch dieses Bewusstsein ist theoretisch nur in seiner Möglichkeit zu deduzieren, nicht aber zu beweisen, und der entscheidende Grund für diese Überzeugung liegt in dem sittlichen Bewusstsein, dass unsere Bestimmung über diese erfahrungsmäßige Sinnenwelt in ein Reich des Übersinnlichen hinaufreicht.

So vollendet sich Kants theoretische Lehre, indem sie die praktische als ihre unentbehrliche Ergänzung verlangt. Der Zusammenhang zwischen diesen beiden Teilen des Kant'schen Systems ist der innigste, den es überhaupt geben kann. Die Kritik der praktischen Vernunft ist nicht ein Anhängsel, ist nicht, wie sie verlästert worden ist, ein Abfall des alternden Kant von dem Geiste der Kritik der reinen Vernunft, sondern sie enthält die Entwicklung desjenigen Gedankens, ohne welchen der Höhepunkt der Kant'schen Erkenntnistheorie, die Lehre vom Ding an sich, die verworrenste und törichteste Phantasie wäre, die je in der Philosophie sich breit gemacht hätte.

Von diesem Höhepunkte aus gibt nun Kant seine berühmte Kritik der rationalistischen Metaphysik, welche sich als die »zermalmende« Analyse der Leibniz-Wolff'schen und der herrschenden Popularphilosophie darstellt. Er beginnt dieselbe in dem Abschnitt über die »Amphibolie der Reflexionsbegriffe«, indem er zu zeigen sucht, das alle ontologischen Grundbestimmungen des Leibniz-Wolff'schen Systemes eine rein verstandesmäßige Ausdeutung der Kategorien enthalten, welche in Wahrheit nur für anschauliche Gegenstände gelten, dass also Sätze, welche nur auf das Verhältnis von Begriffen Anwendung finden durften, auf dasjenige von Gegenständen bezogen werden. Daraus habe sich dann die monadologische Metaphysik mit allen ihren einzelnen Lehrsätzen notwendig ergeben, und dadurch habe Leibniz sich genötigt gesehen, der sensiblen Welt die intelligible Welt von Substanzen gegenüberzustellen, die doch im Grunde keine eigentlich intelligible, sondern vielmehr heimlich mit sinnlichen Bestimmungen durchsetzt geblieben sei.

Ihre volle Energie aber entwickelt Kants Kritik erst in der t r a n s - z e n d e n t a l e n D i a l e k t i k , welche hintereinander die einzelnen metaphysischen Wissenschaften, die rationale Psychologie, Kosmologie und Theologie, als prinzipiell verfehlte nachweist. Auch diese Wissenschaften und ihre kritische Betrachtung konstruiert Kant in das psychologische Schema hinein. Er geht dabei von der Frage aus, wie Metaphysik (in der alten Terminologie) d.h. rationale Erkenntnis des Übersinnlichen als Versuch oder als Bestreben möglich sei, wenn nachgewiesen worden ist, dass keine Berechtigung für sie existiert. Synthetische Urteile *a priori* über Dinge an sich sind nur für die intellektuelle Anschauung möglich, die dem Menschen versagt ist. Wie kann es nun kommen, dass wir jemals glauben, die Überschreitung der Grenze der Erfahrung zu vollziehen, die uns doch unmöglich ist? Die Beantwortung dieser Fragen gibt, wie man sieht, nicht nur die kritische Verwertung, sondern auch die psychologische Erklärung der bisherigen Metaphysik. Kant hat diese Beantwortung ebenso nach der in der formalen Logik üblichen Lehre vom Schluss schematisiert, wie die Kategorienlehre nach demjenigen vom Urteil, offenbar hier noch viel mehr künstlich und äußerlich. Was die Anwendung der Schlusslehre dabei sichtlich veranlasst hat, ist die Tatsache, dass das Übersinnliche, welches den Gegenstand der metaphysischen Erkenntnis bilden soll, niemals durch Erfahrung erkannt, sondern immer nur durch begriffliche Operationen erschlossen werden kann. Schlüsse auf die Existenz nicht unmittelbar erfahrener Gegenstände sind nun nach Kants transzendentaler Logik vollkommen berechtigt, solange sie sich eben in den Grenzen der sinnlichen Vorstellung halten. Kants Definitionen von »wirklich« und »notwendig« in den Postulaten des empirischen Denkens geben ja das ausdrückliche Recht, etwas als existierend zu erschließen, was selbst nicht unmittelbar wahrgenommen worden ist. Aber dies zu Erschließende muss so beschaffen sein, dass es in den immanenten Zusammenhang der Erscheinungen sich einreiht. Kant hat niemals verlangt, dass für die wissenschaftliche Erkenntnis nur das als existierend gelten solle, was direkt wahrgenommen worden ist, sondern sein rationaler Empirismus verlangt durchaus die Anerkennung des aus den Erfahrungen begrifflich Erschlossenen: nur darf dieses Erschließen aus der Sphäre des Erfahrbaren, d.h. der sinnlichen Welt nicht herausgehen. Denn da die Kategorien für uns nur Verknüpfungsformen des anschaulichen Inhaltes sind, so gibt es keine Erkenntnistätigkeit, welche einen sinnlichen mit einem übersinnlichen Inhalt in allgemeingültiger und notwendiger Weise zu verknüpfen im Stande wäre. Allein die Vorstellung der übersinnlichen Welt existiert, wenn nicht als Objekt einer Erkenntnis, so doch als eine tatsächliche Bildung im menschlichen Denken. Auf diese Weise nun lässt sich begreifen, wie es möglich ist, dass das ungeschulte und unkritische Denken die kategorialen Beziehungen auf das Verhältnis eines sinnlichen und eines übersinnlichen Inhaltes anzuwenden, sich berechtigt glaubt. Auch ist diese Anwendung ungefährlich, solange man sich bewusst bleibt, dabei die Gegenstände der Erfahrung nur so zu b e t r a c h t e n , als ob sie in irgendeiner solchen Beziehung zu etwas Übersinnlichem und Unerfahrbaren stünden. Sobald man aber eine solche Betrachtung für eine E r k e n n t n i s ausgibt, so überschreitet man die durch die transzendentale Analytik gesteckten Grenzen. Eine Erkenntnis spräche in einem solchen Falle das Verhältnis zweier Gegenstände aus. Nun sind aber nur die anschaulichen Begriffe, niemals aber die übersinnlichen auf Gegenstände zu beziehen. Die Umwandlung also einer solchen Betrachtung in den Versuch einer metaphysischen Erkenntnis setzt jedes Mal die Täuschung voraus, als ob der Inhalt einer übersinnlichen Vorstellung, deren Erzeugung im Denken möglich ist, einen Gegenstand der Erkenntnis bilden könnte. Diese Täuschung nennt Kant den t r a n s z e n d e n t a l e n S c h e i n . In ihm erblickt er das πρῶτον ψεῦδος aller rationalistischen Metaphysik, und indem er nachzuweisen sucht, dass dieser Schein in der menschlichen Erkenntnistätigkeit selbst begründet ist, spricht er der darauf beruhenden rationalistischen Metaphysik mit derselben Untersuchung, welche ihre erkenntnistheoretische Unberechtigtheit ein für alle Mal in der entscheidendsten Weise festgestellt hat, eine gewisse psychologische Berechtigung zu.

Die Veranlassung, das Übersinnliche, das nicht erfahren, nicht erkannt werden kann, wenigstens zu denken, ist für Kant freilich in erster Linie auf dem Gebiete der Ethik zu suchen. Allein davon ist hier nicht die Rede, und es fragt sich daher, ob nicht auch theoretische Veranlassungen vorliegen, den Kreis der Erfahrung, in den das Erkennen gebannt ist, mit dem Denken zu überschreiten. Sollten sich solche aus gewissen Aufgaben der Erfahrungswissenschaft ergeben, so würde sich dadurch die Ansicht über den Begriff des Dinges an sich noch weiter ergänzen. Zunächst in der Weise, dass die allgemeine Möglichkeit, welche ihm als dem Grenzbegriffe der Erkenntnis beiwohnt, sich für verschiedene Richtungen der Erkenntnis in besonderer Weise gestaltete, und zweitens in der Weise, dass innerhalb der theoretischen Funktion selbst wenigstens eine Tendenz sich geltend machte, dem Erkennbaren ein Unerkennbares problematisch gegenüberzustelle.

Im Grunde genommen handelt es sich also darum, zu untersuchen, ob der Erkenntnistrieb durch die Erfahrung, in welcher allein er befriedigt werden kann, wirklich befriedigt wird. Stellt sich heraus, dass das nicht der Fall ist und nicht der Fall sein kann, so muss die Erkenntnistätigkeit selbst auf all' den Punkten, wo dieses einleuchtet, sich ihre Grenze setzen; aber es wird dann auch begreiflich, dass, wo sie dieser kritischen Vorsicht entbehrt, sie den Versuch machen wird, ihre Aufgabe, deren Notwendigkeit sie erweisen kann, jenseits der Erfahrung zu lösen, und dadurch dem »transzendentalen Scheine« verfallen muss. Die transzendentale Dialektik hat deshalb die höchst interessante Aufgabe, einen i n n e r e n W i d e r s p r u c h i n d e m W e s e n d e r m e n s c h l i c h e n E r k e n n t n i s t ä t i g k e i t aufzudecken. Sie hat zu zeigen, dass aus dieser Erkenntnistätigkeit selbst mit Notwendigkeit Aufgaben entstehen, welche durch dieselben nicht zu lösen sind. Sie hat die Unhaltbarkeit jedes Versuchs zu zeigen, diese Aufgaben mit der Erkenntnistätigkeit zu bewältigen, und sich mit der Resignation zu bescheiden, dass die Einschränkung auf die Erfahrung, welche das Wesen des Erkennens konstituiert, dasselbe zugleich auf immer von der Erreichung der Ziele fernhält, denen es immer und immer wieder nachstreben muss.

Die transzendentale Dialektik hat deshalb zunächst zu bestimmen, worin jener Erkenntnistrieb besteht, welcher das für die wirkliche Erkenntnis unmögliche Überschreiten der Erfahrung verlangt, sie hat das Bedürfnis zu definieren, aus welchem alle Versuche hervorgehen, die Sinnenwelt an eine übersinnliche Welt anknüpfen. Und sie geht deshalb von einer Beschreibung desjenigen aus, was man später das metaphysische Bedürfnis genannt hat. Sie trifft auch zweifellos den Kern der Psychologie der Metaphysik, wenn sie sagt, dass dieses Bestreben immer darauf hinausgeht, den ganzen Zusammenhang des Bedingten, welchen uns die Erfahrung darbietet, auf ein »U n b e d i n g t e s « zu beziehen. Alle besonderen Aufgaben der Erkenntnis kommen doch schließlich darin überein, die einzelnen Gegenstände der Erfahrung miteinander in denjenigen Beziehungen zu denken, durch welche sie sich gegenseitig bedingen. Dieser Prozess des Bedingtseins geht aber, nach welcher Kategorie man ihn auch zu denken beginnt, stets in das Endlose. Soll daher die Erkenntnis diesen ganzen Prozess vollständig begreifen, so ist sie selbst zu einer endlosen Funktion verurteilt. Sie würde jedoch dieser Endlosigkeit mit einem Schlage überhoben sein, wenn es ihr möglich wäre, ein Unbedingtes zu begreifen, welches den Abschluss jener Kette bildete. Dies Unbedingte ist in der Erfahrung nicht gegeben und kann nicht in ihr gegeben sein, da jeder ihrer Gegenstände unter den Bedingungen der Kategorien steht. Um die Aufgabe der Erkenntnis zu lösen, wurde also ein Unbedingtes erkannt werden müssen, welches in der Erfahrung, auf die das Erkennen beschränkt ist, niemals enthalten sein kann. Das Unbedingte ist also die Vorstellung von der Lösung der Aufgabe, die durch das Erkennen wirklich nicht gelöst werden kann. Das Unbedingte ist das niemals zu realisierende Ideal der Erkenntnis, und trotz dieser Unerfüllbarkeit ist doch die ganze Arbeit der Erkenntnis durch dieses Ideal beherrscht und bestimmt. Denn die Aufsuchung der einzelnen Zusammenhänge, die Einsicht in die Verhältnisse der Bedingtheit hat nur dadurch Wert, dass dieselben in immer höheren und tieferen Zusammenhängen durchschaut werden und dass die Erkenntnis damit auf das Ziel des letzten und absoluten Zusammenhanges hinstrebt, welches sie niemals erreichen kann. Das ist das Erschütternde, es ist das Tragische in dieser Kant'schen Untersuchung, dass der Wert der menschlichen Erkenntnistätigkeit nur in der Arbeit für ein Ziel besteht, welches seinem Begriffe nach niemals erreicht werden kann, dass ein unlösbarer Widerspruch hervortritt zwischen den Aufgaben der Erkenntnis und den Mitteln, welche sie zur Lösung derselben besitzt. In diesem

Geiste verlangt Kant von der Erkenntnistätigkeit dieselbe klare und bewusste Resignation wie Lessing. Bei beiden Männern ist dieses Verlangen der Ausfluss ihres sittlichen Bewusstseins. Aber bei Kant ist es zugleich eine die verborgenste Tiefe des menschlichen Denklebens enthüllende Theorie. Wer nun diese Klarheit und Resignation nicht besitzt und die Notwendigkeit jener Aufgabe begriffen hat, dass sich die Erkenntnis des Bedingten nur in derjenigen des Unbedingten vollenden kann, der wird geneigt sein, den Begriff der Lösung der Aufgabe für die Lösung selbst zu halten, der wird versucht sein, das Unbedingte, welches nichts als die ideale Vorstellung von einem Abschluss der Kette des Bedingten enthält, als einen Gegenstand möglicher Erkenntnis aufzufassen und zu dem Bedingten in die Beziehungen der Verstandeserkenntnis zu setzen. Da nun das Unbedingte seinem Begriffe nach außerhalb der sinnlichen Erfahrung steht, so entspringen auf diese Weise Vorstellungen von unbedingten übersinnlichen Gegenständen, welche in ihrem Wesen und in ihren Beziehungen zu der sinnlichen Welt erkannt werden sollen.

Ist nun die Aufgabe des Verstandes die begriffliche Synthese der Anschauung, so versteht Kant unter Vernunft im engeren Sinne des Wortes das Bewusstsein der Unterwerfung aller Verstandestätigkeiten unter das Prinzip einer gemeinsamen Aufgabe, und jene Vorstellungen des Unbedingten, in denen sich diese Aufgaben erfüllen müssten, nennt er I d e e n . Idee ist also nach Kant die notwendige Vorstellung von einer Aufgabe der menschlichen Erkenntnis[5]. Insofern sind die Ideen *a priori*. Auch sie gehören zum Wesen und zur Organisation der menschlichen Gattungsvernunft. Aber diese Aufgaben sind ebenso unerfüllbar, wie sie unentfliehbar sind. Die Ideen bezeichnen eine Aufgabe der Erkenntnis, aber sie sind nicht selbst Erkenntnis. Es entspricht ihnen kein Gegenstand. Der transzendentale Schein besteht darin, dass diese Ideen für

---

5   Damit gibt Kant dem Terminus Idee eine neue Bedeutung, welche sowohl von dem ursprünglichen Platonischen Sinne, als auch von dem Gebrauch des Wortes in der scholastischen und neueren Philosophie genau zu unterscheiden ist. Da aber auch für ihn die Ideen ein Überschreiten der sinnlichen Erfahrung involvierten, so ist es begreiflich, dass die Platonische und die Kant'sche Bedeutung des Werts in der Folge vielfach ineinandergriffen.

Erkenntnisse, dass diese notwendigen Vorstellungen für Vorstellungen von Gegenständen gehalten werden. Jede Idee ist daher als solche berechtigt; sie ist das Licht, welches den erkennenden Verstand durch das Reich der Erfahrung leitet; aber sie wird zum Irrlicht, sobald sie dasselbe überschreiten und in eine übersinnliche Welt hinüberführen will.

Dieser Ideen sind nun nach Kants System drei. Die Vorstellung eines unbedingten Substrats aller Erscheinungen des inneren Sinns ist die Idee der S e e l e. Die Vorstellung eines unbedingten Zusammenhanges aller äußeren Erscheinungen ist die Idee der W e l t. Die Vorstellung endlich des unbedingten Wesens, welches allen Erscheinungen überhaupt zu Grunde liegt, ist die Idee der G o t t h e i t. Sobald man diese Ideen als Objekte der Erkenntnis betrachtet, entspringen daraus die drei metaphysischen Spezialwissenschaften, welche sich an die Ontologie anzuschließen pflegen, die rationale Psychologie, Kosmologie und Theologie. Aber zunächst zeigt sich schon die Wertlosigkeit dieser drei vermeintlichen Wissenschaften darin, dass es in alle Wege unmöglich ist, aus der Idee der Seele irgendeine Tatsache des psychischen Lebens, aus der Idee der Welt irgendein Geschehen in der Körperwelt, aus der Idee der Gottheit irgendeinen besonderen Verlauf des Weltprozesses wissenschaftlich abzuleiten. Es gibt gar keine Beziehungen zwischen der rationalen Metaphysik und der empirischen Erkenntnis, und wenn jene Ideen gebildet worden sind, um die Aufgaben der Erfahrungserkenntnis zu lösen, so erfüllen sie diesen Zweck offenbar nicht, da die Erscheinungen nicht unter die Ideen der Vernunft wie unter die Kategorien des Verstandes in konkreter Anschaulichkeit zu subsumieren sind. Allein der tiefere Grund dieser Wertlosigkeit der rationalen Metaphysik für die empirische Wissenschaft liegt eben darin, dass diese eine nur scheinbare und prinzipiell unmögliche Erkenntnis zu besitzen vorgibt, und in ihrer Kritik handelt es sich also hauptsächlich darum, aufzuzeigen, dass der Grundfehler dieser Disziplinen darin besteht, die notwendige Idee als einen Gegenstand möglicher Erkenntnis zu betrachten.

Am klarsten tritt das bei der ersten hervor, indem sich die Kritik der rationalen Psychologie in Kants Lehre von den P a r a l o g i s m e n d e r r e i n e n V e r n u n f t entwickelt. Er sucht hier nämlich zu zeigen, dass alle Schlüsse, mit denen man in der Schul- und Popularphilosophie die Substanzialität, die Simplizität, die Personalität und die erkenntnistheoretische Priorität der Seele zu beweisen pflegte, Fehlschlüsse seien. Sie beruhen alle auf einer *Quaternio terminorum*, indem das Ich, welches in dem einen Satze als die allgemeine Form des Denkens verwendet wird, in dem andern als ein substanziell bestehendes Wesen angesehen werden soll. Kant führt zunächst im Hinblick auf die transzendentale Analytik aus, dass die Anwendung der Kategorie der Substanzialität auf den äußeren Sinn beschränkt bleiben müsse, dass infolgedessen die Identität des empirischen Selbstbewusstseins nur eine identische Funktion, nicht ein gleichbleibendes Ding bedeute und dass der Cartesianische Versuch, das Selbstbewusstsein zum Ausgangspunkt des Wissens zu machen und von ihm aus erst auf einem Umwege die Erkenntnis der äußeren Substanzen, der Körper, zu gewinnen, geradezu umgekehrt werden müsse[6].

Erweisbar also ist die Seele als Ding an sich nicht, aber sie ist ebenso wenig widerlegbar. Dieselbe Kritik, welche sich gegen den Spiritualismus richtet, trifft auch den Materialismus. Der transzendentale Idealismus aber will auch nicht dem metaphysischen Dualismus das Wort reden, der die Frage nach dem Konnex zwischen Leib und Seele durch keine seiner drei Formen, weder durch den *influxus physicus* noch durch den Okkasionalismus noch durch die prästabilierte Harmonie, zu lösen vermag. Aber Kant stellt sich hier zunächst auf den Standpunkt des p h ä n o m e n a l i s t i s c h e n   D u a l i s m u s. Statt des landläufigen Gegensatzes von Körperwelt und Geisterwelt tritt für ihn der prinzipielle Unterschied zwischen äußerem und innerem Sinn in den Vordergrund, und es gibt für ihn keine Möglichkeit, die Frage zu entscheiden, ob das Ding an sich, welches im äußeren Sinne, und dasjenige, welches im inneren Sinne erscheint, vielleicht identisch seien

---

6 Es ist zu bemerken und unrichtigen Deutungen gegenüber zu betonen, dass die erste Auflage der Vernunftkritik an dieser Stelle genau denselben Gedanken ausspricht, den die zweite Auflage in der oben erwähnten »Widerlegung des Idealismus« (vgl. S.84f) mit entschiedener Polemik gegen die missverständliche Auslegung des transzendentalen Idealismus ausführte. Kant widerlegt auch in der zweiten Auflage nur den »empirischen Idealismus«, und zwar tat er dies lediglich vom Standpunkte des transzendentalen Idealismus aus.

oder nicht. Auf dem transzendentalen Standpunkt verwandelt sich die Frage nach dem Verhältnis der körperlichen zur geistigen Welt – diese wahre *crux metaphysica* – vielmehr in die psychologische Frage nach der Möglichkeit der Verknüpfung des äußeren und inneren Sinnes in demselben Bewusstsein. Da nun zum inneren Sinne dem Inhalte nach die Funktionen des Denkens gehören, so lässt sich die Frage auch dahin formulieren: Wie ist die Vereinigung von Sinnlichkeit und Verstand in demselben Bewusstsein möglich? Diese Frage aber ist unlösbar; sie bildet die Grenze der Psychologie. Sie betrifft nicht mehr und nicht weniger als die Organisation unserer Intelligenz, und diese ist für unsere Erkenntnis eine letzte Tatsache, über welche die Forschung nie hinausgehen kann. Allein es ist die Aufgabe aller Psychologie, die Vereinigung der Funktionen der Sinnlichkeit und des Verstandes auf allen Gebieten des psychischen Lebens zu erforschen. Das letzte Ziel aller psychologischen Erkenntnis würde die Einsicht in die absolute Einheit unserer gesamten psychischen Funktionen sein. Nennen wir die Vorstellung dieser Einheit Seele, so bildet diese Idee das regulative Prinzip für alle psychologische Erkenntnis, aber sie selbst ist kein Gegenstand mehr, der sich begreifen ließe.

Kants Kritik der rationalen Kosmologie schlägt einen ganz anderen Weg ein. Die Unerkennbarkeit der Idee der Welt wird von ihm durch die A n t i n o m i e n   d e r   r e i n e n   V e r n u n f t bewiesen. Alles, was wir sollen erkennen können, muss sich den formal logischen Gesetzen unterworfen zeigen. Zu diesen gehört in erster Linie der Satz des Widerspruches, dass von zwei kontradiktorisch entgegengesetzten Behauptungen nicht beide richtig sein können. Wenn man über einen vermeintlichen Gegenstand mit logischer Unanfechtbarkeit das positive und das negative Urteil gleichen Inhalts beweisen kann, so folgt daraus unmittelbar, dass derselbe kein wirklicher Gegenstand sein kann. Betrachtet man nun die Totalität aller Gegenstände des äußeren Sinnes selbst als einen Gegenstand der Erkenntnis, so sucht Kant in den Antinomien nachzuweisen, dass sich von demselben in Rücksicht auf alle vier Gesichtspunkte der Kategorien die kontradiktorischen Sätze gleichmäßig beweisen lassen. Hinsichtlich der Quantität lässt sich zeigen, dass die Welt in Raum und Zeit begrenzt und dass sie in beiden unendlich ist. Hinsichtlich der Qualität lässt sich beweisen, dass die Welt aus Atomen besteht, und dass sie nicht daraus bestehen kann. Hinsichtlich der Relation ergibt sich, dass es in dem Prozesse des Geschehens unbedingte, selbst nicht mehr kausal vermittelte Ursachen gibt, und dass solche nicht vorhanden sind. Hinsichtlich der Modalität endlich lässt sich die Annahme eines unbedingt notwendigen Wesens ebenso begründen wie widerlegen. Den Beweis für diese vier Paare von These und Antithesis führt Kant (mit Ausnahme der vierten These) apagogisch, sodass schon darin die dialektische Antinomie zutage tritt, indem stets die Thesis durch die Widerlegung der Antithesis und umgekehrt bewiesen wird. Selbst wenn sich nun herausstellen sollte, dass diese acht Beweise nicht so absolut stringent und unanfechtbar sind, wie sie von Kant angesehen wurden, so würde das doch nichts an der wertvollen Entdeckung ändern, die Kant an diesem Punkte gemacht hat. Es wird nämlich dadurch die Tatsache aufgedeckt, dass unserer gesamten Weltauffassung eine solche Antinomie zu Grunde liegt. Es ist ein Bedürfnis unserer Verstandeserkenntnis, die Totalität der Dinge als ein Fertiges und Geschlossenes zu betrachten. Aber jeder Versuch, dies in einer bestimmten Vorstellung zu tun, scheitert daran, dass die sinnliche Anschauungsweise über jede Grenze hinaus, welche wir im Raum, in der Zeit, in der Kausalreihe des Geschehens ansetzen wollen, ihre konstruktive Tendenz fortführen muss. Die Gegensätze, die Kant hier behandelt, sind deshalb so alt wie das philosophische Denken überhaupt. Räumliche Begrenztheit und Unendlichkeit, Zeitlichkeit und Ewigkeit der Welt, Atomismus und Monismus, Freiheitslehre und Mechanismus, Schöpfungstheorie und Naturalismus, – diese Thesen und Antithesen stehen sich notwendig immer und immer wieder gegenüber.

Indem nun Kant annimmt, dass diese Antinomien notwendige und allgemeingültige Behauptungen seien, so folgt ihm daraus, dass der Gegenstand dieser Urteile, den ja in allen Fällen der Begriff der Welt repräsentiert, nicht ein Gegenstand möglicher Erkenntnis sein kann. Wenn Thesis und Antithesis gleich wahr sind, so sind sie auch gleich falsch. Der Satz des ausgeschlossenen Dritten hat hier deshalb keine Gültigkeit, weil es überhaupt von vornherein sinnlos ist, den Begriff der Welt zum Subjekt eines Erkenntnisurteils zu machen. Die Rätselhaftigkeit eines den Gesetzen der formalen Logik so vollkommen widersprechenden und doch mit Notwendigkeit aus der Vernunft entspringenden Verhältnisses erklärt Kant daraus, dass Thesis und Antithesis beide auf der gleichen falschen Voraussetzung beruhen, als sei die Welt, diese unerfahrbare Idee eines totalen Zusammenhanges der Erscheinungen, das Objekt einer möglichen Erkenntnis.

Bis zu diesem Punkte bewegt sich die Antinomienlehre durchaus in der gesamten Tendenz der transzendentalen Dialektik. Dadurch aber, dass Kant nun noch mit Hilfe der transzendentalen Ästhetik eine »kritische Auflösung« des notwendigen Widerstreites, in welchen die Vernunft mit sich selbst gerät, zu geben versucht, beginnen sich in diesem Abschnitte gleichfalls die verschiedenen Richtungen seines Denkens durcheinanderzuschlingen, und so ist derselbe zu einem zweiten Nest von schwer entwirrbaren Widersprüchen geworden. Ganz im Gegensatz nämlich zu dem Resultate der transzendentalen Analytik behandelt Kant die beiden letzten Antinomien unter dem Gesichtspunkte, dass möglicherweise die Thesen für die Dinge an sich, die Antithesen dagegen für die Erscheinungen gelten sollten. Für die »mathematischen« Antinomien, diejenigen der Quantität und der Qualität, in denen es sich um die räumliche und zeitliche Ausdehnung und um die materielle Teilbarkeit der äußeren Welt handelt, bot die Lösung des Widerspruches durch die transzendentale Ästhetik keine Schwierigkeiten. Wenn die räumliche Welt nichts als Erscheinungen enthält, so sind jene Widersprüche nicht real, sondern nur in unserer Auffassungsweise der Dinge begründet. Es ist die erwähnte Antinomie zwischen unserem Begriffe der Totalität und der Unaufhörlichkeit unseres anschauenden Prozesses, welche sich darin ausspricht. In gleicher Weise hätte sich die Lehre der transzendentalen Analytik auf die beiden letzten, die »dynamischen« Antinomien anwenden lassen, und es wäre dann wiederum die Entscheidung gefallen, dass, da auch die begrifflichen Beziehungen nur phänomenalen Charakters sind, jene Antinomien ihre Wurzel in dem Widerstreite haben, welcher zwischen den Begriffen und der als Bedingung für ihre Anwendung unerlässlichen Zeitanschauung besteht. Allein die Fragen, welche diese beiden Antinomien behandeln, diejenigen der K a u s a l i t ä t d u r c h F r e i h e i t u n d d e r E x i s t e n z d e r G o t t h e i t, betrafen gerade diejenigen Punkte, an welchen Kant überzeugt war, mit dem sittlichen Bewusstsein den Bann der empirischen Erkenntnis durchbrechen und eine Gewissheit der übersinnlichen Welt gewinnen zu können. Hier bejahte er also die Thesen aus ethischen Gründen. Wenn sich nun zeigte, dass auch die Antithesen beweisbar seien, so ging er der Möglichkeit nach, ob nicht vielleicht diese für die Erscheinungen gelten. Dann war auch der Widerspruch aufgehoben, aber anders als in dem ersten Falle. In den mathematischen Antinomien verschwindet die Kontradiktion dadurch, dass beide Urteile falsch sind, weil sie auf derselben falschen Voraussetzung beruhen, in den dynamischen dadurch, dass beide Urteile richtig sind, nur mit der Einschränkung, dass das eine für Dinge an sich, das andere für Erscheinungen gilt. Dieses Prinzip verwendet Kant, um die wesentlichsten Punkte seiner praktischen Philosophie schon in der Kritik der reinen Vernunft durchschimmern zu lassen. Die dritte und vierte Antithese haben den gemeinsamen Inhalt, dass der Prozess des Weltgeschehens eine anfang- und endlose Kette notwendiger Veränderungen endlicher Dinge darbietet. Diese Sätze sollen nun unbedingt und ausnahmslos für alle Erscheinungen gelten. Aber damit, lehrt Kant, sei nicht ausgeschlossen, dass das Geschehen in der Welt der Dinge an sich einen Akt ursachloser Freiheit bilde, und dass es unter den Dingen an sich ein unbedingtes und absolut notwendiges Wesen gebe. Die Erscheinungswelt in dem gesamten kausal bedingten Ablauf ihres Geschehens sei eben nur eine Erscheinung. Der für unsere Erkenntnis durchaus bedingte und kausal notwendige Entwicklungsgang, welchen die Willensentschließungen in dem empirischen Charakter eines einzelnen Menschen darstellen, sei nichts weiter als die durch Raum, Zeit und die Kategorien bedingte Erscheinungsform eines i n t e l l i g i b - l e n   C h a r a k t e r s , dessen Handlung nicht unter dem Gesetz der Kausalität stehe. Freilich ist sich nun Kant bewusst, dass ein Beweis, d.h. eine theoretische Begründung für die Realität der Freiheit und der Gottheit in der Welt der Dinge an sich niemals gefunden werden kann. Aber die Einschränkung der menschlichen Erkenntnis auf die Erscheinungswelt lässt auch nicht das Gegenteil behaupten, und es bleibt danach für die theoretische Vernunft die Möglichkeit derselben offen. So muss man es in Kauf nehmen, dass jene Möglichkeit, Dinge an sich anzunehmen, die am Schlusse der transzendentalen Analytik gewonnen war, sich hier schon dahin spezialisiert, dass als diese Dinge an sich teils die intelligiblen Charaktere, teils die Gottheit betrachtet werden, dass also die Anwendung bestimmter Kategorien, wie derjenigen von Wesen und ihren Handlungen auf jenes unbekannte Etwas, welches dort Dinge an sich genannt wurde, schon hier »als möglich betrachtet« und damit die Auffassung von Kants Inauguraldissertation, wenn auch unter veränderten Gesichtspunkten, wieder gestreift wird. Allein in einer Rücksicht kehrt sich nun diese Auflösung der Antinomien offenkundig gegen ihren Beweis. Denn indem Kant annimmt, dass die Antithesen für die Erkenntnis der Erscheinungen gelten und dass in der Erscheinungswelt das wissenschaftliche Bewusstsein die Thesen verwirft, so wird es umso unbegreiflicher, wie es vorher möglich gewesen ist, auf rein theoretischem Wege Thesis und Antithesis gleichmäßig zu beweisen. Hierin liegt also eine noch tiefere Antinomie zwischen Kants theoretischem und praktischem Denken vor, eine Antinomie, welche wie diejenige des Dinges an sich die Weiterentwicklung der Philosophie bestimmt hat.

In der vierten Antinomie ist nun auch schon der Gegenstand berührt worden, welcher das letzte Objekt der transzendentalen Kritik bildet: die wissenschaftliche Behandlung der Gottesidee. Kant nennt dieselbe das I d e a l   d e r   r e i n e n   V e r n u n f t , weil sie die Idee des Unbedingten in Rücksicht auf die Möglichkeit aller Erscheinungen überhaupt, der äußeren und der inneren, bildet. Auch dieses Ideal ist nun nach Kant eine notwendige, es ist die letzte und höchste Aufgabe, welche die Erkenntnistätigkeit sich setzen kann und setzen muss. Aber auch hier ist die Idee kein Gegenstand der Erkenntnis, und jeder Versuch, diese Notwendigkeit des Denkens umzudeuten in einen Beweis von der Notwendigkeit der Existenz der Gottheit, muss durchaus verworfen werden. In diesem Zusammenhange der Gedanken erscheint es selbstverständlich, dass für Kant den Nerv aller Beweise, welche die spekulative Theologie und die Metaphysik für das Dasein Gottes angetreten haben, das Argument bildet, welches man das o n t o l o g i s c h e nennt, und welches ja gerade darauf hinausläuft, aus dem Begriffe des allerrealsten Wesens dessen Existenz zu erschließen. In der Kritik desselben trägt nun Kant mit schärferer Formulierung der schon in der vorkritischen Zeit von ihm entwickelten Gedanken eine seiner tiefsten und für die Erkenntnistheorie wertvollsten Lehren vor. Er zerstört jenen ontologischen Beweis von Grund aus, indem er zeigt, dass »Existenz« kein Merkmal ist, welches wie andere Merkmale zum Inhalt eines Begriffes gehörte und deshalb durch logische Analyse aus demselben gewonnen werden könnte. Ein Begriff bleibt genau derselbe, ob man ihm die Existenz zuschreibe oder nicht. Die Existenz ist vielmehr ein Verhältnis, in welchem sich unsere Erkenntnis zu einem bestimmten begrifflichen Inhalte befindet: sie ist eine Kategorie der Modalität. Die Anwendung dieser Kategorie aber ist nur durch die Anschauung zu vermitteln. Ein theoretischer Beweis für die Existenz ist also immer nur dadurch zu gewinnen, dass die Wirklichkeit des Begriffs, d.h. die Beziehung desselben auf einen Gegenstand in der Anschauung direkt oder indirekt nachgewiesen wird. Existenzialsätze sind immer synthetisch, und die Begründung der Synthesis liegt stets in der Anschauung. Deshalb ist es unmöglich, den Begriff der Gottheit als das Subjekt eines Existenzialsatzes theoretisch zu behandeln. Aus dem Begriffe allein folgt niemals die Existenz.

Aber auch alle anderen Versuche, die Notwendigkeit des Daseins Gottes zu beweisen, sind damit umso mehr widerlegt, als sie das ontologische noch mit anderen unberechtigten Argumenten komplizieren. Der kosmologische Beweis (eigentlich schon durch die vierte Antinomie widerlegt) schließt von der Bedingtheit und Zufälligkeit der endlichen Gegenstände auf die Existenz eines absolut notwendigen Wesens. Er hat kein Recht, mit der Kategorie der Kausalität die Erscheinungswelt zu überschreiten, er hat ebenso wenig Recht, von den endlichen Dingen auf eine unendliche, von den bedingten auf eine unbedingte Ursache zu schließen und damit eine μετάβασις εἰς ἄλλο γένος zu vollziehen. Aber wenn man ihm all dies zugeben wollte, so würde er doch seine Behauptung, dass diese letzte Ursache aller Dinge zugleich das allerrealste und absolut notwendige Wesen sei, d.h. dem Begriffe der Gottheit entspreche, immer wieder nicht durch sich selbst, sondern nur durch das ontologische Argument erhärten können. Und wie so der kosmologische auf den ontologischen, so führt der physiko-theologische auf den kosmologischen Beweis zurück. Gesetzt er hätte das Recht, als die Ursache der Zweckmäßigkeit, Güte, Schönheit und Vollkommenheit der Welt (die Kant als

Tatsachen behandelt und nach deren Beweise er gar nicht einmal erst fragt) eine höchste Intelligenz anzunehmen, so würde dieser Beweis nur bis zu dem Begriffe eines weltbildenden, nicht aber bis zu demjenigen eines weltschaffenden Gottes führen. Für diesen müsste immer wieder auf den kosmologischen und in letzter Instanz auf den ontologischen Beweis rekurriert werden.

Diese Widerlegung richtet sich mit echt kritischem Bewusstsein nicht gegen den Satz von der Existenz der Gottheit selbst, sondern nur gegen die Versuche einer t h e o r e t i s c h e n Beweisführung für denselben, und der Scharfsinn dieser Kritik, deren Argumentationen von den besonderen Eigentümlichkeiten der transzendentalen Erkenntnistheorie durchaus unabhängig sind, (wie sie ja auch von Kant im Wesentlichen schon im Jahre 1763 vorgetragen worden waren), hat damit jene Lieblingsgebilde der spekulativen Theologie und der rationalen Metaphysik für immer aus dem Sattel gehoben. Aber auch in diesem Falle richtet sich die Widerlegung der positiven Behauptung mit gleicher Energie gegen ihre negative Kehrseite. Dasselbe Argument, welches den wissenschaftlichen Beweis für die Existenz der Gottheit verbietet, schlägt auch jeden Versuch, diese Existenz zu leugnen oder zu widerlegen, nieder. Der Atheismus ist wissenschaftlich ebenso unmöglich wie der Theismus. Gerade wie die Kritik der rationalen Psychologie gleichmäßig den Spiritualismus und den Materialismus als Anmaßungen der Metaphysik verdammte, so sieht die Kant'sche Kritik auch die rationale Theologie und den Atheismus für gleich unbewiesene dogmatische Behauptungen an. Der eine überschreitet die Grenze der menschlichen Erkenntnisfähigkeit so gut wie die andere. Aber die rationale Theologie unterliegt nur in verzeihlichem Eifer dem transzendentalen Schein, als könne das Ideal der Vernunft Gegenstand einer objektiven Erkenntnis sein: Der Atheismus macht den viel schlimmeren Fehler, dies Ideal der menschlichen Erkenntnis als eine Illusion zerstören zu wollen. Er sträubt sich daher, meint Kant, gegen eine in der Organisation des menschlichen Geistes selbst angelegte Notwendigkeit. Wenn wir die Zusammenhänge der inneren und diejenigen der äußeren Erscheinungen, wenn wir die geheimnisvolleren Zusammenhänge, die zwischen beiden obwalten, in der wissenschaftlichen Erkenntnis zu begreifen suchen, so schwebt uns als der Trieb für diese gesamte Arbeit des Verstandes die Idee der Vernunft vor, einen letzten und absoluten Zusammenhang aller Erscheinungen in einem höchsten Wesen zu begreifen. Dies Ideal der Vernunft ist durch den Verstand und seine Erkenntnis nie zu erreichen. Aber aller Wert der Verstandesarbeit liegt in der Annäherung an das unerreichbare Ziel.

Und woher denn nun – das ist die letzte Frage – diese Wertschätzung und jener ihr zu Grunde liegende Trieb? Woher jenes metaphysische Bedürfnis, welches unsere Erkenntnis erst vollendbar erscheinen lässt in einem Unerkennbaren? Aus dem bloßen Material der Erscheinungen ergäbe sich für die Erkenntnis nur der Trieb, ihre endlosen Ketten endlos weiter zu verfolgen. Wenn daher in unserem Denken das Bedürfnis auftritt, aus dieser Sinnenwelt herauszugehen und ein von ihr Verschiedenes zu erfassen, so liegt die Veranlassung dafür nicht mehr in unserem theoretischen Verhalten. Die theoretische Betrachtung kann nur die Tatsache konstatieren, dass sie selbst in ihrem ganzen Fortschritte durch das wenn auch niemals zu erfüllende Streben bestimmt ist, ihren Horizont zu überschreiten. Aber die Erklärung dieser Tatsache liegt in einem tieferen Bedürfnis, welches das theoretische Leben beherrscht, und dieses tiefere Bedürfnis kann nur in dem sittlichen Bewusstsein von unserer Bestimmung bestehen, welche über die Welt unserer Erkenntnis hinausreicht. So zeigt sich, dass das Leben der Erkenntnis in seiner ganzen Ausdehnung durch den ethischen Trieb nach der übersinnlichen Welt bedingt ist, dem es doch selber niemals genüge tun kann. Das ist es, was Kant den P r i - m a t   d e r   p r a k t i s c h e n   ü b e r   d i e   t h e o r e t i s c h e   V e r - n u n f t genannt hat, und was den innersten Zusammenhang seiner wissenschaftlichen so gut wie seiner persönlichen Überzeugung am klarsten hervortreten lässt.

§60. Kants praktische Philosophie

Die Nachfolger haben Kants Philosophie als subjektiven Idealismus oder als S u b j e k t i v i s m u s charakterisiert, und in den historischen Darstellungen ist diese Bezeichnung vielfach adoptiert worden. Die Wenigsten wissen, was sie bedeutet. Sie will besagen, dass der Kritizismus seinen Standpunkt lediglich in der menschlichen Vernunft nimmt. Er lässt alle die Meinungen dahingestellt, welche, sei es im populären Bewusstsein, sei es in philosophischen Versuchen, vor ihm über das Verhältnis dieser menschlichen Vernunft zu den Dingen, zu Subjekten und Objekten, aufgestellt sind, und er sucht lediglich die notwendigen und allgemeingültigen Prinzipien auf, welche in den Formen der Vernunft begründet sind. Er ist in dieser Hinsicht nichts als eine S e l b s t e r k e n n t n i s   d e r   m e n s c h l i c h e n   V e r n u n f t. Aber die Folge davon ist eben die, dass sich auch die theoretische Kritik vollkommen in den Umkreis dieser Vernunftformen gebannt sieht, und dass ihr alles, was über die Vorstellungen und ihre immanenten Beziehungen hinausgeht, problematisch bleiben muss. Innerhalb der Vorstellungsbewegung gibt es gewisse gesetzmäßige Verknüpfungen, welche Dinge genannt werden, und gibt es vor allem das notwendige Grundverhältnis von Subjekt und Objekt, welche nur in Beziehung aufeinander gedacht werden können. Ob es aber auch außerhalb der Vorstellung Dinge gibt, ob dem Subjekt und dem Objekt reale Wesen entsprechen, darüber fehlen der theoretischen Vernunft so sehr alle Argumente, dass sie es weder bejahen noch verneinen kann. Für die theoretische Philosophie ist die Vorstellungstätigkeit mit ihren gesetzmäßigen Formen das Absolute. Schon von einem vorstellenden Subjekt kann sie nicht als von einem diese Tätigkeit ausführenden metaphysischen Wesen, sondern nur als von einem Inhalte der Vorstellungstätigkeit sprechen. Die Vernunft also ist ein System von Formen, ist der vollständig in sich geschlossene Kreis, aus dem die theoretische Philosophie nicht herauskann. Der Kritizismus fragt weder nach ihrem Ursprunge noch nach ihrem Verhältnis zu jener problematischen Realität, die er nur als ein völlig Unbekanntes jenseits der Grenze ansieht, welche die Vernunft sich selbst zu setzen vermag.

Betrachtet man dies Resultat vom Standpunkte des »naiven Realismus«, so heißt es, dass die Vernunft nichts weiter zu erkennen vermag als sich selbst. Und wer von vornherein, von dem populären Bewusstsein ausgehend, das Wesen der Erkenntnis in der Identität von Vorstellungen und Dingen sucht, dem muss die Kant'sche Kritik den Eindruck hinterlassen, dass dieses Ziel der Erkenntnis niemals zu erreichen ist. In diesem Sinne ist seine theoretische Philosophie absoluter Skeptizismus. Aber diese Skepsis beweist ihren kritischen Ursprung dadurch, dass sie in vollkommen präziser Formulierung die Unfähigkeit der menschlichen Vernunft, von etwas anderem als von ihren eigenen Formen gewiss zu sein, auf die theoretische Funktion der Erkenntnis beschränkt. Kants Subjektivismus ist nur theoretischer Natur. Wenn die Klarheit seiner Darstellung der Lehre vom Ding an sich in der Kritik der reinen Vernunft durch seine felsenfeste Überzeugung von dessen Existenz getrübt wurde, so rührte das daher, dass der Kritizismus in seinem praktischen Teil die selbst gezogene Schranke des Subjektivismus siegreich durchbricht und von derselben Selbsterkenntnis der Vernunft aus deren Zusammenhang mit einer bestehenden Welt und ihre Unterordnung unter die allgemeine Gesetzgebung derselben begreift. Theoretisch betrachtet, sieht die Vernunft sich auf sich selbst beschränkt, praktisch betrachtet, glaubt sie sich im lebendigen Zusammenhange mit einer höheren Welt, von der ihre ganze Erkenntnis nur den Schatten ergreift.

Und doch ist auch diese Überwindung des Subjektivismus bei Kant nur aus dem subjektiven Gesichtspunkte selbst zu verstehen. Denn so wie die Vernunft auf dem theoretischen Felde zu ihrer Selbstkritik nichts hat als sich selber, so kann auch die praktische Gewissheit von ihrem Zusammenhange mit einer absoluten Weltordnung nur aus ihrer eigenen Tiefe geschöpft sein; nur in sich selbst vermag sie das Motiv zu entdecken, mit ihrer Überzeugung die Schranken ihres Wissens zu überschreiten. Auch der Glaube, mit dem die Vernunft sich einem Weltgesetze unterwirft, gehört zu ihren eigenen Prinzipien, und dieser Glaube darf deshalb nur solche Gestalten annehmen, welche durch die allgemeine und notwendige Form der Vernunft selbst bestimmt sind. Konnte die theoretische Vernunft in allgemeiner und notwendiger Weise nur das erkennen, was sie selbst erzeugt, so kann die praktische Vernunft sich nur einem Weltgesetze unterordnen, welches sie in allgemeiner und notwendiger Weise sich selbst gibt.

Indem Kant an die Kritik des sittlichen Bewusstseins geht, fragt er auch hier nach dem allgemeinen und notwendigen Charakter, der demselben innewohnt. In seiner empiristischen Periode hatte er sich mit den anthropologischen Beobachtungen beschäftigt, welche die psychologische Verschiedenheit in der Gestaltung des sittlichen

Lebens der Menschheit zu ihrem Gegenstande haben. Derartige Fragen liegen der kritischen Moralphilosophie fern; sie richtet vielmehr ihren Blick darauf, dass auf dem Grunde aller dieser Verschiedenheiten eine gemeinsame sittliche Vernunft der menschlichen Gattung ruht, und dass das Bewusstsein derselben sich in dem Anspruche auf A p o d i k t i z i t ä t zeigt, mit dem die s i t t l i c h e n U r t e i l e ausgesprochen werden. Diese aber sind zwiefacher Art. Teilweise bestehen sie in gewissen Gesetzen, welche wir als die allgemeingültigen Normen für das sittliche Leben ansehen, teilweise aber in Beurteilungen, welche aufgrund dieser Normen über Handlungen und Willensentscheidungen der Menschen ausgesprochen werden. Die Letzteren sind offenbar die Form des sittlichen Lebens, welche dem populären Bewusstsein am geläufigsten ist. Sie kommt in denjenigen Urteilen zur Geltung, welche ihr Subjekt mit dem Prädikate. g u t o d e r b ö s e bezeichnen. Kant sucht nun, um aus diesem populären Verhalten in das moralphilosophische Problem hinüberzuführen, zunächst die Eigentümlichkeit dieser Urteile scharf zu umgrenzen. Sie enthalten keine Erkenntnis im theoretischen Sinne, sondern vielmehr ein Verhältnis der Beurteilung, in welches sich der Beurteilende zu dem erkannten oder für erkannt angesehenen Gegenstande des Urteils versetzt. Aber nicht alle Beurteilungen sind ethischer Natur. Ein großer Teil derselben hat die Tendenz, den Gegenstand als etwas dem Individuum Angenehmes oder Unangenehmes zu bezeichnen. Diese Beurteilung ist stets empirischer Natur, sie setzt die Beziehung des Gegenstandes zu irgendeinem Bedürfnis des Individuums, bestehe dasselbe nun in einem unmittelbaren sinnlichen Triebe oder in einem Zwecke des persönlichen Interesses, voraus. Solche Beurteilungen sind deshalb zwar synthetisch, aber nicht a priori. Von ihnen gibt es infolgedessen keine über das jedesmalige Bedürfnis des Individuums hinausgehende Notwendigkeit und Allgemeingültigkeit. Wo dagegen etwas als gut oder böse bezeichnet wird, da geschieht es stets mit dem Anspruch auf Allgemeingültigkeit und Notwendigkeit, und dieser charakterisiert sich dadurch, dass er den Gegenstand der Beurteilung in Beziehung zu einem allgemeinen und notwendigen Prinzip setzt. Hier haben wir also ein Verfahren unseres Geistes, welches auf Apriorität Anspruch erhebt, und es fragt sich nach der Methode des Kritizismus, ob die

Bedingungen erfüllt sind, unter denen dieser Anspruch gerechtfertigt ist. Nun enthält jede sittliche Beurteilung, sofern sie sich ihrer Berechtigung bewusst wird, die Subsumtion des betreffenden Gegenstandes unter ein Prinzip, welches wir ein sittliches Gesetz nennen, und die Beurteilung kann nur dann als berechtigt gelten, wenn die Allgemeingültigkeit und Notwendigkeit dieses Gesetzes feststeht. Alle sittliche Beurteilung setzt ein Sittengesetz voraus, welches *a priori* gilt. Für die praktische Philosophie handelt es sich zunächst darum, ob es ein solches allgemeines Sittengesetz gibt, und wie dessen Allgemeingültigkeit und Notwendigkeit eingesehen werden kann.

Der Aufsuchung des Sittengesetzes selbst scheint nun die Schwierigkeit im Wege zu stehen, dass erfahrungsmäßig der Inhalt desselben ein wechselnder und, historisch betrachtet, sogar ein schwankender ist. Heute und hier gilt anderes als sittlich als morgen und dort, und wenn sich so der Inhalt der sittlichen Prinzipien empirisch bedingt zeigt, was am allerwenigsten die kritische Philosophie leugnet, so bleibt der Letzteren nur die Möglichkeit, die Apriorität des Sittengesetzes in derselben Richtung zu suchen, wo sie diejenige der Erkenntnis gefunden hatte: in einer formalen Bestimmung.

Schon in den Vorbereitungen für diese Fundamentaluntersuchung sind fast unmerklich die charakteristischen Züge angelegt, welche die Eigentümlichkeit der Kant'schen Moralphilosophie ausmachen. Das Prädikat gut pflegt zwar selbst in seinem sittlichen Sinne von der populären Bezeichnungsweise auch Handlungen beigelegt zu werden, welche den Anforderungen des Sittengesetzes entsprechen. Allein, meint Kant, das geschieht doch nur im übertragenen Sinne und nur insofern, als dieselben für den Ausdruck einer guten Gesinnung angesehen werden. Im schärfsten Sinne des Wortes ist nichts gut als der W i l l e . Er bleibt gut, wenn er durch den Mechanismus der äußeren Natur an der Umsetzung in die Handlung gehindert worden ist, und andererseits verdient eine Handlung, die dem Sittengesetze völlig konform ist, das Prädikat gut nur insofern, als sie aus der sittlichen Gesinnung hervorgegangen ist. Wo irgendein äußerer Zwang den Menschen eine solche Handlung ausführen lässt, da kann sie ihm nicht als moralisches Verdienst zugerechnet, nicht als gut bezeichnet werden. Aber Kant geht sogleich weiter. Was vom äußeren Zwang gilt,

117

dehnt er auch auf den inneren aus. Wenn der Mechanismus des Trieblebens, wenn die persönlichen Interessen des Individuums dasselbe zu einer Handlung führen, welche den Anforderungen des Sittengesetzes entspricht, so ist eine solche Handlung zwar nicht böse, aber auch nicht gut zu nennen, sondern sie ist moralisch indifferent. In solchem Falle hat das Individuum das Glück, dass seine Neigungen es nicht mit dem Sittengesetz in Konflikt bringen; aber das ist ein Zufall und kein Verdienst. Echt moralisch ist deshalb die den Anforderungen des Sittengesetzes entsprechende Handlung nur dann, wenn sie aus guter Gesinnung hervorgegangen ist, d.h. wenn der Wille, der ihre Ursache enthält, selbst durch das Bewusstsein des Sittengesetzes bestimmt war. Das Bewusstsein von der Anforderung, welche ein sittliches Gesetz an unsere Handlungsweise stellt, heißt P f l i c h t , und echt moralisch sind daher nur diejenigen Handlungen, bei denen die Pflicht als Maxime d.h. als subjektives Prinzip der Willensentscheidung zur Geltung gekommen ist. In der kritischen Tendenz scharfer Grenzscheidungen macht Kant jenen berühmten prinzipiellen Unterschied zwischen Pflicht und Neigung, der sich durch seine ganze Ethik hindurchzieht. Die äußere Konformität unserer Handlungen mit den Anforderungen des Sittengesetzes nennt er L e g a l i t ä t . Alles, was wir aus Neigung tun, ist im besten Falle nur legal, und von M o r a l i t ä t ist erst da die Rede, wo die pflichtmäßige Gesinnung und sie allein die Ursache der Handlung gewesen ist. In dieser Verinnerlichung des moralischen Prinzips liegt auch auf diesem Gebiete das subjektivistische Prinzip der kritischen Philosophie; es ist zugleich diese Basierung der Ethik auf dem Begriff des Pflichtbewusstseins eine abstrakte und rein ethische Formulierung desjenigen Prinzips, welches der Protestantismus von Anfang an in seinem Kampfe gegen die katholische Kirche am lebhaftesten betont hatte.

Die Moralität der Handlungen ist also nicht in ihrer legalen Äußerlichkeit, sondern lediglich in der ihr zu Grunde liegenden Gesinnung zu suchen, und die Gesinnung ist nur da gut, wo ihre Maxime das Bewusstsein der Pflicht, wo also das Motiv des Handelns kein anderes ist als die Achtung vor dem sittlichen Gesetz. Die sittlichen Gesetze aber erscheinen in unserem Bewusstsein als die Vorstellung von etwas, was wir tun sollen, es sind G e s e t z e d e s S o l l e n s , welche den sogenannten Naturgesetzen als denjenigen des Müssens gegenüberstehen. Ein Naturgesetz ist eine Regel, nach der unter allen Umständen etwas geschehen muss, das Sittengesetz ist eine Maxime, nach der unter allen Umständen etwas geschehen soll. Beide können nicht miteinander identisch sein; denn es hätte gar keinen Sinn, etwas zu verlangen, was mit naturgesetzlicher Notwendigkeit sowieso geschieht. Das Sittengesetz hat also nur darin seine Bedeutung, dass der Mechanismus des natürlichen Geschehens es willkommen unbestimmt lässt, ob dasselbe erfüllt wird oder nicht. Die moralische Gesetzgebung ist also eine gänzlich andere als die natürliche und deshalb aus dieser nicht abzuleiten. Moralische Gesetze sind Imperative, Aufgaben, welche erfüllt werden sollen, ohne es zu müssen und ohne immer erfüllt zu werden. In diesem Sinne ist Kant der klassische Vertreter der i m p e r a t o r i s c h e n   R i c h t u n g   i n   d e r   E t h i k , d.h. derjenigen, welche die Aufgabe dieser Wissenschaft nicht in einer Beschreibung und Erklärung des wirklichen sittlichen Lebens der Menschen, sondern vielmehr in der Aufstellung einer absoluten Gesetzgebung für dasselbe sieht.

Prüft man nun, welcher Art die Imperative sind, welche in der praktischen Betätigung des menschlichen Lebens auftreten, so zeigt sich, dass der bei weitem größte Teil derselben nur in bedingter Weise gelten kann. Die Vorschriften, welche wir uns und anderen für bestimmte einzelne Tätigkeiten machen, sind selbstverständlich von den Zwecken abhängig, welche durch diese Tätigkeiten erfüllt werden sollen, und gelten nur soweit, als diese Zwecke als erstrebenswert angesehen werden. Das Gebiet unserer praktischen Tätigkeit ist dasjenige der Zwecke. Der B e g r i f f   d e s   Z w e c k s , den Kant aus dem System der Kategorien ausschloss und der deshalb in seiner theoretischen Philosophie mit Einschluss seiner Naturlehre keine Rolle spielte noch spielen durfte, gewinnt hier die Bedeutung einer Grundbestimmung für die praktische Welt. Zwecke sind die Bedingungen, unter denen die meisten Imperative stehen, insofern sie die Handlungen verlangen, welche das Mittel zur Herbeiführung dieser Zwecke bilden. Alle diese Imperative sind somit, ausgesprochen oder unausgesprochen, hypothetischen Charakters. Diese Reihe der hypothetischen Imperative oder der teleologischen Verhältnisse von Zweck und Mittel scheint sich nun ähnlich in eine endlose Kette auszudehnen, wie diejenige der Kausalität und der Verhältnisse von Ursache und Wirkung. Ich will eine bestimmte Handlung tun, um einen Gegenstand umzugestalten oder zu verfertigen, aber ich will diesen Gegenstand nur haben, um mit ihm irgendwelche andere Funktionen ausführen zu können, und ich will diese Funktionen wieder ausführen, um dies und jenes Andere herbeizuführen, und so fort. In dieser Weise hängt der letzte hypothetische Imperativ als Schlussglied an einer langen Kette von teleologischen Beziehungen. Aber dieser ganze Prozess ist nur dadurch möglich, dass es einen letzten Zweck gibt, der selbst nicht mehr Mittel für einen höheren, sondern vielmehr der bestimmende Grund für die ganze teleologische Reihe ist. Während die kausalen Ketten, diejenigen der Erkenntnis, kein Anfangs- und kein Endglied haben, sind die teleologischen Reihen, diejenigen des Willens, durch den unbedingten oder a b s o l u t e n Z w e c k geschlossen. Ein solches Schlussglied des teleologischen Prozesses bietet der natürliche Mechanismus der Motivation in dem Glückseligkeitstrieb dar, welcher für den bloß natürlichen Menschen den höchsten und letzten Zweck aller seiner Handlungen ausmacht. Aber das Glückseligkeitsstreben ist ein Naturgesetz. Es braucht nicht als ein höchster und abschließender Imperativ ausgesprochen zu werden, sondern es regelt vielmehr das ganze System des natürlichen Triebmechanismus von selbst. Die sittliche Gesetzgebung wäre daher von einer naturgesetzlichen Notwendigkeit bedingt, wenn die Glückseligkeit der absolute Zweck wäre, um dessentwillen sie alle ihre einzelnen Imperative aufstellte. Soll es also in der sittlichen Gesetzgebung einen höchsten Zweck geben, um dessentwillen alle übrigen einzelnen Gesetze da sind, so muss derselbe an das Pflichtbewusstsein ein Verlangen stellen, welches dem menschlichen Willen nicht schon durch den natürlichen Mechanismus eingepflanzt ist.

Nun besteht aber das Hypothetische in den Imperativen stets darin, dass sie ihre Vorschrift von einem bestimmten inhaltlichen Zwecke abhängig machen. Sollte daher das oberste Prinzip der Sittenlehre einen bestimmten besonderen Inhalt repräsentieren, so wäre es von diesem abhängig und entspräche nicht mehr dem Begriffe eines absoluten Zweckes. Ein Imperativ, der kategorisch d.h. ohne jede Bedingung gelten soll, kann also niemals eine einzelne bestimmte Handlung verlangen, sondern nur eine formale Bestimmung enthalten, deren Anwendung auf den einzelnen Inhalt dann durch die besonderen Verhältnisse der Erfahrung bestimmt wird. Das oberste, nicht erfahrungsmäßige, das apriorische Gesetz der Sittlichkeit kann deshalb nur das Gesetz der Gesetzmäßigkeit sein. Der kategorische Imperativ verlangt nichts anderes, als dass die Maxime, aus welcher eine Handlung hervorgeht, derartig sei, dass sie ein allgemeingültiges und notwendiges Gesetz für alle vernünftigen Wesen bilden kann. Deshalb formuliert Kant den kategorischen Imperativ dahin: Handle so, als ob die Maxime deiner Handlung durch deinen Willen zum allgemeinen Naturgesetz werden sollte.

Man hat wohl gemeint, dieser ganze Apparat von Begriffsentwicklungen bei Kant führe doch schließlich im Grunde genommen auf die triviale Formel hinaus: Was du nicht willst, dass man dir tu', das füg' auch keinem andern zu. Nun würde es nicht einmal ein Vorwurf sein, wenn es wirklich so wäre, dass die wissenschaftliche Untersuchung als das Fundamentalprinzip der Ethik einen Satz begründete, der dem allgemeinen sittlichen Bewusstsein als der bestimmende von vornherein einleuchtete. Allein ganz so ist die Sache doch nicht, so wenig sich andererseits leugnen lässt, dass Kants Darstellung für eine solche Deutung den breitesten Spielraum gegeben hat. Fragt man nämlich, aus welchen Gesichtspunkten denn nun beurteilt werden soll, welche Maximen sich zu allgemeinen Naturgesetzen eignen würden und welche nicht, so behauptet Kant von den strengeren, »unnachlässlichen« Pflichten, es seien solche, bei denen die gegenteilige Maxime als Naturgesetz nicht einmal gedacht werden könnte, sodass den unsittlichen Grundsätzen die Fähigkeit, allgemeines Gesetz zu werden, schon aus rein logischen und theoretischen Gründen abgesprochen werden müsse. Hieraus geht hervor, dass Kant jene Deutung gerade für die wichtigsten sittlichen Maximen nicht im Auge hatte. Allein schon hinsichtlich des Egoismus z.B. kann es nicht zweifelhaft sein, dass die Tatsachen geradezu beweisen, wie diese unsittliche Maxime als allgemeines Naturgesetz, was sie ja in der Tat ist, den Bestand der organischen Welt nicht nur nicht gefährdet, sondern sogar in ihrer empirischen Gestalt erst möglich macht. Deshalb sieht sich Kant genötigt, hinzuzufügen, dass es Maximen gibt, bei denen es theoretisch keinen

Widerspruch involviere, sie als Naturgesetze zu denken, bei denen man aber nicht w o l l e n k ö n n e , dass sie es seien. Das ist nun freilich sehr bedenklich: denn der Grund dieses »Nicht wollen Können« ist doch in diesem Falle entweder ein sittlicher – und dann bewegt sich die ganze Erklärung im Kreise – oder durch ein Interesse bestimmt – und dann liegt die Entscheidung ja doch wieder bei dem von Kant so lebhaft verworfenen Glückseligkeitsbestreben. Dem letzteren Widerspruche mit sich selbst ist er sogar in seinen Beispielen zweifellos verfallen. Aber die große Schwierigkeit der Sache liegt in Folgendem: So tief und groß der Kant'sche Grundgedanke ist, als das absolute und oberste Prinzip der Moral den kategorischen Imperativ in der Form des Gesetzes der Gesetzmäßigkeit aufzustellen, so völlig unmöglich ist es auf der anderen Seite, aus dieser rein formalen Bestimmung irgendeine empirische Maxime abzuleiten oder auch nur sie darunter zu subsumieren[7]. Das Letztere gelang dem Philosophen nur durch eine sich schon inhaltlich gestaltende Umformung, nicht durch die rein formale Fassung des kategorischen Imperativs.

Prinzipiell jedoch benutzt Kant gerade diese rein formale Fassung des kategorischen Imperativs, um seine Auffassung des Sittengesetzes gegen alle früheren energisch abzugrenzen. Sobald man die sittlichen Handlungen von der Erfüllung eines sachlichen Zweckes in letzter Instanz abhängig macht, so betrachtet man die sittliche Tätigkeit als ein Mittel für diesen Zweck und setzt somit den kategorischen zu einem hypothetischen Imperativ herab. Unter diesen materialen Prinzipien der ethischen Gesetzgebung sind neben anderen hauptsächlich zwei von wesentlicher Bedeutung, weil sie den größten Teil der in der Philosophie aufgestellten Moralprinzipien bestimmt haben: die

---

7   Diese Andeutung hat Kant in dem Abschnitte der Kritik der praktischen Vernunft gegeben, welcher von der T y p i k der reinen praktischen Urteilskraft handelt, indem er hier die Frage nach der Möglichkeit, konkrete Bestimmungen unter die Anforderung des kategorischen Imperativs zu subsumieren, aufwirft und das Naturgesetz als den Typus des Sittengesetzes in demselben Sinne bezeichnet, wie in der Kritik der reinen Vernunft die Zeit als Schema für die Subsumtion der Erscheinungen unter Kategorien figurierte, mit dem Unterschiede nur, dass die Anwendung dieses Typus eine noch viel vagere und unklarere ist als die jenes Schemas.

Glückseligkeit und der göttliche Wille. Der Eudämonismus betrachtet die sittliche Handlungsweise als das einzige oder das beste Mittel, die Glückseligkeit, wenn er roh verfährt, des Einzelnen, wenn er verfeinert erscheint, der menschlichen Gesellschaft herbeizuführen. Damit geht erstens die eigentliche Würde und Selbständigkeit der moralischen Handlung verloren, indem dieselbe einem fremden Zwecke dienen soll. Zweitens aber enthält dieser Eudämonismus einen inneren Widerspruch. Eine unbefangene Prüfung der Tatsachen lehrt, dass die moralischen Handlungen, weit davon entfernt, die Glückseligkeit zu ihrer notwendigen Folge zu haben, derselben vielmehr vielfach entgegenstehen. Für das Individuum wenigstens ist die Moralität unter allen Mitteln zur Herbeiführung der Glückseligkeit das unsicherste und das verfehlteste. Hatte die Natur uns zur Glückseligkeit bestimmt, so hätte sie nichts Törichteres tun können, als neben den Trieben des Egoismus uns dies Bewusstsein einer moralischen Pflicht einzupflanzen, welches denselben immer im Wege steht. Aus dem Glückseligkeitsbestreben lässt sich das ethische Leben niemals deduzieren. Wenn auf der anderen Seite die Gültigkeit der moralischen Gesetze aus einer göttlichen Gesetzgebung abgeleitet werden soll, so heißt dies, das sittliche Leben des Menschen einem fremden Willen unterwerfen. Die Unterwerfung unter einen fremden Willen aber kann entweder aus den psychologischen Triebfedern der Furcht und der Hoffnung, welche die Vorstellung von der Mächtigkeit dieses fremden Willens mit sich bringt, oder aber aus der Überzeugung von der sittlichen Güte dieses Willens hervorgehen. Ist das Erstere, wie bei dieser Begründung der Moral wohl in der Mehrzahl der Fälle, vorhanden, so wird die moralische Tätigkeit wiederum als ein Mittel für ein wenn auch noch so verfeinertes und aus dem zeitlichen in das ewige Leben übertragenes Glückseligkeitsbestreben angesehen, und es fällt diese Form des Eudämonismus unter die allgemeine Kritik desselben. Wird aber der göttliche Wille deshalb befolgt, weil man von seiner sittlichen Güte und Vollkommenheit überzeugt ist, so kann diese Überzeugung, soll sie nicht eine gedankenlose Meinung sein, nur darauf beruhen, dass der Inhalt des göttlichen Willens vom Standpunkt des sittlichen Bewusstseins als ein demselben durchaus konformer erkannt worden ist. In diesem Falle liegt also das letzte Beurteilungsprinzip doch in dem sittlichen Bewusstsein selbst, und die theologische Begründung ist nur eine scheinbare.

Der kategorische Imperativ enthält also in seiner bloß formalen Bestimmung und in seiner ausdrücklichen Unabhängigkeit von allen inhaltlichen Zwecken der Willensentscheidung doch die sehr wesentliche Bedeutung, dass er von dem sittlichen Willen die Befolgung nur solcher Gesetze, aber dieser auch unbedingt verlangt, welche er sich selbst gegeben hat. In diesem Sinne bezeichnet Kant den Grundbegriff seiner Moralphilosophie als denjenigen der A u t o n o m i e . Sittlich gut ist der Wille, der das selbstgegebene Gesetz befolgt. Die praktische Überzeugungstreue ist der tiefste Gehalt des moralischen Lebens. Der reine Wille, d.h. der allgemeine und notwendige Wille oder die praktische Gattungsvernunft des Menschen kann sich kein anderes Gesetz als das sittliche geben; aber der empirische Wille, der individuelle Wille des Einzelnen vermag diese Gesetze zu überschreiten, weil er durch anderes als durch sich selbst, weil er durch die sinnlichen Triebe bestimmt ist. Jeder Versuch deshalb, die sittliche Handlungsweise in den Dienst eines anderen Zweckes zu stellen, zieht die Sittlichkeit auf den Standpunkt der Heteronomie herab. Mag es die individuelle oder die allgemeine Glückseligkeit, mag es irgendein empirisches Gefühl, mag es ein göttliches Gebot oder ein metaphysischer Begriff der Vollkommenheit sein, was man als Bestimmungsgrund für das sittliche Handeln angibt, – immer wird dadurch das sittliche Leben zu einem Mittel herabgesetzt und hört auf, in sich selbst einen absoluten, notwendigen und allgemeingültigen Zweck zu bilden.

Jede heteronomische Begründung widerspricht nach Kant der Würde des moralischen Lebens. Alles, was einem anderen Zwecke dient, hat in der Welt der Zwecke nur einen Preis. W ü r d e kommt nur demjenigen zu, was an und für sich ein Zweck und um dessen allein willen das Übrige da ist. Diese Würde gebührt im ersten und eigentlichsten Sinne des Wortes nur dem Sittengesetz selbst. Aber indem das Individuum dieses Sittengesetz sich selber gibt, indem es aus Achtung vor diesem Gesetz ohne alle Interessen seiner Neigung in pflichtmäßiger Gesinnung dies Gesetz befolgt und sich so mit ihm identifiziert, teilt sich ihm jene Würde des Sittengesetzes mit, und in der Welt der Erscheinungen ist deshalb die menschliche P e r s o n , als ein vernünftiges, zwecksetzendes und sich selbst Gesetze gebendes Wesen der einzige, a b s o l u t e   S e l b s t z w e c k , der die Bedingung aller relativen Zwecke enthält und dem gegenüber alle übrigen Erscheinungen Sachen sind. Mit dieser Überlegung geht der kategorische Imperativ aus der rein formalen in eine inhaltliche Bestimmung über, und das Gesetz der Gesetzmäßigkeit verwandelt sich in das G e s e t z   v o n   d e r   W a h r u n g   d e r   M e n s c h e n w ü r d e . Alle Sachen können als Mittel zum Zwecke, aber eine Person darf niemals nur als Mittel gebraucht, sondern muss stets in ihrer absoluten Würde geachtet werden, und so lautet das oberste Prinzip des Sittengesetzes: Handle so, dass du die Würde der Menschheit sowohl in deiner Person als auch in der Person jedes Anderen jederzeit achtest, und die Person immer zugleich als Zweck, nie bloß als Mittel gebrauchst.

Der Begriff der Autonomie ist also in ganz ähnlicher Weise der Schlüssel für die Erkenntnis des praktischen Lebens wie die Kategorien für diejenige des theoretischen. Wie es apriorische Erkenntnis der Natur nur dadurch gibt, dass die Gesetze derselben vom Verstande als seine eigenen Funktionsformen erzeugt werden, so ist ein allgemeingültiges und notwendiges Sittengesetz nur dadurch möglich, dass der reine Wille sich selbst das Gesetz gibt. So wenig von einer gegebenen Natur apriorischen Erkenntnis, so wenig ist wahre Sittlichkeit unter einem nur empfangenen Gesetze möglich. Die Kriterien der theoretischen und der praktischen Kritik sind genau parallele Gedanken. Allein während die Berechtigung einer apriorischen Erkenntnis durch die Kategorien sich darauf zurückführen ließ, dass ihre die Erfahrung produzierende Funktion in der Erfahrung selbst nachgewiesen wurde, muss die Kritik der praktischen Vernunft einen anderen Weg einschlagen.

Allgemeingültigkeit und Notwendigkeit der synthetischen Urteile *a priori*, welche die praktische Vernunft als sittliche Gesetze aufstellt, ist nur denkbar unter Voraussetzung der Autonomie. Ein Wille aber, der lediglich sich selbst das Gesetz gibt und von demselben aus die Handlung mit allen ihren Folgen bestimmt, ist ein Akt, welcher zwar als Ursache eine unabsehbare Reihe von Wirkungen hat, welcher aber selbst nicht mehr nach dem naturgesetzlichen Prinzip als die Wirkung einer Ursache angesehen werden kann. Eine solche Funktion nennt

Kant Kausalität durch Freiheit. Der autonome Wille ist innerhalb der Kausalkette der Erscheinungen nicht möglich, er ist vielmehr das Vermögen, eine Kausalreihe von vorn anzufangen. Autonomie also gibt es nur, insoweit es einen dem Kausalgesetz der Erscheinungen nicht unterworfenen freien Willen gibt. Die F r e i - h e i t ist also das letzte Prinzip, auf welches die Analyse des sittlichen Lebens hinausläuft, und das Resultat derselben ist dahin zusammen- zufassen, dass es allgemeingültige und notwendige Sittlichkeit nur unter der Bedingung der Freiheit gibt. Nach dem Prinzip der Kritik der reinen Vernunft würde nun die menschliche Willenstätigkeit dar- auf hin untersucht werden müssen, ob es in ihr Freiheit gibt. Allein diese Untersuchung ist nicht möglich, und in dieselbe darf deshalb gar nicht erst eingetreten werden. Denn die Kritik der reinen Vernunft hat nachgewiesen, dass in der Erfahrung und ihrer theoretischen Erkennt- nis niemals Freiheit gefunden werden kann. Alle Erscheinungen sind unbedingt dem Grundsatze der Kausalität in der Weise unterworfen, wie es die zweite Analogie der Erfahrung ausgesprochen hat. So ist durch die Kritik der reinen Vernunft festgestellt worden, dass nach der Bedingung des sittlichen Lebens nicht wie nach denjenigen des theo- retischen in der Erfahrung selbst gesucht werden kann. Raum, Zeit und die Kategorien sind in der Erfahrung selbst anzutreffen, denn sie bilden deren konstituierende Formen, und die Transzendental- philosophie ist in diesem Falle nur die Reflexion auf Tätigkeiten, aus denen das Wesen der Erfahrung selbst besteht. Freiheit aber ist in der Erfahrung niemals anzutreffen. Sollte deshalb die Entscheidung der Frage, ob die Apriorität, auf welche das Sittengesetz Anspruch erhebt, berechtigt sei, durch eine theoretische Erkenntnis, wie es bei den par- allelen Untersuchungen der Kritik der reinen Vernunft der Fall war, gewonnen werden, so müsste dieser Anspruch geradeso wie derje- nige der Metaphysik zurückgewiesen werden. Denn so wenig wie die intellektuelle Anschauung, ist die Freiheit in dem erfahrungsmäßigen Bestande des menschlichen Geistes aufzufinden. Allein die Kritik der reinen Vernunft verhielt sich doch beiden Begriffen gegenüber nicht ganz gleichmäßig. Bei dem einen ergibt sich aus der Tatsache unserer sinnlichen Anschauungsweise, dass wir Menschen eine intel- lektuelle nicht haben können. Bei der Freiheit dagegen wurde in der dritten Antinomie die Möglichkeit gewonnen, dass der naturnotwendige Ablauf der Willensentscheidungen, den die Erfahrung zeigt oder postulieren muss, nur die Erscheinung eines intelligiblen Charakters sei, dem die Kausalität durch Freiheit ohne Widerspruch als Merkmal zugesprochen werden könne. So gibt die Kritik der reinen Vernunft die Möglichkeit der Freiheit für den Menschen als intelligibles Wesen zu, während sie diejenige einer intellektuellen Anschauung für die Erkenntnistätigkeit ablehnen muss.

Die Kritik der praktischen Vernunft stützt sich also ausdrücklich auf diejenige der theoretischen, indem sie es als von dieser erwiesen ansieht, dass über die Realität der Freiheit, welche als die Bedingung des sittlichen Lebens deduziert worden ist, die auf die Erfahrung beschränkte Erkenntnis nicht zu urteilen, d.h. dieselbe nicht zu bejahen und nur für den Umkreis der Erscheinungswelt zu verneinen im Stande ist. Damit ist innerhalb der transzendentalen Methode der Gesichtspunkt gewonnen, dass über die Berechtigung der Apriorität, welche das Sittengesetz beansprucht, die theoretische Erkenntnis nicht absprechen darf, und dass jeder Versuch, auf einem solchen Wege diese Berechtigung zu begründen, ebenso verfehlt ist, wie derjenige, sie zu bestreiten. Die praktische Überzeugung ist also von dem theoretischen Wissen vollständig unabhängig; sie kann von demselben weder Unterstützung hoffen noch Bestreitung befürchten. Hier gibt Kant jener Scheidung der Moral von der Metaphysik, welche vor ihm stets in der Weise aufgetreten war, dass man dem Wissen gegenüber das empirische Gefühl betonte, eine Vertiefung bis in die innerste Analyse der menschlichen Vernunft. Nicht das vage Gefühl des Einzelnen, sondern die die gesamte menschliche Gesellschaft erfüllende und zusammenhaltende Überzeugung von einer absolut verbindenden Würde der sittlichen Gesetzgebung stellt er den metaphysischen Spekulationen und der empirischen Erkenntnis gleichmäßig gegenüber. Wenn sich gezeigt hat, dass diese notwendige und allgemeingültige Überzeugung vom Wissen weder Bestätigung noch Widerlegung zu erwarten hat, so ergibt sich für sie, dass sie lediglich durch sich selbst besteht, und dass ihre Apriorität niemals theoretisch bewiesen, aber auch niemals theoretisch angegriffen, dass sie nur geglaubt werden kann, aber auch geglaubt werden soll. Niemand ist ein sittlicher Mensch, der nicht von der absoluten Allgemeingültigkeit und Notwendigkeit einer sittlichen Verpflichtung, mag dieselbe in ihrem besonderen Inhalte noch so sehr empirisch bedingt sein, der nicht von der Apriorität des kategorischen Imperativs überzeugt ist, und diese Überzeugung ist ein integrierender Bestandteil der menschlichen Gattungsvernunft: Sie ist der absolute Grundsatz der reinen praktischen Vernunft. Es ist vergebens, die Berechtigung dieser sittlichen Überzeugung theoretisch erweisen, vergebens, sie untergraben zu wollen. Sie ist da als die absolute Tatsache des sittlichen Bewusstseins, und an ihre Realität zu glauben ist eine allgemeine Notwendigkeit der menschlichen Vernunft. Wie es sich in der Kritik der reinen Vernunft um die Aufweisung eines allgemeinen und notwendigen Wissens handelt, so in der Kritik der praktischen Vernunft um diejenige eines a l l g e m e i n e n   u n d   n o t w e n d i g e n   G l a u b e n s. Dieser aber kann seinem Begriffe nach nicht auf ein Wissen gestützt, sondern nur aufgedeckt und aus den wechselnden Verhüllungen seiner empirischen Gestaltung herausgeschält werden.

Ist nun der zentrale Inhalt dieses sittlichen Glaubens die apriorische Geltung des Sittengesetzes, so muss sich derselbe auf alle diejenigen Bedingungen erstrecken, unter denen das Letztere allein möglich ist. Der praktische Glaube realisiert danach alle diejenigen Ideen, welche als Bedingungen des sittlichen Lebens deduziert werden können. Aber diese Realisation geschieht nicht in der Form des Wissens, sondern in derjenigen des Glaubens. Wenn daher Kant auf diesem Grunde eine e t h i s c h e   M e t a p h y s i k   d e s   Ü b e r s i n n l i c h e n aufbaut, so darf man diesen »moralischen Beweis« niemals als einen Beweis im theoretischen Sinne auffassen. Man hat Kant sehr bald so missverstanden, als ob die Grundzüge dieses Teils seiner Lehre etwa folgende wären: Das sittliche Leben ist eine Tatsache, diese Tatsache ist nur möglich unter den Bedingungen der Freiheit und der übersinnlichen Welt, folglich ist erwiesen, dass auch die Freiheit und die übersinnliche Welt existieren. Ein solcher »Beweis« liefe allen Grundsätzen der Transzendentalphilosophie und dem Resultat der Kritik der reinen Vernunft strikt zuwider, und wer ihn der Kant'schen Lehre imputiert, der kann sich nicht wundern, wenn er in derselben nur einen großen Widerspruch zu erblicken vermag. In Wahrheit ist Kants Argumentation eine solche *ad hominem,* und sie spricht: Du glaubst an die Notwendigkeit und Allgemeingültigkeit des Sittengesetzes, du musst also auch an alle Bedingungen glauben, unter denen dieselbe allein möglich ist. Diese Bedingungen sind die Freiheit und die übersinnliche Welt: Folglich musst du, sofern nicht deine ganze sittliche Überzeugung hinfällig werden soll, notwendig auch an die Realität der Freiheit und der übersinnlichen Welt glauben. Deshalb nennt Kant die Ideen, auf welche sich die Wirksamkeit des praktischen Glaubens erstrecken muss, die P o s t u l a t e d e r r e i n e n p r a k t i s c h e n V e r n u n f t. Deshalb gilt es, was Schiller gesagt hat, dass diese Lehre einem, was sich nicht beweisen lässt, »ins Gewissen hineinschiebt«.

Hier erscheinen nun in der praktischen Philosophie jene Ideen wieder, welche die theoretische nur als die höchsten, für die Erkenntnis unerfüllbaren Aufgaben des Vorstellungsprozesses ansehen durfte, und so erklärt es sich, dass diese Aufgaben dort nicht sowohl in theoretischen als in praktischen Motiven ihre Wurzeln haben. Aber sie erscheinen in einer etwas veränderten Reihenfolge. Denn den Ausgangspunkt dieser M e t a p h y s i k d e s s i t t l i c h e n G l a u b e n s muss die Idee der Freiheit bilden, auf welche die Analyse des sittlichen Bewusstseins als auf ihre Grundlage hingeführt hatte. Sofern wir an der Notwendigkeit und Allgemeingültigkeit einer sittlichen Verpflichtung festhalten wollen, müssen wir glauben, dass unser Wille im Stande ist, sich selbst Gesetze zu geben und danach seine Handlungen zu bestimmen, d.h. dass er frei ist. Sonst wurde wohl vor Kant der Versuch gemacht, theoretisch zu beweisen, dass es Willensfreiheit gibt, und daraus die sittliche Gesetzgebung abzuleiten, also das Sollen durch das Können zu begründen. Kants praktischer Glaube geht den umgekehrten Weg. Er geht von der kategorischen, undiskutierbaren Überzeugung des Sollens aus, und gewinnt aus ihr die sittliche Gewissheit des Könnens. Für ihn »gilt der praktische Satz: du kannst, denn du sollst«.

Die Glaubensgewissheit von der Freiheit hat aber ihre wesentlichste Bedeutung gerade darin, dass sie zugleich die Gewissheit von der R e a l i t ä t e i n e r ü b e r s i n n l i c h e n W e l t v o n D i n g e n a n s i c h enthält. Denn da Freiheit in dem gesamten Umkreise der Sinnenwelt nicht angetroffen werden kann, so muss sie einer übersinnlichen Welt angehören. Da alle Erscheinungen dem Gesetz der Kausalität unterworfen sind, so ist Freiheit nur bei den Dingen an sich zu suchen. Unsere Überzeugung also davon, dass unser Wille frei ist, realisiert den für die theoretische Philosophie nur problematischen Begriff der Dinge an sich. Unser sittliches Bewusstsein zwingt uns zu glauben, dass es neben unserer Erfahrungswelt noch jene andere Welt gibt, welche die Erkenntnis nur als möglich ansetzen konnte, und rechtfertigt es, dass unsere Vorstellungswelt das Reich der Erscheinungen genannt wurde. Im moralischen Glauben müssen wir daran festhalten, dass wir nicht nur Erscheinungen in der Sinnenwelt, sondern zugleich Personen in der intelligiblen Welt sind. Unsere sittliche Selbsterkenntnis zeigt uns, dass wir Doppelwesen sind, und dass unser Leben sich auf der Grenze einer sinnlichen und einer übersinnlichen Welt bewegt. Als Sinnenwesen sind wir den Gesetzen des Raumes und der Zeit und der Kategorien unterworfen, als intelligible Wesen sind wir frei und geben uns selbst das Weltgesetz der Pflicht. Als empirischer Charakter sind wir in der gesamten Entwicklung unseres Willenslebens naturnotwendig bedingt; aber dieser empirische Charakter ist lediglich die uns erkennbare Erscheinungsform unseres intelligiblen Charakters, der die wahre Ursache dieser Erscheinungen bildet und die Verantwortung dafür trägt. Die Stimme dieses intelligiblen Charakters wird im empirischen durch das Gewissen laut. Denn so sehr unser Wissen uns lehren mag, dass unsere einzelne Willensentscheidung nach unentfliehbaren Naturgesetzen erfolgte, so sagt uns doch unser sittliches Bewusstsein, dass dieser unser ganzer empirischer Charakter eine Folge des intelligiblen ist, der vermöge seiner Freiheit hätte anders sein können. Die Notwendigkeit ist nur die dem Wissen zugängliche Erscheinung unseres Wesens, die Freiheit ist dieses innere Wesen selbst. So löst Kant die Antinomie von Freiheit und Naturnotwendigkeit durch den Phänomenalismus, und seine Lehre vom intelligiblen und empirischen Charakter ist eine tiefsinnige begriffliche Formulierung jenes Platonischen Mythos, welcher für den notwendigen Prozess der Willensentscheidungen einen außerzeitlichen und vorweltlichen Akt der freien Wahl des Individuums verantwortlich machte. In der Tat liegt beiden nahe verwandten Lehren das gemeinsame Bestreben zu Grunde, die wissenschaftliche Einsicht in dem psychologischen Mechanismus des menschlichen Willenslebens mit dem sittlichen Bewusstsein der Verantwortlichkeit zu vereinigen.

Nachdem so durch den Glauben an das Sittengesetz derjenige an die Freiheit und an die Realität einer übersinnlichen Welt von Dingen an sich begründet worden ist, meint Kant, diese praktische Metaphysik noch weiter führen zu können. Aber er benutzt dazu ein Argument, welches ihn über den Standpunkt seiner moralphilosophischen Grundlegung hinaus- und teilweise zu früheren Lehren zurückführt. Jene wunderbare Verknüpfung des Sinnlichen und des Übersinnlichen im Wesen des Menschen spiegelt sich in dem Antagonismus unseres natürlichen und unseres sittlichen Trieblebens. Jenes hat zum obersten Prinzip die Glückseligkeit, dieses die Erfüllung des Sittengesetzes, welche wir als Tugend bezeichnen. Aber die menschliche Natur ist nur eine, und diese Einheit verlangt eine höchste Synthesis beider Seiten unseres Wesens. Da aber nach dem Primat der praktischen Vernunft diese Synthesis nur in der Unterordnung des sinnlichen unter das übersinnliche Moment bestehen kann, so ergibt sich daraus der synthetische Satz, dass für unser sittliches Bewusstsein die Tugend allein würdig ist, die Glückseligkeit zu erlangen. Während nun Kant vorher den vollen Rigorismus gewahrt hat, zu lehren, dass die sittliche Tugend in der bedingungslosen Unterwerfung unter das Pflichtgesetz ohne jede Rücksicht auf die Glückseligkeit bestehe, stellt er als den Begriff des h ö c h s t e n   G u t e s die Forderung hin, wir müssten die Welt so denken, dass in ihr die Tugend der Glückseligkeit nicht nur würdig, sondern auch teilhaftig sei. Derselbe Mann, der das Leben ernst genug fasste, um den Ausspruch zu tun, dass wir nicht da seien, um glückselig zu werden, sondern um unsere Schuldigkeit zu tun – derselbe konnte sich von dem letzten Reste des in der Seele des Menschen begründeten Eudämonismus so wenig losreißen, dass er es für einen integrierenden Bestandteil des allgemeinen und notwendigen sittlichen Glaubens hielt, davon überzeugt zu sein, dass in letzter Instanz dem sittlich Handelnden auch die höchste Glückseligkeit zufallen müsse. Darauf begründen sich dann die beiden anderen Postulate der praktischen Vernunft. Es ist Tatsache, dass in dem irdischen Leben der tugendhafte Mensch durch seine sittliche Handlungsweise die Glückseligkeit nicht erreicht. Muss deshalb an die Realität des höchsten Gutes geglaubt werden, so ist dasselbe nicht in der sinnlichen Erscheinungswelt, sondern nur dadurch zu erreichen, dass der Mensch eine über dieselbe hinausgehende außerzeitliche Existenz in der übersinnlichen Welt führt. Das ist die kritische Idee von der U n s t e r b l i c h k e i t der menschlichen Seele. Aber auch in einem unsterblichen Leben ist die Realisation des höchsten Gutes an und für sich noch nicht gesichert; denn es liegt nicht im Begriffe der kausalen Naturnotwendigkeit, dass vermöge derselben die Tugend auch in dem *processus in infinitum* die Glückseligkeit herbeiführte. Der Verwirklichung des höchsten Gutes sind wir also nur dadurch sicher, dass wir an eine m o r a l i s c h e W e l t o r d n u n g glauben, welche den naturnotwendigen Prozess so eingerichtet hat, dass er in letzter Instanz die Tugend zur Glückseligkeit führt. Eine solche gemeinsame Ordnung und gegenseitige Ergänzung der sinnlichen und der übersinnlichen Welt ist nur durch ein allerhöchstes und absolutes Wesen, durch die Gottheit, denkbar. So gewiss daher der Glaube an die Realität des höchsten Gutes, so gewiss muss auch derjenige an die Existenz der Gottheit sein.

So verwandeln sich die drei Ideen der theoretischen Vernunft, die kosmologische, psychologische und theologische, in die drei Postulate der praktischen Vernunft: Freiheit, Unsterblichkeit und Gottheit. Der allgemeine und notwendige Glaube des sittlichen Bewusstseins involviert für Kant eine Metaphysik der übersinnlichen Welt, in welcher unser Vernunftglaube uns lehrt, dass wir freie und unsterbliche Wesen sind, die einer sittlichen, durch die Gottheit bestimmten Weltordnung angehören. Die menschliche Vernunft zeigt sich in ihrer praktischen Tiefe an den Zusammenhang einer übersinnlichen Welt gebunden, von der das theoretische Bewusstsein nur die Andeutungen ihrer Möglichkeit und auch diese nur deshalb besitzt, weil es seine Aufgaben durch den sittlichen Willen bestimmt erhält.

Erst in diesem Zusammenhange begreift man völlig Kants Stellung zur Metaphysik, insofern dieselbe eine Vorstellung von der übersinnlichen und unerfahrbaren Welt geben will. Als Erkenntnis des Wissens ist sie unmöglich, als Überzeugung des Glaubens ist sie nicht nur möglich, sondern auch allgemein und notwendig in der sittlichen Vernunft des Menschen begründet. Deshalb aber kann die Lehre von der Letzteren, die Ethik, weder auf irgendwelche besondere erfahrungsmäßige Grundlage, noch auf irgendeinen Versuch wissenschaftlicher Metaphysik, sondern lediglich auf die Analyse der Apriorität des sittlichen Bewusstseins gebaut werden, und weit davon entfernt, aus einer theoretisch gewonnenen Weltanschauung ableitbar zu sein, ist die Ethik vielmehr der einzige Weg, auf dem man eine Überzeugung von dem übersinnlichen Wesen der Dinge erwerben kann, die aber dann niemals bewiesen, sondern immer nur geglaubt wird.

In diesem Sinne bezeichnet Kant den Vernunftglauben als den »orientierenden« Gesichtspunkt, welcher die kritische Philosophie in der »Nacht des Übersinnlichen« leitet und allein davor behütet, sich darin zu verirren. Von der wissenschaftlichen Erkenntnis aus gibt es keinen Weg, der zum Übersinnlichen führte. Aber auch jenes besondere mystische Wahrnehmungsvermögen, welches als ein eigenes Gefühl die unmittelbare Gewissheit der übersinnlichen Mächte gewähren soll, verwirft Kant, weil in dem Umkreise der menschlichen Erfahrung ein solches nicht gefunden werden kann. Mag man dasselbe mit den positiven Religionen eine übernatürliche Offenbarung, mag man es mit den Mystikern und Gefühlsphilosophen eine übersinnliche Wahrnehmungsfähigkeit nennen, – für Kant gilt es als eine Einbildung und im günstigen Falle als Schwärmerei. Die letzte Entscheidung darüber, ob derartige für Offenbarungen oder übersinnliche Wahrnehmungen ausgegebene Vorstellungen für wahr und für göttlich gelten sollen, kann in einer allgemeingültigen und notwendigen Weise nur durch die Vernunft, aber freilich nicht durch die theoretische, sondern nur durch die praktische gewonnen werden. Aller Inhalt der Vorstellung von der übersinnlichen Welt muss vor das sittliche Forum gebracht und auf seine Übereinstimmung mit dem Vernunftglauben geprüft werden. Der autonome Wille kann ein Gebot nur darum als göttlich ansehen, weil es sittlich ist und weil er von dem Glauben an die Realität einer durch die Gottheit bedingten moralischen Weltordnung erfüllt ist. In dieser Hinsicht gilt es von den empirischen Formen des Glaubens: »an ihren Früchten sollt ihr sie erkennen«. An die Stelle der theologischen oder metaphysischen Moral setzt also Kant einen Begriff der M o r a l -

t h e o l o g i e : der apriorische Glaube der praktischen Vernunft bedingt eine Metaphysik des Übersinnlichen, welche in der Idee der Gottheit gipfelt. Die R e l i g i o n s p h i l o s o p h i e würde jedoch auf diese Postulate des moralischen Glaubens beschränkt bleiben, wenn sie sich nur auf die Überzeugungsquelle der reinen praktischen Vernunft beschränken wollte. Das religiöse Leben aber ist eine empirische Tatsache. Es enthält die Beziehungen des wirklichen Menschen zu den Ideen der praktischen Vernunft. Religionsphilosophie ist daher im kritischen System die Subsumtion des wirklichen religiösen Lebens des Menschen unter jene Metaphysik des Glaubens. Sie ist keine Beschreibung des wirklichen, so unendlich vielspältigen religiösen Lebens der Menschheit, sie ist auch keine wissenschaftliche Begründung irgendwelcher religiösen Lehren, sondern sie hat festzustellen, was innerhalb des religiösen Lebens durch die bloße Vernunft, d.h. durch die praktischen Postulate bedingt ist. Wenn jede der bestehenden Religionen vermöge ihres historischen Ursprungs mit empirischen Elementen versetzt ist, so hat die Religionsphilosophie aufzudecken, welches die Glaubensartikel sind, die durch den rein moralischen Glauben dem religiösen Prozess aufgenötigt werden.

Wie es nun für die Metaphysik der Natur notwendig war, der Erfahrung den allgemeinen Begriff der Bewegung zu entnehmen, um ihn unter die Kategorien zu subsumieren, so muss die Religionsphilosophie die F u n d a m e n t a l t a t s a c h e d e s r e l i g i ö s e n L e b e n s konstatieren, um sie auf den moralischen Glauben zu beziehen. Bei der Analyse derselben geht Kant von dem Grundverhältnis des empirischen Menschen zum Sittengesetze aus. Das Sittengesetz erscheint in unserem Bewusstsein als ein kategorischer Imperativ, als eine Forderung, welche unbedingt erfüllt werden soll, aber es nicht ist. Der imperative Charakter des Sittengesetzes würde unmöglich sein, wenn der Mensch dasselbe vollkommen erfüllte. Wenn daher jenes »Soll« für den moralischen Glauben die Überzeugung des Könnens mit sich führt, so involviert es nicht weniger auch das Bewusstsein von seiner empirischen Nichterfüllung. Es gibt für den Menschen kein sittliches Bewusstsein ohne dasjenige der eigenen sittlichen Unvollkommenheit und Unangemessenheit. Daraus entwickelt sich ein ebenso n o t w e n d i g e s u n d a l l g e m e i n e s V e r n u n f t -

b e d ü r f n i s , von dieser Unvollkommenheit frei zu werden, und da die Unvollkommenheit im sittlichen Bewusstsein selber als ein unentfliehbarer Bestandteil der menschlichen Natur erkannt wird, so gestaltet es sich zu dem Wunsche, davon erlöst zu werden. So erweist sich das E r l ö s u n g s b e d ü r f n i s , in seinem moralischen Sinne gefasst, als ein notwendiger Bestandteil der allgemeinen menschlichen Organisation, als ein Ausfluss der praktischen Vernunft, und in ihm sieht Kant die Grundtatsache des religiösen Lebens.

Es begreift sich hiernach die nahe und innige Beziehung, in welcher Kants Religionsphilosophie zum C h r i s t e n t u m steht. Denn dies ist diejenige Religion, welche diesen tatsächlichen Kern alles religiösen Lebens am klarsten und eindringlichsten zum Bewusstsein gebracht und auch ihrer ganzen dogmatischen Gestaltung zu Grunde gelegt hat. Deshalb entwickelt sich Kants religionsphilosophische Lehre so, dass sie zu zeigen sucht, in welchem Sinne die Grundlehren des Christentums aus bloßer Vernunft aufzufassen und als Anwendungen des rein moralischen Glaubens auf die Tatsache des Erlösungsbedürfnisses zu begreifen sind. Ihren Ausgangspunkt bildet daher die philosophische Untersuchung derjenigen Lehre, welche dem Erlösungsbedürfnis den schärfsten Ausdruck gibt: derjenigen von der Sünde. Die Tatsache der Erlösungsbedürftigkeit beruht zweifellos irgendwie in der menschlichen Doppelnatur, vermöge deren dem Sittengesetze der natürliche Mechanismus mit seinem Glückseligkeitsstreben antagonistisch gegenübersteht. Aber das Glückseligkeitsstreben der sinnlichen Triebfedern kann unmöglich als ein an sich böses bezeichnet werden, da böse ebenso wie gut ein moralisches Kriterium bedeutet und innerhalb des Triebmechanismus der Erscheinungen allein keinen Sinn hat. Die Prädikate gut und böse sind weder in der intelligiblen noch in der sensiblen Welt allein von Anwendung. Wo nur das Sittengesetz und wo nur das Naturgesetz gilt, da gibt es weder gut noch böse. Gut und Böse setzen ein Verhältnis der sinnlichen und der sittlichen Triebfedern voraus. Nun verlangt das Sittengesetz die Unterordnung des sinnlichen unter den sittlichen Trieb, und den Willen, in dem dieses Verhältnis wirklich obwaltet, nennen wir gut oder heilig. In der Tat aber ist im Wesen des Menschen dies richtige Verhältnis der Triebfedern von Anfang an umgekehrt. Mit dem Bewusstsein des

Sittengesetzes verbindet sich in dem natürlichen Menschen doch eine Unterordnung Desselben unter seine sinnlichen Triebfedern. Diesen ursprünglichen »Hang«, das erkannte Sittengesetz beiseite zu setzen und dem sinnlichen Triebe zu folgen, nennt Kant das R a d i k a l - b ö s e in der menschlichen Natur. Dasselbe sei eine Tatsache, aber eine unbegreifliche Tatsache. Es ist weder aus dem empirischen Charakter des Einzelnen noch aus einem tatsächlichen Verhältnis der in der Zeit aufeinander folgenden Exemplare der menschlichen Gattung zu erklären. Der Sündenfall ist weder als eine einmalige und in ihren Folgen sich vererbende noch als eine in jedem Individuum neu sich vollziehende Tatsache zu begreifen. Aber die biblische Erzählung davon ist als der symbolische Ausdruck unseres Bewusstseins von dieser Tatsache anzusehen. Der moralische Glaube aber, der dem empirischen Charakter gegenüber den intelligiblen kennt, hat in dem Letzteren die Ursache für die gesamte böse Erscheinungsform des Ersteren zu suchen, und wenn er dieses Verhältnis auch ganz und gar nicht begreift, so bekommt doch dieser Glaube dadurch für ihn seine erschütternde Gewalt, dass er vermöge desselben überzeugt sein muss, es sei nicht die naturnotwendig bedingte Erscheinungsform, sondern es sei das innerste Wesen des Menschen selbst, welches die Schuld an diesem Radikalbösen trage.

Hieraus ergibt sich die gesamte Aufgabe des religiösen Lebens von selbst. Es ist der K a m p f d e s g u t e n u n d d e s b ö s e n P r i n - z i p s im Menschen, der zum endlichen Siege des Guten führen soll, welches wir als das absolute Bewusstsein der Verpflichtung in uns tra- gen. Diese Aufgabe läuft also darauf hinaus, dass jenes böse Verhält- nis der Triebfedern aufgehoben und das entgegengesetzte hergestellt werde. Aber der Gegensatz ist kein gradueller, sondern ein prinzipiel- ler. Die geforderte Umkehrung kann daher nicht durch einen allmähli- chen Prozess, nicht durch das empirische Geschehen im empirischen Charakter vonstattengehen! Die Umkehrung setzt vielmehr voraus, dass in jenem intelligiblen Charakter, der die Ursache des Radikalbö- sen war, ein vollkommene Umkehrung und damit eine spontane Neu- schöpfung seines ganzen Wesens stattfinde. Diese Tat des intelligiblen Charakters, diese seine freie »W i e d e r g e b u r t « ist nun ebenso wenig zu begreifen, wie der Ursprung des Bösen. Eine Veränderung in der intelligiblen Welt kann nie erkannt werden, weil für sie die Bedingung, unter der allein Veränderungen erkannt werden können, die Anschauung der Zeit, fortfällt: ja, eigentlich ist sogar schon der Begriff der Veränderung, weil er die Zeit voraussetzt, für die intelligible Welt inhaltlos. Aber geglaubt werden muss die Möglichkeit einer solchen Wiedergeburt, weil ohne sie eine Aufhebung des Radikalbösen und eine Erfüllung des Erlösungsbedürfnisses unmöglich wäre. Ist nun auch nie zu verstehen, wie die Wiedergeburt zu Stande kommt, so sind doch dem Glauben die Bedingungen davon zugänglich. Der gesamte Kampf gegen das Böse ist bedingt durch die Idee des Guten in uns. Aber auch diese wäre unwirksam, wenn wir nicht von ihrer Realisierbarkeit überzeugt wären. Die erlösende Macht kann also nur in der Lebendigkeit bestehen, mit welcher das Ideal eines absolut guten und vollkommenen Menschen in unserem Bewusstsein wirkt. Diese Vorstellung des s i t t l i c h e n I d e a l m e n s c h e n und der Glaube an seine Realität ist deshalb die wahre Bedingung zur Herbeiführung der Wiedergeburt. Insofern, ,als in diesem Ideale die göttliche Weltordnung zur vollen Herrschaft gekommen ist, ist es die Vorstellung eines göttlichen Menschen oder des Gottmenschen, und insofern als dies Ideal eben dasjenige unserer eigenen praktischen Vernunft ist, bildet der Gottmensch die erlösende Kraft, durch welche die Wiedergeburt herbeigeführt wird. In diesem sittlichen Menschheitsideal und in dem Streben nach seiner Herbeiführung werden die Schwächen der Individuen versöhnt und ihre Sünde gesühnt. Die praktische Liebe zu diesem Ideal tritt stellvertretend ein für die an sich untilgbare Schuld, welche das Radikalböse auf sich geladen hat.

In diesem Geiste gibt Kant seine moralphilosophische Deutung der Grundlehren des Christentums. Er ist weit entfernt von jener Verständnislosigkeit, mit welcher der landläufige Rationalismus ein paar metaphysische Begriffe zu populärem Moralisieren ausbeutete. Mit dem ganzen Ernst seiner tiefsittlichen Natur begreift er das Bedürfnis der Erlösung als einen notwendigen Trieb der menschlichen Vernunft, begreift in tiefsinniger Weise die Formen, welche es aus rein sittlichen Gründen annehmen muss, und zeigt, dass gerade die Unterscheidungslehren des Christentums, der spezifische Charakter desselben, mit diesen Formen identisch sind. Er kennt keine Naturreligion als rationale Erkenntnis. Aber er hält auch das religiöse Leben nicht für ein imaginäres, sondern für einen notwendigen Ausfluss der sittlichen Vernunftbetätigung, und statt von einem vornehmen Gesichtspunkte her über das wirkliche Menschenleben abzuurteilen, begreift er vielmehr, dass das Christentum als das höchste Produkt der Entwicklung des religiösen Lebens den wahren Kern desselben zu seinem tiefsten Gehalte gemacht und die Ideen des vernünftigen Glaubens symbolisch in seinen Dogmen niedergelegt hat.

In diesem Sinne steht Kant, wie schon Lessing, der spekulativen Theologie, welche die Mystik des Mittelalters und der Reformationszeit zu entwickeln suchte, verhältnismäßig sehr nahe, nur dass es niemals theoretische Erkenntnisse, sondern immer nur Bedürfnisse des sittlichen Glaubens sind, die er als den allgemeinen und notwendigen Inhalt der positiven Formulierungen nachzuweisen suchte. Deshalb waren die Rationalisten über das intime Verhältnis seiner Religionsphilosophie zum positiven Christentum enttäuscht. Während sie selbst gerade die Mysterien des Christentums verwarfen, sah Kant darin den symbolischen Ausdruck sittlicher Vernunftbedürfnisse. Je mehr ihnen die Begründung der Religion auf Moral sympathisch war, umso mehr scheuten sie davor zurück, dass Kant diese Begründung im vollen Ernste nahm, dass er sich nicht mit den Redensarten von Gottgefälligkeit und Vervollkommnung im unsterblichen Leben begnügte, sondern die unergründlichen Geheimnisse entdeckte, welche das sittliche Bewusstsein mit seinen Bedürfnissen und seinem Glauben in sich trägt, und diese Geheimnisse dann in der positiven Religion wiederfand, die jene abgeschüttelt zu haben glaubten und deren Ernst sie in Wahrheit nie begriffen hatten.

Aber auch hier erhellt Kants Stellung über den Parteien aus der nicht minder begründeten Antipathie, mit der der konfessionelle Orthodoxismus die »Religion innerhalb der Grenzen der bloßen Vernunft« aufnahm und verfolgte. Denn wie das rationale, so wies der Philosoph auch das positive Element in seine Schranken zurück. Weshalb treten denn, musste gefragt werden, die Grundsätze des Vernunftglaubens nicht in der rein moralischen, sondern in der positiven Form der Dogmen auf? Der Grund ist, antwortet Kant, die sittliche Schwäche der menschlichen Natur. Der Mensch ist unfähig, dem sittlichen Triebe allein zu folgen, solange ihm derselbe nur in der ehernen Majestät des Sittengesetzes entgegentritt. Er vermag dasselbe nicht zu befolgen, solange er es nur als das selbstgegebene Gesetz auffasst, was es in Wahrheit allein sein kann. Es wird für ihn erst dadurch kräftig, dass er es sich in der Form göttlicher Gebote vorstellt. Nun ist diese Voranstellung als Glaube berechtigt, wenn sich auch gezeigt hat, dass für die philosophische Begründung Gebote immer nur deshalb als göttlich gelten können, weil sie als sittlich erkannt sind, und niemals umgekehrt. Aber der Mensch in dem wirklichen, gesellschaftlichen Leben muss den Glauben an ihren göttlichen Ursprung in seiner empirischen Motivation als eine die Wirkung des Sittengesetzes unterstützende Triebfeder benutzen. Hier liegt der Ursprung und die Berechtigung für alle weiteren Formen, welche unter Mitwirkung empirischer Vorstellungsmomente der reine Vernunftglaube in den positiven Religionen angenommen hat. Allein dieses Moment würde für sich nur zur Ausbildung individueller Überzeugungen auf dem Gebiete des religiösen Lebens führen. In Wahrheit handelt es sich um die Betätigung des praktischen Glaubens in der menschlichen Gemeinschaft. Daraus entsteht das Vernunftbedürfnis, dass diejenigen, welche in diesem Glauben miteinander einig sind und leben wollen, einen e t h i - s c h e n   S t a a t miteinander bilden: die K i r c h e . Dem Begriffe nach oder dem Glaubensideale nach ist diese eine allgemeine und notwendige sittliche Gemeinschaft aller wiedergeborenen Menschen. Allein dies ist das Ideal, an dessen Realisierbarkeit geglaubt werden muss und das doch in der Erfahrung nicht realisiert wird. In der Erfahrung gestaltet sich die Idee der Kirche zu den empirisch begründeten Formen, welche in der Geschichte aufgetreten sind. Ihr Verhältnis und ihr Wert bestimmt sich somit nach der Annäherung, welche sie an das Ideal der »unsichtbaren Kirche« enthalten. In dieser Beziehung steht Kant durchaus auf dem h i s t o r i s c h e n Standpunkte von Lessings Erziehung des Menschengeschlechts, nur mit dem Unterschiede, dass er an Stelle der Erziehung durch Offenbarung die Entwicklung des allgemeinen und notwendigen Vernunftbedürfnisses setzt. Die Geschichte der Religionen ist der Prozess der sittlichen Aufklärung, in welchem die Menschheit immer vollkommener und immer reiner sich jenes apriorischen Glaubens bewusst wird, welcher in der Organisation der Vernunft selbst begründet ist. Diese Entwicklung gipfelt bisher im Christentum, und sie hat in den Grundlehren desselben das Ziel der vollen Selbsterkenntnis des praktischen Glaubens in symbolischer Form erreicht. Aber diese Geschichte ist damit nicht abgeschlossen. Die unsichtbare Kirche ist nicht da, und wo die sichtbaren Kirchen sich selbst als den Abschluss dieser Entwicklung fixieren wollen, wo sie sich für mehr halten, als für historisch bedingte Erziehungsanstalten zu der unsichtbaren Kirche, wo das »statutarische Moment«, ohne welches sie in ihrer empirischen Organisation nicht möglich sind, den wahrhaft moralischen Sinn, um dessentwillen allein es Wert und Bedeutung hat, zu verdrängen sucht, wo aus der Religion des sittlichen Glaubens der Kultusdienst der Gunstbewerbung geworden ist –: Da, sagt Kant, werden die sichtbaren Kirchen zu Brutstätten der Sklaverei und der Heuchelei. Auch Kant vollzieht also wie der Rationalismus eine Kritik der positiven durch die »reine« Religion. Aber die Letztere ist für ihn nicht ein System natürlicher Wahrheiten, sondern der sittliche Glaube, welcher mit dem apriorischen Erlösungsbedürfnis des Menschen auf notwendige und allgemeingültige Weise verknüpft ist. Ob diese »reine« Religion empirisch existiert oder nicht ist ebenso gleichgültig für ihre Geltung wie die empirische Realität des sittlichen Handelns für die Geltung des Sittengesetzes. Beide, Sittengesetz und Vernunftglaube, sind absolute Ideale, welche die Entwicklung des empirischen Menschenlebens bedingen und seinen Wert beurteilen, ohne jemals darin völlig erreicht zu werden.

Aus der Apriorität des Sittengesetzes folgt also die Metaphysik des Glaubens und in ihrer Anwendung auf das Erlösungsbedürfnis des Menschen die Religionsphilosophie. Aber auch eine Metaphysik in dem kritischen Sinne einer apriorischen Erfahrungserkenntnis muss sich daraus ergeben, eine M e t a p h y s i k d e r S i t t e n, welche zwar nicht wie diejenige der Natur eine allgemeine und notwendige Erkenntnis eines wirklichen Geschehens, aber eine allgemeine und notwendige Gesetzgebung der sittlichen Welt enthalten wird. Das Prinzip derselben muss die Subsumtion der empirischen Verhältnisse des menschlichen Lebens unter das Sittengesetz und die daraus sich ergebende Ableitung besonderer Imperative sein. Nun verlangt das Sittengesetz von uns Handlungen, die aus einer bestimmten Gesinnung hervorgehen sollen. Vom sittlichen Standpunkte aus gesehen sind Handlungen und Gesinnungen insofern nicht zu trennen, als aus der rechten Gesinnung die rechte Handlung naturnotwendig folgt. Aber in dem lediglich äußeren Zusammenhange des menschlichen Lebens können jene Handlungen ausgeführt werden aus persönlichen Interessen, aus Gewohnheit, durch inneren oder gar äußeren Zwang. Hier ist also die Handlung möglich ohne die Gesinnung. Jener Gegensatz von Moralität und Legalität teilt danach die Metaphysik der Sitten in zwei Teile. Wenn alles, was das Sittengesetz verlangt, eine Pflicht genannt wird, so bezeichnet Kant die von demselben erforderten Gesinnungen als T u g e n d p f l i c h t e n , die von demselben verlangten äußeren Handlungen als R e c h t s p f l i c h t e n und behandelt danach gesondert die metaphysischen Anfangsgründe der Tugend- und diejenigen der Rechtslehre.

Für die Ableitung der besonderen sittlichen Vorschriften zeigt sich der kategorische Imperativ nur in der Form des Satzes von der W a h r u n g d e r M e n s c h e n w ü r d e , aber in dieser auch völlig ausreichend. Derselbe bestimmt positiv und negativ die Richtung von Kants Tugendlehre. Wenn die tugendhafte Gesinnung in der Wahrung der Menschenwürde besteht, so kann es Pflichten lediglich zwischen Mensch und Mensch geben. Deshalb schließt die Kant'sche Lehre Pflichten sowohl gegen höhere als gegen niedere Wesen aus. Pflichten gegen Tiere gibt es nach ihm überhaupt nicht: Es ist eine Pflicht gegen uns selbst und unsere Nebenmenschen, die Tiere »menschlich« zu behandeln. Von einer Pflicht gegen Gott dagegen kann nur in dem religiösen Glauben, nicht aber in der Sittenlehre die Rede sein, welche die Anwendung des kategorischen Imperativs auf die Erfahrung zu ihrer Aufgabe hat. Auf der anderen Seite teilen sich positiv die deduzierbaren Pflichten in solche ein, welche der Mensch gegen sich selbst, und solche, die er seinen Nebenmenschen gegenüber hat. In der Ausführung derselben kommt nun die Persönlichkeit Kants in ihren bewunderungswürdigen und in ihren durch das Alter schon bis zur äußersten Schroffheit ausgebildeten Zügen zur Geltung. Der ganze Mann steht vor uns, wenn wir ihn verlangen sehen, dass der Mensch niemals sich selbst wegwerfe, dass er nie sein Recht mit Füßen treten lasse, dass er alles tue, was körperlich und geistig ihn in seinem ganzen sittlichen Werte aufrecht erhalten und behindern soll. Charakteristisch ist es dabei, dass Kant unter diese Pflichten des Menschen gegen sich selbst auch die Wahrhaftigkeit rechnet. Nicht etwa in schädlichen sozialen Folgen, sondern darin allein sucht er die Verwerflichkeit der Lüge, dass sie den Menschen vor sich selber schändet, dass sie in ihm das Gefühl seiner sittlichen Würde rettungslos untergräbt. Den Wert der Wahrhaftigkeit schätzte er so hoch, dass er diese Pflicht des Menschen gegen sich selbst sogar über die Pflichten gegen andere zu stellen keinen Anstand nahm. In einem eigenen Schriftchen entwickelt er, dass es kein sittliches Recht gäbe, »aus Menschenliebe zu lügen«, dass selbst die Rettung eines Freundes aus sicherer Todesgefahr nicht durch eine Lüge erkauft werden dürfe. Denn es sei besser, dass das sinnliche Leben eines Menschen zu Grunde gehe, als dass die sittliche Würde eines anderen vernichtet werde. Auch in seiner Pädagogik, in der er im Allgemeinen den Rousseau'schen Grundsätzen folgte, ohne dieselben weiter als durch die feinen Bemerkungen seiner tiefen Menschenkenntnis zu fördern, legt er ein Hauptgewicht darauf, dass das Kind zur Wahrhaftigkeit erzogen und ihm der sittliche Widerwille von Anfang an gegen die Lüge eingepflanzt werde, welche den Anfang aller Laster bilde. Nur, wo das Kind lügt, seien die schwersten, die persönliche Würde beeinträchtigenden Strafen am Platz; als die Folge der Lüge müsse das Kind es fühlen, dass es »nichts würdig« sei. Bezeichnend ist ferner für den bis ans Wunderliche streifenden Ernst, mit dem Kant das gesamte eigene Leben unter den kategorischen Imperativ subsumierte, dass er in seinen kasuistischen Fragen sich damit abmühte, festzustellen, in welcher Weise und in welchen Grenzen die Pflichten des Menschen gegen sich selbst bei den kleinen Wechselfällen des Lebens aufrecht zu erhalten seien, und dass er dabei bis zu den Regeln der Diät, der gesellschaftlichen Vergnügungen, der Höflichkeit usw. herabstieg. Aber so pedantisch diese Betrachtungen klingen mögen, sie sind doch nur der Beweis davon, dass er selbst ausführte, was er als oberstes Prinzip für das gesamte sittliche Leben verlangte: immer und überall sich der Pflicht bewusst zu bleiben, nur nach ihr zu handeln und bei jedem Schritte im praktischen Leben die ernste Selbstprüfung vor dem Gewissen nicht zu versäumen.

142

In der Behandlung der Pflichten gegen andere dagegen tritt der Rigorismus Kants noch viel stärker hervor. Hier wehrt er sich vor allem dagegen, denjenigen Handlungen einen sittlichen Wert zuzuerkennen, welche aus einem natürlichen Gefühle hervorgegangen sind; die »Pathologie des Mitleids« gehört nicht in die Moral. Wenn ein Mensch anderen wohltut, weil er sie nicht leiden sehen kann, so mag das recht günstige Folgen haben und in dem gemeinsamen Leben recht hoch angeschlagen werden; einen sittlichen Wert hat die Handlung nur dann, wenn sie aus der Gesinnung hervorgegangen ist, die das Wohltun als eine Pflicht erkannte und es im Gegensatz zur eigenen Neigung ausführte. An dieser Stelle schreitet Kant in der Tat bis zu der Konsequenz, dass es aussieht, als sei für eine wirklich sittliche Handlung eine recht unsittliche Neigung des Individuums die unentbehrliche Bedingung, und als könne die Sittlichkeit gerade am meisten durch die sogenannten guten Neigungen des Herzens gefährdet werden. In dieser Richtung zielten die bekannten Schiller'schen Epigramme gegen den Kant'schen Rigorismus, und sie trafen wirklich dessen wunde Stelle. Kants Begriffsbestimmung des sittlichen Lebens setzt für dasselbe einen Sieg des sittlichen Triebes in seinem Kampfe mit dem sinnlichen voraus, und so würde für ihn das Sittengesetz dadurch seinen Wert verlieren, dass das Naturgesetz des psychologischen Mechanismus zu demselben Resultate führte. Der Wert des Sittengesetzes und der durch dasselbe bedingten freien Handlung besteht für Kant gerade darin, dass es etwas anderes verlangt, als das Naturgesetz herbeiführen würde. Das Soll hat nur Sinn im Gegensatz zum Muss. Der imperativische Charakter der Kant'schen Ethik involviert notwendig eine Auffassung des natürlichen Trieblebens, wonach dasselbe, sich selbst überlassen, nicht notwendig, sondern höchstens einmal zufällig zu legalen Resultaten führen, meistens aber dem Sittengesetz direkt in seinen Folgen widersprechen würde. Deshalb ist Kant notwendig der Vertreter eines e t h i s c h e n P e s s i m i s m u s. In dem unbedingten Soll des Sittengesetzes liegt es als Voraussetzung, dass der natürliche Trieb ihm widerspricht. Der Mensch empfindet das Sittengesetz nur deshalb als eine Norm, weil sein natürlicher Trieb sich gegen dasselbe auflehnt. Dieser ethische Pessimismus kam in der Lehre vom Radikalbösen zum Vorschein, und er ist es, der Kant prinzipiell von Rousseau trennt, für welchen die ursprüngliche Güte der menschlichen Natur ein unerschütterliches Dogma gewesen war.

In der besonderen Ausführung teilt Kant die Pflichten gegen andere in solche der Liebe und solche der Achtung ein und findet schließlich, dass sie sich beide in dem Verhältnisse der Freundschaft am vollkommensten vereinigen, demjenigen Verhältnisse, welchem er als dem reinsten und sittlichsten, welches zwischen Menschen möglich sei, ein begeistertes Lob spricht. Indem er so die Pflichten der Sittlichkeit auf die persönlichen Verhältnisse der einzelnen Menschen beschränkt, steht seine Moralphilosophie noch unter der allgemeinen Tendenz des achtzehnten Jahrhunderts, welches den sittlichen Wert der politischen Institutionen prinzipiell nicht zu begreifen vermochte. Auch seine Ethik bleibt daher im letzten Sinne individualistisch: der einzelne Mensch in seiner eigenen sittlichen Arbeit und dem anderen Menschen gegenüber in seinen persönlichen Verhältnissen, – das ist ihm der Gegenstand der sittlichen Gesetzgebung; den öffentlichen Institutionen steht auch Kant noch prinzipiell in der Gliederung seiner Lehre mit der Vorstellung gegenüber, dass sie keine innere, im eigentlichen Sinne sittliche, sondern nur die »legale« Gemeinschaft des menschlichen Lebens enthalten. Und doch hat gerade er in seiner Behandlung derselben den kräftigeren Anfang gemacht, um den sittlichen Zweck, welchen sie zu erfüllen haben, und die sittliche Grundlage, auf der sie ruhen, auch in der wissenschaftlichen Aufgabe zum Bewusstsein zu bringen.

Dieses eigentümliche Verhältnis tritt besonders darin hervor, dass bei Kant die Beziehungen zwischen der R e c h t s p h i l o s o p h i e und der Ethik merkwürdig geteilte und komplizierte sind. Vermöge seiner Scheidung von Legalität und Moralität hält er an der von Thomasius und nach diesem von Wolff hervorgehobenen Bestimmung fest, dass die Rechtslehre es nur mit der äußeren Gestaltung des Menschenlebens zu tun habe. In ihr handelt es sich um Handlungen und gar nicht um Gesinnungen. Sie ist das Reich der Äußerlichkeit und des Zwanges. Handlungen können erzwungen werden, Gesinnungen nie. Andererseits aber ist doch auch für Kant das rechtliche Zusammenleben der Menschen eine Betätigung ihres praktischen Wesens, und es muss deshalb auch in ihm das allgemeine Prinzip der praktischen Vernunft zur Geltung kommen. Mit anderer Begründung, in ganz anderen Formen und Formeln tritt also Kant doch schließlich dem Gedanken von Leibniz bei, dass die Rechtsphilosophie nur einen Teil der allgemeinen praktischen Philosophie zu bilden und von deren Grundprinzipien auszugehen habe, wenn er auch jede Anknüpfung der Rechtslehre an die Ethik d.h. an die Lehre von den besonderen sittlichen Pflichten des einzelnen Menschen ablehnt. Ist es deshalb auch kein sittliches Verhältnis, welches Kant prinzipiell der philosophischen Erklärung des Rechtslebens zu Grunde legt, so ist ihm doch auch dieses ein Ausdruck der praktischen Vernunft und aus dem Grundgesetz derselben abzuleiten. Dies Grundgesetz ist dasjenige der Autonomie oder der Freiheit. F r e i h e i t ist für Kant der Zentralbegriff der praktischen Philosophie, sie ist die Grundlage der individuellen Sittlichkeit, sie ist der richtende Zielbegriff des gemeinsamen Lebens. Denn in dem Letzteren muss die Betätigung der Freiheit der Individuen notwendig Konflikte herbeiführen. Das politische Leben ist der Kampf der Menschen um die Betätigung ihrer Freiheit. Wollte nun jeder die Freiheit nur benützen, um das sittliche Gesetz durchzuführen, so gäbe es keinen Konflikt. Aber der Mensch ist böse, seine Freiheit wandelt er in Willkür um, und es fragt sich deshalb, ob es Bedingungen gibt, unter denen die Willkür des einen gegen die des anderen durch ein allgemeines Freiheitsgesetz abgegrenzt und dadurch jene Konflikte vermieden werden können. Den Inbegriff dieser Bedingungen nennt Kant Recht.

Hieraus ist sogleich abzuleiten, wie sich Kant zu jener Vorstellung verhalten muss, welche das Naturrecht mit dem Namen der angebornen Rechte bezeichnete. Angeboren ist dem Menschen nach Kant nichts als die Freiheit und das unveräußerliche Recht ihrer Betätigung, als die Fähigkeit, sich selbst das Gesetz zu geben, und das Recht, nach einem solchen Gesetz zu handeln. Alles andere muss aufgrund dieser Freiheit und vermittelst derselben erworben sein. Aber auch nicht für sich allein kann das Individuum ein Rechtsverhältnis erzeugen, sondern ein solches entsteht erst dadurch, dass es einen Gesamtwillen gibt, der die Betätigung der Freiheit des Einzelnen in gewissen Grenzen und so, dass sie diejenige des Anderen nicht aufhebt, sanktioniert und dadurch die Ansprüche des Einzelnen für die Gesamtheit verbindlich macht. Ein solcher Gesamtwille ist nur möglich durch den

Staat, und es gibt deshalb für Kant im eigentlichen Sinne des Worts ein Recht nur innerhalb des Staates und durch den Staat. Denn es gehört zum Wesen des Rechts, dass seine Gesetze, da sie sich auf den äußeren Zusammenhang des Menschenlebens beziehen, erzwingbar sein müssen, und das sind sie nur durch die Herrschaft eines in gemeinsamen Institutionen ausgeprägten Gesamtwillens. Alle diejenigen Verhältnisse daher, welche unter den Begriff des sogen. Privatrechts gehören und die Beziehung des einzelnen Menschen zum einzelnen anderen regeln, kommen zwar schon im Naturzustande vor, aber sie gelten in diesem nur provisorisch und werden erst im Staat »peremtorisch«. Unter diesen privatrechtlichen Verhältnissen behandelt Kant neben dem sachlichen Rechte des Eigentums und dem persönlichen Rechte des Vertrages das »dinglich-persönliche« Recht der Ehe und der Familie. Diesen Verhältnissen weiß Kant nur ihre rechtliche Seite abzugewinnen; gegen die sittliche Bedeutung der Ehe hat er sich in einer Weise, die kaum durch seine eigene Fremdheit denselben gegenüber verzeihlich erscheinen kann, unzugänglich gezeigt. Er behandelt die Ehe nur als ein rechtliches Verhältnis, und sie kommt in seiner Ethik überhaupt nicht vor. Und doch sind es wiederum sittliche Gründe, Ableitungen aus dem kategorischen Imperativ und seinem Verbot, den Menschen je nur als Mittel zu gebrauchen, auf welche er hier die Begründung der Monogamie als der einzig rechtlichen Form der Ehe zurückführt.

Für die Lehre vom Staat schließt sich Kant scheinbar der Theorie von der Begründung derselben auf den Vertrag an. Aber man muss sich ganz auf das Wesen der kritischen Methode besinnen, um diese Lehre nicht misszuverstehen. Bei den Naturrechtslehrern erscheint die Lehre vom Vertrag als eine Erklärung der Genesis desselben, bei ihnen enthält sie die Fiktion, dass die Menschen, nachdem sie die Unmöglichkeit des Naturzustandes eingesehen hatten, miteinander den Vertrag schlossen, den Staat zu bilden und dem Gesamtwillen jeder Einzelne zu gehorchen. Für Kant ist ein rechtlich hindernder Vertrag nur im Staate selbst möglich. Wenn er daher davon spricht, dass der Staat auf einen Vertrag hinauslaufe, so kann das nur so viel heißen, dass, wenn man für den Staat eine rechtliche Begründung suchen wollte, sie nur in einem Vertrage gefunden werden kann, der ihn selbst schon voraussetzt. Der S t a a t s v e r t r a g ist deshalb »die regulative Idee« von einer absoluten Begründung des Staatslebens, welche aber nur in diesem selbst zu finden ist. Das Staatsleben ist die absolute Tatsache des gemeinsamen Menschenlebens und die selbst unbedingte Bedingung für alle einzelnen rechtlichen Formen desselben. In der besonderen Ausführung der Staatslehre sieht Kant als das Wesen des Staats das Prinzip der Gerechtigkeit an und sucht die Realisierung derselben in der Trennung der Gewalten in die gesetzgebende, die ausführende und die richtende. Nur bei dieser Trennung ist die Herrschaft des Gesetzes und der Ausschluss der Ungerechtigkeit möglich. Die Gesetzgebung aber muss der volle und ganze Ausdruck des Gesamtwillens sein; in der gesetzgebenden Tätigkeit muss deshalb jeder Bürger frei und mit gleichem Recht wie der andere mitwirken. Sie ist rechtlich nur in der republikanischen Form möglich; aber diese ist mit einer monarchischen Exekutive in der konstitutionellen Monarchie nicht nur vereinbart, sondern garantiert auch in dieser Verbindung am meisten die faktische Durchführung des Allgemeinwillens. Nur in diesem Sinne begrüßte Kant mit lebhafter Freude die republikanischen Tendenzen der Neubildung der nordamerikanischen Union und der französischen Revolution. Aber das Staatsideal war für ihn dasjenige Lockes und Montesquieus, und die Republik schien ihm die verdammungswürdigste aller Staatsformen in dem Augenblicke, wo sie die absolute Geltung der Gesetze preisgibt und der Willkür der Individuen Spielraum lässt. In der entgegengesetzten Richtung einer reinen Herrschaft des Rechts bewunderte Kant den Staat Friedrichs des Großen, in welchem ihm das Pflichtbewusstsein des kategorischen Imperativs in politischer Verkörperung entgegentrat. Er fand zugleich in diesem Staate die Bedingung realisiert, welche er für ausreichend hielt, um die Mitwirkung des Einzelnen an der Gestaltung des öffentlichen Lebens zu garantieren: die Freiheit der Meinungsäußerung, die unbeschränkte Publizität.

Die Aufgabe der Staatsgewalt ist jedoch nach Kants Ansicht mit der Durchführung der Rechtsvorschriften noch nicht erschöpft, und ihr Recht, in das Leben des Individuums einzugreifen, beschränkt sich nicht darauf, dass die Befolgung der staatlichen Gebote und Verbote durch die äußere Macht erzwungen wird. Sondern zu dem sittlichen

Begriffe der Gerechtigkeit, den der Staat realisieren soll, gehört nach Kants Ansicht auch derjenige der Vergeltung. Damit begründet sich das Strafrecht nicht als ein Ausfluss der pragmatischen Bedürfnisse und Nötigungen, nicht als ein Mittel, dem Gesetze Achtung zu verschaffen und vor seiner Verletzung abzuschrecken, auch nicht als ein pädagogisches Mittel zur Besserung, sondern als der öffentliche Akt der Vergeltung, welche durch die Gerechtigkeit, wie Kant meint, gefordert ist. Das sittliche Bewusstsein, meint Kant, verlangt, dass das Verbrechen durch Leiden gesühnt sei, und diese Sühne muss, weil der Einzelne dazu nicht im Stande ist, vom Staat vollzogen werden. In diesem strengen Sinne verlangt Kant die Beibehaltung der Todesstrafe. Wenn die Gerechtigkeit untergeht, so hat es keinen Wert mehr, dass Menschen leben. Ohne jede Rücksicht auf die Nützlichkeit ist die Strafe um ihrer sittlichen Notwendigkeit wegen zu vollziehen. Kants Strafrechtstheorie, so angreifbar ihr Prinzip sein mag, dass das Gefühl der Vergeltung ein integrierender Bestandteil des sittlichen Bewusstseins sei, enthält doch den besten Beweis davon, dass ihm der Staat nicht nur ein Mechanismus für die Einrichtung des äußeren Zusammenlebens der Menschen, sondern im tiefsten Sinne eine Institution der praktischen Vernunft der menschlichen Gattung, ein Produkt der Sittlichkeit war. Seine ganze Staatslehre führt auf den Grundgedanken hinaus, dass das staatliche Rechtsleben eine Ordnung des äußeren Zusammenlebens der Menschen nach den Prinzipien der sittlichen Vernunft sein soll.

Er tritt gerade damit in den lebhaftesten Gegensatz gegen alle früheren Theorien, welche den Zweck des Staates immer in der Richtung des Eudämonismus gesucht hatten, mochten sie die individuelle oder die soziale Glückseligkeit zur Richtschnur nehmen. Von diesem Gesichtspunkte aus vertiefte sich aber zugleich für Kant die Auffassung der Geschichte. Und wenn nicht in der Ausführung, so hat er in der prinzipiellen Grundlegung der G e s c h i c h t s p h i l o s o p h i e die wichtigste Förderung dadurch gegeben, dass er die naturalistische Auffassung Herders, wie er sie in ihrer Einseitigkeit bekämpfte, seinerseits durch einen höheren Gesichtspunkt ergänzte. Auch Kant muss anerkennen, dass es in der Geschichte sich um einen in seinen einzelnen Fortschritten durchaus naturnotwendig bedingten Prozess handelt, dass also das Prinzip der natürlichen Entwicklung das einzige ist, nach welchem der Zusammenhang der einzelnen Tatsachen erkannt werden kann. Aber für ihn soll die »Philosophie der Geschichte« mehr leisten als die bloße Zergliederung des viel verschlungenen Gewebes, welches ihren Gegenstand bildet. Es ist der Mensch, der sich in ihr entwickelt, und der Mensch ist nicht nur die Blüte der sinnlichen Welt, sondern zugleich ein Glied der übersinnlichen. Seine Entwicklung muss daher auch unter dem Gesichtspunkt des Zwecks betrachtet werden, welcher die Grundkategorie der sittlichen Welt bildet. Diese Geschichte ist philosophisch nicht zu verstehen, wenn man nicht ihr Ziel kennt. Erst aus der Kenntnis der Aufgabe, die durch diese Entwicklung erreicht werden soll, ist die Möglichkeit einer Beurteilung davon gegeben, ob die einzelnen Bewegungen wirkliche Fortschritte oder Rückschritte waren. Geschichtsphilosophie als Beurteilung des historischen Prozesses gibt es nur unter dem teleologischen Gesichtspunkte. Der Naturalismus wendet denselben heimlich an; aber sein teleologischer Gesichtspunkt ist dabei die Glückseligkeit: bei Kant ist der Zweck der Geschichte der sittliche. Auf der anderen Seite aber muss man sich aus demselben Grunde klar machen, dass von jenem allmählichen Übergange aus der Natur in die sittliche Welt, den Herder als echter Leibnizianer in seinen »Ideen« darzustellen gesucht hatte, bei der Kant'schen Auffassung des Gegensatzes der sinnlichen und der übersinnlichen Welt keine Rede sein konnte. Hier verlangten die Grundbegriffe seines Systems von ihm eine ganz andere Formulierung der Fragen und der Antworten, und es ist in jenen kleinen Schriftchen, die diese Fragen behandeln, die ganze Überlegenheit, mit welcher Kant die Prinzipien der Aufklärung zugleich zu den seinigen machte und in ihre Schranken zurückwies, am klarsten erkennbar. Er stand hier vor jenem größten Problem, welches die Geister des 18. Jahrhunderts bewegte, vor der Frage nach dem Verhältnis der menschlichen Kultur zur Natur. Die Herrschaft des Eudämonismus hatte die Antwort darauf immer in der Richtung ausfallen lassen, dass die Bedeutung, der Ursprung und der Zweck der Kultur in der Herbeiführung einer größeren Glückseligkeit bestehen müsse, als die Natur allein zu gewähren im Stande sei. Und diese Antwort hatte schließlich in Rousseau zu der Einsicht geführt, dass die Kultur diesen Zweck verfehle, dass sie schlimmer sei als der Naturzustand, und dass man deshalb mit ihr brechen müsse, um zur Natur zurückzukehren. Diese Gedanken hat Kant in ihrer ganzen Energie aufrechterhalten, und er hat sich über die Rousseau'sche Auffassung nur dadurch erhoben, dass er aus seiner Philosophie selbst einen anderen Begriff der Kultur mitbrachte.

Kultur ist eine bewusste Arbeit des menschlichen Willens und hat daher ihren Wert in dessen sittlichem Charakter. Wenn von einem Naturzustand des Menschen die Rede sein soll, so hat das nur insofern Sinn, als man sich das natürliche, auf die Glückseligkeit gerichtete Triebleben noch ohne jedes Bewusstsein einer sittlichen Aufgabe denkt. Dieser Zustand ist derjenige der absoluten Unschuld, der paradiesische Zustand. Er ist keine Tatsache der Erfahrung. Aber wenn man ihn – und Kant tut es mit Rousseau – als der Kultur vorhergegangen denkt, so ist eine allmähliche Entwicklung des sittlichen Bewusstseins aus diesem eudämonistischen Zustande nicht zu begreifen. Die Erkenntnis des Sittengesetzes ist eine einmalige, sie kann nur darauf beruhen, dass dasselbe an seiner Übertretung zum Bewusstsein kommt. Wenn das Radikalböse in der menschlichen Natur zum Durchbruch kommt, dann muss damit auch das Gewissen und das Bewusstsein der sittlichen Aufgabe erwachen. Der »mutmaßliche Anfang« der Weltgeschichte, d.h. die durch die Erfahrungserkenntnis zwar ermöglichte, aber nicht zu begründende Idee eines solchen Anfangs, ist der Durchbruch des Radikalbösen, die Auflehnung gegen das in der Auflehnung selbst zum Bewusstsein kommende Sittengesetz, – es ist der S ü n d e n f a l l. Und nachdem so das sittliche Bewusstsein entsprungen ist, bildet die ganze menschliche Geschichte nur die Arbeit des Willens, diesem Sittengesetze angemessen zu werden. Mit dem Sündenfall ist der Naturzustand verloren, und für immer verloren. Denn das sittliche Bewusstsein, einmal vorhanden, kann niemals zu Grunde gehen. Aber mit dem Naturzustande ist auch die unbefangene Erfüllung des Glückseligkeitstriebes für immer dahin. Aus dem Paradies vertrieben, erfährt der Mensch das Leid der Arbeit. Nun beginnt der Antagonismus der Kräfte, nun verschränkt sich und drängt sich das Spiel des gesellschaftlichen Lebens, nun wächst die Tugend und mit ihr das Laster. Immer schärfer werden die Kräfte angespannt, aus der Lösung jeder Aufgabe entspringt eine schwierigere, und während die sittliche Arbeit ihrem Ziele, wenn auch nicht stetig und unendlich langsam, entgegenrückt, komplizieren sich die unseren Verhältnisse des Menschenlebens derartig, dass das Glück des Individuums immer zweifelhafter und immer seltener wird. Jeder Gewinn an der sittlichen Kultur wird durch einen Verlust an der natürlichen Glückseligkeit erkauft. Die sittliche Arbeit des Menschen ist nur möglich als Resignation auf seine natürliche Glückseligkeit. Die Kultur mit ihrer ganzen Arbeit und dem ganzen Leid, das notwendig und in stets steigendem Maße mit ihr verknüpft ist, wäre darum in der Tat, wie sie für Rousseau erschien, eine Torheit und ein Frevel an dem Glück des Einzelnen, wenn die Glückseligkeit die Bestimmung des Menschengeschlechts wäre, und wenn nicht mit diesem Verzicht auf das paradiesische Glück das höhere, das absolute Gut der Sittlichkeit gewonnen würde. Der Trost dafür, dass der Einzelne bei dieser Kulturarbeit verliert, kann nur darin bestehen, dass das Ganze gewinnt. Aber dieser Gewinn des Ganzen liegt nicht in der Glückseligkeit, sondern in der Herbeiführung des sittlichen Zwecks. Denn von einem Wachsen der Gesamtglückseligkeit bei steigendem Unglück aller Einzelnen zu sprechen, wie es wohl geschehen, ist eine Absurdität. Nun ist das höchste Prinzip aller Sittlichkeit die Freiheit. Wenn es daher einen Zweck geben soll, der die Kultur begreiflich macht, und um dessen willen ihre notwendigen Schäden ertragen werden müssen, so ist es die Freiheit. D i e m e n s c h l i c h e G e s c h i c h t e i s t d i e G e s c h i c h t e d e r F r e i h e i t . Aber die Geschichte ist der Prozess des äußeren Zusammenlebens vernünftiger Wesen. Ihr Ziel ist deshalb das politische, es ist die Herbeiführung der Freiheit in der vollkommensten S t a a t s - v e r f a s s u n g . Dieses Ziel würde nicht erreicht sein, wenn etwa nur ein Staat mit seinen Institutionen dabei angekommen wäre. Denn er stünde dann jeden Augenblick in Gefahr, von anderen Staaten darin gestört zu werden. Der gegenwärtige Zustand, in welchem sich die Staaten miteinander befinden, ist ein Naturzustand, ein Naturzustand des Kampfes, in welchem alle Mächte der Unsittlichkeit ihr Wesen treiben. In ihm hat der Krieg nur insofern einen sittlichen Rechtsgrund, als ein Volk in seiner staatlichen Existenz bedroht ist und dieselbe verteidigt. Die Möglichkeit dieser Bedrohung wäre nur dann ausgeschlossen, wenn es einen wirklichen Rechtszustand der Staaten untereinander gäbe, wenn die Idee des Völkerrechts realisiert wäre. Sie wäre es nur dann, wenn alle Staaten miteinander einen Bund bildeten, der als oberster Gerichtshof ihre Streitigkeiten entschiede. An der Notwendigkeit der besonderen Staatenbildung hält Kant den kosmopolitischen Träumereien einer Universalrepublik gegenüber auf das Entschiedenste fest, ohne jedoch dafür eine nationale Begründung zu suchen. Für ihn beschränkt sich das Weltbürgerrecht auf die allgemeine Hospitalität und Freizügigkeit, und auch dieser Zustand, worin der Bürger des einen Staates nicht mehr, wie es im Naturzustande geschieht, in dem anderen als Feind angesehen werden soll, ist in seiner Vollkommenheit nur durch den Staatenbund rechtmäßig herbeizuführen. In einen solchen Bund würden aber nur solche Staaten eintreten können, in denen nicht nur über die innere Gesetzgebung, sondern auch über die Fragen der äußeren Politik lediglich der Wille des Volkes entschiede. Eine republikanische Verfassung aller Staaten und ein schiedsrichterlicher Bund derselben untereinander würden deshalb die Bedingungen des »ewigen Friedens« sein, welchen Kant als das »höchste politische Gut« in der unendlichen Ferne des Endes der Weltgeschichte sieht. Weit entfernt von der utopistischen Schwärmerei, dieses Ende in dem gegenwärtigen Zustande herbeizuführen zu wollen oder für herbeiführbar zu halten, legt Kant diesen idealen Zweck als den Maßstab an, nach dem allein der Wert der weltgeschichtlichen Begebenheiten beurteilt werden kann. Es ist immer derselbe Lessing'sche Gesichtspunkt, unter dem auch Kant die Geschichte der Religionen, unter dem er das sittliche Leben des Individuums und unter dem er die gesamte Kulturentwicklung des menschlichen Geschlechtes betrachtet. Die sittliche Aufgabe und die natürliche Notwendigkeit des sozialen Prozesses haben dasselbe Ziel: die Realität der Freiheit in der Sinnenwelt. Aber dies Ziel ist eine Idee, deren Realisierung in der Unendlichkeit liegt und welche die Erfahrung nie realisiert sehen kann. Die Herrschaft der einen unsichtbaren Kirche, die sittliche Vollkommenheit des Individuums und der ewige Frieden der Staaten, sie liegen alle an einem und demselben Punkte: an dem Schneidepunkte der Parallelen.

In dem sittlichen Maßstabe, den er an die Beurteilung aller Entwicklung legt, und in dem Prinzip der nie endenden Arbeit für ein in der Erfahrung unerreichbares Ziel liegt Kants Größe der A u f k l ä - r u n g gegenüber. Er teilt mit ihr die unerschütterliche Überzeugung, dass es keine Wahrheit gibt, an die der Mensch glauben darf, als diejenige der Vernunft, und behauptet deshalb, dass die philosophische Erkenntnis den kritischen Maßstab für alle positiven Fakultäten bildet. Aber wenn das 18. Jahrhundert die Vernunftwahrheit in der theoretischen Erkenntnis zu besitzen meinte, so zerstört Kant diese Illusion, und wenn die Männer, die sich für die Aufgeklärten hielten, diese ihre vermeintliche Erkenntnis als ein neues Dogma predigten, so tritt Kant dieser Anmaßung der »Aufklärerei« auf das Schärfste entgegen. Gerade durch diesen starren Rationalismus beweist das Zeitalter, dass es kein aufgeklärtes ist. Aber es enthält in sich die Anlagen, es zu werden. Je mehr das Prinzip zum Durchbruch kommt, dass der wahre Besitz der Vernunft nur der selbsterworbene ist, dass nicht die Annahme sogenannter freisinniger Meinungen, sondern vielmehr die selbstprüfende Arbeit des Denkens das Wesen des sich aufklärenden Geistes ausmacht, umso mehr reift die menschliche Vernunft der sittlichen Bestimmung entgegen, welche den tiefsten Gehalt auch ihres Erkenntnislebens bildet. Nicht Ansichten und Theoreme, sondern Absichten und Zwecke sind es, welche über die Erfahrung hinaus dem Triebe der Vernunft genugtun. In ihnen sich einig zu wissen und an ihrer Durchführung mit dem vollen Bewusstsein der Menschenpflichten zu arbeiten und in dieser Arbeit sich mit einer höheren Weltordnung im lebendigen Zusammenhange zu glauben: das und das allein ist wahre Aufklärung. Wenn Kant es aussprach, dass in diesem Sinne sein Zeitalter ein Zeitalter der Aufklärung sei, so konnte er es nur insofern sagen, als er selbst mit seiner Philosophie ihm diesen Charakter aufprägte und es über sich selbst emporhob.

§61. Kants ästhetische Philosophie

Die Weltanschauung des Kritizismus charakterisiert sich vor allen anderen dadurch, dass ihre Wurzeln mit vollem und mit wissenschaftlich sich begründendem Bewusstsein nicht lediglich in der theoretischen, sondern hauptsächlich in der praktischen Vernunft liegen.

Daraus aber entspringt ihr dualistischer Charakter. Der D u a l i s -
m u s von Ding an sich und Erscheinung, von übersinnlicher und
sinnlicher Welt, der sich durch Kants ganze Lehre hindurchzieht, ist
derjenige von praktischer und theoretischer Vernunft. Aber es wäre
nach jeder Richtung unrichtig zu behaupten, dass die Kant'sche Lehre
in diesem Dualismus aufgehe. Seine Überzeugung von der innersten
Identität dieser beiden Formen der menschlichen Vernunfttätigkeit
tritt an allen Stellen seiner Lehre hervor. Die gesamte Arbeit der theoretischen Vernunft zeigt sich zuletzt durch die Aufgaben bestimmt,
welche ihr die praktische setzt, und die Energie der sittlichen Aufgabe
findet andererseits ihre Begründung gerade in dem Widerspruche, in
welchem sie zu der sinnlichen Natur des Menschen steht. So weisen in
allen ihren Ausgestaltungen die praktische und die theoretische Vernunft stets aufeinander hin und deuten miteinander auf eine Einheit,
die in keiner von beiden allein ganz und voll zum Austrage kommt. In
der theoretischen Vernunft hat nur der sinnliche Mensch seine volle
Geltung, nur er ist das Prinzip der Erkenntnis, und der übersinnliche erscheint nur als eine problematische Grenzbestimmung. In der
praktischen Vernunft gebietet der übersinnliche über den sinnlichen,
aber er findet in dem Letzteren eine nur am unendlichen Ziel zu über-
windende Schranke für die Erfüllung seines Zweckes. So einander
bestimmend und beschränkend, verlangen die theoretische und die
praktische Vernunft den Begriff einer einheitlichen Funktion, in der
ihre ursprüngliche Identität, vermöge deren allein sie jene Beziehungen entwickeln konnten, selbst zum Ausdruck kommt. Gäbe es nur
theoretische und praktische Formen und Tätigkeiten der Vernunft, so
wäre deren inniges Ineinandergeflochtensein, welches die Kant'sche
Lehre an allen einzelnen Punkten aufgedeckt hat, die rätselhafteste
aller Tatsachen.

Die Überwindung des Dualismus ist daher nur in einer Vernunftfunktion zu suchen, an der das theoretische und das praktische Leben
gleichmäßig beteiligt sind und welche doch beiden gegenüber eine
ursprüngliche Eigenhaftigkeit behauptet. Hier begreift man, weshalb
Kant sich jenen Bestrebungen der empirischen Psychologie anschloss,
welche neben dem Vorstellen und dem Begehren eine dritte Grundfunktion der menschlichen Psyche unter dem Namen des Gefühls ein-

zuführen im Begriffe war. Empirisch zeigte das Gefühl die erforderte Doppelbeziehung auf die beiden anderen Tätigkeitsweisen. Es enthält einen Vorstellungsinhalt und setzt denselben in mehr oder minder ausgesprochener Weise mit einem Zweck in Beziehung, welcher eine Form des Begehrens repräsentiert. Der Dualismus der Kant'schen Lehre war daher nur dadurch zu überwinden, dass sich eine Vernunftform des Gefühls d.h. eine allgemeine und notwendige Gefühlsfunktion nachweisen ließ, und neben die beiden Fragen: gibt es Erkenntnisse *a priori* und gibt es Begehrungen *a priori*, trat die dritte: g i b t e s G e f ü h l e a p r i o r i ?

Die K r i t i k d e r U r t e i l s k r a f t , welche die Lösung dieser Aufgabe zum Gegenstande hat, gibt derselben noch eine andere Formulierung, die zu gleicher Zeit ihren Gegenstand erweitert. Zwei Welten stehen sich in der Kant'schen Weltauffassung gegenüber, die sinnliche und die sittliche. Die eine ist die Welt der Erkenntnis, die andere diejenige des Glaubens. Die eine ist das Reich der Natur, die andere ist das Reich der Freiheit; in der einen herrscht die Notwendigkeit, in der anderen der Zweck. Ein absoluter Dualismus, der zwischen beiden eine unüberschreitliche Kluft befestigte, ist durch die Tatsache des menschlichen Bewusstseins widerlegt, welches mit seiner einheitlichen Funktion sich in beiden gleich heimisch weiß. Können sie aber so unmöglich beziehungslos einander koordiniert werden, so ist zwischen beiden nur dadurch eine Vereinigung zu finden, dass die eine der anderen untergeordnet wird. Nun kann in der Kant'schen Philosophie kein Zweifel darüber sein, wie sich bei dieser Unterordnung die Rollen verteilen sollen. Aus der Unterordnung der praktischen unter die theoretische Vernunft haben sich alle Irrtümer der früheren Philosophie ergeben. Aus ihr folgte die verfehlte Tendenz, die Moral auf eine Metaphysik zu gründen, die nicht möglich ist. Aus ihr folgte die fatalistische Meinung, dass, was man für Freiheit hält, nur eine Art der Notwendigkeit sei, – aus ihr der ganze Naturalismus, welcher die Welt der Zwecke als ein Produkt der natürlichen Notwendigkeit angesehen haben will. In der Tat kann man alle die Gegensätze, welche in den einzelnen Lehren zwischen Kant und z.B. Leibniz obwalten, darauf zurückführen, dass bei dem Letzteren die theoretische, bei dem Ersteren dagegen die praktische Vernunft den Primat über die andere führt.

Die Verlegung des philosophischen Standpunktes aus der theoretischen in die praktische Vernunft ist vielleicht der schärfste Ausdruck
für die totale Umwälzung, welche in der Geschichte des modernen
Denkens an den Namen Kants geknüpft ist.

Die Unterordnung der sinnlichen unter die sittliche Welt ist nun
eine Forderung der praktischen Vernunft, welche im Handeln des
Menschen niemals vollständig erreicht wird. Es fragt sich, ob nicht
auch unsere vorstellende Tätigkeit dieser Forderung gerecht werden
und wir damit zu einem unmittelbaren Bewusstsein von der Einheitlichkeit unseres vernünftigen Wesens gelangen können. Es fragt sich,
ob wird a s Reich der Natur dem Reiche der Freiheit
untergeordnet denken können, und ob es notwendige und
allgemeingültige Formen gibt, in denen dies sogar geschehen muss.
Von vornherein ist aber klar, dass diese Unterordnung niemals eine
Funktion der Erkenntnis sein kann. Denn die Erkenntnis reicht an die
sittliche Welt nicht heran und kann deshalb auch kein Verhältnis der
sinnlichen zu ihr erfassen. In Kants psychologischem Schema wird die
Funktion der Unterordnung allgemein mit dem Namen der Urteilskraft bezeichnet. Insofern dieselbe rein theoretischen Charakters sein
soll, muss sie entweder logisch einen Begriff seinem Gattungsbegriffe
oder transzendental eine sinnliche Anschauung einer Kategorie subsumieren. In beiden Fällen gibt sie eine notwendige Bestimmung für
die Erkenntnis des Gegenstandes. Dieser »bestimmenden« Urteilskraft gegenüber nennt Kant die reflektierende Urteilskraft diejenige, vermöge deren wir einen Gegenstand, ohne damit
seine Erkenntnis zu erweitern, einem Gesichtspunkt der Betrachtung
unterwerfen, deren Prinzip wir eben nicht der Erkenntnis des Gegenstandes, sondern vielmehr unseren eigenen Verhältnissen entnehmen.
Die Erkenntnis bestimmt den Begriff eines Naturereignisses, indem
sie dasselbe aus seinen Ursachen erklärt und allgemeinen Gesetzen
unterordnet; wenn wir dagegen dasselbe als angenehm oder unan-
genehm bezeichnen, so ist dies nur eine Art der Betrachtung,
welche wir von uns aus an den Gegenstand heranbringen, und womit
wir die theoretische Auffassung desselben durch die reflektierende
Urteilskraft überschreiten. Es ist nun klar, dass alle diese Reflexionen
auf das Innigste mit den Gefühlen zusammenhängen, die wir den

erkannten Gegenständen gegenüber haben. Jedes Gefühl ist ein Akt der Synthesis, wodurch wir die Vorstellung eines Gegenstandes auf unsern subjektiven Zustand beziehen. In diesem Sinne ist die Kritik der reflektierenden Urteilskraft eine Untersuchung über die apriorischen Formen des Gefühlslebens.

Jedes Gefühl enthält entweder Lust oder Unlust. Dies »Entweder oder« kann nur darauf beruhen, dass der Gegenstand, auf den sich der Gegenstand bezieht, irgendeinem Bedürfnis entspricht oder nicht entspricht. Im allgemeinsten Sinne bezeichnen wir diese Bedürfnisse als Zwecke, und es ergibt sich daraus, dass alles Z w e c k m ä ß i g e mit einem Lustgefühl, alles Unzweckmäßige mit einem Unlustgefühl verknüpft ist. In jedem Gefühl haben wir eine Unterordnung des vorgestellten Gegenstandes unter einen Zweck. Die reflektierende Urteilskraft also, in ihrer empirischen Gestalt zunächst mit dem Gefühlsleben identisch, lässt uns die einheitliche Funktion unserer Vernunft darin erkennen, dass sie einen Gegenstand der Erkenntnis einem Zwecke unterordnet. Aber diese empirischen Reflexionen würden, als vollständig willkürlich und subjektiv, niemals notwendigen und allgemeingültigen Charakters sein können. Von der Apriorität jener Vernunfteinheit können wir uns nur dadurch überzeugen, dass es notwendige und allgemeine Reflexionen gibt, die mit ebenso notwendigen und allgemeinen Gefühlen verbunden sind.

In der Tat machen wir den Anspruch, solche zu haben. Es gibt zwei Arten eines solchen Verhaltens unserer Vernunft, welche sich dadurch unterscheiden, dass in der einen Art das Betrachten, in der anderen Art das Fühlen überwiegt. Die eine Art hat daher mehr Verwandtschaft mit unserer theoretischen Tätigkeit und ist in Gefahr, für eine Erkenntnis gehalten zu werden. Erst in der anderen tritt das Wesen des Gefühls vollkommen rein hervor.

Die ganze Tätigkeit der reflektierenden Urteilskraft läuft darauf hinaus, die natürlichen Gegenstände unter dem Gesichtspunkte der Zweckmäßigkeit zu betrachten. Darin besteht die Unterordnung der Natur unter die Grundkategorie des Reiches der Freiheit. Aber diese Zweckmäßigkeit stellt sich in unserer Betrachtung entweder so dar, dass wir den Gegenstand, abgesehen von seiner Wirkung auf uns, zweckmäßig nennen, oder so, dass wir seine Wirkung auf uns als eine zweckmäßige fühlen und ihn in diesem Sinne schön oder erhaben nennen. Im ersteren Falle handelt es sich um objektive, im zweiten um subjektive Zweckmäßigkeit der natürlichen Gegenstände. Im ersteren Falle verfährt die Urteilskraft t e l e o l o g i s c h, im letzteren Falle ä s t h e t i s c h. Im ersteren Falle liegt der Schwerpunkt der Funktion in der verstandesmäßigen Auffassung der Beziehungen des Gegenstandes, welche wir als zweckmäßig beurteilen, und das Gefühl des Wohlgefallens knüpft sich nur nebensächlich daran. Im zweiten Falle liegt das Ursprüngliche in der Gefühlswirkung auf uns, und erst in der analytischen Untersuchung kommen uns die Zweckmäßigkeitsverhältnisse ausdrücklich zum Bewusstsein. Offenbar aber funktionieren wir in beiden Fällen weder rein theoretisch noch rein praktisch, sondern derartig, dass wir die Gegenstände nach Gesichtspunkten betrachten, die aus unseren Bedürfnissen, seien es auch allgemeine und notwendige, hervorgehen. Insofern als wir jetzt gewöhnt sind, ein solches Verfahren in allgemeinerem Sinne als ästhetisch zu bezeichnen, darf dieser gesamte Teil der Kant'schen Lehre den Namen seiner ästhetischen Philosophie tragen, umso mehr, als eine den beiden anderen Teilen der kritischen Philosophie ebenbürtige Selbständigkeit nur in Kants Ästhetik liegt, während seine Lehre von der Teleologie eine etwas zweifelhafte Mittelstellung zwischen der theoretischen und der ästhetischen Funktion einnimmt. Insofern die teleologische Betrachtung nur Betrachtung und nicht Erkenntnis enthalten soll, bleibt sie ästhetische Funktion. Insofern aber, als sie die Zweckmäßigkeit im Gegenstande sucht und ihre Objektivität behauptet, wird sie theoretischen Charakters und ist nur schwer von einer Tätigkeit des Erkennens zu scheiden.

Die Methode des Kritizismus verlangt für die Begründung teleologischer Urteile *a priori* zunächst die Analyse der Bedingungen, unter denen allein sie möglich sind. Dieselben verstehen sich am besten, wenn man wiederum die Veranlassungen aufsucht, welche in der Erkenntnistätigkeit für eine t e l e o l o g i s c h e B e t r a c h t u n g vorliegen. In dieser Hinsicht entwickelt die Kritik der Urteilskraft zwei neue G r e n z b e g r i f f e der theoretischen Vernunft, und wenn man mit Recht sagen darf, dass Kants erkenntnistheoretische Untersuchungen erst hier ihren Abschluss finden, so zeigt sich daran am besten, dass die Teleologie ein Grenzgebiet zwischen dem theoretischen und dem ästhetischen Verhalten der Vernunft darstellt.

Der eine dieser beiden Grenzbegriffe entwickelt sich durch die Reflexion auf die Schranken, welche der apriorischen Naturerkenntnis durch ihre Form der Gesetzmäßigkeit selbst gezogen werden. Eine allgemeine und notwendige Erkenntnis des Naturverlaufs beschränkt sich von selbst auf die Darstellung der Gesetze, welche in demselben herrschen. Der besondere Inhalt jeder einzelnen Naturerscheinung, ihre spezifische Eigentümlichkeit ist *a priori* nicht zu erkennen. Sie ist aber eine Tatsache, und auch sie bedarf nach dem Gesetze der Kausalität einer Erklärung. Es gehört zu den tiefsten Einsichten Kants, dass er dieses Bedürfnis der Wissenschaft klar formuliert hat. Es zeigte sich früher als ein Fundamentalfehler der Aufklärungsphilosophie, dass sie in ihrer Bewunderung der großen Gesetzmäßigkeit der Natur den Wert der individuellen Erscheinung vernachlässigte, und dass nur hie und da die historische Betrachtung oder die Gefühlsphilosophie darauf aufmerksam wurde. Kant widerlegt hier zum zweiten Male die Meinung derjenigen, welche die Tendenz seiner Kritik nur in der Erklärung von Gesetzen sehen. Er konstatiert, dass die » S p e - z i f i k a t i o n « der Natur nur durch Erfahrung uns zum Bewusstsein kommt und deshalb für die Erkenntnis »zufällig« bleibt. Zwar vermögen wir den spezifischen Charakter der einzelnen Erscheinung nach dem Prinzip der Kausalität aus anderen Erscheinungen gesetzmäßig abzuleiten: aber deren spezifischer Eigentümlichkeit gegenüber befinden wir uns wieder in derselben Lage, und dieser Prozess geht für die Erkenntnis bis ins Endlose. Der Weltlauf in seiner kausalen Notwendigkeit ist ein Gewebe von zahllosen Fäden, welche sich fortwährend kreuzen und zu immer neuen Gebilden verschlingen. Vermöchten wir es auch, den naturnotwendigen Verlauf jedes dieser Fäden, vermöchten wir es, die notwendigen Folgen, welche jedes Mal das selbst wieder kausalnotwendige Zusammentreffen der Fäden haben muss, vollkommen zu verfolgen, so würde doch dies ganze » S y s - t e m   d e r   E r f a h r u n g « für uns eine unerklärte Tatsache bleiben. Jeder Weltzustand sei in seiner ganzen Ausdehnung als die kausal notwendige Wirkung des nächst vorhergehenden nach Naturgesetzen erklärt, – so würde doch dieser ganze Prozess nur dadurch erklärlich sein, dass irgendein Anfangszustand den ganzen folgenden Verlauf bedingt hätte. Es ist unmöglich, nach unserer Zeitanschauung einen solchen zu denken, geschweige ihn zu erkennen. Und selbst wenn wir ihn erkennen könnten, so würde eben dieser Anfangszustand für uns bloß ein Gegebenes, eine unbegriffene Tatsache sein. Ja, wir müssen es überhaupt schon als eine glückliche, obschon für unsere Erkenntnis völlig zufällige Tatsache ansehen, dass der gegebene Inhalt der Wahrnehmung sich unserer Organisation wenigstens soweit angemessen erweist, dass wir unsere logischen und transzendentalen Vernunftformen darauf anzuwenden im Stande sind. Dieses Zweckmäßigkeitsverhältnis zwischen unsern Denkformen und dem für sie gegebenen Inhalt ist für unsere Erkenntnis durchaus zufällig. Das ist eben darin begründet, dass der besondere Inhalt der Erfahrung von uns nicht wie die Formen derselben erzeugt, sondern in uns vorgefunden wird. Eine allgemeine und notwendige Erkenntnis auch dieses besonderen Inhaltes der Erfahrung und des Grundes seiner Angemessenheit zu den Formen derselben wäre nur für einen Geist möglich, welcher auch den Inhalt durch seine Anschauung erzeugte. Der Begriff eines solchen Geistes ist in der Kritik der reinen Vernunft schon aufgestellt worden: Es ist der der intellektuellen Anschauung oder des i n t u i -t i v e n   V e r s t a n d e s [8]. Für ihn würde auch die Spezifikation der Natur *a priori* erkannt sein; denn er wäre ihr Urheber[9]. Es ist nun konstatiert, dass wir diesen intuitiven Verstand nicht haben, dass wir denselben nicht zu erkennen und deshalb nicht einzusehen vermögen,

---

8   Kant braucht hier und auch sonst, namentlich in dem Briefe an M. Herz (vgl. S.46) für diesen Begriff gern den älteren Namen des *Intellectus archetypus*.

9   Kant verfolgt hier in seinen Formeln und philosophischen Interessen genau denselben Gedankengang, der bei Leibniz sich dahin ausgesprochen hatte, dass die »tatsächlichen Wahrheiten«, welche sich für die menschliche Erkenntnis nicht auf die ewigen Wahrheiten zurückführen lassen, im göttlichen Verstande aus denselben müssten abgeleitet werden können. Der Unterschied zwischen beiden Denkern ist dabei wesentlich der, dass für Leibniz seinem dogmatischen Charakter gemäß sich daraus eine metaphysische Erkenntnis des Gegensatzes der ewigen und der tatsächlichen Welt ergab, während der Kritizismus diesen Gegensatz in den subjektiven Gegensatz der Erkenntnis und der Betrachtung umwandelte. Vgl. Bd.1 d. Werkes, S.450-55.

wie er den gesamten Weltlauf auch seinem spezifischen Inhalte nach hervorbringe; aber es ist ebenso konstatiert, dass die Realität eines solchen intuitiven Verstandes theoretisch auch nicht geleugnet werden kann, dass wir vielmehr im sittlichen Bewusstsein den apriorischen Grund haben, an die Realität eines gemeinsamen Schöpfers der sinnlichen und der übersinnlichen Welt zu glauben. Wenn es deshalb ein allgemeines und notwendiges Bedürfnis unseres Verstandes ist, eine letzte Ursache für das gesamte System der Erfahrung mit ihrem uns nur gegebenen Inhalte, welchem gegenüber sich doch unsere ganze Organisation der Denktätigkeit als zweckmäßig angepasst erweist, zu denken, so ergibt sich daraus das allgemeine und notwendige Bedürfnis, die Natur so zu betrachten, als ob sie das Produkt eines intuitiven, d.h. eines göttlichen Verstandes wäre.

Erzeugung aber durch den Verstand und zweckmäßige Erzeugung sind miteinander identisch. Denn der Verstand operiert aus Begriffen; wenn der Verstand etwas erzeugt, so erzeugt er es als das seinem Begriffe Angemessene. Die Betrachtung der Natur als des Werkes eines göttlichen Verstandes ist deshalb die Betrachtung der Natur als eines zweckmäßigen Systems der Erfahrung. Soweit also als das Bedürfnis, einen Grund für die Spezifikation der Natur zu denken, und als der moralische Glaube an die Realität eines göttlichen intuitiven Verstandes allgemein und notwendig sind, so weit ist die Vernunft auch *a priori* genötigt und berechtigt, d e n g e s a m t e n K a u s a l z u s a m m e n - h a n g d e s W e l t l a u f e s u n t e r d e m t e l e o l o g i s c h e n G e s i c h t s p u n k t z u b e t r a c h t e n , d a s s s e i n e Z w e c k - m ä ß i g k e i t i n s e i n e m U r s p r u n g a u s d e r g ö t t l i c h e n S c h ö p f e r t ä t i g k e i t b e r u h e . Diese Betrachtung ist keine Erkenntnis. Der physiko-theologische Beweis für das Dasein Gottes ist unmöglich, und man muss deshalb diesen kritischen Gedankengang Kants durchaus von dem Newton'schen unterscheiden, den er in der »Naturgeschichte des Himmels« vorgetragen hatte. Gab es dort den kausalen Schluss von der vollkommensten Maschine auf den intelligenten Urheber, so wird hier ein solcher Schluss geradezu verworfen, dabei aber doch an dem Unbeweisbaren in der Gestalt einer v e r - n u n f t n o t w e n d i g e n B e t r a c h t u n g s w e i s e festgehalten. Für die persönliche Gewissheit läuft freilich beides auf dasselbe hinaus: aber die Begründung ist eine prinzipiell durchaus verschiedene. Die Teleologie wird auf eine Betrachtungsweise, auf ein moralisch-ästhetisches Verhalten reduziert und aus der Wissenschaft verwiesen. Jeder Versuch, die einzelne Naturerscheinung für die wissenschaftliche Erkenntnis aus einem Zweck, den dieselbe erfüllen solle, zu erklären, ist verfehlt; in der Erkenntnis kann jedes Ding und jedes Geschehen der Natur immer nur aus seinen Ursachen abgeleitet werden, und es ist der »Tod« aller Naturwissenschaft, für die Erklärung der einzelnen Erscheinungen zwecktätige Kräfte anzunehmen. Die Ursachen, die wir erkennen können, wirken mit mechanischer Notwendigkeit. Wenn sich zeigt, dass wir aus dieser mechanischen Notwendigkeit das Ganze der Natur nicht begreifen können, so stehen wir eben damit an der G r e n z e d e s k a u s a l e n B e g r e i f e n s , und es ist dann eine zwar notwendige und allgemeingültige Betrachtungsweise, aber auch nur eine Betrachtungsweise, wenn wir den gesamten Zusammenhang der Natur so ansehen, als ob er nur die Erscheinungsform für die Realisierung einer göttlichen Zwecktätigkeit sei.

Fragen wir nun nach dem Inhalte, welchen der göttliche Zweck haben kann, dem wir den Kausalmechanismus in unserer Betrachtung zu unterwerfen genötigt sind, so ist auch dieser natürlich nicht theoretisch erkennbar, sondern nur ein Gegenstand des praktischen Glaubens. Grundverfehlt ist daher jeder Versuch, nachzuweisen, wie die Kräfte der Natur ineinandergreifen, um Glückseligkeit herbeizuführen und die Funktion der einen Wesen in den Dienst des Nutzens der anderen zu stellen, und in diesem Sinne »misslingt jeder Versuch der Theodizee« nicht minder, als die Nützlichkeitskrämerei, aus welcher die Aufklärungsphilosophie ihre erbaulichen Betrachtungen machte. Der einzige göttliche Zweck, an dessen Realität wir glauben können, ist der, welchen uns die praktische Vernunft lehrt: d i e R e a l i - s i e r u n g d e s S i t t e n g e s e t z e s . An dieser Stelle überwindet die Kritik der Urteilskraft den Rigorismus der ethischen Auffassung durch diese selbst und den Dualismus der Kritik der praktischen Vernunft durch den moralischen Glauben. Wenn es dort hieß, dass die natürliche Notwendigkeit den Antagonismus gegen das Sittengesetz notwendig involviere, so wird diese Auffassung hier auf das individuelle Triebleben beschränkt, und es tritt ihr der höhere Gedanke entgegen, dass der gesamte Kausalmechanismus des Weltlaufes in letzter Instanz doch als der Realisierung des Sittengesetzes unterworfen und ihr allein dienend notwendig betrachtet werden müsse. Es ist für die Naturauffassung ganz dieselbe Versöhnung der Gegensätze, wie sie die Kant'sche Geschichtsphilosophie für die Auffassung des empirischen Menschheitslebens anstrebte: Lehrte die Geschichtsphilosophie, dass das letzte Ziel der historischen Entwicklung die Realisierung der Freiheit in der sinnlichen Welt sei, so lehrt die Teleologie, dass nur unter dem Gesichtspunkte dieses Zwecks auch der gesamte Mechanismus des allgemeinen Naturlebens betrachtet werden muss. Immer weisen die Bedürfnisse unseres Erkennens in die Unendlichkeit: Diese selbst aber kann nicht erkannt werden, sie ist ein Postulat des Glaubens oder ein Gesichtspunkt der Betrachtung.

Kants Teleologie ist also nicht nur in ihrer Begründung und in dem Anspruch, den sie erhebt, nicht sowohl eine Erkenntnis, als vielmehr eine vernunftnotwendige Betrachtungsweise zu sein, sondern sie ist auch in ihrem ganzen Inhalte von der früheren wesentlich verschieden. Sie erklärt ausdrücklich, dass der Nutzen in keiner Weise ein teleologisches Prinzip sei, und sie lässt die Nützlichkeitsverhältnisse zwischen den verschiedenen Dingen, welche überdies für die Erkenntnis nur kausal zu begreifen sind, in der teleologischen Betrachtung höchstens als Mittel gelten, welche man dem einzigen absoluten Zwecke, dem Sittengesetze, untergeordnet denken kann. Aber niemals ergeben sich aus dieser allgemeinen teleologischen Beziehung des Naturmechanismus auf einen göttlichen Weltzweck einzelne teleologische Urteile über die Zweckmäßigkeit besonderer Vorgänge. Denn jeder Vorgang ist nur ein Glied in der unendlichen Kette des Kausalmechanismus, und welche teleologische Bedeutung in demselben einem einzelnen Vorgange zukommt, würden wir nur dann verstehen können, wenn wir den ganzen Kausalnexus bis in seine feinste Gliederung durchschauten und die Art und Weise, wie er sich dem sittlichen Endzweck unterordnet, uns vorzustellen vermöchten. Da beides nicht der Fall ist, so liefert der Grenzbegriff der Spezifikation und des Systems der Erfahrung in Verbindung mit dem praktischen Glauben nur die Berechtigung für eine ganz allgemeine Betrachtung der Natur als eines in letzter Instanz zweckmäßigen Zusammenhanges der Erscheinungen.

Besondere teleologische Urteile bedürfen deshalb vor der Kritik der Urteilskraft noch einer anderen Rechtfertigung. Sie werden nur dann möglich sein, wenn es Erscheinungen gibt, die in sich selbst ohne Rücksicht auf irgendetwas anderes, sogar ohne Rücksicht auf den sittlichen Zweck sich unserer Betrachtung als zweckmäßig darstellen und der kausalen Erklärung unübersteigliche Hindernisse darbieten. Derartige Erscheinungen müssten also für zweckmäßig gelten ohne Beziehung auf irgendetwas, was durch sie erreicht werden sollte; ihr Zweck müsste nicht außerhalb, sondern in ihnen selbst liegen. Das ist nur dadurch möglich, dass wir uns für berechtigt halten, in gewissem Sinne sie sowohl als Ursache als auch als Wirkung ihrer selbst anzusehen. Eine solche Identität liegt überall da vor, wo etwas aus bewusster Absicht zweckmäßig erzeugt worden ist. Die Ursache der Artefakten des Menschen bildet die Idee der Wirkung, welche sie hervorbringen sollen. Nun ist aber die bewusste Absicht niemals als eine Ursache in der uns als Natur gegebenen Erscheinungswelt anzuerkennen; die Natur kennt nur mechanische Wirksamkeit. Wenn aber gewisse ihrer Erscheinungen den Eindruck machen, als ob auch bei ihnen die Idee des Ganzen die Genesis der einzelnen Teile und ihre Wirksamkeit bestimmte, und wenn zur Erklärung dieses Verhältnisses unsere kausale Einsicht nicht ausreicht, so sind wir genötigt, dieselben so zu betrachten, als ob sie aus dem Gedanken ihres Zweckes hervorgegangen wären.

Alle diese Bedingungen nun treffen zu bei den O r g a n i s m e n. Der Lebenszusammenhang eines Organismus ist derartig, dass derselbe nur aus seinen bestimmten Teilen zusammengesetzt gedacht werden kann. Aber diese Teile sind nicht etwa vor ihm vorhanden, sodass er erst aus ihnen entstünde, sondern umgekehrt sind diese Teile wieder in ihrer ganz bestimmten Gestalt und Funktion nur in diesem Organismus möglich. So wenig wie das Ganze ohne die Teile, so wenig sind die Teile ohne das Ganze möglich. Darin besteht die Zweckmäßigkeit der Organismen, dass ihre Organe geradeso gebildet sind und geradeso funktionieren, wie es für die Lebenstätigkeit des Ganzen notwendig ist, und dass umgekehrt erst der Zusammenhang des ganzen Organismus nötig ist, um der Gestalt und der Funktion des einzelnen Gliedes Sinn und Bedeutung zu geben. Diese Zweckmäßigkeit der Organismen aber ist, wie Kant meint, ganz auf sie selbst beschränkt, sie gilt ohne Rücksicht auf dasjenige, was ein Organismus etwa in der sonstigen Welt für Wirkungen ausübt. Das Wechselverhältnis zwischen dem Ganzen und den Teilen trägt die Zweckmäßigkeit insofern an sich, als beide nur durch einander zu existieren vermögen. Aber diese Tatsache des Lebens ist zugleich ein großes Rätsel für unsere Erkenntnis. Gerade dieses Wechselverhältnis des Ganzen zu seinen Teilen ist für die mechanische Naturerklärung ein undurchdringliches Geheimnis. Kant sucht hier die Behauptung zu begründen, welche er in der »Naturgeschichte des Himmels« aufgestellt hatte, dass die Organisation eine unerkennbare Tatsache sei. Er gibt nicht nur zu, sondern er verlangt ausdrücklich, dass die wissenschaftliche Erkenntnis, soweit sie irgend zu dringen vermag, die kausalen Notwendigkeiten aufdecke, welche sich mit dem Prozesse des Lebens abspielen. Aber verfolgt man diese an dem einzelnen Organismus, so wird man immer finden, dass sie nicht nur durch die Einflüsse der umgebenden Welt, sondern in erster Linie durch die ursprüngliche Anlage bedingt sind, welche der Organismus vermöge seiner Abstammung von einem anderen Organismus von Anfang an besaß. Die physiologische Erkenntnis des kausalen Mechanismus im organischen Leben endigt bei dem Begriffe des Embryo, in dessen ursprünglicher Anlage die Bedingung für alle mechanischen Reaktionen auf die Einflüsse der Außenwelt zu suchen ist. Den Ursprung des Embryo kann aber die Erkenntnis immer nur wieder in einem anderen Organismus suchen; die *generatio aequivoca* ist eine unerwiesene und zu gleicher Zeit aller kausalen Erklärung widersprechende Hypothese, und so setzt die Erklärung des organischen Lebens das Letztere selbst immer wieder voraus. Sie tut das auch, wenn sie weitergehend den Ursprung der verschiedenen Rassen und selbst denjenigen der Arten auf mechanischem Wege aus einfacheren Organismen herzuleiten versucht. Kant hat diesen Gedanken namentlich an dem für seine anthropologischen Studien wichtigen Begriffe der Menschenrasse entwickelt. Er suchte zu zeigen, dass die verschiedenen Rassen, deren er vier annahm, durch ihre Fähigkeit der fruchtbaren Kreuzung ihre Abstammung von einer und derselben Gattung beweisen, und dass sie sich aus derselben unter der Einwirkung klimatischer Verhältnisse im Laufe der Zeit entwickelt hätten.

Aber er machte darauf aufmerksam, dass diese Hypothese eben die Entwicklungsfähigkeit, d.h. eine ursprüngliche Anlage in der menschlichen Gattung, auf verschiedene klimatische Einflüsse verschieden zu reagieren, notwendig voraussetze, und dass diese Voraussetzung selbst sich jeder kausalen Erklärung entziehe. Aber sein Blick in die Wissenschaft des organischen Lebens reicht weiter. Er sieht ein, dass die Betrachtungsweise, welche auf die Rassen in ihrer Beziehung zu der gemeinsamen Art angewendet werden konnte, möglicherweise auch für die Arten selbst gilt, und obwohl noch alle empirischen Versuche und Nachweise dafür fehlten, hält er die Kühnheit eines »Archäologen der Natur« für möglich, erlaubt und berechtigt, welcher nach den Spuren der ältesten Revolutionen die ganze große Familie von Geschöpfen nach mechanischen Gesetzen in immer zweckmäßigerer Gestaltung aus einer ursprünglichen Organisation durch den Prozess der Generationen hervorgehen ließe. Möglich und sogar wahrscheinlich, dass Kant mit den entwicklungsgeschichtlichen Theorien der französischen Denker, welche freilich erst nach dem Erscheinen der Kritik der Urteilskraft durch Lamarck eine sichere Fassung erhielten, bekannt war, dass sie ihm namentlich durch den in Deutschland viel gelesenen Bonnet näher gelegt waren: – Er steht vor ihnen als vor einem »gewagten Abenteuer« der erkennenden Vernunft, dessen Durchführbarkeit seinem naturwissenschaftlichen Geiste prinzipiell nicht unmöglich erscheint. Aber gesetzt, es wäre durchgeführt, so wäre damit das Problem des Lebens nicht gelöst, sondern nur zurückgeschoben; denn jene u r s p r ü n g l i c h e   O r g a n i s a t i o n der Hypothese wäre genauso unbegreiflich wie jede besondere Organisation der Tatsachen. Das Leben ist der Grenzbegriff der mechanischen Naturerklärung. Kant meint, die Entstehung der Organisation aus dem unorganischen Leben sei für uns unerkennbar. Es ist möglich und nicht zu widerlegen, dass sie aus dem unorganischen Dasein nach lediglich mechanischer Kausalität hervorgegangen sei. Aber wir werden diesen Prozess nie begreifen und ihn niemals beweisen können. Denn – das ist das alte Grundkriterium der Kant'schen Erkenntnistheorie – dann könnten wir ihn auch selbst herbeiführen: wir erkennen, was wir selbst schaffen. Das Zweckmäßige steht für unsere Erkenntnis wie ein Fremdling in dem mechanischen Naturzusammenhange, den wir verstehen können, und wir sind deshalb berechtigt und genötigt, ihn als einen Gast aus einer höheren Welt, aus der Welt der Zwecke, zu betrachten. So ordnen sich die besonderen teleologischen Urteile, mit denen wir berechtigt sind, die kausal unerklärlichen Tatsachen des organischen Lebens zu betrachten, von selbst jener allgemeinen teleologischen Naturbetrachtung durch die Tatsache unter, dass der zweckmäßigste und vollendetste aller Organismen, der menschliche, dasjenige Leben enthält, in welchem die Natur mit der sittlichen Welt vereinigt und als ein ihr zwar widerstrebendes, aber in letzter Instanz dennoch sich ihr unterordnendes Mittel erscheint.

Der »Gebrauch der teleologischen Prinzipien in der Philosophie« ist also der, dass sie niemals als konstitutive Prinzipien der Naturerkenntnis gelten dürfen. Die Naturerklärung hat mit ihnen gar nichts zu tun. Deren Aufgabe ist vielmehr, den Prozess des Lebens in den Individuen und in den Gattungen gleichmäßig als einen großen Ablauf kausal notwendiger Entwicklungen zu verstehen. Aber wenn sie konsequent kritisch und ehrlich ist, so muss sie zugestehen, dass das Leben selbst, dass die ursprüngliche Organisation für sie einen Grenzbegriff, eine unerklärliche Tatsache darbietet, und dass sie die Betrachtung nicht widerlegen kann, mit der ein vernunftnotwendiges Bedürfnis diese Tatsache mit ihrer ganzen unabsehbaren Folge von zweckmäßigen Gestaltungen auf eine zwecktätige Ursache zurückführt. Die Betrachtung der einzelnen Zweckmäßigkeiten aber hat für die Naturforschung den wertvollen Sinn, dass sie stets die Frage hervorruft, durch welchen kausalen Mechanismus die besondere Zweckmäßigkeit zu Stande gekommen ist. Muss dann auch in der Lösung dieser Aufgabe immer der Rest bleiben, dass die ursprüngliche organische Anlage als ein unentbehrliches Glied in dem so erkannten Kausalnexus auftritt, so hat doch gerade die Beobachtung der Zweckmäßigkeit das Problem und die Veranlassung gebildet, wodurch die kausale Erkenntnis eine wertvolle Bereicherung und Erweiterung gefunden hat. Man darf wohl sagen, dass diese Behandlung des teleologischen Problems, wie sie Kant hier gegeben hat, das Reifste ist, was über dasselbe von jeher und bis heut gesagt worden ist. Es gibt eine faule Teleologie, welche den kausalen Zusammenhang der Dinge nicht mehr erforschen zu brauchen meint, wenn sie den Eindruck ihres zweckmäßigen Ineinandergreifens konstatiert hat. Dieser tritt Kant auf das Schärfste entgegen. Zweckmäßigkeit ist kein Prinzip der Naturerklärung. Aber es gibt eine echte, die Kant'sche Teleologie, welche in dem Eindruck der Zweckmäßigkeit, den das organische Leben der Vernunftbetrachtung notwendig macht, nur die Aufgabe sieht, sich den kausalen Konnex klar zu machen, durch welchen dieses zweckmäßige Ineinandergreifen zu Stande kommt. Alles Zweckmäßige in der Natur ist ein Wunder. Die faule Teleologie – wie sie sich auch sonst nenne – begnügt sich mit dem »*admirari*«; der echten ist die Verwunderung nur ein Stachel, um die kausale Vermittelung des zweckmäßigen Zusammenhanges zu erforschen. Die teleologische Betrachtung ist kein konstitutives Prinzip der Erkenntnis, sondern ein h e u r i s t i s c h e s P r i n z i p d e r F o r s c h u n g , und sie ist in der Erkenntnis des organischen Lebens das vornehmste von allen. Der Charakter und die Aufgabe der organischen Naturforschung ist niemals tiefer und niemals großartiger formuliert werden als in Kants Kritik der teleologischen Urteilskraft.

Die teleologischen Prinzipien bleiben also für die objektive Erkenntnis problematisch und erweisen sich nur als subjektive Notwendigkeiten der Betrachtung. Noch stärker aber kommt Kants Subjektivismus in seiner Ä s t h e t i k zum Austrage. Schon mit der Formulierung des ästhetischen Problems verlegt er diese Untersuchungen völlig auf den subjektiven Standpunkt. Er fragt nicht, was schön ist, sondern wie der subjektive Zustand entsteht, in welchem wir von einem Gegenstande so berührt werden, dass wir ihn schön nennen, und worauf die Notwendigkeit und allgemeine Mitteilbarkeit dieses Zustandes beruht. Das ästhetische Urteil mit seinem Anspruche auf Apriorität ist der Gegenstand der Kritik der ästhetischen Urteilskraft. Es gilt zunächst, diesen Gegenstand ganz scharf abzugrenzen, da er sowohl in der empirischen Betätigung als auch in der populären Bezeichnungsweise gegen die angrenzenden Gebiete nur sehr unbestimmt abgeschlossen ist. Sowohl von dem Angenehmen und Nützlichen als auch andererseits von dem Guten, den beiden Gegensätzen, zwischen denen die Ästhetik der Wolff'schen Schule das Schöne als einen allmählich vermittelnden Übergang auffasste, sucht Kant den Begriff der Schönheit scharf zu sondern. Wenn er auch der Urteilskraft eine ähnlich vermittelnde Stellung zwischen Sinnlichkeit und Vernunft anwies, so ist ihm doch diese Vermittlung nicht diejenige eines allmählichen Überganges, sondern vielmehr eine Synthesis prinzipiell verschiedener Funktionen. Angenehm nennen wir alles, was unseren Sinnen und ihren Bedürfnissen wohltut, nützlich, was einem auf diese Annehmlichkeit gerichteten Bestreben entspricht; gut nennen wir, was einer sittlichen Aufgabe genügt. So verschieden diese Tätigkeiten sein mögen, so haben sie doch den gemeinsamen Charakter, dass das Wohlgefallen, welches uns dem Angenehmen und dem Guten gegenüber ergreift, auf der Erfüllung eines Bedürfnisses, eines Interesses beruht. In dem einen Falle sind dies die sinnlichen Interessen des Individuums, in dem anderen Falle ist es das sittliche Vernunftinteresse der Gattung. Aber in beiden Fällen muss das Interesse dem Wohlgefallen als seine Bedingung vorhergehen. Diese Arten des Wohlgefallens beruhen daher, um in Kants Formel zu sprechen, auf der Übereinstimmung des Gegenstandes mit einem Begriff, den wir uns als gedanklichen Ausdruck des darin erfüllten Interesses bilden oder bilden können. Und gerade darin besteht nun das Wesen des Schönen, dass ein solches Interesse bei ihm nicht vorliegt. Weder sinnliche noch sittliche Bedürfnisse sollen durch das Schöne erfüllt werden. Alles, was uns als schön gefallen soll, muss von jeder Beziehung auf eine Absicht frei sein. Das spezifische Wohlgefallen, welches wir das ästhetische nennen, ist ein W o h l g e - f a l l e n o h n e I n t e r e s s e u n d o h n e B e g r i f f. Die Wohlgefälligkeit des Angenehmen hängt von sinnlichen Bedürfnissen, Stimmungen und Verhältnissen des Individuums ab. In diesen gibt es keine Allgemeingültigkeit und Notwendigkeit. Darum ist eine philosophische Hedonik unmöglich. Die Wohlgefälligkeit des Guten hängt von dem sittlichen Vernunftinteresse ab. Dieses ist *a priori*, und darum gibt es eine philosophische Ethik. Während aber niemand verlangt, dass was ihm angenehm und nützlich ist, es auch jedem anderen sei, erheben wir den Anspruch, unsere ästhetischen Urteile als notwendig und allgemein anerkannt zu sehen, wenn wir darauf auch nicht ebenso viel Gewicht zu legen pflegen, als bei den ethischen Urteilen. Die Prinzipien einer philosophischen Ästhetik werden somit nur dadurch gefunden werden können, dass die Wohlgefälligkeit des Schönen auf einen allgemeingültigen und notwendigen Grund zurückgeführt wird. Wenn dieser aber weder in einem sinnlichen noch in einem sittlichen, wenn er überhaupt in keinem Interesse gesucht werden kann, so muss er in einem G e f ü h l liegen, welches unabhängig von jedem Interesse einen notwendigen und allgemeingültigen Ursprung hat. Ästhetische Urteile also sind nur durch ein Gefühl *a priori* möglich, und es fragt sich, ob es ein solches gibt.

Jedes ästhetische Urteil setzt einen in der Anschauung gegebenen Gegenstand voraus, auf welchen das Prädikat schön angewendet werden soll. Diese Prädizierung ist nur möglich in einer vollkommen i n t e r e s s e l o s e n   B e t r a c h t u n g . Der ästhetische Zustand des Menschen kann in nichts weiterem als in dieser reinen Betrachtungstätigkeit, die von jedem Interesse frei ist, bestehen. Indem Kant diesen Begriff fixiert, ist er weit davon entfernt, eine Behauptung darüber aussprechen zu wollen, in wie weit derselbe in dem empirischen Dasein des Menschen völlig rein auftritt. Die naturnotwendige Erregung sinnlicher Bedürfnisse und die sittlich notwendige Erweckung des Vernunftinteresses werden jeden Augenblick in die ästhetische Funktion hinübergreifen. Und völlig rein ist diese eben nur da, wo die beiden anderen schweigen. Dieser Zustand der Bedürfnislosigkeit und der praktischen Indifferenz ist derjenige des Spiels. Die reine spielende Betrachtung ist aber von der empirischen Wirklichkeit ihres Gegenstandes völlig unabhängig. Die Interessen des sinnlichen Gefühls und diejenigen des sittlichen Wohlgefallens beziehen sich gleichmäßig auf die empirische Realität des Gegenstandes, welche von dem einen vorausgesetzt, von dem anderen verlangt wird. Die interesselose Betrachtung wendet sich nur an die V o r s t e l l u n g   d e s   G e g e n s t a n - d e s ohne Rücksicht darauf, ob derselbe in der Erfahrung wirklich ist oder nicht. Sie bezieht sich deshalb nicht auf den erfahrungsmäßig gegebenen Inhalt der Vorstellung, sondern nur auf die V o r s t e l - l u n g s f o r m , und so muss ihr Wesen in einem V e r h ä l t n i s   d e r Vorstellungsfunktionen und nicht in einer Beziehung auf die empirische Wirklichkeit zu suchen sein.

Nun setzt alles Wohlgefallen, folglich auch das ästhetische, eine Zweckmäßigkeit des Gegenstandes voraus, auf welchen es sich bezieht. In dem spielenden Zustande also, der jede Absicht ausschließt, muss doch irgendwie ein Verhältnis aufgefunden werden können, vermöge dessen die Zweckmäßigkeit eines Gegenstandes beurteilt werden kann. In der reinen Betrachtung muss es eine Zweckmäßigkeit der Gegenstände ohne Beziehung auf einen dem Bewusstsein gegenwärtigen Zweck geben. Zweckmäßigkeit ohne Zweck oder, genauer gesagt, ohne Absicht ist also das Wesen der Schönheit. Jede Absichtlichkeit stört den ästhetischen Eindruck. Der Gegenstand, der schön genannt sein soll, muss in vollendeter Zweckmäßigkeit sich vor einer Betrachtung darstellen, in der auch nicht eine Spur von Absicht zum Bewusstsein kommt. Damit ist das Wesen der Schönheit bestimmt, aber auch die ganze Schwierigkeit des Problems aufgedeckt. Denn worin kann eine solche a b s i c h t s l o s e   Z w e c k m ä ß i g k e i t gesucht werden? Im Gegenstande selbst nicht: denn jede objektive Zweckmäßigkeit ist immer nur auf ein Interesse zu beziehen. Deshalb kann die Zweckmäßigkeit jedes schönen Gegenstandes nur darin beruhen, dass seine Betrachtung uns in einen Zustand versetzt, welcher ohne ein anderes Interesse als das der Betrachtung selbst zweckmäßig erscheint. Nun hat die Kritik der reinen Vernunft gelehrt, dass in der Vorstellung eines jeden Gegenstandes die beiden Grundfunktionen der sinnlichen Anschauung und des verstandesmäßigen Denkens sich miteinander vereinigen. Aber diese Vereinigung ist nicht immer eine gleich gelungene. Es wird Gegenstände geben, bei denen mit der Fülle der sinnlichen Anschauung die Klarheit der verstandesmäßigen Durchdringung nicht Schritt halten kann, bei denen deshalb die Energie der sinnlichen Funktionen überwiegt und die Erregung der sinnlichen Gefühle im Vordergrunde des Bewusstseins steht. Es wird andere Gegenstände geben, in denen das verstandesmäßig Gedachte nicht seine volle sinnliche Anschaulichkeit finden kann, bei denen also das Element des Denkens überwiegt und die Interessen desselben, gerade weil sie anschaulich sich noch nicht realisiert haben, die Aufmerksamkeit auf sich ziehen. Der ästhetische Zustand reiner interesseloser Betrachtung wird nur da eintreten können, wo in der Auffassung des Gegenstandes Sinnlichkeit und Verstand mit harmonischer Gleichmäßigkeit funktionieren, wo die Deutlichkeit der Anschauung und die Klarheit der Begriffe einander die Waage halten. Dies Verhältnis der H a r m o - n i e   z w i s c h e n   S i n n l i c h k e i t   u n d   V e r s t a n d ist offenbar für die reine Betrachtung das denkbar zweckmäßigste, und diese Zweckmäßigkeit empfinden wir in demjenigen Gefühle, womit wir den Gegenstand schön nennen. Die Verknüpfung von anschaulicher und verstandesmäßiger Funktion ist aber, wie gleichfalls die Kritik der reinen Vernunft in der transzendentalen Analytik gezeigt hat, eine Sache der »Einbildungskraft«, und diese enthält daher den Boden, auf welchem allein sich jenes harmonische Verhältnis entwickeln kann. Schönheit ist diejenige Funktion der Einbildungskraft, in welcher die Anschauung und das Denken völlig miteinander harmonieren.

Die Zweckmäßigkeit des schönen Gegenstandes liegt also nicht in ihm selber, sondern in seiner Wirkung auf unsere Betrachtung. Schönheit ist kein Prädikat der Dinge, welches wir wie andere Eigenschaften desselben wahrzunehmen und deshalb in einem analytischen Urteile aus seinem Begriffe abzuleiten vermöchten. Wäre sie das, so gäbe es nur empirische Begriffe von Schönheit und keine notwendigen und allgemeingültigen ästhetischen Urteile. Diese sind – darin besteht der Parallelismus in dem Gedankengange aller drei großen Kritiken Kants – nur durch den »Idealismus der Zweckmäßigkeit« möglich, wenn dieselbe lediglich in unsere Betrachtungsweise der Gegenstände verlegt wird. Denn jene Harmonie in der Funktion von Sinnlichkeit und Verstand ist keine zufällige und individuell bedingte. Die Auffassung eines Gegenstandes und die verschiedene Energie, mit welcher Sinnlichkeit und Verstand dabei beteiligt sind, gehören der überindividuellen Organisation der menschlichen Vernunft an. Deshalb ist auch das Gefühl des Wohlgefallens, welches diese Harmonie für die reine Betrachtung mit sich bringt, ein allgemeingültiges und notwendiges: es ist ein Gefühl *a priori*, und darauf beruht die apriorische Geltung der ästhetischen Urteile.

Es ist verfehlt, diese Theorie Kants durch den Hinweis auf die empirische Verschiedenheit der ästhetischen Urteile zu bekämpfen. Das Auftreten des ästhetischen Urteils in dem einzelnen Individuum muss psychologisch dadurch bedingt sein, dass es nicht unter der Herrschaft besonderer Interessen steht, sondern für die interesselose Betrachtung, für den spielenden Zustand zugänglich ist. Diese Bedingung ist, wenn je, äußerst selten erfüllt, und so wird empirisch das reine ästhetische Urteil fortwährend durch individuelle Neigungen und Stimmungen gekreuzt werden. Daher der stetige Streit über ästhetische Gegenstände. Und dieser Streit ist dem Wesen der Sache nach nicht durch Beweisführungen zu schlichten. Beweisführung muss in Begriffen vonstattengehen. Jemandem beweisen, dass ein Gegenstand schön sei, hieße zeigen, dass er einem Begriffe entspräche. Aber das Schöne ist ja das begrifflos Zweckmäßige. Es lässt sich nur fühlen. Dieses Gefühl ist zwar a l l g e m e i n m i t t e i l b a r, indem jeder, bei welchem nicht die reine Betrachtung durch individuelle Verhältnisse unmöglich gemacht wird, durch die Anschauung des Gegenstandes in den ästhetischen Zustand jener Harmonie von Sinnlichkeit und Verstand emporgehoben wird. Aber beweisbar ist dies Gefühl nicht. Deshalb gibt es, wie Kant sagt, keine ästhetische Doktrin, sondern nur eine allgemeine Kritik der Ästhetik, d.h. eine transzendentale Untersuchung über die Möglichkeit ästhetischer Urteile *a priori* überhaupt.

Diese bahnbrechenden Untersuchungen Kants beschränken nun freilich sogleich den Umfang der Gegenstände, welche in diesem reinen Sinne schön zu nennen sind, auf sehr enge Grenzen. Die reine Schönheit, welche dem Kant'schen Begriff völlig entspricht, ist nur die b e d e u t u n g s l o s e. Alles, was für uns eine Bedeutung hat, besitzt dieselbe nur durch seine Beziehung auf ein Interesse. Die reine oder, wie Kant sie nennt, die f r e i e S c h ö n h e i t ist deshalb nur da zu suchen, wo es gar keine Zwecke zu erfüllen gibt. In der idyllischen Natur, in Blumen, in Arabesken, da, wo es nur ein Spiel der Formen gibt, welches die Sinnlichkeit in harmonische Beziehung zum Denken setzt, da allein ist die beziehungslose, die reine Schönheit zu finden. Anders schon stehen wir denjenigen Naturerscheinungen gegenüber, bei welchen bereits für die theoretische Betrachtung das teleologische Moment zur Geltung kommt. Kant macht hier sehr fein auf den Unterschied aufmerksam, dass nur bei den höheren animalischen Wesen uns eine Idee der Gattung vorschwebt, an der wir die einzelnen Exemplare prüfen und, je nachdem sie demselben mehr oder minder angemessen sind, mehr oder minder schön finden. Diese »a n h ä n - g e n d e S c h ö n h e i t « ist also von einem Gattungsbegriffe abhängig, obwohl derselbe nicht eigentlich als formulierter Begriff, sondern als ein Typus des Anschauungsbedürfnisses unbewusst unser ästhetisches Verhalten beherrscht. Der höchste dieser Gattungstypen ist nun derjenige des Menschen. Er ist derjenige, in welchem sich die Organisation der Erscheinungswelt für uns vollendet: d i e m e n s c h l i c h e

Gestalt ist das Ideal der ästhetischen Vernunft. Darin zeigt sich, dass das ästhetische Verhalten eine charakteristische Eigentümlichkeit des Menschen ist. Das harmonische Verhältnis von Sinnlichkeit und Verstand ist das Objekt des ästhetischen Wohlgefallens. Dies Verhältnis ist spezifisch menschlich. Nur ein Wesen, welches wie der Mensch zugleich der sinnlichen und der übersinnlichen Welt angehört, kann die Harmonie dieser beiden Richtungen seiner Tätigkeit als Schönheit empfinden. Weder unter ihm in der Sinnenwelt noch über ihm in der vernünftigen Welt gibt es Schönheit. Er selbst in der sinnlichen Erscheinung seines vernünftigen Wesens ist deshalb auch das Ideal der ästhetischen Betrachtung.

Zeigte sich nun schon in dieser Lehre von der anhängenden Schönheit, dass Kants Begriff einer interesse- und begrifflosen Betrachtung das ästhetische Leben des Menschen in dem empirischen Umfange des Begriffs nicht vollständig erschöpft, so tritt das noch mehr in seiner Lehre vom E r h a b e n e n hervor. Das Erhabene pflegt dem Schönen als eine andere Art des ästhetischen Verhaltens koordiniert zu werden. Kant aber hat den Begriff der ästhetischen Funktion so sehr auf das Schöne konzentriert, dass er in dem Erhabenen nicht mehr eine rein ästhetische, sondern nur noch eine zugleich moralische Funktion erblicken kann. Seine Begriffsbestimmung des Erhabenen lässt die ästhetische Tätigkeit unmittelbar mit dem moralischen Bewusstsein verwachsen erscheinen. Auch sie zeigt dieselbe subjektive Tendenz wie diejenige des Schönen. Wie er das Prädikat der Schönheit nicht in dem Gegenstande, sondern in der Wirkung auf uns begründet fand, so sind ihm auch die Gegenstände nur e r h e b e n d , und erst der Zustand, in den sie uns versetzen können, ist erhaben. Auch hier ist es das Verhältnis von Sinnlichkeit und Verstand, worauf das Wesen des erhabenen Zustandes beruht. Aber es ist nicht mehr die harmonische Ruhe der Betrachtung, sondern vielmehr eine durch den Kampf hindurchgegangene Erhebung des menschlichen Bewusstseins, worauf der »ästhetische« Eindruck beruht. Gegenstände sind selbst nicht erhaben, aber sie werden erhaben genannt, wo ihre Auffassung einen Zustand des Bewusstseins hervorruft, der dem moralischen Zwecke gegenüber als zweckmäßig erscheint. Es gibt Gegenstände, welche entweder als »mathematisch-erhabene« durch ihre umfassbare

Größe oder als »dynamisch-erhabene« durch ihre alles Maß übersteigende Kraft unserer Vorstellungstätigkeit die unerfüllbare Aufgabe setzen, die Unendlichkeit, welche wir in ihnen zu denken vermögen, mit unseren Sinnen anzuschauen. Aus dieser Unangemessenheit der Sinnlichkeit zu den Anforderungen des Denkens entspringt notwendig ein Gefühl der Unlust; aber diese Unlust wird durch das Bewusstsein überwunden, dass unsere übersinnliche Funktion des Denkens der sinnlichen Funktion des Anschauens sich überlegen erweist, dass wir als übersinnliche Wesen mehr verlangen, als wir als sinnliche zu leisten vermögen. Alles Erhabene wirft uns als Sinnenwesen zu Boden, um uns als Vernunftwesen desto höher aufzurichten, es hat stets etwas von dem »gigantischen Schicksal, welches den Menschen erhebt, wenn es den Menschen zermalmt«. Dies Verhältnis ist vom sittlichen Standpunkte aus das richtige, und der erhebende Gegenstand versetzt uns daher in einen Zustand, in welchem wir den T r i u m p h u n s e - r e s ü b e r s i n n l i c h e n ü b e r d a s s i n n l i c h e W e s e n als einen Gegenstand des Wohlgefallens vom sittlichen Standpunkte aus empfinden. Ein solches Wohlgefallen ist moralisch, wo es sich um den in der praktischen Tätigkeit des Willens bewährten Triumph unseres übersinnlichen Wesens oder desjenigen eines anderen Menschen über die sinnliche Natur handelt: Es ist ästhetisch, wenn es ganz unabhängig von dem wirklichen Geschehen in der bloßen Betrachtung des Gegensatzes sich vollzieht. Aber es ist auch in diesem Falle von unserem sittlichen Interesse an der Unterwerfung des sinnlichen unter den übersinnlichen Menschen abhängig. Es ist somit durch den sittlichen Zweck bedingt und empfängt durch diesen einen Teil seiner Notwendigkeit und Allgemeingültigkeit, wenn auch andererseits die Apriorität seines ästhetischen Moments darauf beruht, dass das in dem Eindruck des Erhebenden entspringende Gefühl von der Unangemessenheit unseres sinnlichen zu unserem übersinnlichen Wesen und von der Erhabenheit des Letzteren über das Erstere in derselben Weise und in demselben Sinne allgemeingültig und notwendig, unbeweisbar und doch allgemein mitteilbar ist, wie das harmonische Gefühl der Schönheit. Das Letztere also zeigt die beiden Seiten unseres Wesens in harmonischer Vereinigung und ist deshalb ein reines Lustgefühl: Das Erhabene wühlt den tiefen Gegensatz jener beiden

Seiten auf und lässt das Unlustgefühl dieses Kampfes untergehen in dem Siegesgefühl unseres wertvolleren Teils, der über den niederen triumphiert. Im Erhabenen bewundern wir unsere eigene übersinnliche Bestimmung – im Schönen genießen wir die harmonische Einheit unseres gesamten sinnlich-übersinnlichen Wesens.

So geht Kant in den einander parallelen Begriffsbestimmungen des Schönen und des Erhabenen auf das Verhältnis der verschiedenen Funktionen des menschlichen Wesens zurück. Auch hier liegt das psychologische Schema zu Grunde, welches bereits in der Kritik der reinen Vernunft bestimmend hervortrat; aber dasselbe führt vielleicht an keinem anderen Punkte der Kant'schen Lehre zu so überraschend großartigen Resultaten wie hier, wo das Senkblei der Kritik bis in die äußerste Tiefe des ästhetischen Lebens hinabreicht. Aus den gewonnenen Grundbestimmungen entwickeln sich sodann eine Reihe weiterer Definitionen ästhetischer Begriffe wie diejenigen des Witzes, des Lächerlichen etc. Feinsinniger noch und tiefer jedenfalls als die ein Vierteljahrhundert vorher geschriebenen »Beobachtungen«, haben nur alle diese Untersuchungen ein ihrem Gegenstande nicht völlig entsprechendes Gewand dadurch angelegt, dass die Kritik der Urteilskraft sich ebenso gliedern muss, wie es das Schema der Kritik der reinen Vernunft verlangt. So sind in ein schulmäßiges System alle jene lebendigen Gedanken eingekerkert, welche sich in der Weiterentwicklung der deutschen Ästhetik als ebenso viele fruchtbare Keime erwiesen haben. Es gehört dazu unter anderem auch Kants Versuch, aus einem der allgemeinen Prinzipien der Ästhetik schließlich das System der Künste zu entwickeln. Er selbst hat diesen von den späten Ästhetikern stets wiederholten Versuch eben nur als einen solchen angesehen. Aber das Prinzip desselben bleibt trotz seiner Angreifbarkeit höchst interessant. Er geht nämlich von dem Gedanken aus, dass die Kunst als diejenige menschliche Tätigkeit, welche schön wirkende Gegenstände erzeugen soll und welche deshalb von den Künsten der Annehmlichkeit und der Nützlichkeitstechnik als »schöne Kunst« genau zu sondern ist, zu ihrem Ideale eben nichts weiter haben könne als die sinnliche Erscheinung des Menschen in ihrer ganzen Ausdehnung und mit allem, was zu ihr gehört. Nun ist die Art, wie der Mensch sein Wesen in der sinnlichen Welt äußert, die dreifache des Wortes, der Gebärde und des Tones, und danach zeigt das System der »schönen Künste« die Trichotomie der redenden Kunst, der bildenden Kunst und der Musik. In der zweiten Klasse mussten dann neben der Plastik und der Malerei in etwas gezwungener Weise auch die Architektur, die Tektonik, die Gartenkunst untergebracht werden. Die Palme unter den Künsten reicht Kant der Poesie, weil sie die freiste und die vielseitigste Entfaltung der Phantasie ermögliche, in der die ästhetischen Verhältnisse der Schönheit und der Erhabenheit durch das Spiel der Vorstellungskräfte zu Stande kommen können.

Bedeutsamer jedoch als diese Einteilung der Künste ist Kants Lehre von der Kunst im Allgemeinen. Alle Kunst ist eine bewusste, also absichtliche Erzeugung, und ihre Aufgabe ist die Erzeugung schöner Gegenstände. Schön aber ist das absichtslos Zweckmäßige. Dieser Widerspruch ist nur dadurch zu lösen, dass die Werke der Kunst so erzeugt werden, dass sie auf den Genießenden den Eindruck machen, als seien sie Produkte der absichtslos schaffenden Natur. A l l e K u n s t m u s s a l s N a t u r a n g e s e h e n w e r d e n k ö n n e n , und darin besteht das Geheimnis des Künstlers, dass er in der vollendeten Zweckmäßigkeit seines Werkes jede Spur der Arbeit verbirgt, durch welche dasselbe erzeugt worden ist. Das Kunstwerk ist verfehlt, sobald man ihm die bewusste Erzeugung anmerkt, aus der es hervorgegangen ist. Keine Spur der Absicht, keinen »Zeugen menschlicher Bedürftigkeit«, wie es nach Kant der Dichter genannt hat, darf es an sich tragen. Es muss vor uns stehen wie eine Gabe der Natur, bei der wir nicht fragen, woher sie kommt und wohin sie zielt.

Diese Tätigkeit des Künstlers ist in der Tat ein Geheimnis, und es existiert, um sie hervorzubringen, ein eigenes, von allen übrigen verschiedenes Vermögen des menschlichen Geistes. So wie der G e s c h m a c k die Fähigkeit der interesselosen Betrachtung und der Boden für die Entfaltung des apriorischen ästhetischen Gefühls, wie er das Vermögen des ästhetischen Genusses ist, so ist das G e n i e das Vermögen der ästhetischen Erzeugung. Die Erzeugung des künstlerischen Produkts durch das Genie ist stets originell. Sie verfährt nicht nach begrifflich vorherbestimmten Regeln, sondern sie gibt vielmehr selbst in der Produktion und mit ihr die ästhetischen Regeln, nach denen die hinterherkommende Theorie ihre Kritik vollzieht. Das Genie ist exemplarisch. Es erzeugt seine Werke nicht aus bewusster Reflexion, sondern völlig naiv und in der natürlichen Entfaltung seines eigenen Wesens. Es arbeitet bewusst, und doch arbeitet in ihm etwas so notwendig und so absichtslos wie eine Naturgewalt. Soll die Kunst wie eine Natur angesehen werden können, so ist das nur dadurch möglich, dass das sie erzeugende G e n i e e i n e I n t e l l i g e n z i s t , d i e a l s N a t u r w i r k t . Dieser Charakter des Genies, diese seine naive und absichtslose, naturnotwendige Wirkung eines intelligenten Wesens ist eine Tatsache; aber sie ist unbegreiflich. Die Funktion des Genies bewundern wir, aber wir verstehen sie nicht. Die Tätigkeit des Genies ist deshalb, wie Kant meint, auf die Kunst beschränkt; er will sie vor allem aus der Wissenschaft verwiesen sehen. In ihr gelte nur der »große Kopf«. Aber dieser unterscheide sich von dem gewöhnlichen Menschen nur quantitativ und nicht wie das Genie prinzipiell. Während die Produktion des Künstlers mit jedem Schritte ein neues unlernbares Geheimnis enthalte, sei in den Werken eines Newton nichts, was nicht der gewöhnliche Verstand nachrechnend begreifen könnte. Die wissenschaftliche Größe ist erwerbbar, die künstlerische nie. Sie ist eine Gabe der Natur.

Für die Behauptung, dass das Genie in der Wissenschaft keinen Platz habe, gibt es keine glänzendere Widerlegung als Kant selbst und seine ästhetische Lehre. Er hat Recht, dass auch in den größten wissenschaftlichen Taten nichts ist, was, wenn sie einmal geschehen sind, nicht für jeden begreiflich gemacht werden könnte. Aber eben sie zu tun und das zu finden, was nachher jeder einsehen kann, das ist selbst nicht mehr eine Sache des Erlernens und Erwerbens, sondern vielmehr der genialen Intuition. In der beweisenden Darstellung der Wissenschaft – darin hat Kant zweifellos Recht – hat die geniale Behauptung auch nicht die Spur eines Bürgerrechts. Aber in der Erforschung muss der große Blick des Genies dasjenige unmittelbar erfassen, was erst nachher durch die strenge Arbeit des Verstandes bewiesen werden kann.

Oder war es etwa nicht eine geniale Intuition, mit der ein Newton die Identität der Naturwirkung in dem Falle des Apfels und in der Bewegung der Gestirne erfasste? Und ebenso war es nicht erworben und nicht erlernt, wenn Kant in der Kritik der ästhetischen Urteilskraft das Wesen der Schönheit und des Genies in seiner letzten Tiefe erfasste und in den Begriffen seiner Philosophie formulierte.

Aber unter allen philosophischen Taten Kants ist dies persönlich gewiss die bewunderungswürdigste. Die Größe seiner Leistung auf diesem Gebiete wirkt umso eindrucksvoller, je mehr man bedenkt, wie wenig er dem Gegenstande persönlich nahe stand. Im kimmerischen Norden, wo die Natur ihre Reize sparsam ausgestreut hat, den engen Mauern seiner heimatlichen Veste kaum jemals entronnen, von der Anschauung nennenswerter Werke der bildenden Kunst völlig abgeschlossen, mit dem pedantischen Geschmack des Aufklärungszeitalters in die Werke von Dichtern wie Pope und Haller eingelebt, und von dem gewaltigen Aufschwunge der deutschen Poesie, soweit wir wissen, wenig berührt, – so entwirft dieser Mann in seiner Einsamkeit aus der philosophischen Überlegung heraus eine Lehre vom Ursprung der ästhetischen Auffassung und von der Produktionsweise des künstlerischen Genies, welche in ihrer Einfachheit bis auf den heutigen Tag das Tiefste ist, was darüber geschrieben wurde, und dringt in das innerste Wesen dieser ihm völlig heterogenen Tätigkeit so mächtig ein, dass unsere beiden großen Dichter, sonst zurückgestoßen von der schulmäßigen Strenge seiner theoretischen Untersuchungen und von der rigoristischen Einseitigkeit seiner sittlichen Überzeugung, in diesem seinem Werke das Geheimnis ihrer eigenen Schöpfungen ausgesprochen finden und es ausdrücklich bekennen: so ist es, und nicht anders.

Die Kritik der Urteilskraft ist der Schlussstein des Kant'schen Gedankenbaues: aber sie ist zugleich der mächtigste Eckstein für den Weiterbau der Nachfolger geworden. Denn die glücklichste aller Fügungen wollte es, dass, was Kant in ihr begrifflich erkannte, in der unmittelbaren Gegenwart lebendig wirkte. Für den gesamten Zusammenhang des deutschen Geisteslebens am Ende des 18. Jahrhunderts ist kein Werk bedeutsamer geworden als dies. Es enthält in sich den größten und einflussreichsten Moment unserer Kulturgeschichte: Der große Philosoph denkt den großen Künstler – Kant konstruiert den Begriff der Goethe'schen Dichtung.

III. Teil

Die nachkantische Philosophie

Kants Lehre macht in der Geschichte des modernen Denkens die größte Epoche aus, welche dasselbe erfahren hat. Aber mannigfache Umstände vereinigten sich, um ihre Wirkungen zunächst auf die deutsche Geistesbewegung zu beschränken. Die anderen Nationen, überdies nicht gewohnt, aus Deutschland Anregungen für das philosophische Denken zu empfangen und sich mit der deutschen Literatur zu beschäftigen, waren zugleich aus verschiedenen Gründen nicht dazu angetan, den Kant'schen Gedanken Folge und Ausbildung zu geben. In England war die philosophische Energie mit der großen Bewegung von Locke zu Hume erschöpft. Die schottische Schule mit ihren bequemen psychologistischen Untersuchungen des *Common sense* beherrschte so gut wie ausschließlich alles, was sich von philosophischen Tendenzen noch regte. In Frankreich dagegen trat für alle bedeutenderen Geister mit dem Beginne der Revolution und aller ihrer großartigen Folgeerscheinungen das theoretische Interesse hinter das politische und soziale noch mehr zurück als früher, und die Franzosen hatten damals am wenigsten Zeit, sich mit den tiefsinnigen Untersuchungen eines Kant zu beschäftigen. Auch ihre philosophische Bewegung war bei den letzten Resultaten angelangt, die in ihrer anfänglichen Tendenz angelegt gewesen waren, und nachdem das letzte Wort des *Système de la nature* einerseits und Rousseaus andrerseits ausgesprochen worden war, gab es auch in der französischen Aufklärung keine Veranlassung mehr zu weiterer selbständiger Bewegung. Für Italien dauerte die Unselbständigkeit, die lethargische Ohnmacht des philosophischen Interesses, welche es seit der Gegenreformation des 16. Jahrhunderts gezeigt hatte, noch fort, und die Verwicklung in die große politische Bewegung, bei der die ersten Regungen seines nationalen Selbstgefühls wieder zutage traten, war eben auch nicht geeignet, eine besondere philosophische Bewegung hervorzurufen.

Umso günstiger lagen die Verhältnisse in Deutschland. Erst seit einem halben Jahrhundert waren hier die gebildeten Klassen in die geistige Bewegung der Aufklärung eingetreten und hatten jetzt erst recht das brennende Interesse gewonnen, in einer geistigen Gemeinschaft die nationale Zusammengehörigkeit zu finden, die ihnen politisch abging. War ihnen die Sehnsucht danach durch die gewaltige Erscheinung Friedrichs des Großen neu erweckt worden, so zeigte sich der zerrissene und kleinliche Zustand der politischen Verhältnisse so wenig kräftig, das Interesse der bedeutenderen Geister auf sich zu ziehen, dass dieselben vielmehr nur in ihrem geistigen Leben die nationale Gemeinschaft finden zu sollen glaubten. Diese Abwendung des gebildeten Interesses von dem öffentlichen Leben ist vielleicht neben den alten Sünden einer Jahrhunderte langen politischen Zerfahrenheit eine Veranlassung dafür geworden, dass der ganze politische Bau der deutschen Nation wie ein Kartenhaus über den Haufen geworfen wurde. Aber die Konzentrierung dieses Interesses auf eine gemeinsame wissenschaftliche und künstlerische Arbeit hat mitten in dem Untergange der alten politischen Institutionen eine nationale Bildung aufgerichtet, aus der dann als aus ihrer kräftigsten Wurzel und zugleich mit der sittlich größten Berechtigung im 19. Jahrhundert die Neubegründung der deutschen Nationalität hervorgegangen ist.

An dieser nationalen Bildung, welche das wahre Fundament der heutigen Zustände bildet, haben zwei Mächte des geistigen Lebens gleichen Anteil: die Dichtung und die Philosophie. Wenn aber die deutsche Aufklärung, sich selbst überlassen und nachdem sie die ausländischen Anregungen vollständig in sich aufgesogen hatte, schließlich doch derselben trostlosen Versandung des philosophischen Denkens verfiel wie das Ausland, so ist die Stellung Kants in der Geschichte der deutschen Nation dadurch in ihrer ganzen eminenten Bedeutung bezeichnet, dass es seine Lehre war, welche dem philosophischen Interesse einen neuen Inhalt und eine unendlich fruchtbare Energie verschaffte, vermöge deren sie Jahrzehnte lang zu einem Gesamtinteresse der nationalen Bildung und ihre Fortentwicklung zu einem Sammelplatz der hervorragendsten Geister werden konnte.

So kam es durch die Gunst der Verhältnisse und durch die Macht des Gedankens, dass sich an Kant unmittelbar in Deutschland eine der lebhaftesten und rapidesten philosophischen Bewegungen anschloss, welche die Geschichte je gesehen hat. Die große Mannigfaltigkeit der in seiner Lehre verarbeiteten Prinzipien gab den Raum für einen nicht minder großen Reichtum von Systemen der Philosophie, die sich in rascher Reihenfolge aus dem seinigen entwickelten. Die Darstellung der nachkantischen Philosophie hat daher in erster Linie diese systematische Entwicklung zu ihrem Gegenstande zu machen, in welcher die Kant'sche Philosophie alle ihre Anlagen zu selbständiger Gestaltung herausbildete. Diese Zeit reicht bis in die Dreißigerjahre dieses Jahrhunderts. Nach ihr tritt in Deutschland jene Erschlaffung ein, welche den Zeiten bedeutender Produktion zu folgen pflegt. Während derselben muss sich der Blick der Geschichte auf die Bewegungen des ausländischen Denkens zurücklenken, um zu sehen, wie inzwischen die andern Nationen allmählich wieder teils mit originelleren Schöpfungen, teils besonders durch die Anregungen von Seiten Kants und der übrigen deutschen Denker in die philosophische Bewegung eintreten und bis in die neueste Zeit hinein mit steigendem Interesse und steigendem Erfolge sich an derselben beteiligen. Endlich verlangt die frischere Bewegung, welche etwa seit der Mitte des Jahrhunderts auch in Deutschland wieder eingetreten ist und welche teilweise auch auf Rückströmungen aus England und Frankreich hinweist, die Darstellung der neuesten deutschen Philosophie, mit der die Geschichte von selbst in die kritische Betrachtung der Gegenwart ausläuft. In dieser Weise wird die Geschichte der nachkantischen Philosophie in vier Kapiteln darzustellen sein. Das erste behandelt die systematische Entwicklung der deutschen Philosophie nach Kant, das zweite die französische, das dritte die englische Philosophie des 19. Jahrhunderts. Als Anhang dazu soll eine Übersicht über die philosophische Bewegung bei den übrigen europäischen Nationen gegeben werden, unter denen ganz besonders die Italiener die Aufmerksamkeit auf sich ziehen. Das vierte Kapitel wird der Darstellung der neuesten Philosophie in Deutschland gewidmet sein[10].

---

10 Von diesen vier Kapiteln enthält der hier erscheinende Band nur noch das erste. Vgl. das Vorwort.

I. Kapitel

Die systematische Entwicklung der deutschen Philosophie nach Kant

Die Entwicklung der deutschen Philosophie nach Kant ist an dem Sternenhimmel der Geschichte der Philosophie die dichtest besetzte und leuchtendste Stelle. Zu keiner anderen Zeit drängen sich Sterne erster Größe so nahe wie hier zusammen, und nirgends sind sie von einer solchen Fülle mitleuchtender kleinerer Genossen umgeben. Wohl mag es manche Zeiten in der Geschichte geben, welche ein ähnlich intensives Interesse einer ganzen Nation an philosophischen Fortschritten erkennen lassen. Die griechische Bildung in der Zeit um Sokrates und das französische Geistesleben um die Mitte des 18. Jahrhunderts zeigen eine ähnliche Breite des nationalen Interesses an der Philosophie wie die deutsche Bewegung nach Kant. Aber so dicht beieinander, so in unmittelbarer Folge von kaum mehr als drei Jahrzehnten hat selbst die attische Philosophie nicht ihre großen Systeme erzeugt wie die deutsche. Sie zeigt eben darin, dass sie mit der lange zurückgestauten Hochflut der deutschen Geistesbewegung wächst und einen ihrer wesentlichsten Teile ausmacht. Die Kant'sche Philosophie mit ihrem unerschöpflichen Ideenreichtum und mit ihrer nach allen Richtungen fruchtbar auszubildenden Methode wurde sehr bald von der gesamten nationalen Bildung als ein gewaltiges Mittel ergriffen, um den Kulturstoff zu durcharbeiten und abzuklären, der gleichzeitig dem deutschen Geiste neuen Inhalt und neue Aufgaben gegeben hatte. Die kritische Philosophie fiel in die Zeit der zweiten, der vollen und ganzen Renaissance, welche Deutschland erlebt hat und welche den in der Mitte abgebrochenen Prozess der ersten zu Ende zu führen bestimmt war. Es war die Zeit, in der die deutsche Kunst und die deutsche Dichtung neu in die Schule der alten gingen und in der auch die Wissenschaft mit reinerem und vollerem Verständnis zu den ewigen Quellen menschlicher

Kultur zurückstieg, die in Hellas fließen. Es war die Zeit, wo der deutsche Geist der Einwirkungen der beiden westlichen Nationen, die ihn zuerst wieder aus dumpfem Schlaf geweckt, Herr zu werden und sich in seiner eigenen Selbständigkeit zu fühlen begann. Es war mit einem Worte die Zeit, wo der deutsche Geist sich anschickte, in der ganzen Allseitigkeit seines Wesens das Fazit zu ziehen aus zwei großen Kulturperioden und damit die Bewegung abzuschließen, die in der Renaissance begonnen hatte. Wenn Kants Philosophie als das reife Resultat aller der philosophischen Bewegungen angesehen werden muss, deren Beginn wir in den zerstreuten Anfängen des modernen Denkens zu sehen haben, so begreift sich, weshalb gerade seine Philosophie geeignet war, den philosophischen Keim zu bilden, der in seinem Wachstum die ganze reiche Ideenwelt dieser zweiten Renaissance zu assimilieren vermochte und so zu einem Baume heranwuchs, in dessen Schatten ein Jahrhundert wohnen sollte.

Es kann hier nicht ausgeführt werden, wie sich genau derselbe Prozess um dieselbe Zeit in der poetischen Literatur der Deutschen vollzog, wie auch hier die modernen Ideen und Formen in eine kongeniale Erneuerung des klassischen Geistes einschmolzen, und wie es auch hier eine große dominierende Persönlichkeit war, in der alle Fäden dieser Bewegung zusammenliefen. Die Parallelstellung Kants und Goethes hat in dieser Richtung jener ganzen unvergleichlichen Zeit ihren Charakter aufgeprägt. Sie sind die beiden königlichen Geister, um welche sich alle übrigen, die einen dem einen, die anderen dem anderen näher, gruppieren. Sie sind die beiden Pole, um welche die ganze Bewegung der Geister sich dreht. Ihre Verwandtschaft und noch mehr ihr Gegensatz ist das treibende Moment der folgenden Entwicklung.

Deshalb zeichnet sich diese höchste Blütezeit des deutschen Kulturlebens vor allen anderen Epochen der Geschichte durch eine so innige Gemeinsamkeit der philosophischen und der poetischen Bewegung aus, wie sie niemals vorher dagewesen ist. Zu keiner Zeit waren die Dichter philosophischer; zu keiner Zeit standen die Philosophen so unmittelbar unter dem Einfluss der Poesie. Zu keiner Zeit war die Bildung einer Nation so gleichmäßig poetischen und philosophischen Charakters wie zu dieser. Die äußere Veranlassung dazu lag eben darin, dass beide und beide allein den geistigen Boden der

Nationalität bildeten. Die innere lag darin, dass die Philosophie aus ihrem innersten Bedürfnis heraus Fühlung mit dem künstlerischen Leben suchte und suchen musste. Die letzte Synthese der kritischen Philosophie bildete der Begriff des künstlerischen Genies. Darin lag eine notwendige Gedankenverbindung zwischen Philosophie und Dichtung, welche beide Teile zueinander hinziehen und schließlich zu dem Versuche voller Verschmelzung führen musste.

Eine besondere äußere Veranlassung trat hinzu, um das, was die geistige Verwandtschaft notwendig machte, in kürzester Zeit zur wirklichen Erscheinung werden zu lassen. Durch eine Anzahl von persönlichen Beziehungen wurde seit der Mitte des neunten Jahrzehnts des vorigen Jahrhunderts die Universität Jena »die zweite Heimat« der kritischen Philosophie. Damit trat der Gedanke Kants aus der Einsamkeit seines Urhebers mitten in eine lebhafte Bewegung ein, welche wesentlich poetischen Charakters war. Es ist das nie genug zu rühmende Verdienst Karl Augusts von Sachsen-Weimar, dass er die Träger der poetischen und ebenso diejenigen der philosophischen Entwicklung so miteinander vereinigt hat, dass sie in stetiger persönlicher Berührung jene große Verschmelzung der Ideen herbeiführen konnten. Weimar und Jena wurden in wenigen Jahren und für mehr als ein Jahrzehnt die Hauptstadt des geistigen Deutschlands. Sie bildeten in der politisch zerrissenen Nation einen Mittelpunkt, nach welchem alles hinstrebte, was in die Bildung der Zeit eintreten und sie fördern wollte. Hier fand eine Berührung und eine rapide Gesamtentwicklung der Geister statt, ähnlich wie diejenige in Paris in der Mitte des vorigen Jahrhunderts, nur mit dem Unterschiede, dass der Inhalt dieser Entwicklung und deshalb auch ihr Resultat ungleich bedeutender war als dort.

Die Jenenser Universität ist deshalb der Mittelpunkt, an welchem die philosophische Seite dieser Bewegung, soweit sie von der poetischen trennbar ist, verfolgt werden muss. Hier folgen sich Schlag auf Schlag die großen Systeme der deutschen Philosophie. Sie entstehen im Universitätsleben; aus dem Haupt ihrer Schöpfer setzen sie sich sogleich in die Überzeugungen lernbegieriger Männer und Jünglinge um und werden hinausgetragen in alle Schichten des Volkes, um in kürzester Zeit das geistige Leben der Nation zu durchdringen und ihm einen neuen Inhalt zu geben. Zu derselben Zeit, wo der europäische Staatenbau aus den Fugen geht und das Deutsche Reich zusammenbricht, reichen sich Dichtung und Philosophie die Hände, um die eherne Schlange einer nationalen Bildung zu errichten, in der die Zukunft ihr Heil finden sollte.

Aber auch den Trägern des philosophischen Gedankens erwies sich ihre Wirksamkeit an der Universität als ein mächtiger Anreiz für die Weiterentwicklung. Sie sind die leuchtenden Typen für jenes »*docendo discitur*«, welches die Signatur des akademischen Lebens in Deutschland bildet. Genötigt, den philosophischen Gedanken vor einer in die höchste Bildung eingelebten oder zu ihr aufstrebenden Zuhörerschaft immer neu zu produzieren, müssen sie auf die geheimsten Beziehungen und Wendungen desselben aufmerksam werden, und befinden sich infolgedessen in einer stetigen Umbildung zunächst der Form und dann auch des Inhaltes der Philosophie. In dieser rastlosen Arbeit kommen dann alle die zahlreichen Motive des Kant'schen Systems sukzessive zu präponderierender Geltung und verbinden sich je nach ihrem Inhalte mehr oder minder fest mit den übrigen Elementen der nationalen Bildung. So ist es gerade die Vielseitigkeit, so ist es gerade der innere Antagonismus der Teile der Kant'schen Lehre, welcher in der Verbindung mit der unendlichen Reichhaltigkeit des übrigen Bildungsmaterials die Vielgestaltigkeit der folgenden Philosophie und die verhältnismäßig große Anzahl bedeutender Systeme, in welchen sich dieselbe ausprägte, ermöglicht hat.

Den Grundstock dieser Entwicklung bilden somit die Systeme, welche in Jena selbst erzeugt worden sind; an sie schließt sich alles an, was auch außerhalb und teilweise im Gegensatz zu ihnen mit wirklich fruchtbarer Originalität zutage getreten ist. Aber auch hier, wie in dem Paris des 18. Jahrhunderts, hat man es mit einer Gesamtentwicklung zu tun. Auch hier ist der Gang, welchen der einzelne Denker nimmt, durch die gemeinsame Arbeit bestimmt. Auch hier ist es oft schwer, den Anteil, welchen der Einzelne daran hat, genau gegen denjenigen des anderen abzugrenzen. Auch hier sind bei aller persönlichen Initiative die einzelnen Werke nur die Etappen des gemeinsamen Fortschritts. Die Führer desselben unterliegen zum Teil selbst den Wandlungen, welche durch das Zusammenströmen der verschiedenen

Tendenzen in der gesamten Atmosphäre dieser Bildung entstehen, und sie begegnen uns deshalb in verschiedener Gestalt an verschiedenen Punkten dieser gemeinsamen Entwicklung.

§62. Die ersten Wirkungen der kritischen Philosophie

Der erste Erfolg der Kritik der reinen Vernunft entsprach einerseits der Schwierigkeit ihrer Untersuchungen und der vollkommenen Neuheit ihres erkenntnistheoretischen Standpunktes, andererseits dem Umstande, dass das System Kants darin nur zur Hälfte niedergelegt war und seiner Ergänzung noch bedurfte. Sie wurde in den ersten Jahren wenig beachtet und, wo man sie las, missverstanden. Wenn später einmal von Seiten der preußischen Zensur das Imprimatur für eine der religionsphilosophischen Abhandlungen Kants mit der Begründung erteilt wurde, »dass doch nur tiefdenkende Gelehrte die Schriften des Herrn Kant läsen«, so waren solche tiefdenkende Gelehrte die Häupter der zeitgenössischen Popularphilosophie nicht. Sie, die mit ihren dogmatischen Begriffen oder mit ihrem gesunden Menschenverstande am Ende des Wissens angekommen waren, hatten kein Organ mehr, um auch nur die Probleme zu verstehen, mit denen der große Denker sich abmühte. Sie fanden in der Kritik nur dasjenige wieder, was sie selbst oder ihre Gegner gesagt hatten, und sie waren auf das Äußerste darüber entrüstet, dass nun doch dieses Werk ihre sauberen Beweise für das Dasein Gottes und für die Unsterblichkeit der Seele als eitel Schein und Sophisterei zerstörte. Die Einen hielten Kant für einen Leibnizianer, weil er die Möglichkeit apriorischer Erkenntnis behauptete, die Anderen stellten ihn zu Locke, weil er das menschliche Wissen auf die Erfahrung beschränkte, die meisten sahen in ihm eine der vielen Verschmelzungen von Leibniz und Locke, welche die deutsche Philosophie versucht hatte. Den Kern der Suche verstand niemand. Und doch bemächtigte sich Vieler ein gewisses unbehagliches Gefühl davon, dass man es mit einem großen Ereignis zu tun habe, das man nur noch nicht recht zu fassen vermochte, und dass man sich gegen diese neue Lehre auf Tod und Leben zu verteidigen haben würde. Ein Nicolai freilich meinte noch spät, als der Sieg bereits entschieden war, die »vonvorige« Philosophie durch seine albernen Satiren wie die »Geschichte eines dicken Mannes« (1794) und »Leben und Meinungen Sempronius Gundiberts« (1798) abgetan zu haben. Aber ein Mendelssohn gab schon seine »Morgenstunden« (1785) mit den alten Beweisen vom Dasein Gottes in einer Art von wehmütigem Gefühl seiner Überlebtheit dem »alles zermalmenden« Kant gegenüber heraus.

Immerhin gingen die ersten breiteren Wirkungen der Kant'schen Philosophie nicht von der Kritik der reinen Vernunft, sondern von anderweitigen Darstellungen aus. Das Hauptwerk selbst fand nur sehr wenige und äußerst unbedeutende Besprechungen, die hauptsächlichste noch in den »Göttinger gelehrten Anzeigen«. Von G a r v e ursprünglich verfasst (sie ist später in dieser Gestalt mit mancherlei Zusätzen in Nicolais »allgemeiner deutscher Bibliothek« reproduziert worden) und von F e d e r redaktionsmäßig zusammengeschnitten und überarbeitet, zeigt sie durch die Behauptung, Kant stehe etwa in der Nähe von Berkeley, eine so völlige Unfähigkeit, die neuen Untersuchungen zu verstehen, dass Kant ihr in den »Prolegomenen« eine scharfe Zurechtweisung erteilte. Aber auch die Absicht dieser Schrift, die kritische Lehre dem allgemeinen Verständnis näher zu bringen, hatte wenig Erfolg, und erst Kants Freund und Kollege, der Hofprediger und Professor der Mathematik J o h a n n   S c h u l z e (1739–1805) erwarb sich durch seine »Erläuterungen über des Herrn Prof. Kant Kritik der reinen Vernunft« (1784) das Verdienst, der neuen Philosophie Freunde zu werben. Er zielte darin, wie auch später in der »Prüfung der Kant'schen Kritik der reinen Vernunft« (2 Bde. 1789 und 1792) hauptsächlich auf den Nachweis der religiösen Ungefährlichkeit des kritischen Systems. Seine Darstellung, viel elementarer als die Kant'sche, führte dem Kritizismus viele Jünger zu. Von noch größerer Wichtigkeit aber wurde es, dass die beiden Herausgeber der J e n e n s e r   » A l l g e m e i n e n   L i t e r a t u r z e i t u n g « (seit 1785), S c h ü t z und H u f e l a n d , sich auf den Kant'schen Standpunkt stellten und dieses Journal geradezu zum Organ der kritischen Philosophie machten. Damit begann die Einströmung der Kant'schen Lehren in die besonderen Wissenschaften. Namentlich gewann durch Hufeland selbst die Jurisprudenz Fühlung mit den Kant'schen Prinzipien, und R e h b e r g , der bekannte Staatsmann und Publizist, gab später seine geistreiche Beurteilung der Literatur über die Französische Revolution ganz von den Gesichtspunkten der kritischen Rechts- und Geschichtsphilosophie aus. An der allgemeineren philosophischen Verteidigung Kants beteiligte sich neben den beiden Redakteuren in diesem Journal besonders K r a u s (1753–1807), Kants Spezialkollege in Königsberg, obwohl er in seinen eignen Ansichten skeptischer war. Die entscheidende Tat aber für den Durchbruch der kritischen Philosophie geschah durch K . L . R e i n h o l d . Seine »Briefe über die Kant'sche Philosophie« (1786 und 1787 in Wielands »Deutschem Merkur« erschienen und darauf besonders gedruckt) haben das Interesse der gebildeten Welt in Deutschland wie mit einem Schlage für Kant erobert. Es gelang ihnen deshalb, weil sie mit glühender Begeisterung und in beredter, schöner Sprache diese Lehre so schilderten, wie sie auf den Verfasser selbst gewirkt hatte: als eine neue sittlich-religiöse Überzeugung, welche mit der höchsten Klarheit des Denkens die wertvollsten Gegenstände des Glaubens umfasste. Nicht mehr die religiöse Ungefährlichkeit des Kritizismus wollte er dartun, sondern dieser galt ihm selbst als eine neue Religion. Als dann Reinhold 1787 auf die Jenenser Professur berufen wurde, als neben ihm mit Wort und Schrift der unermüdliche E h r h a r d   S c h m i d (1761–1812) für die Ausbreitung des Kantianismus wirkte, da war der Bann gebrochen, und mit rapider Geschwindigkeit wurde die kritische Philosophie zu einem Gegenstande des lebhaftesten Interesses in ganz Deutschland.

Inzwischen waren nun auch Kants moralphilosophische Werke erschienen, und 1790 kam die Kritik der Urteilskraft. Immer allseitiger offenbarte sich die Revolution, welche der große Mann in das philosophische Denken brachte, immer breiter wurde die Berührung, welche seine Lehre mit den allgemeinen wie mit den besonderen Interessen der wissenschaftlichen und der literarischen Bildung gewann, immer stattlicher wuchs die Zahl der Anhänger; aber desto lebhafter und eifriger regte sich auch der Widerspruch der Gegner. Schon im Jahre 1794 war die Bewegung so groß geworden, dass die Berliner Akademie, in welcher die Wolff'sche Schule und die Popularphilosophie in holder Eintracht herrschten, sie nicht mehr ignorieren konnte und im Hinblick auf sie die Preisfrage stellte, »welche Fortschritte die Metaphysik seit Leibnizens und Wolffs Zeiten in Deutschland gemacht habe«, worauf sie dann einige Jahre nachher die Antwort eines Wolffianers strenger Observanz, S c h w a b in Stuttgart, krönte, weil dieselbe dahin lautete: die Metaphysik habe keine Fortschritte seit Wolff gemacht, und sie bedürfe derselben auch nicht. Aber schon vorher hagelten die Gegenschriften dicht. Von der Ausdehnung der Bewegung gibt namentlich die Fülle von Broschüren und akademischen Dissertationen Zeugnis, welche sich mit den Kant'schen Problemen, wenn auch noch so ablehnend, beschäftigten. Am absprechendsten urteilten die P o p u l a r p h i l o s o p h e n. Die »allgemeine deutsche Bibliothek« eröffnete mit den Waffen des Ernstes und des Scherzes einen langjährigen Krieg gegen den Kritizismus, M e i n e r s erklärte in seinem »Grundriss der Geschichte der Weltweisheit« (Lemgo 1786) Kant für einen modernen Sophisten, F e d e r schrieb eine triviale Schrift »über Raum und Kausalität, zur Prüfung der Kant'-schen Philosophie« (Göttingen 1787), deren spärliche Gedanken von seinem Anhänger W e i s h a u p t in Büchern und Rezensionen ausgetreten wurden; die beiden Ersteren gaben schließlich sogar eine » P h i l o s o p h i s c h e B i b l i o t h e k« zur Bekämpfung Kants heraus. Stellte sich die Popularphilosophie bei ihren Angriffen meist auf den Standpunkt des Empirismus, worin sie von Empiristen niederen Ranges wie S e l l e, O u v r i e r u. a. sich assistiert sah, so machte andererseits der s c h u l m ä ß i g e R a t i o n a l i s m u s Kant den Vorwurf, Leibniz und Wolff verlassen und dafür teils zu Locke, teils zu Hume gegriffen zu haben. Das große Wort führte hier E b e r - h a r d in Halle, der gegen den Kritizismus zwei Zeitschriften hintereinander, das » P h i l o s o p h i s c h e M a g a z i n« (1789–1792) und das » P h i l o s o p h i s c h e A r c h i v« (1792–95) gründete. Im Ersteren führte er selbst den Angriff, den Kant in seiner Replik »über eine Entdeckung, nach der alle neue Kritik der reinen Vernunft durch eine ältere entbehrlich gemacht werden soll« (Königsberg 1790) vorzüglich parierte. An der Letzteren wirkte hauptsächlich auch Schwab mit, der außerdem eine Anzahl eigner Schriften gegen die Kant'schen Lehren verfasste. In dieselbe Posaune stieß mit dem Brustton Wolff'-scher Orthodoxie F l a t t in Tübingen, der zwar auch die übrigen Teile der kritischen Philosophie, vorzüglich aber Kants Moraltheologie (1788) angriff. Besonders eifrig tat sich auch als Gegner der neuen Philosophie in dieser Richtung J. G. E. M a a s s in Halle (1766–1823) hervor, der unter anderem seine scharfsinnigen »Briefe über die Antinomie der Vernunft« (1788) brachte und später sich ganz der empirischen Psychologie mit zahlreichen beachtenswerten Schriften gewidmet hat.

Während aber bei all diesen Männern der Angriff wesentlich darin bestand, dass sie zeigten, wie wenig sich Kant an das ihnen Feststehende gehalten hatte, und dass sie die Lehren der früheren Richtungen gegen ihn ins Feld führten, erfuhr der Kritizismus verständnisvollere und tiefere Einwürfe von Seiten der G e f ü h l s - u n d G l a u b e n s p h i l o s o p h i e. H a m a n n zwar veröffentlichte aus persönlichen Gründen weder seine »Rezension« (1781 geschrieben) noch die »Metakritik über den Purismum der Vernunft« (1784): aber er hatte darin vor allem den Gedanken ausgesprochen, dass die Kritik der reinen Vernunft an der Trennung von Sinnlichkeit und Verstand leide; dass diese beiden Stämme der menschlichen Erkenntnis verdorren müssten, wenn man sie von ihrer »gemeinsamen Wurzel« ablöse. Er hatte hier wie sonst darauf hingewiesen, dass in der Sprache diese konkrete Einheit zutage trete und dass es falsch sei, sie in der Abstraktion auseinander zu reißen. Jener Gedanke, dass die »Vermögen«, die Kant analysierte, auf ihre Grundeinheit zurückgeführt werden müssten, hat in der Tat nachher die auf Kant folgende Entwicklung nach mehr als einer Richtung beherrscht, aber freilich in ganz anderer Weise, als es Hamann dachte. – Schwieg Hamann, so sprach H e r d e r umso lauter und umso gereizter. Ihn hatte die Rezension, welche Kant im ersten Hefte der »Allgemeinen Literaturzeitung« von seinen »Ideen« gab, erbittert. Er fühlte, abgesehen von allen persönlichen Beziehungen, dass sein Prinzip der Geschichtsphilosophie dem Kant'schen gegenüber berechtigt sei. Aber, wie es zu gehen pflegt, sahen die beiden Standpunkte, die sich zu ergänzen berufen waren, zunächst nur ihren Gegensatz. Herder hatte für die Auffassung der Geschichte den Gesichtspunkt der natürlichen Entwicklung geltend gemacht: Kant betonte, dass die Beurteilung der Fortschritte der historischen Entwicklung nur unter Voraussetzung eines Ziels und Plans derselben möglich sei. Aber der tiefere Gegensatz lag allerdings vor, dass der Leibnizianer Herder die Kluft zwischen Natur und sittlicher Willenstätigkeit, welche Kant statuierte und auch auf die Geschichtsphilosophie anwendete, nicht akzeptieren konnte. So richtete sich denn auch Herders unwürdig gereizte und nörgelnde Schrift »Verstand und Erfahrung, eine Metakritik zur Kritik der reinen Vernunft« (1799) auf die Ausführung des Hamann'schen Gedankens, dass alle die schroffen Gegensätze der Kant'schen Lehre, Sinnlichkeit und Verstand, Erfahrung und reine Begriffe, Form und Inhalt des Denkens, Natur und Freiheit, Neigung und Pflicht, – lauter Gegensätze, die ja alle auf demselben Grunde beruhen, – falsch seien, dass die »Physiologie der menschlichen Erkenntnis« ihren allmählichen Übergang ineinander erkennen und ihre Einheit zum Prinzip machen müsse – eine Aufgabe, die freilich, als die »Metakritik« erschien, schon von ganz anderen Männern und in ganz anderer Weise gelöst war. – Bestimmter und einschneidender endlich waren die Einwürfe, welche J a c o b i gegen die Kant'sche Erkenntnistheorie in seiner Schrift »David Hume über den Glauben oder Idealismus und Realismus« (1787) machte und später in der Abhandlung »über das Unternehmen des Kritizismus, die Vernunft zu Verstande zu bringen« (1801) und in der »Einleitung in seine sämtlichen philosophischen Schriften« (1815) über den gesamten nachkantischen Idealismus ausdehnte. Er sah diese Entwicklung teilweise prophetisch voraus. Die Tiefe seines Einblicks in den Antagonismus der Kant'schen Gedankengänge beweist am besten die Energie, mit welcher er seine Kritik auf die Achillesferse der kritischen Erkenntnistheorie richtete: auf den Begriff des Dinges an sich. Er zeigte zuerst, dass Kant in der Begriffsbestimmung der Sinnlichkeit von der naiven Voraussetzung der Dinge an sich ausgeht und dass die spätere Untersuchung nicht nur diese Voraussetzung in Frage stellt, sondern eben damit den Begriff der Sinnlichkeit wieder aufhebt. Die Sinnlichkeit ist das »Vermögen, affiziert zu werden«, und zwar soll sie durch Dinge an sich affiziert werden; aber »affiziert zu werden« ist jedenfalls ein kausales Verhältnis, und die transzendentale Analytik verbietet, das Ding an sich in irgendeine kategoriale, also auch in kausale Relation zu setzen. Die Kritik der reinen Vernunft lehrt, dass unsere ganze Vorstellungswelt ohne Beziehung zu den Dingen an sich betrachtet werden muss, aus deren Einwirkung ihr sinnlicher

Inhalt anfänglich abgeleitet wurde. Man kann ohne die Voraussetzung des Realismus in Kants Lehre nicht hineinkommen und mit derselben nicht darin bleiben. Der transzendentale Idealist wird daher den Mut haben müssen, den stärksten Idealismus zu behaupten, der je behauptet worden ist: er wird den Begriff des Dinges an sich aufheben müssen. Das war die Antizipation der Fichte'schen Lehre. Aber wenn das geschieht, so ist die ganze Vorstellungswelt zu einem sinnlosen Traum geworden. In einem zwiefachen Hexenraume, Raum und Zeit genannt, spuken Erscheinungen, in denen nichts erscheint. Kant redet von Erscheinungen und behauptet, dass in ihnen nichts von dem wahrhaft Wirklichen und wirklich Wahren erscheint. Die Seele stellt vor, aber nicht sich selbst noch andere Dinge, sondern was weder sie selbst noch andere Dinge sind. Kants Vernunft nimmt nur sich selbst wahr, wie ein Auge, das nur sich sehen, wie ein Ohr, das nur sich hören wollte. Das Erkenntnisvermögen schwebt zwischen einem problematischen x des Subjekts und einem gleich problematischen x des Objekts: Die Sinnlichkeit hat nichts vor sich, und der Verstand hat nichts hinter sich. So ist Jacobi unermüdlich, die Widersprüche dieser »positiven Unwissenheit« in geistreichen Antithesen auszudrücken.

Während aber diese Einwürfe der zukünftigen Entwicklung unverloren blieben, hielten sie zunächst den Siegeszug der Kant'schen Philosophie nicht auf. Einmal durchgedrungen, ergriff sie unwiderstehlich die junge Generation, und im letzten Jahrzehnt des vorigen Jahrhunderts eroberte sie nach und nach fast alle deutschen Katheder, sodass sie auf jeder Universität eine lebendige Vertretung fand. Die Männer dieser K a n t ' s c h e n S c h u l e , deren Namen in den Kompendien aufbewahrt sind, waren nun freilich zum größten Teile auch nicht fähig, dem Meister bis in die innerste Tiefe seiner Gedanken zu folgen, und sie bewiesen dies sehr bald dadurch, dass, als Reinhold die Kant'sche Lehre in eine gröbere und populärere Form brachte, sie in hellen Haufen zu ihm übergingen. Aber es sickerten doch schon durch ihre Lehrtätigkeit allmählich die Prinzipien der neuen Philosophie in das allgemeine Bewusstsein durch, und nicht minder wirkte dafür die »Kärrnerarbeit« ihrer teilweise sehr zahlreichen Schriften, in denen sie Kant umschrieben, erläuterten und verteidigten, sowie die Zeitschriften, die sie für denselben Zweck im Gegensatze zu den anti-Kant'-

schen gründeten, z.B. das »Neue philosophische Magazin zur Erläuterung des Kant'schen Systems«, welches Abicht und Born, der Übersetzer der Kritik ins Lateinische, 1789–1791 herausgaben, oder die von dem Hallenser Jakob redigierten »Annalen der Philosophie und des philosophischen Geistes« (1795–97). Auf diese Weise strömten allmählich Kants Lehren auch in die besonderen Wissenschaften ein. Am wenigsten wurde davon verhältnismäßig die Naturforschung berührt, und alle Regungen, die sich namentlich in Betreff der dynamischen Naturauffassung zeigten, wurden sehr schnell von Schellings Naturphilosophie (vgl. §64) aufgenommen. Wichtiger wurden Kants Lehren für die Jurisprudenz und die historische Gesamtauffassung. Nach Hufeland und Rehberg sind hier Schmalz, Pölitz, Zachariae, besonders aber der berühmte Kriminalist und Strafrechtstheoretiker Anselm v. Feuerbach zu nennen, welche die Gedanken der Kant'schen Rechtsphilosophie in die Behandlung der juristischen Probleme einführten. In der Geschichtswissenschaft dürfen K. v. Rotteck und im weiteren Sinne auch Schlosser, der berühmte Historiker des achtzehnten Jahrhunderts, als Kants Schüler gelten. Am tiefsten empfand den Einfluss der kritischen Philosophie die protestantische Theologie. Anfangs freilich wurde Kants Religionsphilosophie sowohl von dem orthodoxen Supranaturalismus als auch von den alten, hartgesottenen Rationalisten lebhaft genug bekämpft: jenem missfiel seine moralische Deutung, diesen seine spekulative Anerkennung der positiven Lehren des Christentums. Neue Gedanken brachten aber beide in ihren Dogmatismus eingesponnenen Teile nicht hervor, und je mehr die philosophische Bildung, welche die Theologen auf den Universitäten erhielten, unter den Einfluss Kants trat, umso größer wurde die Ausdehnung, in welcher bald jene beiden Gegner die Waffen ihres fortdauernden Streites aus der kritischen Rüstkammer holten. Kants Zwischenstellung erlaubte ähnlich, wie einst die Doppellehre Wolffs, dass innerhalb des Rahmens seiner philosophischen Grundlehren alle Nuancen des theologischen Standpunktes Platz fanden. Männer wie Süskind, Ammon, Tieftrunk konnten leicht die negativen Resultate der Vernunftkritik mit einer Offenbarungslehre verknüpfen und gaben dem »moralischen

Beweis« eine immer mehr dogmatische, damit freilich von Kants Geiste entschieden abführende Form. Rationalisten andererseits, wie R ö h r , G e s e n i u s , P a u l u s u . a . brauchten nur die »Vernünftigkeit«, welche Kant überall für den Glauben in Anspruch nahm, und seinen Gegensatz gegen das »Statutarische« der positiven Religionen schärfer hervorzuheben, um zu ihrer theoretischen Überzeugung und ihrem negativen Verhalten gegen die Dogmen eine neue, scheinbar tiefere philosophische Begründung zu finden. Langsamer und der Natur der Sache nach auch weniger nachhaltig war der Einfluss Kants auf die k a t h o l i s c h e T h e o l o g i e , von welcher seine Lehre teils ignoriert, teils *a limine* abgelehnt wurde. Und wenn später H e r m e s (1775–1831) den Versuch machte, mit eingehender Benutzung der Kant'schen Erkenntnistheorie und namentlich der Lehre von den praktischen Postulaten den rationalen Teil der katholischen Theologie zu reformieren, zu welchem Zwecke er den ersten Band seiner »Einleitung in die christkatholische Theologie« (1819) schrieb, so bildete er damit zwar zunächst eine stattliche Schule; allein einerseits war doch seine Umformung und Abänderung der Kant'schen Lehren nicht bedeutend genug, als dass sich eine nennenswerte philosophische Bewegung daran angeschlossen hätte, andererseits genügte bald nach seinem Tode die gegen seine Lehre von der kirchlichen Macht ausgesprochene Zensur, um dieselbe auch innerhalb ihres Gebietes keine größere Ausdehnung gewinnen zu lassen.

Drang so der Kritizismus wenigstens teilweise in die besonderen Wissenschaften ein, so konnte es inzwischen nicht ausbleiben, dass er sich auch auf dem philosophischen Gebiete mehr oder minder glücklich mit den älteren, bestehenden Lehrmeinungen vermischte. Die Anhänger Kants kamen ja meistens von irgendeinem der früheren Systeme her und suchten von demselben so viel als möglich mit der neuen Überzeugung zusammen festzuhalten. Deshalb ist die Grenzscheide zwischen den Kantianern und den sogenannten H a l b - k a n t i a n e r n so flüssig und schwer zu bestimmen. Aber auch die Letzteren haben es zu keinerlei bedeutenderen oder fruchtbareren Leistungen gebracht und sind schließlich alle durch die große Bewegung fortgeschwemmt worden, in welcher sich die kritische Philosophie den gesamten allgemeinen Bildungsstoff der Nation assimilierte.

Die Träger dieser Bewegung aber bildet die Reihe der Männer, welche in Jena die Kant'sche Lehre fortbildeten. An ihrer Spitze steht derselbe Mann, der auch weit über den akademischen Wirkungskreis hinaus die meisten Schüler für das neue System gesammelt hatte.

Karl Leonhard Reinhold, 1758 in Wien geboren und in einem Jesuitenkloster erzogen, trat nach der Aufhebung des Ordens unter Clemens XIV. in das Barnabitenkollegium ein, wo er bald seiner hervorragenden Begabung nach zum Lehrer der Philosophie gemacht wurde. Aber er atmete zu sehr die Luft des Josephinischen Zeitalters ein, als dass er in dieser Stellung lange hätte bleiben können, und entfloh 1783, um bei Wieland, an den er empfohlen war, eine Zuflucht zu finden. Er wurde später dessen Schwiegersohn und dankte es seiner Vermittlung, dass, nachdem er die erwähnten »Briefe über die Kant'sche Philosophie« herausgegeben hatte, er in Jena Professor wurde. Hier eröffnete er die Reihe jener glänzenden Lehrer, welche auf dem Katheder für die Kant'sche Lehre und ihre Weiterentwicklung eintraten. 1794 ging er von dort nach Kiel, wo er bis zu seinem Tode 1823 allmählich verkümmert ist. Reinhold war kein schöpferischer Philosoph: er war eine Natur von großer Empfänglichkeit, aber auch ebenso großer Unselbständigkeit. Er hat nacheinander die Standpunkte von Kant, Fichte, Schelling und Jacobi geteilt, er hat schließlich sein Heil in Bardili und sogar in den etymologischen Spielereien seines Freundes Thorild gefunden. Seine Bedeutung beruht nur auf den Jahren seiner Jenenser Wirksamkeit; aber sie beschränkt sich nicht auf die mächtige Anregung, welche seine glänzende Redegabe für die Anerkennung der kritischen Philosophie gegeben hat, sondern erstreckt sich auch auf einen Versuch der Neubegründung der Kant'schen Lehre, welcher zwar dem tiefsten Sinne derselben in keiner Weise gerecht wurde, aber durch seine scharfe Formulierung in negativer und in positiver Richtung die nächste Veranlassung zu ihrer Weiterentwicklung gegeben hat.

Es ist merkwürdig, dass Reinhold zwar persönlich, wie es gerade die »Briefe« betätigen, von der sittlich-religiösen Seite her für die Kant'sche Lehre gewonnen worden war, dass er aber von dem wahren Zusammenhange, in dem dieselbe mit der kritischen Erkenntnistheorie steht, so gut wie gar keine Vorstellung gehabt hat. Er glaubte vielmehr, die Grundlehren von Kants Erkenntnistheorie auf eine rein theoretische Weise entwickeln zu können und brachte gerade dadurch die Lehre vom Ding an sich in eine so verfehlte und so offenbar widerspruchsvolle Position, dass dieselbe zum Hauptangriffspunkt der Gegner und zum Hauptproblem der Anhänger der Kant'schen Lehre gemacht wurde. Es war offenbar seine genauere Vertrautheit mit der früheren Philosophie, welche ihn an den ganzen Umfang der Kant'-schen Kritik eine neue und sehr folgenreiche Forderung heranbringen ließ. Kant hat die verschiedenen Funktionen der menschlichen Vernunft untersucht, von jeder die Bedingungen festgestellt, jeder die Grenze ihrer Anwendung zugewiesen. Warum haben alle diese nach Reinhold unwiderleglichen Untersuchungen nicht die allgemeine Anerkennung gefunden, warum nicht das Bedürfnis erfüllt, dass endlich einmal die Philosophie aus der Mannigfaltigkeit persönlicher Meinungen auf den Boden einer gemeinsamen wissenschaftlichen Arbeit geführt wurde, dass aus den vielen Philosophien d i e Philosophie, die Philosophie ohne Beinamen wurde? Der Grund ist der, dass es der Kant'schen Philosophie an dem ausdrücklichen Ausspruch des zentralen Satzes mangelt, der allen ihren besonderen Untersuchungen als letzter und höchster zu Grunde liegt. Reinhold ist überzeugt, dass es einen solchen gibt, dass Kant es nur unterlassen hat, ihn wissenschaftlich zu formulieren, und dass es die Aufgabe einer Fundamentalphilosophie, einer *philosophia prima* oder einer E l e m e n t a r - p h i l o s o p h i e sei, diesen Satz über allen Zweifel zu erheben und zu zeigen, wie sich aus ihm alle Lehren der kritischen Philosophie mit Notwendigkeit ergeben. Es ist Descartes' Forderung eines U n i v e r - s a l p r i n z i p s für alles philosophische Wissen, welche Reinhold für die deutsche Philosophie erneuert, und welche ihn als den Urheber der universalistischen Tendenz erscheinen lässt, die sich nach ihm in der deutschen Philosophie immer energischer geltend gemacht hat. Es gilt, das, was Kant mit seiner induktiven Analyse von der Peripherie aus gefunden hat, aus dem Zentrum her zu deduzieren. Das ist nur möglich, wenn es eine zentrale Funktion aller Vernunfttätigkeit gibt, deren Charakteristiken sich in allen besonderen Funktionen wiederfinden müssen. Indem Reinhold als diese die V o r s t e l l u n g s - f u n k t i o n bezeichnet, merkt er nicht, dass er Kants Primat der praktischen über die theoretische Vernunft damit aufgibt und zu dem

psychologischen Prinzip des dogmatischen Rationalismus zurückkehrt. Seine beiden bedeutendsten Schriften, der »Versuch einer
neuen Theorie des menschlichen Vorstellungsvermögens« (1789)
und »das Fundament des philosophischen Wissens« (1791), für welche auch die »Beiträge zur Berichtigung bisheriger Missverständnisse
der Philosophie« (1790) wichtige Ergänzungen bringen, entwickeln,
dass der verlangte Fundamentalsatz, der seinem Begriffe nach nicht
beweisbar, sondern unmittelbar evident sein müsse, ein Faktum, aber
ein allgemeines und notwendiges Faktum, das absolute Faktum aller
Vernunfttätigkeit in seiner vollen, nur durch sich selbst gegebenen
Bestimmtheit enthalten müsse. Dieses Faktum sei das B e w u s s t -
s e i n als das Vermögen aller Vorstellungstätigkeit überhaupt. Nun
enthalte jede Vorstellung das Bewusstsein von einem Subjekt, welches
sie ausführe, und von einem Objekt, worauf sie sich beziehe, und von
beiden werde die Vorstellungstätigkeit als solche unterschieden. Der
Fundamentalsatz, durch den alle Lehren der kritischen Philosophie
bedingt seien, laute daher: Im Bewusstsein wird die Vorstellung durch
das Subjekt vom Subjekt und vom Objekt unterschieden und auf beide
bezogen. Reinhold berührt hier wirklich die letzte Tatsache aller psychologischen Analyse des Vorstellungsprozesses, jene geheimnisvolle
Verschmelzung des Vorstellungsinhaltes mit der Position des Seins.
Aber er benutzt diese Analyse nur, um daraus gerade die Ansicht des
naiven Realismus von einer zwischen Subjekt und Objekt schwebenden Vorstellungstätigkeit als tatsächliche Wahrheit abzuleiten, worin
die theoretische Kritik Kants das Problem aller Probleme gesehen hat.

Von diesem Satz her ist es dann natürlich leicht, den Kant'schen
Gegensatz von Form und Inhalt des Denkens abzuleiten. Muss in der
Vorstellung etwas sein, was sich auf das Subjekt, und etwas, was sich
auf das Objekt bezieht, so ist klar, dass der Inhalt von den Objekten,
die Form, vom Subjekte herstammt. Dabei ist natürlich der Stoff das
Gegebene, die Form das aus dem Wesen des Geistes her Produzierte.
Der Kant'sche Gegensatz von Sinnlichkeit und Verstand in Beziehung
auf denjenigen von Rezeptivität und Spontaneität erscheint danach
als das Selbstverständlichste von der Welt. Um unsere Vorstellungen
zu erklären, müssen wir annehmen, dass ihr Stoff aus der Affizierung
unserer Sinnlichkeit durch die Dinge entspringt, und dass wir von

uns aus die Form hinzutun. Aber die Wirkungen der Dinge auf uns sind nicht die Dinge selbst; die Dinge an sich lassen sich also denken, müssen gedacht werden, sind aber selbst nicht zu erkennen. Es ist klar, dass Reinhold damit aus dem Kant'schen in den Locke'schen Phänomenalismus dem Prinzip nach zurückfällt, wenn er auch hinsichtlich der Lehren von Raum und Zeit (oder der primären Qualitäten) durchaus auf Seiten Kants steht. Es ist deshalb unnötig, zu verfolgen, wie Reinhold aus dem so aufgestellten Prinzip die einzelnen Teile der Kant'schen Lehre systematisch abzuleiten versuchte. Er zeigt seine Verwandtschaft mit der vorkantischen Philosophie auch darin, dass er auf diese theoretischen Bestimmungen auch die praktischen gründete und den Kant'schen Gegensatz von sinnlichen und Vernunfttrieben als denjenigen von »Stofftrieb« und »Formtrieb« bezeichnete, woraus sich sowohl die Autonomie der ihr eigenes Formgesetz befolgenden Vernunft als auch die Heteronomie jedes auf einen sinnlichen Gegenstand bezüglichen Willens ergab. Kants Lehre war unter den Händen Reinholds scheinbar einfacher und durchsichtiger geworden. Aber sie hatte dabei mit ihren Schwierigkeiten einen großen Teil ihrer Tiefe verloren. Reinhold war dem praktischen Gesichtspunkte Kants allerdings darin gefolgt, dass er den darauf begründeten Dualismus in schroffster Form auch zum Prinzip der theoretischen Philosophie machte. Aber er meinte diesen theoretischen Dualismus auch auf theoretische Gründe basieren zu können und knüpfte infolgedessen den Kant'schen Phänomenalismus an die Weltanschauung des naiven Realismus an. So machte er die Kant'sche Lehre genau zu dem Ungetüm, als welches Jacobi den kritischen Idealismus geschildert hatte. Bei ihm schwebte in der Tat die Erscheinungswelt in unerklärlicher Weise zwischen einem unerkennbaren x von Ding an sich und einem ebenso unerkennbaren x von Subjekt.

In dieser Formulierung der kritischen Philosophie waren die Gegensätze der verschiedenen Kant'schen Gedankengänge und damit die Widersprüche, welche die Kritik der reinen Vernunft enthält, wenn man sie als ein für sich bestehendes Ganzes betrachtet, gewissermaßen handgreiflicher geworden, und gegen sie richtete sich deshalb auch der Hauptangriff von Seiten des Skeptizismus. Während andere Skeptiker, wie Tiedemann es schon 1784 in den »Hessischen

Beiträgen zur Gelehrsamkeit« aussprach, die Vernichtung der rationalistischen Metaphysik mit Freuden begrüßten, aber hinsichtlich
Kants apriorischer Vernunfterkenntnis ihm verwarfen, nicht skeptisch
genug verfahren zu sein, gab G o t t l o b   E r n s t   S c h u l z e (1761–
1833, erst Dozent in Wittenberg, dann Professor in Helmstädt, seit
1810 in Göttingen) in seinem »Ä n e s i d e m u s « (anonym 1792)
eine vernichtende Kritik der Reinhold'schen Elementarphilosophie.
Er hat den glänzenden Scharfsinn derselben später noch einmal in
seiner allgemeineren »Kritik der theoretischen Philosophie« (2
Bände, Hamburg 1801) betätigt, in der Folgezeit aber sich mehr der
Jacobi'schen Lehre und der empirischen Psychologie angeschlossen.
Sein Hauptwerk sucht zu zeigen, dass auch die kritische Richtung,
welche gegen den Rationalismus so vornehm tue, mit einer Reihe von
Voraussetzungen desselben weiter operiere, ohne auf die unwider-
legten Einwürfe der Skeptiker Rücksicht zu nehmen. Der »Satz des
Bewusstseins« statuiere für die Möglichkeit der Vorstellungen die
vermeintlichen Bedingungen nach dem Grundsatze, dass, was nicht
anders gedacht werden kann, auch so sei, wie es gedacht werden muss.
Reinholds Theorie des Vorstellungsvermögens setze für alle Vorstel-
lungstätigkeiten ein gemeinsames Vorstellungsvermögen voraus. Aber
dies könne sie nur dadurch erschließen und seine Existenz nur darauf
begründen, dass sie für die gleichartigen Vorstellungsfunktionen den
Begriff einer sie alle erzeugenden Kraft hypostasiere, welche wieder
nicht anders zu definieren sei, als durch die aus ihr hervorgehenden
Wirkungen selbst. Das Vorstellungsvermögen ist selbst keine Tatsache. Die Lehre davon schließt also über die Erfahrung hinaus mit dem
Begriffe der Kausalität. Diese Widerlegung trifft aber auch die Kritik
der reinen Vernunft. Auch diese will ja nur die Bedingungen der Erfahrung untersuchen, und sie findet dieselben nach der Auffassung des
Änesidemus nicht innerhalb, sondern außerhalb derselben. Auch sie
statuiert wie Reinhold, dass die Bedingung für die sinnlichen Empfindungen in der Einwirkung der Dinge an sich liege. Auch sie statuiert in
den reinen Formen der Vernunfttätigkeit allgemeine Vermögen, welche der Erfahrung zu Grunde liegen sollen. Die Vernunft ist in Kants
Kritik selbst ein Ding an sich, und doch will die Kritik gerade von
diesem Ding an sich die allergenaueste Erkenntnis haben. Die Kritik

der reinen Vernunft behauptet, dass sowohl die Vernunftvermögen als auch die Dinge an sich als Bedingungen, d.h. doch wohl als Ursachen und zwar außerhalb der Erfahrung liegende Ursachen der Erfahrung angenommen werden müssen, und sie tut das in einem Atem mit ihrem Hauptsatze, dass man mit den Kategorien, also auch derjenigen der Kausalität, über die Erfahrung nicht hinausschließen dürfe. Diese Einwürfe, die zum Teil schon auch von den Wolffianern, z.B. von S c h w a b in dem Eberhard'schen »Magazin« und von F l a t t in den »Tübinger Anzeigen« hinsichtlich der Lehre vom Ding an sich und ihres Verhältnisses zu Kants Theorie der Sinnlichkeit gemacht worden waren, treten bei Änesidemus-Schulze als eine geschlossene und unwiderstehliche Phalanx auf, und darin besteht die auch von Fichte sogleich erkannte Bedeutung dieses Werkes. Innerhalb der Kant'schen Erkenntnistheorie ist es der schreiendste aller Widersprüche, die Ursache der Erfahrung in Dingen an sich und in transzendentalen Vermögen zu suchen. Wenn die Kritik der reinen Vernunft die Bedingungen der Erfahrung, d.h. etwas, was der Möglichkeit der Erfahrung vorhergeht, analysieren und erweisen soll, so setzt sie sich eine Aufgabe, deren Lösung sie selbst für unmöglich erklärt. Und wenn darin kein Widerspruch wäre, so bliebe es doch eine vollständig nutzlose Theorie: denn eine Ableitung des Erkennbaren aus dem Unerkennbaren macht das Erkennbare in keiner Weise begreiflicher. Namentlich aber zeige Kants und Reinholds Behandlung des Kausalitätsbegriffs und ihre widerspruchsvolle Anwendung desselben, dass durch sie die Hume'sche Skepsis nicht im Mindesten überwunden sei, sondern noch immer in voller Energie bestehe.

Man muss bei allen diesen Bewegungen bedenken, dass dieselben sich durchaus nur auf die Kritik der reinen Vernunft bezogen, und dass deshalb der Begriff des Dinges an sich, welcher bei Kant das Bindeglied zwischen der theoretischen Philosophie und der praktischen enthält, lediglich in seiner theoretischen Funktion aufgefasst und in dieser mit Recht als unhaltbar erfunden wurde. Dadurch aber ist es gekommen, dass dieser Begriff, der für das eigentliche Interesse von Kants Erkenntnistheorie weit hinter demjenigen der apriorischen Erkenntnis zurückstand, bei der Weiterentwicklung in den Vordergrund trat, und dass man allgemein die Absicht der Kritik der reinen Vernunft, welche in Wahrheit auf die Begründung einer apriorischen Erkenntnis hinzielte, bei ihrer Lehre vom Ding an sich suchte, eine Wendung, welche dadurch nur gefördert werden konnte, dass die große Masse der Gegner aus solchen Schul- und Popularphilosophen bestand, denen es in erster Linie darum zu tun sein musste, Kants Widerlegung der rationalen Erkenntnis von Dingen an sich als unberechtigt zurückzuweisen. Indem diese Einwürfe auf die Anhänger der Kant'schen Lehre zurückwirkten, musste unter denselben das Bestreben entstehen, den Begriff des Dinges an sich, der in der Reinhold'schen Fassung gewiss unhaltbar war, von seinen offenbaren Widersprüchen zu befreien. So lange aber, als man dabei nicht die praktische Tendenz der Kant'schen Lehre in ihrer Beziehung zu der theoretischen aufzufassen wusste und den Begriff des Dinges an sich noch ebenso wie die Gegner von Seiten der rein theoretischen Begründung nahm, bedurfte es, um deren Angriffen zu entgehen, in der Tat einer wesentlichen Umbildung der Lehre vom Ding an sich. Infolgedessen vollzog sich die Weiterentwicklung der kritischen Philosophie zunächst an der Z e r s e t z u n g des Begriffs des Dinges an sich.

Den ersten Schritt dazu tat S a l o m o n   M a i m o n . Ein polnischer Jude, 1757 in Litauen geboren, hat sich dieser Mann mit einer seltenen Begabung und mit eiserner Zähigkeit aus den elenden Verhältnissen seiner Jugend auf die Höhe der deutschen philosophischen Bildung emporgearbeitet. Als er sich aus dem verrotteten Dasein seiner Heimat, von tiefstem Wissensdurst getrieben, herausriss, musste er zeitweise die letzte Neige der Not und der Entwürdigung kosten. Erst die Gunst, welche ihm Mendelssohn zuwandte, gab ihm ein menschenwürdiges Dasein und ließ die Kräfte seines Geistes in dem Studium der neueren Philosophie mit staunenswerter Geschwindigkeit sich entwickeln. Aber wieder rissen ihn die Reste seiner jugendlichen Verwahrlosung in das Elend eines vagabundierenden Lebens hinein, und erst im letzten Jahrzehnt seines 1800 endenden Lebens verdankte er der Protektion eines Grafen Kalkreuth eine Existenz, in der er nach dem Studium Kants eine originelle Umbildung der kritischen Erkenntnistheorie in seinen Schriften ausführen und sich neben der »grenzenlosen Achtung« Fichtes und Schellings das Wort Kants verdienen konnte, dass keiner seiner Gegner ihn besser verstanden habe

als er. Von den darauf bezüglichen Schriften sind hervorzuheben: der
»Versuch über die Transzendentalphilosophie« (1790), »Über die
Progressen der Philosophie« (1793), die »Kategorien des Aristote-
les« (1794) und der »Versuch einer neuen Logik oder Theorie des
Denkens« (1798).

Auf dem Standpunkt der theoretischen Vernunft, den Maimon
allein einnimmt, ist das Ding an sich der absolute Widerspruch. Jedes
Merkmal eines Begriffes existiert als Vorstellung im Bewusstsein, ist
also vom Bewusstsein selbst abhängig und hat nur innerhalb desselben
Sinn. Die Vorstellung eines vom Bewusstsein unabhängigen, merk-
mallosen (denn das heißt unerkennbaren) Dinges an sich ist deshalb
undenkbar und völlig unmöglich. Das Ding an sich ist nicht nur nicht
zu erkennen, es ist nicht einmal zu denken. Für die Kritik der Erkenntnis gibt es nur das Bewusstsein mit seinen Vorstellungen. Maimon
zuerst hat den Mut, sich zu jenem strengsten Idealismus zu bekennen,
den Jacobi als die notwendige Konsequenz des Transzendentalen
behauptet hatte. Alle Erkenntnis ist deshalb nur aus dem Bewusstsein
abzuleiten und reicht nur so weit als dieses selbst. Man versteht aber,
wie die Täuschung, das Ding an sich sei wenigstens denkbar, entstanden ist, am besten, wenn man verfolgt, wie Reinhold dieselbe begründet. Er glaubte zur Annahme von Dingen an sich genötigt zu sein,
um den Stoff der Vorstellungen ihren Formen gegenüber zu erklären. Darin ist das richtig, dass dieser Stoff aus dem Bewusstsein nicht
abgeleitet werden kann. Das Bewusstsein findet ihn vielmehr in sich
als ein nicht von ihm Produziertes, als ein »Gegebenes« vor. Wenn
sich aber die Erklärung dieses Gegebenen aus einer Affizierung durch
Dinge an sich von selbst verbietet, so bleibt nur übrig, dem Begriff
des Stoffs unserer Vorstellungen eine andere Formulierung zu geben.
Indem er dieses versucht, führt Maimon eine der wesentlichsten Lehren von Leibniz neu und fruchtbar in die kritische Erkenntnistheorie
ein, ohne davor zurückzuschrecken, dass er damit der psychologischen Annahme von dem prinzipiellen Gegensatze von Sinnlichkeit
und Denken, der Kant in seiner Entwicklung so viel verdankte, wieder
vollkommen entgegentrat. Wie Leibniz machte er nämlich darauf aufmerksam, dass wir ein vollständiges Bewusstsein nur von demjenigen
haben, was das Bewusstsein aus sich selbst erzeugt. In jedem Falle

also, wo wir in unserem Bewusstsein etwas vorfinden, von dem wir nicht wissen, wie es zu Stande gekommen ist, und welches wir deshalb als gegeben oder empfangen zu bezeichnen pflegen, haben wir von dem Gegenstande nur ein unvollkommenes Bewusstsein. Es sind die »*petites perceptions*« von Leibniz, welche Maimon für die kritische Lehre fruchtbar macht. Diese Verwandtschaft kommt auch im Ausdruck zutage: Maimon nennt das Gegebene »die Differentiale des Bewusstseins«.[11] Kants Gegensatz von Rezeptivität und Spontaneität ist derjenige von unvollständigem und vollständigem Bewusstsein. Dieser aber ist nicht mehr prinzipieller, sondern gradueller Art. Von dem vollständigen Bewusstsein her, welches seine eigenen reinen Formgesetze zum Inhalt hat, bis zu dem unvollständigen Bewusstsein der bloß gegebenen Empfindung ist eine stetige und allmähliche Abnahme der Vollständigkeit des Bewusstseins in unserer Erfahrung aufzuweisen. Und die Idee eines nur Gegebenen, die Idee eines von dem Bewusstsein gar nicht produzierten Bewusstseinsinhaltes ist deshalb nach Kant'schem Prinzip nur der Grenzbegriff für diese unendliche Reihe, in der die Vollständigkeit des Bewusstseins abnimmt. Das Gegebene also, der Stoff der Vorstellung ist dasjenige, dessen Genesis im Bewusstsein dem Bewusstsein selbst unbekannt ist; es ist das im Bewusstsein selbst unbewusst Produzierte, und der Begriff des Dinges an sich ist der Grenzbegriff für das vollständige Bewusstsein. Für die Kantisch-Reinhold'sche Fassung ist er nicht ein unbekanntes x, sondern, um in der mathematischen Formel zu bleiben, eine vollkommen imaginäre Größe, $\sqrt{-1}$; für Maimon ist er der Grenzbegriff einer unendlichen Reihe oder die Idee der Lösung einer unlösbaren Aufgabe, eine irrationale Größe, $\sqrt{2}$. Der Begriff des Dinges an sich bezeichnet lediglich das Bewusstsein davon, dass es eine Grenze gibt, an welcher unser Bewusstsein seinen Inhalt nicht mehr vollständig zu durchdringen vermag. Er ist das B e w u s s t s e i n   v o n   e i n e r   i r r a t i o n a l e n   G r e n z e   d e r   r a t i o n a l e n   E r k e n n t n i s. So vollzieht Maimon mit voller Konsequenz diejenige Betrachtung des Ding-an-sich-Begriffes, welche auf dem Standpunkte der bloß theoretischen Vernunft die allein folgerichtige ist, und welche auch bei

---

11   Vgl. Bd.1 dieses Werkes, S.466f.

Kant angeschlagen worden war, ohne zum vollen Austrage zu kommen, da für ihn diese irrationale Größe der theoretischen Vernunft zugleich ein Objekt der praktischen Vernunft darstellte. Jetzt erst ist das Ding an sich zum wahren und reinen Grenzbegriffe geworden, indem es jede metaphysische Realität abgestreift hat.

Auf diesem Standpunkte hat nun natürlich auch die Frage nach der Erkennbarkeit der Dinge an sich gar keinen Sinn mehr, sondern die erkenntnistheoretische Untersuchung hat nur auf den Umkreis der Vorstellungen das kritische Prinzip der größeren oder geringeren Vollständigkeit des Bewusstseins anzuwenden. Denn es ist klar, dass von demjenigen, wovon wir nur ein unvollständiges Bewusstsein haben, wir auf immer nur eine unvollständige Erkenntnis behalten müssen. Das kritische Kardinalprinzip, dass wir nur vollständig erkennen, was wir selbst erzeugen, stellt sich bei Maimon in dieser neuen Form dar, dass nur die Gegenstände des vollständigen Bewusstseins auch solche der vollständigen Erkenntnis sein können. Nun ist aber jeder Inhalt der Erfahrung nur ein Gegenstand des unvollkommenen Bewusstseins. Alle wahrhafte Erkenntnis ist also auf die Formen des Bewusstseins beschränkt. Somit gibt es nur zwei absolut evidente Wissenschaften: die Mathematik und die Transzendentalphilosophie, jene die Lehre von den Formen der Anschauung, diese von denjenigen des Denkens. Von der gegebenen Erfahrung dagegen gibt es immer nur unvollständige, niemals notwendige und allgemeine Erkenntnis, da die Empfindung stets Gegenstand des unvollständigen Bewusstseins ist. Dieser k r i t i s c h e S k e p t i z i s m u s nimmt den Zweifel an der Apodiktizität der Erfahrung in den transzendentalen Apriorismus hinein und schränkt die Grenze der notwendigen und allgemeingültigen Erkenntnisse noch mehr ein. Jener Zweifel aber ist von dem Hume'schen grundverschieden. Er bezieht sich nicht auf die Notwendigkeitsverknüpfungen zwischen den einzelnen Elementen der Erfahrung, sondern er behauptet die Unvollständigkeit des Bewusstseins schon hinsichtlich des einzelnen tatsächlichen Empfindungsgehaltes, während Humes Empirismus gerade die reine und nackte Konstatierung von Tatsachen als die zweifelloseste Funktion unserer Erkenntnis bezeichnet hatte. Dieser Unterschied des empiristischen und des kritischen Skeptizismus hat aber zuletzt darin seinen Grund, dass für jenen auf dem dogmatischen Standpunkte des naiven Realismus das Gegebensein der Empfindung gar kein Problem bildete, während dasselbe für die kritische Erkenntnistheorie zu dem schwersten aller Probleme werden musste, sobald der problematische Charakter des Ding-an-sich-Begriffes zum klaren Bewusstsein gelangte. Kant noch hatte dies Problem nur gestreift. Teils war es in der produktiven Einbildungskraft der transzendentalen Analytik berührt, teils in den Paralogismen dahin angedeutet worden, dass die Verknüpfung des spontanen Denkens mit der sinnlichen Rezeptivität in demselben Bewusstsein die unlösliche Grenzfrage der Psychologie bilde. Es ist Maimons großes Verdienst, den skeptischen Angriffen gegenüber dies Problem in seiner Reinheit herausgestellt zu haben. Aber was seine Lehre gibt, ist auch nur die Stellung der Frage und nicht die Lösung. Denn wie das Bewusstsein zu jenen unvollkommenen Funktionen der »Unvollständigkeit« kommt, welche sich in der Empfindungstätigkeit darstellen, das blieb für ihn eine aus dem Wesen des Bewusstseins selbst undeduzierbare Tatsache. Maimon hatte die Grenze der theoretischen Vernunft erreicht; die Lösung seines Problems war nur dadurch möglich, dass der Primat der praktischen Vernunft in seiner ganzen auch erkenntnistheoretischen Bedeutung erfasst und systematisch zur Lösung der kritischen Gesamtaufgabe verwandt wurde. In dieser Einsicht liegt die große und entscheidende Bedeutung Fichtes.

§63. Der ethische Idealismus

Fichte

Johann Gottlieb Fichte war 1762 in dem Dörfchen Rammenau in der Oberlausitz als der Sohn eines Leinewebers geboren und wurde durch die Unterstützung des Freiherrn von Miltitz in Schulpforta und später im theologischen Studium zu Jena und Leipzig ausgebildet. Nach Beendigung der Studien hatte er lange mit Not und Armut zu kämpfen, war an verschiedenen Orten Hauslehrer und fand nur eine Zeit lang in Zürich eine freundliche Existenz. Im Jahre 1790 lebte er sich in Leipzig auf äußere Anregung schnell in die Kant'sche Philosophie ein, fand in ihr und gerade in ihrem praktischen Teile die Erhebung über die schweren Zweifel, in welche er durch den überwältigenden Eindruck des Spinozistischen Determinismus gestürzt worden war, und beherrschte ihre Gedankenwelt und ihre Methode bald derartig, dass, als er kurz darauf nach Königsberg verschlagen wurde, er dort dem großen Meister sein schnell geschriebenes Erstlingswerk, die »Kritik aller Offenbarung«, vorlegen konnte und dessen vollen Beifall damit erwarb. Kant sorgte für ihn in zartfühlender Weise nicht nur dadurch, dass er ihm eine angenehme Stellung verschaffte, sondern indem er jener Schrift zum Druck verhalf. Der Zufall wollte es, dass der Name des Verfassers auf dem Titel fortblieb, dass infolgedessen alle Welt in diesem Buche die mit äußerster Spannung erwartete Religionsphilosophie Kants sehen zu dürfen glaubte, und dass, als Kant den Namen des wahren Verfassers öffentlich verkündete, der Ruhm desselben mit einem Schlage begründet war. 1793 wiederum nach Zürich zurückgekehrt, trat Fichte dort mit Pestalozzi und Baggesen in fruchtbare Berührung, veröffentlichte seine »Beiträge zur Berichtigung der Urteile des Publikums über die Französische Revolution« und seine »Zurückforderung der Denkfreiheit von den Fürsten Europas«, und hielt vor einem ausersehenen Kreise Vorträge über die Kant'sche Philosophie und die in seinem Kopfe sich bereits gestaltende Umbildung derselben. Im folgenden Jahre ward er bei Reinholds Abgang auf die Jenenser Professur berufen und begann nun hier eine glückliche und großartige akademische Tätigkeit, welche mehr durch seine eigene Hartnäckigkeit als durch den Widerstand feindlicher Elemente getrübt und schließlich in traurigster Weise beendet wurde. Fichte war ein Charakter von stählerner Energie, aber auch von jener Rücksichtslosigkeit, welche, indem sie der Welt ihr Gesetz vorschreiben will, an den Gesetzen der Welt so leicht scheitert. Er war getragen von einem reformatorischen Bedürfnis ohnegleichen; es war ein Prophetengeist in ihm. Ihm war es völlig ernst damit, dass die neue Philosophie ein Ideal der Überzeugung aufstelle, welches berufen sei, die im Argen liegende Welt von Grund aus umzugestalten, und er besaß die Kant'sche Hingebung an dies Ideal, er rang für dasselbe, ohne nach rechts und links zu schauen, und verkündete das Evangelium des kategorischen Imperativs, ohne darum zu fragen, ob seine eigene, ob irgendeine andere Existenz darüber zu Grunde ging. Er war der Mann der Pflicht, wie sie Kant aufgestellt hatte, der eiserne Wille, der nur selbst sich das Gesetz gibt. Aber er war unfähig, mit den Verhältnissen der Wirklichkeit zu paktieren, und er schadete mit seiner Starrköpfigkeit nicht nur sich selbst, sondern am meisten der guten Sache, die er vertrat. Ein geborener Redner, entwickelte er eine mächtige Wirkung auf die studierende Jugend, und begann sogleich an der Umgestaltung des Studentenlebens zu arbeiten, welches er in das wüste Wesen der Landsmannschaften versunken vorfand. Trotz des großen Erfolges ergaben sich daraus bald Konflikte mit den Kirchenbehörden und mit der Studentenschaft, welche ihn veranlassten, den Sommer 1795 in Osmannstädt zuzubringen. Am schärfsten aber trat seine ganze weltfremde Rücksichtslosigkeit in der Tragödie des Atheismusstreites zutage. In dem von ihm und N i e t h a m m e r herausgegebenen »philosophischen Journal« hatte sein Schüler F o r b e r g eine »Entwicklung des Begriffs der Religion« gegeben, welcher Fichte selbst einen Aufsatz »Über den Grund unseres Glaubens an eine göttliche Weltregierung« beifügte. Anonyme Denunziationen, welche seinen akademischen Feinden nicht fernstanden, brachten es dahin, dass das Journal wegen des Atheismus seines Inhaltes von der kursächsischen Regierung konfisziert, und von derselben die Weimarische Regierung zu einem Vorgehen gegen Fichte gedrängt wurde. Goethe gab sich alle erdenkliche Mühe, die Sache auf diplomatischem Wege beizulegen. Aber Fichte verdarb alles, indem er einerseits seiner begründeten Entrüstung über die niederträchtigen Machinationen und Verdächtigungen in seiner »Appellation an das Publikum wegen der Anklage des Atheismus« und in der »gerichtlichen Verantwortungsschrift« öffentlich den schärfsten Ausdruck lieh, andererseits in dem naiven Vertrauen, die Kollegen würden das Versprechen, mit ihm aus Jena wegzugehen, im Falle der Entscheidung halten, der Regierung mit seinem und vieler anderen Professoren Abgange drohte, sobald er auch nur einen Verweis erhielte. Einer solchen Sprache konnte die Regierung, so wenig sie es gewollt hatte, nur mit dem Verweise antworten, und Fichte ging 1799 von Jena fort – allein. Er wandte sich nach Berlin, wo er in den Kreisen der Romantiker einen für die Umwandlung seiner Anschauungen wichtigen Umgang fand und in den nächsten

Jahren private Vorlesungen hielt. 1805 folgte er einem Ruf an die damals preußische Universität Erlangen mit der Erlaubnis, im Winter in Berlin seine privaten Vorlesungen fortzusetzen. Aber das folgende Jahr warf auch seine äußere Existenz zu Boden. Er wanderte mit den Trümmern der preußischen Monarchie in den fernen Osten, hielt vorübergehend in Königsberg Vorlesungen und musste schließlich über Memel und Kopenhagen fliehen. Trotzdem kehrte er nach Berlin zurück und hielt hier mitten in der Napoleonischen Herrschaft unangefochten jene gewaltigen »Reden an die deutsche Nation« (1808), welche das lebendige Denkmal seiner feurigen Überzeugung bleiben und in der Geschichte der Erweckung des deutschen Nationalgefühls einen der ersten Plätze einnehmen. Sie enthalten in populärer Form und in ergreifender Rhetorik den Ausdruck für jene größte Tatsache der deutschen Geschichte, dass unsere Nation die Existenz, die sie in der äußeren Welt durch ihre Schuld verloren, nur durch eine Wiedergeburt der Gesinnung und der Bildung wiedergewinnen konnte. Als aus diesem Geiste heraus die Berliner Universität gegründet wurde, geschah das zwar nicht nach dem völlig undurchführbaren Plane Fichtes, sondern nach demjenigen Schleiermachers. Aber Fichte wurde nicht nur der erste Professor der Philosophie, sondern auch der erste Rektor derselben, und er legte dieses Amt nur wegen der Konflikte nieder, in die ihn seine Reformpläne wieder mit der Studentenschaft gebracht hatten. Als dann die deutsche Nation in neu entflammter Gesinnung und mit dem ganzen Ernste einer sittlichen Überzeugung auszog, um sich wenigstens von der äußeren Knechtschaft zu befreien, als es sich Fichte versagt sah, in den Reihen der Kämpfer selbst aufzutreten, da ließ er sein mächtiges Wort »über den wahren Krieg« erschallen und widmete sich mit seiner Gattin der Pflege der verwundeten Krieger. In dieser hingehenden Nichterfüllung fand er seinen Tod, indem ihn das Lazarettfieber 1814 dahinraffte.

Fichtes Stellung zur Kant'schen Philosophie war diejenige, dass er vermochte, was Reinhold forderte: die methodische Ableitung aller ihrer Lehren aus einem Prinzip. Wenn Reinhold mit der Aufstellung dieses Gedankens seine Bedeutung erschöpft hatte, so kam das daher, dass er ein viel zu wenig systematischer Kopf war, um für diese Ableitung eine Methode zu finden. Bei Fichte liegt deshalb die

Hauptsache in dem methodischen Prinzip. Die stetigen Umarbeitungen, welchen er seine »Wissenschaftslehre« unterzogen hat, und welche sogar eine Veränderung seiner philosophischen Weltanschauung mitgemacht haben, bewegen sich doch sämtlich innerhalb derselben Methode, welche er seit 1794 in seinen Schriften wie auf dem Katheder anwandte. Wenn es sich darum handelt, die einzelnen Funktionen der Vernunft, welche Kant aus den einzelnen Problemen heraus analysiert hat, als die notwendigen Ausgestaltungen einer allgemeinen Grundtätigkeit zu entwickeln, so ist es nur eine äußerliche Lösung dieser Aufgabe, dass Reinhold einen zentralen Satz aufgestellt und aus der sukzessiven Applikation desselben an die verschiedenen empirischen Tätigkeiten die besonderen Lehren abgeleitet hat. Was Fichte verlangt, ist die Einsicht in die innere Notwendigkeit, mit welcher sich die allgemeine Vernunftfunktion gerade in diese bestimmten aus der Erfahrung bekannten besonderen Funktionsformen gliedert. Diese Erkenntnis aber ist nicht selbst aus der Erfahrung zu gewinnen. Sie kann nur dadurch zu Stande kommen, dass man die Vernunfttätigkeit selbst auf ihre immanenten Notwendigkeiten hin untersucht. Aber diese Notwendigkeiten können keine von vornherein gegebenen und damit in letzter Instanz irgendwo anders herstammenden sein. Denn die Vernunft kennt theoretisch wie praktisch nichts als sich selbst. War daher Kants Kritik überall bei der Organisation der menschlichen Gattungsvernunft als bei dem Letzten und Höchsten stehen geblieben, so stellt die Fichte'sche Philosophie sich die Aufgabe, diese Organisation zu begreifen: aber sie kann nach Kant'schem Prinzip aus nichts anderem als aus sich selbst begriffen werden. Sie ist autonom: Sie selbst, diese Organisation, muss als ein Organismus gedacht werden, der in allen seinen besonderen Funktionen durch die Idee des Ganzen bedingt ist. Soll der Zusammenhang der Vernunfttätigkeiten verstanden werden, so ist derselbe nicht durch naturgesetzliche Notwendigkeit aus irgendetwas anderem abzuleiten; denn von dieser naturgesetzlichen Notwendigkeit hat die Kritik der reinen Vernunft bewiesen, dass sie selbst nur eine Vernunftform der Erscheinungswelt ist. Der Zusammenhang der Vernunfttätigkeiten ist nur aus einem absoluten Prinzip der Vernunft selbst abzuleiten. Ein solches absolutes Prinzip aber ist nur der Zweck. Will man die Organisation der menschlichen Vernunft deduzieren, so ist das nur dadurch möglich, dass man alle ihre einzelnen Funktionen als die notwendig zu ergreifenden Mittel entwickelt, welche dem letzten Zwecke der Vernunfttätigkeit dienen müssen. Das ist der Fichte'sche Grundgedanke. Es ist die völlige Durchführung des Primates der praktischen über die theoretische Vernunft, und dies ist der Grund für die ausschließlich teleologische Gestalt, welche die Fichte'sche Lehre bis in ihre einzelnen Teile hinein trägt. Die Deduktion der Wissenschaftslehre hat nur die Aufgabe, aus dem höchsten Zwecke der Vernunft das System aller der Tätigkeiten zu entwickeln, mit denen dieselbe diesen Zweck realisiert. In diesem Sinne nennt sich Fichtes Lehre eine »Geschichte des Bewusstseins«. Aber diese Geschichte ist keine Erzählung kausal notwendiger, sondern eine Entwicklung teleologisch notwendiger Prozesse. Alles, was Kant von reinen Formen der Vernunftorganisation gefunden hat, findet darin eine Stelle, an der es als die notwendige Lösung einer notwendigen Aufgabe erscheint. Alle Vernunftformen bilden ein teleologisches System, welches durch eine letzte und höchste Aufgabe bedingt ist.

Ein solches System ist nur dadurch möglich, dass das gesamte Wesen der Vernunft in einer Tätigkeit gesucht wird, welche um eines in ihr selbst begründeten Zweckes willen sich vollzieht. Die Fichte'sche Lehre muss so in ihren Begriff der Vernunft einen ursprünglichen Gegensatz zwischen der ihr durch sie selbst gesetzten Aufgabe und ihrer Tätigkeit annehmen, und sie muss diesen Gegensatz als einen der Vernunft wesentlichen betrachten, weil sich nur aus ihm jede besondere Vernunftfunktion erklärt. Der Gegensatz einer Aufgabe und eines in unendlicher Annäherung auf die Realisierung derselben gerichteten Strebens bestimmt deshalb den Fichte'schen Begriff der Vernunft. Jener sittliche Gesichtspunkt, den Lessing und Kant aufgestellt hatten, wird von Fichte zum Kardinalprinzip der Philosophie gemacht, und die Überzeugung, dass der Grund aller Wirklichkeit in dem Ideal zu suchen sei, das sie erfüllen soll, diese Grundüberzeugung prägt seiner Lehre den Charakter des ethischen Idealismus auf.

Aus derselben ergibt sich aber auch unmittelbar die so folgenreiche Methode der Wissenschaftslehre. Gelten alle Vernunfthandlungen als das System von Mitteln für die Erfüllung einer Aufgabe, so muss innerhalb der Vernunft selbst ein Widerspruch existieren zwischen dieser Aufgabe und ihrem Tun. Denn die völlige Koinzidenz beider müsste das ganze Wesen dieser Funktionen ebenso hinfällig machen, wie für Kant das Sittengesetz gegenstandslos erschien, sobald seine völlige Realisierung gesichert war. Der Begriff des Sollens, der nun von Fichte zum Zentralbegriff der gesamten Philosophie gemacht wird, verlangt den Widerspruch zwischen der Aufgabe und dem wirklichen Tun, und diesen Widerspruch verlegt die Wissenschaftslehre in das Wesen der Vernunft. Ihre teleologische Deduktion der Vernunfthandlungen läuft darauf hinaus, dass gezeigt wird, wie durch den Widerspruch zwischen der Aufgabe und dem ersten Tun sich die Notwendigkeit eines zweiten ergibt, wie auch dieses sich als unzulänglich erweist und dadurch ein drittes bedingt usf., bis entweder ein *processus in infinitum* sich darstellt oder durch die Rückkehr zu der ersten Tätigkeit der gesamte Kreis der Vernunfthandlungen sich systematisch abschließt. In diesem Sinne ist Fichtes Methode diejenige der Widersprüche, und seine Entwicklung der Vernunftformen aus dem Grundprinzip ist deshalb Dialektik. Auf diese d i a l e k t i s c h e M e t h o d e , welche sich am liebsten in der trichotomischen Einteilung und in dem Verhältnis von Thesis, Antithesis und Synthesis bewegt, hatte gelegentlich schon Kant hingewiesen; ja die ganze Dreiteilung seines Systems beruhte ja darauf, dass zwischen theoretischer und praktischer Philosophie ein Gegensatz obwaltete, aus welchem sich die Aufgaben der ästhetischen entwickelten. Hatte Kant als Grundverhältnis hier gelehrt, dass die zunächst unvereinlichen Funktionen des Wissens und des Begehrens in der Form des Gefühls eine Synthesis zu finden vermögen, hatte z.B. auch seine theoretische Philosophie in Bezug auf den Gegensatz von Sinnlichkeit und Verstand in der Einbildungs- oder der Urteilskraft eine Andeutung von der gemeinsamen Wurzel beider Funktionen hervortreten lassen, so macht Fichte dies Verhältnis zu einer dialektischen Methode, mit der er das ganze System der Vernunfthandlungen aus ihrer letzten Aufgabe zu entwickeln unternimmt. Ist damit der Grundcharakter von Fichtes Philosophie gekennzeichnet, so hatte dieselbe diese ihre Aufgabe erst aus dem gegebenen Standpunkte der philosophischen Forschung heraus und andererseits aus dem allgemeinen Denken zu entwickeln. Die häufigen Umarbeitungen der Wissenschaftslehre beweisen, dass Fichte sich damit immer nicht genug tat, und doch mögen manche der anfänglichen Darstellungen die besten geblieben sein. Die ungewöhnliche Höhe der Abstraktion, auf welcher sich diese Untersuchungen bewegen, und die vollkommene Neuheit der sich darin entwickelnden Ansichten bildeten für die sprachliche Darstellung außerordentlich große Schwierigkeiten, und so sehr es dem Denker an gewissen Punkten gelang, derselben Herr zu werden, so gewalttätig musste er an anderen der gewöhnlichen Sprache gegenüber verfahren. Für den modernen Geschmack, der es liebt, die Gedanken so platt ausgedrückt zu finden, dass er selbst so wenig wie möglich Arbeit daran hat, werden daher alle jene Bearbeitungen Fichtes ungenießbar bleiben. Umso unberechtigter ist die Keckheit, mit der heutzutage diejenigen, welche nie einen Satz von ihm verstanden haben, über ihn abzusprechen pflegen. Für die Einführung in den Standpunkt der Wissenschaftslehre dürften die beiden Einleitungen in dieselbe (1797), eine Meisterleistung von dialektischer Entwicklung, für die Vertiefung in das Ganze die »Grundlage der gesamten Wissenschaftslehre« (1794) das Geeignetste sein. Die populärste Darstellung des Zusammenhanges seiner theoretischen und seiner ethischen Lehre hat er in »der Bestimmung des Menschen« (Berl. 1800) gegeben, wobei jedoch nicht zu übersehen ist, dass sich in dieser Schrift schon die Anfänge seiner später (§67) zu berührenden Umwandlung des metaphysischen Gesichtspunktes zeigen.

Wenn Fichte der Philosophie den deutschen Namen der Wissenschaftslehre gab, so bezeichnete er damit die volle Geltung, welche durch Kant der erkenntnistheoretische Standpunkt im Mittelpunkte des philosophischen Denkens gewonnen hatte. Sind die übrigen Tatsachen gruppenweise auf die anderen Wissenschaften verteilt, so ist es die Erklärung des Wissens, was der Philosophie eine besondere Aufgabe gibt und eine besondere Methode aufnötigt. Zu dieser Erklärung hat das naive Bewusstsein den Gegensatz von Subjekt und Objekt. Der Dogmatismus erklärt das Bewusstsein aus Dingen an sich, der Idealismus erklärt die Dinge aus dem Bewusstsein, der Synkretismus versucht mehr oder minder geschickte Verschmelzungen von beiden und ist als Halbheit für Fichte von vornherein verdammt. Der Dogmatismus, als dessen Typus er die Lehre Spinozas betrachtet, ist unfähig, aus dem Sein die Vorstellung abzuleiten. So konsequent er in sich sein mag, er scheitert an dem Probleme des Ich, des Selbstbewusstseins. Deshalb bleibt nur die andere volle und ganze Konsequenz übrig, den Idealismus so auszubilden, dass aus dem Subjekt das Objekt, aus der Vorstellung das Sein erklärt wird. Dieser Idealismus hat darin auch seinen besonderen Grund, dass, wie es auch metaphysisch um die Dinge bestellt sein möge, das Bewusstsein jedenfalls sich selbst das Nächste ist und nur von sich aus auch zur Vorstellung des Seins gelangen kann.

Der Begriff des Wissens kann deshalb auch bei Fichte nicht in der Übereinstimmung von Gegenständen und Vorstellungen gesucht werden, sondern setzt die immanente Bestimmung voraus, dass es innerhalb der Vorstellungen solche gibt, welche mit dem Gefühle der Notwendigkeit auftreten. Kant hat diese einzeln aufgesucht, aber Reinhold hat mit Recht gelehrt, dass das Wissen nur als System möglich ist. Wenn es ein Wissen als kritisches System geben soll, so kann dasselbe nur in einem S y s t e m n o t w e n d i g e r H a n d l u n - g e n d e r I n t e l l i g e n z gesucht werden. Aber zu dieser Aufsuchung muss die Philosophie von einem Satze ausgehen, der in Form und Inhalt durch sich selbst notwendig bestimmt ist. Allein dieser Satz darf nicht der Reinhold'sche sein. Er darf nicht ein totes Wissen von irgendwelchen Verhältnissen und Beziehungen enthalten wollen, sondern er muss notwendig die voraussetzungslose Urhandlung aller Vernunft, er muss den ursprünglichen Prozess des Denkens in sich tragen. Er darf nicht der Ausdruck einer Tatsache sein, sondern derjenige einer Funktion, einer Handlung, welche nichts voraussetzt und alles zu ihrer Folge hat, welche deshalb eine freie Tat im eigentlichsten Sinne des Wortes ist – der Ausdruck einer »Tathandlung«. Diese ursprünglichste und allgemeinste, durch keinen weiteren Inhalt und durch keine Formbeziehung oder Kategorie bedingte Tathandlung besteht darin, dass das Bewusstsein sich selbst denkt. Die rätselhafte Rückbeziehung auf sich selber, welche darin liegt, bezeichnet die Sprache mit dem Worte Ich. In diesem Sinne, nicht als das empirische Selbstbewusstsein einer einzelnen Persönlichkeit, sondern als das allgemeinste und ursprünglichste Handeln des vernünftigen Denkens ist d a s I c h o d e r d a s r e i n e S e l b s t b e w u s s t s e i n d a s P r i n z i p d e r P h i l o s o p h i e .

»Das Ich setzt sich selbst«. Dieser Satz soll im Beginne der Fichte'schen Philosophie nicht eine Tatsache behaupten, sondern vielmehr die Funktion aussprechen, durch welche alles Denken bedingt ist. Die Philosophie soll nicht mit einer Behauptung beginnen. Behauptungen sind immer anfechtbar und niemals ein absolutes Prinzip. Den Anfang der Philosophie bilde nicht irgendein Satz, über den sich streiten lässt oder der Voraussetzungen enthält, sondern vielmehr eine Forderung, die Urhandlung alles vernünftigen Denkens auszuführen. Wie der Geometer damit beginnt, dass er verlangt: Stelle den Raum vor, – so der Philosoph der Wissenschaftslehre mit dem Postulate: Denke dich selbst. Mit diesem Akte des Selbstdenkens wird die Vernunft erzeugt. Sie ist nur durch diesen Akt. Sie ist deshalb nicht etwas von irgendwo anders her Gegebenes oder Ableitbares. Sie entsteht nur durch diesen rätselhaften Akt des sich selber Denkens. Die Vernunft ist die sich selbst schaffende Handlung, das sich selbst erzeugende Tun, und die Philosophie fordert jeden auf, dieses Tun in sich zu erzeugen. Fichtes Verhältnis zu Kant lässt sich hierbei am besten übersehen. Für Kant war die Vernunft mit ihren Formen eine gegebene Organisation, welche in der kritischen Reflexion sich als allgemeine überindividuelle Tatsache offenbarte. Für Fichte besteht diese Organisation nur in der Selbsterzeugung der Vernunft. Seine Lehre enthält die Ausdehnung des Begriffs der Autonomie über die gesamte und speziell über die theoretische Vernunft. Er will zeigen, dass jene überindividuelle Organisation, in welcher Kant den Grund aller Apriorität suchte, überall, an welchem Inhalt sie sich auch entwickle, eine sich selbst erzeugende Tat des vernünftigen Denkens enthalte. Kant hatte diesen Gedanken in der Lehre von der transzendentalen Apperzeption berührt, er hatte darin gezeigt, dass die Kategorien nur die Funktionsformen des reinen Selbstbewusstseins sind, und dieser dunkelste Teil seiner Lehre wurde hier zu dem Lichte, welches den Nachfolgern den Weg zeigte. Der Akt des Selbstbewusstseins, das ist die Summe der Fichte'schen Erkenntnistheorie, ist die ursprüngliche Handlung, aus der die gesamte Vorstellungswelt mit ihrem Inhalte und ihrer Form sich ableitet. Nur wenn man von diesem Standpunkt aus die Kant'sche Lehre betrachtet, verschwinden die Widersprüche, welche sich aus der realistischen Fassung vom Ding an sich ergeben haben. Es ist unmöglich, die Vorstellung durch Dinge bestimmt zu denken. Aber es ist möglich, in den notwendigen Handlungen der Intelligenz diejenige aufzudecken, durch welche die Vorstellung von Dingen und ihrer Realität hervorgebracht wird. Wenn es unter den Funktionen des empirischen Bewusstseins keine solche gibt, so muss der Grund für die Vorstellung von Dingen in einem ursprünglichen Vorstellen, in jenem reinen Selbstbewusstsein gesucht werden, ohne welches auch nach Kant kein empirisches möglich ist. In diesem Sinne erklärte Fichte auch gegen den ausdrücklichen Widerspruch von Kant, dass seine Lehre nichts als der wohlverstandene und konsequent durchgeführte Kritizismus sei, und in diesem Sinne stimmte ihm hinsichtlich der theoretischen Deduktionen S i g i s m u n d   B e c k (1761–1842, später Professor in Rostock) bei, welcher unter Billigung des Meisters einen »erläuternden Auszug aus den Schriften des Herrn Professor Kant« herausgeben hatte und nun, vielleicht schon unter dem Einfluss der Wissenschaftslehre einen dritten Band unter dem Titel: »Einzig möglicher Standpunkt, aus welchem die kritische Philosophie beurteilt werden muss« (1796) hinzufügte. Der reine und volle Idealismus, welchen diese interessante »Standpunktslehre« vertrat, wendete sich namentlich gegen Reinhold, welcher Kant durch seine Fassung der Lehre vom Ding an sich zum Dogmatiker gemacht habe, und suchte den wahren Schlüssel zum Verständnis Kants in der Lehre von der transzendentalen Apperzeption. Es gibt kein Band zwischen Vorstellungen und Dingen an sich. Gegenstände, welche als Norm der Richtigkeit dem individuellen Bewusstsein gegenübergestellt werden sollen, sind mit den Vorstellungen des Letzteren nur dann vergleichbar, wenn sie selbst Vorstellungen sind, und sie können als solche nur dadurch aufgefasst werden, dass sie als Produkte eines »u r s p r ü n g l i c h e n   V o r s t e l l e n s « gelten, welches allem individuellen Bewusstsein vorhergeht. Es ist nicht zu leugnen, dass zwischen diesem Beck'schen Standpunkte und dem Berkeley'schen nur äußerst schwierig die Grenzen zu ziehen sein würden. Aber auf ihm standen auch weder Kant noch Fichte; Kant nicht, insofern er an der Realität der Dinge an sich festhielt, Fichte nicht, insofern er der spiritualistischen Grundlage des englischen Denkers gänzlich fern stand, namentlich aber insofern er die Voraussetzungen für jenes ursprüngliche Vorstellen in der praktischen Vernunft suchte. Auch Beck hat die Lehre vom Ding an sich lediglich als ein theoretisches Problem behandelt und deshalb konnte auch sein Standpunkt nicht der abschließende für dieselbe sein.

Aus jenem Grundprinzip der Fichte'schen Lehre ergibt sich aber sogleich eine Folgerung, welche dieselbe mit allen ihren dialektischen Konsequenzen in einen unversöhnlichen Gegensatz zu der gewöhnlichen Weltauffassung versetzte. Es ist besser, diesen Gegensatz ganz scharf herauszuheben, als ihn zu verdecken: Er enthält den letzten Grund für alles dasjenige, was in der idealistischen Philosophie als Paradoxie erschienen ist und noch heute erscheint. Das naive Bewusstsein kann sich eine Funktion nur denken als den Zustand oder die Tätigkeit eines funktionierenden Wesens. Wie man sich auch das Verhältnis vorstellen mag, immer denkt das nach den gewöhnlichen Kategorien sich vollziehende Denken zuerst Dinge und dann erst Funktionen, welche dieselben ausführen. Die Fichte'sche Lehre stellt dies Verhältnis auf den Kopf. Was wir Dinge nennen, betrachtet sie als Produkte von Tätigkeiten. Wenn man sonst die Tätigkeiten als etwas ansieht, was ein Sein voraussetzt, so ist für Fichte a l l e s S e i n n u r e i n P r o d u k t d e s u r s p r ü n g l i c h e n T u n s. Die Funktion ohne ein funktionierendes Sein ist für ihn das metaphysische Urprinzip. Für das gewöhnliche Bewusstsein scheint eine solche Funktion in der Luft zu schweben und unvorstellbar zu sein. In der Natur, um es am besonderen Beispiel zu erläutern, denkt das naive Bewusstsein die Kräfte und die Bewegungen an existierende Stoffe oder an seiende Atome gebunden: Schon Kants dynamische Naturphilosophie lehrte, dass, was als Stoff erscheint, nur ein Kraftprodukt sei. Bei Fichte führt die konsequente Erweiterung dieses Gedankens zur Zertrümmerung des Ding-an-sich-Begriffes: Für ihn ist alle Realität nur ein Produkt des Tuns.

Hier sieht man am deutlichsten den weiten Abstand, der den deutschen Idealismus von demjenigen eines Descartes oder eines Berkeley trennt. Diese mochten wohl die Körperwelt in Vorstellungen auflösen, aber die Vorstellungen selbst betrachteten sie mit der naiven Weltauffassung als Funktionen denkender Substanzen. Für Fichte ist das Selbstbewusstsein eine Tathandlung, welche, statt eine denkende Substanz vorauszusetzen, vielmehr ihrerseits erst eine solche Substanz erzeugt. Der denkende Geist ist nicht erst und kommt dann hinterher durch irgendwelche Veranlassungen zum Selbstbewusstsein, sondern er kommt erst durch den unableitbaren, unerklärlichen Akt des Selbstbewusstseins zu Stande. Die wahre Geburtsstunde des Menschen ist der Moment, wo er zum ersten Male Ich sagt.

Beginnt also die Philosophie damit, dass sie jeden auffordert, die schöpferische Funktion des Selbstbewusstseins zu vollziehen, so besteht ihr Fortschritt lediglich in der Reflexion auf dasjenige, was in dieser Handlung geschieht und was notwendig mit ihr als weitere Funktion verbunden ist. Dazu gehört nun in erster Linie, dass das Ich, um sich selbst zu bestimmen, sich von allem anderen unterscheiden, dass es sich ein Nicht-Ich gegenübersetzen muss. Aber dieses Nicht-Ich ist doch selbst immer wieder etwas Vorgestelltes, es ist also vom Bewusstsein und im Bewusstsein gesetzt. »Das Ich setzt das Nicht-Ich im Ich«. Auf diese Weise entsteht durch den Akt des Selbstbewusstseins in diesem ein doppelter Inhalt, und, im Bewusstsein vereinigt, heben Ich und Nicht-Ich einander teilweise auf und beschränken sich gegenseitig. Keines von beiden nimmt das ganze Selbstbewusstsein ein, und jedes ist nur in Beziehung auf das andere gesetzt und durch dies andere bestimmt. Subjekt und Objekt – wenn man diese populären Bezeichnungsweisen mit der Vorsicht anwenden will, dass die Kategorie der Substanzialität von beiden noch fern gehalten wird – sind die beiden notwendigen Urgegensätze, welche im Akte des Selbstbewusstseins enthalten sind, und welche nur in Beziehung aufeinander gedacht werden können. So wenig wie ein Subjekt an sich ohne Objekt, so wenig ist ein Objekt an sich ohne Subjekt zu denken. Diese gegenseitige Beziehung entwickelt sich in der Kategorie der Wechselwirkung und führt so zu dem Grundsatze, dass das Ich und das Nicht-Ich einander wechselseitig bestimmen. Denkt man die beiden Verhältnisse, die darin vereinigt sind, gesondert, so zeigt sich auf der einen Seite eine Bestimmtheit des Ich durch das Nicht-Ich, auf der anderen eine Bestimmtheit des Nicht-Ich durch das Ich. Wird im Selbstbewusstsein das Subjekt durch das Objekt bestimmt, so ist die Kausalität diejenige des Grundes, und das Ich verhält sich theoretisch: Wird umgekehrt das Objekt durch das Subjekt bestimmt, so ist die Kausalität diejenige der Tat, und das Ich verhält sich praktisch. So teilt sich nach diesen allgemeinsten Begriffsbestimmungen die Wissenschaftslehre, die Fichte'sche Philosophie, in einen theoretischen und einen praktischen Teil.

Die Aufgabe des Ersteren besteht also in der Entwicklung derjenigen notwendigen Vernunfthandlungen, welche sich aus der Bestimmtheit des Ich durch das Nicht-Ich ergeben. Es ist klar, dass, wenn das Nicht-Ich als Objekt des Ich erscheint, es nur von diesem produziert sein kann. Es ist ebenso klar, dass, wenn es nichts gibt als das Ich und seinen selbstgeschaffenen Inhalt, das eigentliche Problem darin zu suchen ist, dass die an sich unendliche und unbeschränkte Tätigkeit des Ich sich bei jedem besonderen Bewusstseinsakte, der irgendein Nicht-Ich zum Inhalt hat, selbst beschränkt. Das Nicht-Ich beschränkt die Tätigkeit des Ich, aber es ist ja selbst nur eine Funktion im Ich. Es ist also diejenige Funktion, durch welche dasselbe sich selbst beschränkt. Der einzelne Inhalt des Bewusstseins also mit der ganzen Notwendigkeit, mit der er sich darin geltend macht, kann nicht aus einer Abhängigkeit des Bewusstseins von irgendwelchen Dingen an sich, sondern nur aus dem Ich selbst erklärt werden. Nun ist aber alles bewusste Produzieren durch Gründe bestimmt und setzt deshalb immer wieder besonderen Vorstellungsinhalt voraus. Das ursprüngliche Produzieren, wodurch zuallererst das Nicht-Ich im Ich gewonnen wird, kann nicht bewusst, sondern nur bewusstlos sein. Es ist auch nicht durch Gründe bestimmt, sondern absolut frei und grundlos. Die Funktionen also, welche Beck als das ursprüngliche Vorstellen bezeichnete, sind für Fichte grundlos freie Akte, welche eben deshalb nicht als solche, sondern erst in ihren Produkten zum Bewusstsein kommen. Dem empirischen Bewusstsein, für welches der Reinhold'-sche Satz von dem Verhältnis der Vorstellung zum Subjekt und zum Objekt gilt, muss ein unbewusstes Vorstellen vorhergehen, welches, selbst frei und grundlos, den Grund für die Notwendigkeit enthält, mit der der besondere Inhalt dem Bewusstsein sich aufnötigt.

Dies ist der wichtigste Schritt, den Fichte über Kant hinaus tut. Es leuchtet ein, dass dieses bewusstlose, grundlos freie Vorstellen als eine Funktion eben derselben überindividuellen Vernunfteinheit gedacht wird, welche Kant als transzendentale Apperzeption bezeichnete. Während aber Kant auf diese nur die formalen synthetischen Verknüpfungen des Empfindungsmaterials zurückführte, ohne sich um die Begründung des Letzteren zu kümmern, (da er vielmehr dessen Notwendigkeit und Allgemeingültigkeit *eugn ete*), sucht Fichte in der p r o d u k t i v e n   E i n b i l d u n g s k r a f t in erster Linie den Ursprung der E m p f i n d u n g. Die Besonderheit der einzelnen Empfindung ist nicht zu begründen: aus dem empirischen Bewusstsein nicht, weil dieses nicht weiß, wie es dazu kommt; durch Dinge an sich nicht, weil diese überhaupt nicht gedacht werden können; durch die Vereinigung von beiden erst recht nicht. So bleibt nur übrig, sie als eine absolute Urposition zu betrachten und als das Produkt einer vollkommen freien, grundlosen Handlung anzusehen, deren Ursprung in dem überindividuellen Ich zu suchen ist.

Diese Lehre Fichtes hat, recht verstanden und von den Formeln der Wissenschaftslehre befreit, eine enorme Tragweite. Ihr tiefster Gehalt ist der, dass alles Bewusstsein sekundärer Natur ist und auf ein Bewusstloses hinweist, welches ihm den Inhalt gibt. Alle Versuche des Rationalismus, aus dem Wesen des Bewusstseins, aus seinen Formen und Gesetzen auch den Inhalt des Denkens herauszuklauben, werden hier an einer noch viel tieferen Wurzel abgeschnitten als bei Kant. Das empirische Bewusstsein ist nur möglich, wenn sein Inhalt gegeben ist. Der Empirismus war schnell mit der Behauptung bereit, das es eben die Dinge an sich seien, von denen dieser Inhalt des Bewusstseins stamme. Aber die Kant'sche Kritik, wie Fichte sie auffasst, hat die Möglichkeit dieser Erklärung vernichtet. Auch Dinge an sich sind Vorstellungen. Deshalb sieht Fichte den einzigen Ausweg für die Erklärung des gegebenen Bewusstseinsinhaltes darin, dass derselbe aus einem Vorstellen höherer Art, einem freien unbewussten Vorstellen herstamme. Zum zweiten Male wird hier in der deutschen Philosophie der Begriff einer unbewussten Vorstellungstätigkeit entdeckt, aber mit ganz anderem Sinn und in ganz anderem Zusammenhange als bei Leibniz. Dort handelte es sich (und Maimon hatte diesen Gedanken innerhalb des Kritizismus erneuert) um die allmähliche Abnahme der Bewusstseinsenergie bis zu verschwindend kleiner Größe. Hier ist es eine *toto coelo* verschiedene Funktion, als welche das unbewusste dem bewussten Vorstellen gegenübertritt. Jenes ist grundlos und frei, dieses ist begründet und notwendig, jenes ist ursprünglich und originell, dieses ist abgeleitet und abbildlich. Damit rundet sich die idealistische Erkenntnistheorie zu dem geschlossensten System ab, das sie je gefunden hat und finden kann. Was das naive Bewusstsein als eine fremde Welt von Dingen an sich ansieht, ist das Produkt einer unbewussten Vorstellungstätigkeit, welche als die ursprünglichste theoretische Funktion allem empirischen Bewusstsein zu Grunde liegt.

Ist so die Empfindung aus dem überindividuellen Ich deduziert worden, so enthält sie einen Widerspruch im Wesen des Ich und damit eine Aufgabe, welche die Reihe der notwendigen Formen bedingt, in denen sich die theoretische Vernunft entwickelt. Bei der Konstruktion dieser Reihe, welche im Wesentlichen darauf hinausläuft, alle die Vernunftformen darzustellen, die Kants Erkenntnistheorie analysiert hatte, bewegt sich Fichte mehr oder minder ausgesprochen in einem räumlichen, teilweise an optische Verhältnisse erinnernden Bilde, welches mit dem neuplatonischen Schema gewisse Ähnlichkeiten aufweist. Die an sich unendliche Tätigkeit des Ich setzt sich durch die freien Handlungen der produktiven Einbildungskraft überall Schranken. Aber sie ist infolgedessen bei jeder solchen Handlung begrenzt und unbegrenzt zugleich, und sie kann das nur dadurch sein, dass sie, indem sie sich diese Schranke setzt, zugleich auch darüber wieder hinausgeht. Dies Darüberhinausgehen aber ist selbst nur wieder eine Tätigkeit des Ich, also ein Vorstellen, und muss darin bestehen, dass das Ich sich die Schranke, welche es sich selbst gesetzt hat, zum Objekt des Bewusstseins macht. Die Reflexion auf die Empfindung ist die »Anschauung«, in welcher eben deshalb die Empfindung als ein dem Bewusstsein Fremdes, Äußerliches und Gegebenes erscheint, und dieser Prozess wiederholt sich immer wieder. Über die Anschauung hinaus geht die Tätigkeit des Ich zu der »Einbildungskraft« über, die den Inhalt der Anschauung als ein Bild mit der synthetischen Anordnung seiner Bestandteile betrachtet, welche durch die Kategorien bestimmt wird. So erscheinen bei Fichte die Kategorien und mit ihnen auch die sinnlichen Formen von Raum und Zeit als Funktionen der Einbildungskraft, welche bei Kant die Beziehung beider vermittelt hatte. Aber auch über das Bild hinaus muss das Ich seine Tätigkeit entwickeln, indem es als »Verstand« das Bild für einen realen Gegenstand erklärt, der die Ursache der Empfindungstätigkeit enthalte, sodass hier bei Fichte die Kategorie der Kausalität als Grundform der Verstandestätigkeit erscheint. Diese Verstandesreflexion aber weist ihrerseits auf die Fähigkeit des Bewusstseins zurück, sich seinem eigenen Inhalte in freier Abstraktion gegenüberzustellen, und wenn diese Fähigkeit die »Urteilskraft« genannt wird, so wurzelt sie wieder in jenem allgemeinsten Vermögen, mit dem das Ich über jede beliebige Schranke hinausgehen, sie in der Abstraktion fixieren und auf sie als sein eigenes Objekt reflektieren kann. Indem Fichte dieses allgemeinste Vermögen im engeren Sinne als »Vernunft« bezeichnet und dabei auf den Kant'schen Wortgebrauch zurückweist, betrachtet er damit die theoretische Reihe der Handlungen des Ich als geschlossen; denn als der tiefste Grund aller dieser Funktionen ist dieselbe allgemeine Tätigkeit gefunden worden, welche anfänglich das Problem bildete. Damit aber ist zugleich erkannt, dass die theoretische Wissenschaftslehre zwar ein in sich vollständig geschlossenes System bildet, aber ein Grundproblem enthält, welches sie selbst zu lösen nicht im Stande ist.

Es ist keine Frage, dass die Konstruktion, deren Grundzüge hier nur angedeutet wurden, neben den vielen geistreichen Wendungen und feinen Beobachtungen, welche sie enthält, im Ganzen doch durchaus künstlich und zum Teil überaus willkürlich ist. In dem Aufbau der Vernunftformen spielen dabei namentlich die Kategorien die sonderbare Rolle, dass sie an verschiedenen Punkten wiederkehren und dass somit ihre völlig systematische Ableitung nicht als gelungen betrachtet werden kann. Es kommt hinzu, dass das Grundprinzip, wonach jede der deduzierten Handlungen erst durch das System der folgenden begründet erscheinen soll, zwar eine gewisse Berechtigung dafür gibt, dass die späteren Funktionen unvermerkt schon in den früheren mitspielen, dass aber dadurch ein Durcheinanderschillern aller dieser Tätigkeiten zuwege gebracht wird, welches gegen die sorgsame Scheidung, die sich Kant überall zur Aufgabe gemacht hatte, wenig vorteilhaft wirkt. Es zeigt sich schon hier die Gefährlichkeit des dialektischen Prinzips, wonach die verschiedenen Funktionen unter der treibenden Macht einer gemeinsamen Aufgabe auseinander hervorgehen und ineinander umschlagen sollen. Aber es tritt auf der anderen Seite auch die ganze Großartigkeit des Gedankens hervor, die gesamten Formen der Intelligenz als ein System aus einem Guss zu begreifen und die Grundaufgabe desselben in allen einzelnen Formen wiederzuerkennen.

Dies ganze System enthält also nichts als die Reihe der Handlungen, mit denen die Vernunft über jede selbstgesetzte Schranke immer wieder hinausstrebt: Das Wesen der theoretischen Vernunft ist diese Bewegung, sich selbst Grenzen zu setzen und dieselben immer wieder zu überschreiten. Dieselbe hängt also an der Empfindung als der ersten grundlosen und deshalb theoretisch unbegreiflichen Schranke, welche das Ich sich setzt. Den Gegensatz der unbeschränkten und der beschränkten Tätigkeit findet das theoretische Ich als den Grund seiner ganzen Entwicklung vor, ohne ihn verstehen zu können. Jener erste Anstoß für die Entwicklung der ganzen Reihe, der in der Empfindung gesucht werden muss, macht die ganze theoretische Vernunft erst möglich und ist deshalb aus ihr nicht abzuleiten. Die theoretische Vernunft kann keine Rechenschaft darüber geben, weshalb das Ich seine unendliche Tätigkeit durch die freien und grundlosen Handlungen beschränkt und damit den ganzen Prozess veranlasst, der von da aus notwendig durch alle die deduzierten Formen hindurch sich entwickelt. Der Grund dieses Anstoßes kann deshalb nur darin gesucht werden, dass das Ich seinem tiefsten Wesen nach praktischer Natur ist. Die unendliche Tätigkeit, welche das reine Ich ausmacht, würde inhaltslos sein, wenn es für sie nichts zu tun gäbe. Eine Kraft kann sich nur dadurch wirksam erweisen, dass sie einen Widerstand überwindet. Eine unendliche Tätigkeit ist nur dadurch möglich, dass es immer wieder eine Schranke gibt, welche sie ,zu überwinden hat. Um daher unendliche Tätigkeit zu bleiben, muss das Ich sich Schranken setzen, welche es zu überwinden hat. Der Anstoß für die ganze theoretische Reihe, die ursprüngliche Selbstbeschränkung des Ich in der Empfindung geht daraus hervor, dass das Ich eine unendliche Tätigkeit sein soll und als solche eines Widerstandes bedarf, um sich an ihm zu entfalten. Das Ich setzt sich die Schranke, um sie zu überwinden: E s i s t t h e o r e t i s c h , u m p r a k t i s c h z u s e i n.

Den tiefsten Charakter des Ich bildet also die Unendlichkeit seiner Funktion; aber es ist das keine Unendlichkeit des Seins, denn das wäre eine fertige Unendlichkeit, sondern eine Unendlichkeit des Tuns und des Strebens. Es liegt im Wesen der unendlichen Tätigkeit, dass sie ihr Ziel nicht erreichen kann. Sie wäre nicht mehr unendlich, sobald das Streben erfüllt wäre und darin sein Ende hätte. Die Tätigkeit des Ich kann daher nur darin bestehen, dass sie notwendig durch die Satzung der Schranken sich immer neue Aufgaben steckt und über deren Lösung zu neuen Aufgaben fortschreitet. Der empirische Wille findet den Widerstand, an dem er sich betätigen soll, im Nicht-Ich vor: Das unendliche Streben des reinen Ich findet keinen Widerstand vor und muss deshalb selbst ihn sich setzen. Daher seine Selbstbeschränkung in der unbewussten Vorstellung, deren Produkt die Empfindung und das Nicht-Ich ist. Auch die praktische Vernunft kann nicht deduzieren, weshalb deren einzelner Inhalt gerade so und nicht anders bestimmt ist, wie er im Bewusstsein als gegeben erscheint; denn es sind freie, grundlose Handlungen, um welche es sich dabei handelt; aber sie kann im Allgemeinen feststellen, welches der Zweck ist, um dessentwillen alle diese grundlosen Akte des unbewussten Vorstellens, aus denen die objektive Welt hervorgeht, geschehen.

Die Grundbestimmungen der Wissenschaftslehre danach sind folgende. Das reine oder absolute Ich ist die unendliche, nur auf sich selbst gerichtete Tätigkeit (das Tun des Tuns, wie es Jacobi ausdrückte). Diese unendliche Tätigkeit, welche keinen anderen Gegenstand hat als sich selbst, ist aber keine Tatsache; es widerspricht ihrem Begriffe, fertig zu sein, und sie existiert daher nur als unendliches Streben oder T r i e b. Um der Realisierung dieses Triebes willen setzt das reine Ich durch freie Handlungen sich selbst Gegenstände, an denen sich besondere endliche Tätigkeiten entwickeln können, und erzeugt auf diese Weise die Welt der Vorstellung oder die objektive Welt. Der Grund der Welt also ist nicht eine Ursache, die sie mit Notwendigkeit erzeugte, wie im Spinozistischen System, sondern ein Zweck, der durch sie realisiert werden soll. Dieser Zweck ist die Tätigkeit und zwar die Tätigkeit, die um ihrer selbst willen und nicht zur Herbeiführung irgendeines Zweckes da sein soll, die Tätigkeit als Selbstzweck. Das reine Ich ist also nicht gegeben, sondern vielmehr aufgegeben. Die unendliche Tätigkeit ist die Aufgabe, welche selbst niemals realisiert wird, und um derentwillen alle besonderen Tätigkeiten mit allen ihren Produkten, d.h. mit der ganzen objektiven Welt da sind. Die Tätigkeit als Selbstzweck ist aber nichts anderes als die absolut autonome, nach

Kant'scher Bestimmung die s i t t l i c h e T ä t i g k e i t . Wie der kategorische Imperativ das Gesetz der Gesetzmäßigkeit, so ist das unendliche Streben der Trieb, Trieb zu sein, der nur auf sich selbst gerichtete
Trieb oder der Selbstzweck. Das Sittengesetz also, d.h. die Forderung
eines Handelns, welches lediglich sich selbst zum Zwecke hat, ist der
die Welt erzeugende Trieb des absoluten Ich.

Auf diesem ihrem Höhepunkte zeigt sich nun die Fichte'sche Lehre
zugleich in ihrer ganzen Abhängigkeit und in ihrer ganzen Verschiedenheit von der Kant'schen. Der Primat der praktischen Vernunft
über die theoretische ist vollständig durchgeführt: die Letztere gilt
nur noch als ein Ausfluss der Ersteren, und die Umlegung des metaphysischen Standpunktes aus der theoretischen in die praktische Vernunft ist so vollständig vollzogen, dass die Letztere als der Urgrund
der gesamten Wirklichkeit betrachtet wird. Zugleich aber gilt die Analyse der notwendigen Vernunfttätigkeiten nicht mehr bloß als solche,
sondern als die metaphysische Erkenntnis. Die Wissenschaftslehre ist
nicht nur Erkenntnistheorie, sondern zugleich Metaphysik, weil es zu
ihren ersten Prinzipien gehört, dass Dinge an sich überhaupt undenkbar sind und dass es nichts weiter geben kann, als die Vernunft und ihre
notwendigen Produkte. Geht man von der landläufigen Betrachtungsweise aus, welche Denken und Sein einander gegenüberstellt, so lehrt
diese Konsequenz des transzendentalen Idealismus die absolute Identität des Seins mit den notwendigen Handlungen der Vernunft, und in
diesem Sinne pflegt die von Fichte begonnene Richtung als I d e n t i -
t ä t s p h i l o s o p h i e bezeichnet zu werden. Sie charakterisiert sich
in Bezug auf die philosophischen Disziplinen durch die Identifizierung
von Logik und Metaphysik und hat in dieser Hinsicht ihre Wurzeln
in Kants transzendentaler Logik insofern, als schon in dieser die synthetischen Formen der Denktätigkeit als die bestimmenden Gesetze
der objektiven Welt erkannt wurden. Die Restriktion jedoch, welche
Kant durch seine Lehre vom Ding an sich gemacht hatte, fiel schon
bei Fichte fort, und aus der Metaphysik der Erscheinungen wurde wieder eine absolute Metaphysik. Diese Umänderung kam sogleich an
der Behandlung desjenigen Begriffes zutage, der bei Kant das Kriterium für die Möglichkeit einer absoluten Metaphysik gebildet hatte,
der intellektuellen Anschauung. Während Kant diese dem Menschen

absprach, lehrte Fichte, dass die ganzen Untersuchungen der Wissenschaftslehre lediglich auf der i n t e l l e k t u e l l e n S e l b s t a n - s c h a u u n g d e s I c h beruhen. Auch hier ist wieder die Parallele mit der Mathematik überaus lehrreich. Die Apriorität der Mathematik besteht darin, dass dieselbe die notwendigen Funktionen der sinnlichen Anschauung entwickelt. Die Apriorität der Transzendentalphilosophie, lehrt Fichte, besteht darin, dass sie die notwendigen Funktionen der intellektuellen Selbstanschauung des Ich entwickelt. Indem so der menschlichen Erkenntnis die intellektuelle Anschauung zugesprochen wird, bleibt das allgemeine Kriterium der Kant'schen Erkenntnistheorie für Fichte entscheidend. Es gibt eine absolute Welterkenntnis, weil wir die Welt bis auf den letzten Rest aus dem Ich erzeugen. Es gibt Metaphysik, weil wir jene intellektuelle Anschauung besitzen, welche ihre Gegenstände durch das Denken schafft. Formuliert man den Gegensatz beider Denker dahin, so ist klar, dass Fichtes Entfernung von Kant in dem Bestreben wurzelt, die menschliche Vernunft zu einer Weltvernunft zu erweitern. Kant hatte diese Tendenz auf die praktische Philosophie beschränkt, indem er lehrte, dass das Sittengesetz für »alle vernünftigen Wesen« Geltung haben müsse: Fichte dehnte sie auch auf die theoretische Philosophie aus.

Das reine Ich, welches den letzten Punkt seiner Konstruktion bildet, ist also kein Sein, sondern eine Tätigkeit und nicht einmal eine wirkliche Tätigkeit, sondern die Aufgabe einer solchen. Der letzte Grund aller Wirklichkeit liegt im S o l l e n . Das Ich soll unendlich tätig sein. Darum erzeugt es die Welt seiner Vorstellungen als das Objekt für diese Tätigkeit. Das praktische Ich ist der Trieb zum Handeln. In dem einzelnen empirischen Ich ist somit das Sittengesetz nur das Bewusstsein davon, dass das Ich reines Ich, d.h. unendliche, auf sich selbst gerichtete Tätigkeit sein soll und es nicht ist. Aus diesem Widerspruche geht in ewiger Erzeugung die wirkliche Welt hervor. Nicht aus dem Bewusstsein der wirklichen Welt ist das Bedürfnis des Handelns abzuleiten, denn sonst wäre es heteronom und unsittlich, sondern umgekehrt der Trieb zur Tätigkeit schafft die wirkliche Welt. Er schafft sie nur als ein Objekt der Tätigkeit: die Natur hat Sinn nur als Material unserer Nichterfüllung. Deshalb gibt es für die Fichte'sche Lehre keine Naturphilosophie. Er hätte sie nicht geben können, weil ihm, wie es scheint, bei der Einseitigkeit seiner Jugendbildung alle naturwissenschaftlichen Kenntnisse mangelten. Aber die Prinzipien seiner Philosophie erlaubten sie ihm gar nicht. Als einen in sich bestehenden Kausalmechanismus konnte die Wissenschaftslehre die Natur nicht betrachten. Von einer immanenten Zweckmäßigkeit der Natur zu sprechen, war Fichte ein Gräuel. Seine teleologische Naturauffassung besteht nur darin, dass er deduzieren will, die Natur, wie sie da ist, habe erzeugt werden müssen, um als ein Widerstand die Realisierung der sittlichen Aufgabe möglich zu machen. So überträgt sich auch in Fichtes Naturauffassung der Widerspruch, bei dem Kant stehen geblieben war. Beiden Denkern gilt das natürliche Wesen und vor allem das dazu gehörige sinnliche Triebleben des Menschen als etwas dem Sittengesetze Widerstrebendes und die Erfüllung desselben Hemmendes. Aber beiden erscheint doch andererseits dieses selbe natürliche Wesen notwendig, um das sittliche Handeln überhaupt zur Entfaltung zu bringen, und beide betrachten deshalb diesen Widerstand als einen für die sittliche Aufgabe zweckmäßig eingerichteten, der die Erfüllung desselben nicht nur hemmt, sondern vielmehr andererseits nur um derselben willen da ist und durch dieselbe in seinem ganzen Wesen bestimmt wird.

In der besonderen Ausführung der praktischen Philosophie (System der Sittenlehre 1798) geht deshalb auch Fichte von dem Gegensatz des Sinnlichen und des Sittlichen oder des sinnlichen und des reinen Triebes aus, und dieser Gegensatz bestimmt für ihn auch die Auffassung dessen, was Kant das Radikalböse in der menschlichen Natur genannt hat. Wie der eigene rastlos tätige Charakter und das titanische Streben, welche das Wesen von Fichtes Persönlichkeit ausmachen, sich positiv darin kundgeben, dass für ihn das sittliche Handeln die Tätigkeit ist, die nur um der Tätigkeit willen geschieht, so kommen sie negativ darin zutage, dass für ihn die Erbsünde in der Trägheit besteht. Der sinnliche Trieb geht auf die Behaglichkeit, auf die Ruhe und den Genuss, er ist die Schlaffheit des Fleisches. Der sittliche Trieb geht auf die Arbeit, auf das immer neue Ringen und Kämpfen. Wer da handelt, um sich des Fertigen zu freuen, der handelt heteronomisch und unsittlich. Nur der ist der sittliche Mensch, der eine Aufgabe erfüllt zu dem Zwecke, um in ihrer Lösung eine höhere

Aufgabe zu finden. Wie das ewige Soll den Urgrund aller Wirklichkeit bildet, so verlangt auch das Sittengesetz, dass jede menschliche Handlung auf ein Ideal gerichtet sei, welches, niemals vollkommen erreichbar, doch jede besondere Aufgabe des Lebens zu bestimmen hat.

In der Formulierung dieser Aufgabe überschreitet Fichte den subjektiven Standpunkt der Kant'schen Moral dadurch, dass er noch energischer als dieser die Stellung des Menschen als eines Gliedes in der sittlichen Weltordnung ins Auge fasst. Er deduziert, dass die Realisation des sittlichen Endzweckes die Vielheit der endlichen Ich, der empirischen Persönlichkeiten notwendig mache, und knüpft daran sogar eine höchst merkwürdige und künstliche Deduktion von deren leiblicher Existenz. Aber auch diese Vielheit ist nicht als ein Aggregat oder als eine Masse, sondern als ein System zu denken, und sie kann dies nur dadurch sein, dass in dem großen Plane der Realisierung des sittlichen Zweckes jedem einzelnen Ich eine besondere Bestimmung zugewiesen ist. Diese seine Bestimmung hat der Einzelne aus seiner empirischen Existenz und aus seinem sittlichen Bewusstsein zu erkennen und sie als oberste Maxime allen seinen Lebenstätigkeiten zu Grunde zu legen. Seiner Stellung in dem Reiche vernünftiger Wesen macht sich der Mensch nur dadurch würdig, dass er mit dieser seiner Bestimmung all' sein Denken, Wollen und Handeln durchleuchtet, dass er sich ihrer in jedem Augenblicke bewusst bleibt und aus ihr heraus sein ganzes Leben gestaltet. Er weiß sich eben dadurch als ein Glied der gesamten sittlichen Weltordnung und findet seinen Wert darin, an seinem Teile dieselbe zu realisieren. Er denkt nicht an sich, er lebt für das Ganze, für die Gattung: Er opfert sich und seine Glückseligkeit dem Ideal seiner Aufgabe, die in der sittlichen Gemeinschaft der Gattung wurzelt. Für Fichte nimmt daher der kategorische Imperativ die inhaltliche Form an: Handle stets nach deiner Bestimmung. Deshalb war er im Stande, in viel tieferer Weise als Kant die sittliche Bedeutung der wirklichen Lebensverhältnisse, vor allem z.B. der Ehe aufzufassen und viel inniger die großen Institutionen der menschlichen Gesellschaft in ihrer ethischen Tendenz zu begreifen.

In hervorragender Weise hat sich diese hohe sittliche Lebensauffassung bei Fichte selbst in der Umwandlung seiner Auffassung vom Wesen des Staates betätigt. Als er seine »Grundlage des Naturrechts«

(1796) herausgab, stand er noch völlig unter der äußerlichen Auffassung des 18. Jahrhunderts. Er deduzierte zwar hier aus dem Prinzip der Wissenschaftslehre die Vielheit der leiblich organisierten Persönlichkeiten und fand, dass in deren äußerem Zusammenleben die Freiheit jeder einzelnen durch diejenige aller anderen eingeschränkt werden müsse. Aber wenn er den Staat als das Mittel dazu betrachtete, so bezog er die Funktionen desselben eben nur auf den äußeren Zusammenhang und nicht auf sittliche Zwecke. Im Besonderen stellte er sich ganz auf den Rousseau'schen Standpunkt des Staatsvertrages und der Volkssouveränität, fand jedoch, dass die Letztere nicht in einer demokratischen Verfassung zum Ausdrucke komme, sondern verlangte, dass die monarchische Exekutive durch ein Ephorat in ihrer Ausführung des allein gesetzgebenden Volkswillens kontrolliert werden solle. Im Wesentlichen fasste er den Staat von seiner polizeilichen Seite und als eine Regulierungsmaschine für die gesellschaftlichen Assoziationen auf. Für sein nationales Wesen zeigt Fichte um diese Zeit bei einer ausgesprochenen Hinneigung zu kosmopolitischen Vorstellungen keinerlei Verständnis. Von einer Andeutung ethischer Aufgaben des Staates finden sich nur Spuren einerseits in seiner Theorie des Strafrechts, welches er auf einen Abbüßungsvertrag gründet, vermöge dessen der Schuldige, um der durch die Verletzung der Staatsgesetze verwirkten Ausschließung zu entgehen, eine Buße freiwillig übernähme, deren Charakter auf seine eigene Besserung und auf die Abschreckung der Übrigen berechnet sein müsse, andererseits aber ganz besonders in dem Verlangen, dass der Staat die Pflicht habe, jedem seiner Bürger das sittliche Grundrecht, von seiner Arbeit leben zu können, vollauf zu garantieren. Diesem Grundgedanken des Sozialismus hat Fichte eine: genaue und höchst interessante Ausführung in dem »Geschlossenen Handelsstaat« (1800) gegeben. Er entwickelt hier, jenes Verlangen sei nur dadurch zu erfüllen, dass der Staat nicht dem Naturmechanismus der Konkurrenz walten lasse, sondern die gesamte Organisation der Arbeit in seine Hand nehme, dass er deshalb jedem Bürger seine Arbeitstätigkeit anweise und ihm den Lohn für dieselbe in dem entsprechenden Mitgenuss an dem Gesamterwerb des Staates zukommen lasse. Diese Organisation aber setzt voraus, dass der Staat selbst alle Einfuhr und Ausfuhr, d.h. allen Handel mit anderen Staaten in die eigene Hand nimmt. So entwarf Fichte mit seiner rücksichtslosen Konsequenz von jenem Prinzip aus eines der frühesten und interessantesten Bilder des sozialistischen Staatsideals. Aber damit schon hörte der Staat für ihn auf, ein bloßes Polizeiinstitut zu sein und wurde ihm vielmehr ein gesellschaftlicher Organismus.

Noch weiter aber gestaltete sich seine Auffassung um, als der Umsturz der Polizeistaaten in den Napoleonischen Kriegen dem Gedanken einer sittlichen Neubegründung des politischen Lebens Raum und Veranlassung gab. Je mehr dieser letzte Versuch, ein kosmopolitisches Reich zu gründen, den Charakter einer französischen Eroberungspolitik an sich trug, umso energischer wurde gerade dadurch das lange schlummernde Nationalgefühl der Deutschen geweckt. Indem Fichte von diesen Bestrebungen berührt wurde, musste er sie sogleich auf seinen ethischen Grundgedanken beziehen und dem Probleme nachgehen, ob nicht ebenso wie den einzelnen Persönlichkeiten, auch den einzelnen Nationalitäten in dem großen Weltplane eine besondere Bestimmung zukomme, in der mit der Pflicht, sie zu erfüllen, auch das sittliche Recht ihrer politischen Selbständigkeit beruhe. Diesen Gedanken verfolgte er dann mit lebhafter Energie, und in der konstruktiven Weise, die ihm eigen war, deduzierte er in den »Reden an die deutsche Nation« eine so gewaltige und hohe Kulturbestimmung derselben, dass sie fast allein neben den Einseitigkeiten der übrigen Nationen für die Erfüllung des Ideals der Humanität berufen erschien. Was sich in dieser Überschwänglichkeit von Fichtes Nationalenthusiasmus ausspricht, ist das Selbstgefühl der Nation, welche in ihren großen Dichtungen diesem Ideal so nahe gekommen war. Es ist zugleich der radikale, immer gleich bis an die äußersten Grenzen gehende Charakter seines Denkens, welcher ihn zu der Überzeugung führt, dass allein aus der Regeneration der deutschen Nation das Heil für die gesamten verfahrenen und verrotteten Zustände des Zeitalters erhofft werden könne. So betrachtet Fichte die Selbstbefreiung des deutschen Geistes als eine Pflicht, welche die Nation im Hinblick auf ihre Bestimmung zu erfüllen hat. Aber die Deutschen besitzen keine politische Nationalität, sie müssen sie erst erwerben. Nicht durch eine äußere Macht, sondern nur durch eine sittliche Überzeugung kann der deutsche Nationalstaat gegründet werden. Diese Überzeugung muss also geweckt werden, und die Aufgabe der bestehenden Generation kann nur die sein, durch eine nationale Erziehung den Boden für die Zukunft zu bereiten. Das einzige Mittel, die Freiheit wieder zu gewinnen, liegt in der Befestigung der sittlichen Überzeugung und in der Begründung einer gemeinsamen Bildung. Diese allgemeine Tendenz der »Reden« ist wertvoller als vielleicht die einzelnen Vorschläge, welche zum Teil auf die Tendenzen der Rousseau'schen Pädagogik und des Philanthropinismus zurückweisen. Die Nation soll zum Pflichtbewusstsein erzogen werden: das ist das Alpha und Omega der Fichte'schen Predigt. Es ist ein unvergessliches Verdienst, dass Fichte diese großen und bleibenden Wahrheiten mit seinem feurigen Wort den Zeitgenossen ins Herz geredet hat. Die »Reden« haben nicht zum wenigsten die Begeisterung jener Freiheitskämpfer entflammt, welche wenige Jahre darauf auszogen, um für die Neugründung der deutschen Nationalität freilich nur den ersten Kampf auszukämpfen. Auf ihren Fahnen stand in der Tat der kategorische Imperativ. Der große Korse mochte meinen, dass er den »Ideologen« ruhig in Berlin seine Vorträge halten lassen könne. Aber in der geistigen Schlacht, die entbrannte, war es in erster Linie der sittliche Mut der Kant'schen und Fichte'schen Philosophie, welcher dem Genius Bonapartes die Stirn bot.

So überzeugte sich denn Fichte, dass der Staat selbst eines der höchsten sittlichen Güter sei, und dass er andererseits wertvolle sittliche Aufgaben zu erfüllen habe. Denn von einer nationalen Erziehung kann zuletzt nur in dem Falle die Rede sein, dass der Staat selbst die Erziehung in die Hand nimmt und dass er sich zum alleinigen Herrn derselben macht. Deshalb stellte Fichte in seiner späteren Zeit eine der Platonischen sehr nahe kommende Forderung von dem absoluten Erziehungsrecht und der absoluten Erziehungspflicht des Staates auf, und wie für Plato, so wurde konsequenterweise auch für ihn der Stand, welcher die Bildung trägt und die Erziehung leitet, nicht nur zu einem integrierenden, sondern geradezu zu dem wichtigsten Bestandteile der Verfassung. Seine »Vorlesungen über die Bestimmung des Gelehrten« (zuerst Jena 1794) nahmen bei ihrer Wiederholung in Erlangen und Berlin immer mehr die Tendenz an, dass die höchste Aufgabe des Gelehrten die Leitung des Staates sei. Darin drückte sich die Überzeugung aus, dass der Staat kein Mittel zu äußerlichem Rechts- und

Eigentumsschutz, sondern vielmehr eine Organisation sein solle, in der ein ganzes Volk mit gemeinsamer Hingebung an seiner geistigen und sittlichen Bildung arbeite, um dadurch seiner Bestimmung in der Gesamtaufgabe des menschlichen Geschlechtes gerecht zu werden. Fichte hat sich durch sein ethisches Prinzip zu der höchsten und edelsten Auffassung vom Wesen des Staates emporgearbeitet, wenn er dieselbe auch nicht spezifisch wissenschaftlich formulierte, sondern ihr nur einen beredten Ausdruck in seinen populären Vorträgen gab.

Die Lehre von der Bestimmung der einzelnen Nationen weist aber auf eine durch einen gemeinsamen Plan bestimmte Gesamtentwicklung des menschlichen Geschlechtes hin und vollendet sich deshalb nur in einer geschichtsphilosophischen Auffassung. Es gehört zu den Eigentümlichkeiten der von Kant abhängigen Philosophie, dass zu ihren notwendigen Bestandteilen eine Geschichtsphilosophie gehört, welche, statt wie die von Herder begründete Tendenz die natürliche Notwendigkeit, ihrerseits vielmehr das ethische Ziel des historischen Prozesses als den entscheidenden Gesichtspunkt einnimmt. Fichte zuerst ist dem Beispiel Kants gefolgt und hat in den »Grundzügen des gegenwärtigen Zeitalters« (1806) die im Titel ausgedrückte Aufgabe so zu lösen gesucht, dass er die Stellung der Gegenwart innerhalb der Reihe der notwendigen Entwicklungsperioden des Menschengeschlechts fixieren wollte. Er ist sich dabei sehr wohl bewusst, dass eine solche Trennung der »Zeitalter« keine absolute ist, dass dieselben vielmehr, namentlich sofern es sich um die besonderen Persönlichkeiten handelt, sich vielfach ineinander schieben. Eine philosophische Geschichtskonstruktion hat selbstverständlich nur den allgemeinen und durchschnittlichen Charakter der Zeiten zu ihrem Gegenstande. Fichte entwirft dieselbe im entschiedenen Anschluss an Kant als einen Entwicklungsprozess, der von dem Stande der Unschuld durch die Sünde hindurch bis zu der vollendeten Vernunftherrschaft führt. Da für ihn das ganze natürliche Wesen als ein Produkt des Ich gilt, so bezeichnet er den paradiesischen Anfangszustand als denjenigen des »Vernunftinstinktes«, in welchem das Vernünftige bewusstlos durch den natürlichen Trieb vollzogen wird. Wenn darauf das Vernunftgesetz zum Bewusstsein kommen soll, so tritt es dem Menschen zunächst als ein Fremdes, als eine äußerlich gebietende Macht entgegen. Das Gesetz des Ganzen erscheint als »Autorität« dem Individuum gegenüber, als Autorität, der es sich zu fügen gewöhnt ist und gegen die es doch schon sich aufzulehnen vermag. Auf dieses »Zeitalter der beginnenden Sündhaftigkeit« folgt durch die immer fortschreitende Abwerfung der Autorität die vollkommene Entfaltung der individuellen Selbständigkeit. Aber das Individuum, welches sich gegen die Autorität aufgelehnt hat, findet zunächst nur in sich selbst den Maßstab seines Denkens und Tuns. Der Freiheit ungewohnt, verfällt das Geschlecht der Willkür, der Anarchie und dem Egoismus. Erst aus dem Elend dieses Zustandes heraus beginnt das Individuum seine Freiheit auf das rechte Ziel zu lenken und zunächst seine Erkenntnis der Gattungsvernunft zu unterwerfen. Dieses »Zeitalter der beginnenden Vernünftigkeit« muss dann allmählich in das letzte überführen, in die »vollendete Vernünftigkeit«, in der der Wille des Individuums seine volle und wahre Freiheit durch seine bewusste und bedingungslose Unterwerfung unter das Sittengesetz findet.

Diese Bestimmungen sind außerordentlich tief und zu gleicher Zeit außerordentlich charakteristisch für ihren Urheber. Sie kennzeichnen das historische Leben durch das Verhältnis des Individuums zur Gattung. Sie zeigen, dass die Geschichte damit beginnt, dass das Individuum sich gegen die Gattung auflehnt, und darauf hinleitet, dass es aus eigener Einsicht und eigenem Willen sich der Gattungsvernunft unterordnet. Sie berühren jene wunderbarste Tatsache, dass von allen Wesen, die wir kennen, der Mensch auf der einen Seite das zur selbständigsten Ausbildung der Individualität befähigte und zugleich auf der anderen Seite das am meisten durch den sozialen Zusammenhang der Gattung bedingte ist. Sie sind umso interessanter, als Fichte selbst eine überaus scharf ausgeprägte, seine Selbständigkeit bis auf die äußerste Grenze festhaltende Individualität war, und als es andererseits gerade in ihm die bedingungslose Unterwerfung unter das Sittengesetz war, welche er zum innersten Halt seiner Persönlichkeit machte. Aber diese Gedanken werfen noch weiter ein überraschendes Licht um sich. Sie zeigen in noch schärferer Formulierung die überlegene und zugleich vollendende Stellung, welche die neue Philosophie zur Aufklärung einnimmt. Denn jenes dritte Zeitalter, dasjenige der autoritätslosen Anarchie und des egoistischen Glückseligkeitsbestrebens, dies »Zeitalter der vollendeten Sündhaftigkeit« trägt an sich alle Züge der – Aufklärung. Ihr dogmatisches Freigeistertum, ihr flacher Eudämonismus mit seiner Nützlichkeitstheorie, ihre ideallose Selbstgefälligkeit werden von Fichte mit schonungslos einschneidender Kritik gebrandmarkt, und der einzige Wert, den er diesem gefährlichen Abschütteln der Autorität zuerkennt, ist der, dass es schließlich doch die Vorbedingung für jenes selbständige Denken bildet, wodurch die individuelle Vernunft in sich die höhere Gesetzgebung aufzufinden vermag. Von der Aufklärung, wie Kant und Fichte auf sie herabsehen, gilt das Wort: »Es sind nicht alle frei, die ihrer Ketten spotten«, und wenn Fichte in seiner Zeit die ersten Anfänge für das Zeitalter der beginnenden Vernünftigkeit sah, so fand er dieselbe nur in dem Sinne, dass die neue Philosophie mit dem ganzen sittlichen Ernste ihrer Denkarbeit und ihrer Weltansicht berufen und befähigt sei, das Bewusstsein der Gattungsvernunft in den Individuen zu begründen und zu bekräftigen. In diesen Gedankengängen von Kant und Fichte liegt die tiefste Selbsterkenntnis der modernen Denkbewegung. Mit der Entfesselung des Individuums, mit der Abwerfung der Autorität beginnt sie, und mit der kritischen Versenkung in die menschliche Gattungsvernunft und deren sittlichen Grundcharakter vollendet sie sich.

Alle moral- und geschichtsphilosophischen Untersuchungen Fichtes weisen durch den teleologischen Grundbegriff der »Bestimmung« auf eine s i t t l i c h e   W e l t o r d n u n g hin, und der Begriff derselben kann bei Fichte nur mit dem höchsten philosophischen Prinzip, mit dem absoluten Ich identisch sein. Der letzte Grund aller Wirklichkeit, das letzte Ziel alles Geschehens liegt in der sittlichen Weltordnung. Sie ist das Absolute in Fichtes Lehre. Wie bei Spinoza, den Fichte immer als seinen äußersten Gegensatz betrachtet und von dem er gerade deshalb schon in seiner ersten Periode der Wissenschaftslehre mehr abhängig war als er glaubte, wie bei Spinoza die absolute Substanz, die *causa sui*, als *natura naturans* bezeichnet wurde, so wird von Fichte das absolute Ich, der Selbstzweck, der o r d o   o r d i n a n s genannt: und wie für Spinoza die Naturnotwendigkeit, so ist für Fichte die sittliche Weltordnung – Gott. Die R e l i g i o n s p h i l o s o p h i e ist auf diesem ersten Standpunkte der Wissenschaftslehre derjenigen Kants in der Begründung durchaus konform, in ihrem Inhalte dagegen doch wesentlich von derselben verschieden. Auch Fichte lehrt lediglich eine Moraltheologie. Auch bei ihm stützt sich der Glaube an die Gottheit durchaus auf das sittliche Bewusstsein, wenn auch Fichte vermöge des innigen Ineinandergreifens, welches die Wissenschaftslehre zwischen der theoretischen und der praktischen Vernunft ansetzte, den Gegensatz des Erkennens und des Glaubens nicht mehr so scharf wie Kant akzentuierte. Für ihn basiert sich jedoch der Glaube an die sittliche Weltordnung, der ihm mit demjenigen an die Gottheit identisch ist, auch nur auf die ethische Überzeugung, dass nicht nur der Wert, sondern auch die Wirklichkeit aller Dinge in dem sittlichen Streben und in ihrer ethischen Bestimmung begründet ist. Für den populären und konfessionellen Standpunkt war diese Lehre freilich in der Tat Atheismus. Auf dem Standpunkte der Wissenschaftslehre kann die Gottheit gar nicht als Sein, als ein existierendes Wesen gedacht werden. Denn sie wäre in diesem Falle nicht ursprünglich, sondern abgeleitet, da alle Realität für Fichte erst ein Produkt des Tuns ist. Fichte macht vielmehr von der allgemeinen Gewöhnung der Philosophen Gebrauch, den Namen der Gottheit für den höchsten metaphysischen Begriff in Anspruch zu nehmen, und dieser ist eben bei ihm das Tun des reinen Ich oder die absolute Funktion der sittlichen Weltordnung. Auch für Fichte hat deshalb Gott die Merkmale der Weltschöpfung und Weltregierung. Aber man muss seine Philosophie ganz verstanden haben, um einzusehen, weshalb sein Gottesbegriff nicht die Merkmale der Realität, der Substanzialität, der Persönlichkeit tragen konnte, welche für den populären Begriff des Wortes unerlässlich erscheinen. Für Fichte ist die Gottheit das absolute sittliche Ideal, welches, obwohl selbst niemals real, doch den Grund aller Realität in sich trägt. Unser Glaube an sie beruht deshalb lediglich auf dem Bewusstsein dieses Ideals, auf jenem wahren und höchsten Selbstbewusstsein, welches uns sagt, dass wir das reine Ich sein sollen und dass wir nur das empirische sind, auf dem Gewissen, welches die Triebkraft unserer ganzen Existenz bildet. Man darf diese Lehre als e t h i s c h e n P a n t h e i s - m u s bezeichnen: das ἕν καὶ πᾶν ist für sie das Sittengesetz. Fichtes viel verschlungene Lehre vom Selbstbewusstsein enthält das pantheistische Problem in seiner rein ethischen Gestalt. Den innersten Widerspruch im individuellen Selbst bildet das sittliche Bewusstsein davon, dass dieses Selbst bestimmt ist, in das Absolute aufzugeben, und dass es dieser Aufgabe niemals genügen kann. So zeigt sich auch hier Fichtes Lehre in ihren Grundzügen durch das Problem bedingt, welche Stellung das Individuum dem Universum gegenüber hat. Der für die gesamte moderne Philosophie so überaus wichtige Gegensatz des Individualismus und des Universalismus tritt bei ihm in seiner rein ethischen Bedeutung hervor und ist deshalb geradezu in das Gewissen hineinverlegt.

Die Lehre von der Gottheit als dem *ordo ordinans* mit ihrer Leugnung des Seins der Gottheit ist die strikte Konsequenz der »Philosophie des Tuns«, welche den ersten Standpunkt der Wissenschaftslehre charakterisiert. Von ihr aus muss die von den Historikern der Philosophie vielfach ventilierte Frage entschieden werden, ob die Darstellungen der Wissenschaftslehre nach 1800 ein zweites, ein verändertes System zu ihrem Inhalte haben. Und von diesem Gesichtspunkte aus muss die Frage entschieden bejaht werden. Denn in der zweiten Lehre erscheint bei Fichte die Gottheit als das absolute Sein, was sie auf dem ersten Standpunkte gar nicht sein konnte. Diese Veränderung ist nur dadurch möglich, dass jener Philosophie des Tuns, welche Fichte zuerst vertrat, inzwischen die Spitze abgebrochen worden war. Welche Veranlassungen jedoch dazu vorlagen, kann erst an späterer Stelle besprochen werden; denn dieselben bestehen in Rückwirkungen, welche Fichte selbst von den Konsequenzen erfuhr, die andere aus seiner ersten Lehre gezogen hatten.

§64. Der physische Idealismus

Schelling und die Naturphilosophie

Die große historische Wirkung Fichtes beruht nicht auf der Bildung einer Schule. Die Wissenschaftslehre war ein viel zu sehr von der Individualität ihres Urhebers bestimmtes und getragenes System, als dass sie eine strenge Heeresfolge in weiterer Ausdehnung hätte hervorrufen können, und sie stand mit ihrer abstrakten Tendenz auch den übrigen Wissenschaften zu ferne, um unmittelbar auf dieselben zu wirken. Dies war nur dadurch möglich, dass Männer von ausgebreiteterer Kenntnis und von persönlich lebhafterer Berührung mit den übrigen Wissenschaften das Prinzip der Fichte'schen Lehre für deren Behandlung flüssig zu machen suchten. Dabei jedoch erfuhr dasselbe notwendig mancherlei mehr oder minder tief greifende Umgestaltungen. In diesem weiteren Sinne darf der ganze Kreis der folgenden Träger der deutschen Philosophie als die Schule Fichtes ebenso sehr wie als diejenige Kants bezeichnet werden. Von Fichte sind persönlich und sachlich alle die großen systematischen Formen der Philosophie angeregt, welche in diesem Kapitel noch darzustellen sind, und dadurch ist er der entscheidende Durchgangspunkt für das Hervorgehen aller folgenden Systeme aus Kant geworden. Seine nächsten Anhänger, welche an der Wissenschaftslehre festzuhalten suchten, Männer wie N i e t h a m m e r , F o r b e r g , S c h a d , M e m e l , S c h a u m a n u.a. haben es zu keiner Bedeutung gebracht: Umso wichtiger ist diejenige positive Weiterentwicklung der Wissenschaftslehre geworden, deren hervorragendster Träger in mehreren Phasen Schelling ist.

F r i e d r i c h W i l h e l m J o s e p h S c h e l l i n g , 1775 zu Leonberg in Württemberg geboren, erhielt seine Ausbildung hauptsächlich auf der lateinischen Schule zu Nürtingen und auf dem Seminar zu Bebenhausen und bezog im Jahre 1790 die Tübinger Universität, an der er als Schüler des Stifts eine vertraute Freundschaft mit Hölderlin und Hagel schloss. Die Ideale des klassischen Altertums, dessen Studien mit demjenigen der Philosophie an dieser Anstalt als Basis für das-theologische Fachstudium gelten, wurden für die Bildung der drei Freunde in gleicher Weise bedeutsam und entscheidend. Für Hölderlin haben sie das tragische Geschick seines Geistes bedingt: für die beiden Philosophen dagegen ist die griechische Gedankenwelt der fruchtbare Boden geworden, in welchen sie das junge Reis der neuen Philosophie einpflanzten, um es zur Blüte und zur Frucht zu bringen. Das innige Verständnis, welches beide der klassischen Bildung entgegenbrachten, hat sie – und Hegel freilich noch mehr als Schelling – dazu befähigt, auf dem Gebiete des philosophischen Denkens dieselbe Versöhnung des deutschen und des griechischen Genius herbeizuführen, welche unsere großen Dichter in ihren Werken darstellen. Schellings allseitige Natur verlangte jedoch bald nach einer

Ergänzung dieser Bildung durch die moderne Naturwissenschaft, und nachdem er die theologische Laufbahn aufgegeben hatte, benutzte er eine Hofmeisterstellung in Leipzig, um sich eingehend diesen Studien zu widmen. Inzwischen hatte er sich vollkommen in die Kant'sche und Fichte'sche Lehre hineingearbeitet und schon in den Jahren 1794–96 eine Reihe von Schriften veröffentlicht, in denen er die Prinzipien des transzendentalen Idealismus nach der Fichte'schen Auffassung teilweise glücklicher und fasslicher entwickelte als Fichte selbst, und er beherrschte in dieser frühen Jugend die Gedanken dieser Lehre derartig, dass er bereits 1797 daran gehen konnte, seine Anwendung der Wissenschaftslehre auf die philosophische Naturerkenntnis zu veröffentlichen. Infolgedessen wurde er 1798 als außerordentlicher Professor nach Jena berufen und begann zuerst neben Fichte eine nicht minder erfolgreiche akademische Wirksamkeit. Allein bald brachte die Fortbildung der Wissenschaftslehre eine Umgestaltung derselben hervor, die Fichte ebenso wenig anerkannte, wie Kant Fichtes Auffassung seiner Lehre. Dazu kam, dass der Umgang mit den Vertretern der romantischen Schule, vor allem den beiden Schlegels, der zuerst in Dresden angesponnen ward und sich dann in Jena fortsetzte, Schellings Auffassungen denjenigen Fichtes immer mehr entfremdete, und so vollzog sich allmählich zwischen beiden Männern ein Bruch, der auch äußerlich und öffentlich die bedauerliche Form gegenseitiger Beschuldigungen und Verdächtigungen angenommen hat. Ähnlich ist es später zwischen Schelling und Hegel gegangen, noch akuter und gereizter ist das Verhältnis, in dem sich Jacobi und die Identitätsphilosophie zueinander befanden, und so muss leider gesagt werden, dass das Bild jener großen Zeit vielfach durch persönliche Zwistigkeiten getrübt ist. Die Wärme der Überzeugung, mit der diese Männer ausnahmslos von der Wahrheit ihrer Lehren durchdrungen waren, machte sie in der Behandlung der Andersdenkenden rücksichtslos, und der bedeutende Kampf ums Dasein, welchen hier die Weltanschauungen führten, brachte teilweise eine grobe Form der Polemik hervor, die schließlich in der Brutalität Schopenhauers kulminierte. Als Fichte Jena verlassen hatte, beherrschte einige Jahre lang Schelling dies Zentrum der philosophischen Bewegung. Dann trat Hegel hinzu, mit dem er in den ersten Jahren des neuen Jahrhunderts das »Kritische Journal der Philosophie« herausgab. Inzwischen gestalteten sich seine persönlichen Verhältnisse in Jena mit und ohne seine Schuld immer unerfreulicher, und er folgte daher gern einem Rufe nach Würzburg, wo die neue bayerische Regierung eine bedeutende Universität zu schaffen versprach. 1806 siedelte er dann an die Münchener Akademie der Wissenschaften über, und als wenige Jahre darauf ihm seine Frau, die ehemalige Gattin Wilhelm Schlegels, Caroline, entrissen worden war, verfiel er für lange Zeit in literarische Untätigkeit. Er hielt gelegentlich in Stuttgart Privatvorlesungen; er trat auch einmal in ein freies Verhältnis zur Universität Erlangen, vermöge dessen er an derselben Vorlesungen hielt. Erst als König Ludwig die Universität München gründete, übernahm er 1827 an derselben die Vertretung der Philosophie. Inzwischen hatte sich nach auswärts die Meinung verbreitet, dass Schelling in der Stille ein neues philosophisches System entwickelt habe, welches nicht nur den Hegel'schen Rationalismus von Grund aus widerlege, sondern auch dem religiösen Bedürfnis vollkommen Rechnung trage. Aufgrund dessen wurde er von Friedrich Wilhelm IV. bei dessen Regierungsantritt an die Berliner Akademie berufen und ging 1841 darauf ein. Aber die hochgespannten Erwartungen, welche man auf seinen Erfolg gesetzt, wurden getäuscht. Der Eindruck, den er anfangs machte, verblasste sehr schnell, und so zog er sich nach wenigen Jahren gänzlich aus der Öffentlichkeit zurück. Er ist 1854 im Bade Ragatz gestorben.

Schelling ist der Hauptträger für die Entwicklung der Identitätsphilosophie. Er hat die meisten ihrer Phasen nicht nur mitgemacht, sondern mit schöpferischer Initiative hervorgerufen. Er ist durch sein ganzes Leben hindurch, dem eigenen Triebe und den mannigfachsten Einflüssen folgend, in einer stetigen Umbildung seiner Lehre begriffen gewesen. Nur die Kontinuierlichkeit dieser Umbildung lässt es erklären, dass er selbst fortwährend behauptete, nur immer in neuer Form denselben Gedanken auszuprägen, und dass er sich über die großen Gegensätze täuschte, welche zwischen den Lehren seiner verschiedenen Perioden obwalten. In der Tat könnte man ihm kein größeres Unrecht tun, als wenn man ihn beim Worte nehmen und die gesamten 14 Bände seiner gesammelten Werke (1856–61) als ein einheitliches System interpretieren wollte. Sie zeigen vielmehr den Gang, den ein bedeutender Geist vom Jüngling bis zum Greise gegangen ist, und den die deutsche Philosophie mit ihm mitgemacht hat. Eine gewaltige und geniale Kraft ist es, welche diese Metamorphosen erlebt hat, und welche nur vermöge der unendlichen Reichhaltigkeit ihrer geistigen Interessen hintereinander so verschiedene Wege einzuschlagen vermocht hat. Sieht man von jenen Jugendjahren ab, in welchen Schelling als ein zwar völlig reifer und ebenbürtiger, aber doch eben nur als ein Schüler von Fichte erscheint, so sind es fünf verschiedene Perioden, die mit teilweise sehr leisen und allmählichen Übergängen sich in seiner Entwicklung unterscheiden lassen und ihn mit allen Gedänkenströmungen der nachkantischen Bewegung in wechselndem Kontakt zeigen. Ungefähr mit Jahreszahlen begrenzt, können dieselben folgendermaßen bezeichnet werden: die Naturphilosophie 1797–99, der ästhetische Idealismus 1800 und 1801, der absolute Idealismus 1801–4, die Freiheitslehre 1804–13 und die positive Philosophie, der Standpunkt seines Alters.

Der Punkt, an welchem Schelling die Fichte'sche Lehre zunächst fortzubilden beabsichtigte und dann unwillkürlich umzubilden sich genötigt sah, betraf die darin entschieden verkümmerte Naturerkenntnis. In der Wissenschaftslehre galt die Natur nur als Mittel zur Realisation des sittlichen Zwecks. Aber sie sollte doch auch hier so betrachtet werden, als ob sie eben um dieses Zweckes willen von der Vernunft gesetzt wäre, d.h. als ein Produkt der Vernunft, welches deshalb die Züge seines Ursprunges an der Stirn tragen müsse. Nun hatte zwar auch Kant eine Abhängigkeit der Natur von der Intelligenz gelehrt. In der transzendentalen Analytik schrieb der Verstand der Natur ihre Gesetze vor. Aber diese Gesetzmäßigkeit war bei Kant nur die mechanische. Die teleologische Betrachtung galt ihm eben nur als solche und nicht als eine philosophische Erklärungsweise des Naturzusammenhanges. Und gerade indem er die teleologische Betrachtung abwies, hatte Kant auf die wissenschaftliche Erkenntnis vom Ganzen der Natur und von der Rolle, welche innerhalb desselben die besondere Eigentümlichkeit der einzelnen Erscheinung spiele, Verzicht getan. Fichte umgekehrt, der Kenntnis der kausalen Gesetzmäßigkeit fernstehend, hatte die Natur lediglich in allgemeinster Weise teleologisch deduziert oder einzelne ihrer Formen, z.B. den menschlichen Organismus aus besonderen Zwecken erklärt. Er war aber nicht im Stande gewesen, diesen Gesichtspunkt bis in die Gliederung der besonderen Naturerscheinungen zu verfolgen. Er hatte nur behaupten, aber nicht beweisen können, dass die ganze Natur ein zweckmäßiger Zusammenhang sei, der zur Lösung der sittlichen Aufgabe diene.

Hierauf richtet sich das jugendliche Denken von Schelling. Diese Idee soll ausgeführt, die Natur soll als ein großes System erkannt werden, welches aus der Vernunft hervorgegangen ist, um ihrem Zwecke zu genügen. In der Wissenschaftslehre erschien der einzelne Inhalt der Empfindung, aus welcher wir unsere Erfahrung von der Natur schöpfen, als eine freie Handlung der produktiven Einbildungskraft, also der unbewussten Intelligenz. Aus dem unbewussten Wesen dieser Schöpfertätigkeit erklärt sich der mechanische Charakter, welchen der Naturprozess an sich trägt und welchen Kant hinsichtlich der wissenschaftlichen Behandlung hervorgehoben hat. Aber es ist Vernunft, was dabei in der unbewussten Form wirkt, und daraus erklärt sich das zweckvolle Ineinandergreifen dieses Kausalmechanismus, welches für Kant nur ein Gegenstand der Betrachtung war. Soll aber die Natur als ein teleologisches System erscheinen, so kann der Zweck, um dessentwillen das Ganze da ist, immer nur wieder in der Vernunft gesucht werden. Es kann jedoch nicht die sittliche Handlung selbst sein, da diese niemals durch den natürlichen Mechanismus, sondern immer nur durch Freiheit möglich ist. Der Zweck der Natur kann also nur darin bestehen, eine Bedingung zu realisieren, unter der die sittliche Handlung allein möglich ist. Diese Bedingung ist die bewusste Intelligenz, und wenn deshalb auf dem Standpunkte der Wissenschaftslehre mit dem Versuch einer teleologischen Deduktion der Natur Ernst gemacht werden soll, so muss sie als ein System von Prozessen aufgefasst werden, dessen höchster Zweck die Produktion der bewussten Intelligenz bildet. Die Natur muss als die unbewusste Form des Vernunftlebens aufgefasst werden, welche keine andere Tendenz hat, als die bewusste zu erzeugen. Die Natur ist die Odyssee, in welcher nach mancherlei Irrwegen der Geist zuletzt schlafend seine Heimat, d.h. sich selbst findet. Auch im System der Wissenschaftslehre wird die Empfindung nur produziert, damit die Intelligenz in der bewussten Anschauung darüber hinausgehe. Die Basis aber, auf der dieser Zweck allein erfüllt wird, ist das organische Leben und im Besonderen das menschliche. Das animalische Leben also ist jenes höchste Produkt der unbewussten Intelligenz, in welchem ihr Zweck, das Bewusstsein, zur Verwirklichung kommt. Soll es eine philosophische Naturerkenntnis geben, so besteht dieselbe darin, den gesamten Naturprozess als ein zweckmäßiges Zusammenwirken von Kräften zu betrachten, welche von den niedersten Stufen aus in immer höherer und feinerer Potenzierung zur Genesis des animalischen Lebens und des Bewusstseins führen. Die Natur darf nicht als ein zufälliges Nebeneinander von Erscheinungen und Gesetzen, sondern sie muss selbst als ein großer Organismus gedacht werden, dessen gesamte Teile nur dazu da sind, das Leben und das Bewusstsein zu Stande zu bringen. Die Philosophie der Natur ist die Geschichte des werdenden Geistes. Sollte bei Fichte die gesamte Wissenschaftslehre eine Geschichte des Bewusstseins sein, so wendet Schelling diesen Begriff auf die Natur als auf das Produkt der Vernunft an und verlangt, dass die verschiedenen Stufen ihres Lebens als die Kategorien der Natur, d.h. als die notwendigen Formen begriffen werden, in denen die Vernunft aus der unbewussten in die bewusste Gestalt emporstrebt.

Dieser Grundgedanke der Schelling'schen Naturphilosophie kam in sehr glücklicher Weise den Strömungen entgegen, welche zu seiner Zeit in der Naturwissenschaft sich geltend machten. Dieselbe zeigt in der neueren Zeit eine Art von oszillatorischer Bewegung zwischen der Vertiefung in die Aufgaben der besonderen Forschung und dem zusammenfassenden Überblick über die Gesamtheit der von ihr gewonnenen Naturerkenntnis. Ist sie in dem einen Falle in Gefahr, sich in die Kuriositäten der Detailforschung zu verlieren, so hat sie in dem anderen Falle darüber zu wachen, dass sie den Boden der tatsächlichen Begründung nicht unter den Füssen verliert. Jedes Mal, wenn eine Zeit lang eine dieser Richtungen vorwiegend befolgt worden ist, macht sich die entgegengesetzte Tendenz wieder geltend, und nur ein anderer Ausdruck für diese Tatsache ist es, dass die moderne Naturforschung abwechselnd bald die Philosophie flieht, bald zu ihr hinstrebt. Schellings Bestrebungen fielen in eine Zeit, in welcher wieder einmal das Letztere der Fall war und in welcher sich der Naturforschung selbst überall die Tendenz bemächtigt hatte, den Zusammenhang der

Naturkräfte ins Auge zu fassen und die Verwandlungen der identischen Grundkräfte in die scheinbar spezifisch verschiedenen Erscheinungsformen zu beobachten. In diesem Bestreben beruhte die große Bewegung, welche um jene Zeit sich der gesamten Naturforschung bemächtigte und durch eine Reihe neuer Entdeckungen begünstigt wurde. Von besonderer Wichtigkeit war dabei die Elektrizitätslehre, welche seit der Mitte des Jahrhunderts in rapider Weise gefördert worden war und bereits zu der für die Naturphilosophie namentlich wichtigen Coulomb'schen Theorie des Gegensatzes von einem positiven und einem negativen elektrischen Fluidum geführt hatte. Schon ahnte man, dass zwischen dieser und der magnetischen Polarität ein geheimnisvoller Zusammenhang obwalte. Schon begann man, die Beziehungen zu studieren, in welchen dieselbe zum chemischen Prozesse steht, und schon hörte in Folge der Entdeckung der Oxydation durch Priestley und Lavoisier die alte phlogistische Theorie auf, die Anschauungen der Chemiker zu beherrschen. Von besonderer Wichtigkeit aber war in dieser Bewegung Galvanis Entdeckung der sogenannten tierischen Elektrizität. Der elektrische Prozess, der sich für die Übergänge in den anorganischen Erscheinungen, für den Zusammenhang physikalischer und chemischer Vorgänge so wichtig erwies, schien auch für die organische Natur eine entscheidende Bedeutung zu gewinnen, er schien so gewissermaßen den Übergang aus dem unorganischen in das organische Dasein zu vermitteln und eine Lösung der alten Rätselfrage zu versprechen, wie man sich den einheitlichen Charakter der Natur in dem Gegensatze dieser beiden Reiche gewahrt denken sollte. Die Frage nach dem Verhältnis der Organismen zu dem Mechanismus der unorganischen Welt hatte das achtzehnte Jahrhundert auf das lebhafteste bewegt, und auch in Deutschland waren die Bestrebungen im Fluss, welche keine Kluft zwischen beiden annehmen wollten, welche aber gerade deshalb auch zu einer neuen Auffassung von dem Zusammenhange der Organismen untereinander gedrängt wurden. Es galt den Proteus des Lebens in der Identität zu erfassen, welche allen seinen wechselnden Gestaltungen zu Grunde liegt. Schon 1759 hatte Kaspar Friedrich Wolff seine »*Theoria generationis*« herausgegeben, welche die Identität der physiologischen Grundform im Tier- und Pflanzenreiche behauptete und zum Staunen des Zeitalters den Parallelismus in dem morphologischen Bau der Fledermaus und des Pflanzenblatts nachwies. In dieselbe Richtung gehören die bahnbrechenden Untersuchungen G o e t h e s . Seine Entdeckung des Zwischenknochens fügte den menschlichen Organismus morphologisch dem gemeinsamen Schema der höheren Wirbeltiere ein. Seine »Metamorphose der Pflanze« darf als der erste Versuch zur Ausführung der biologischen Theorie angesehen werden, welche von dem Grundsatze aus, dass jeder Organismus immer nur wieder aus organischen Teilen besteht, die Differenzierung der einheitlichen Grundform durch alle Gebilde des Lebens hindurch verfolgt. So begann die junge Wissenschaft der vergleichenden Morphologie, die später durch Goethes und Okens Theorie von der Bedeutung des Schädels als eines entwickelten Wirbels lebhaft gefördert wurde, die Täuschung zu durchschauen, welche in dem gewöhnlichen Bewusstsein durch die Verschiedenheit der äußeren Konfiguration der Organismen entsteht, als ob jede Art derselben völlig unabhängig von den übrigen auf einen besonderen Ursprung zurückgeführt werden müsse, und es dämmerten die ersten Ahnungen davon herauf, dass das ganze organische Reich in der Reihenfolge seiner Formen eine einzige große Entwicklung darstelle, einen Lebensprozess, welchem nicht nur die Individuen, sondern auch die Arten unterworfen seien, dass es vor allem ein und dasselbe allgemeine Gesetz sei, welches in allen Entwicklungsstufen des Individuums und der gesamten Natur gleichmäßig zu Grunde liege. Und schon fing man an, daran zu denken, dass auch die anormalen und pathologischen Erscheinungen auf dieselben Gesetze, wie die normalen, in letzter Instanz zurückgeführt werden müssten. Jene entwicklungsgeschichtliche Auffassung des organischen Lebens war schon von den französischen Philosophen und Naturforschern mehrfach geäußert worden; namentlich Männer wie Robinet und Bonnet, welche mit dem Leibniz'schen System vertraut waren, hatten darauf hingewiesen. Auch Kant gab in der Kritik der Urteilskraft wenigstens die Möglichkeit eines solchen »kühnen Unternehmens« zu, und nach seiner Anregung veröffentlichte 1793 K i e l m e y e r seine bedeutende Schrift »über das Verhältnis der organischen Kräfte in der Reihe der verschiedenen Organisationen«. Es kam dabei der Grundgedanke zutage, dass die Verschiedenheit der Organismen zuletzt auf das verschiedene Maßverhältnis derselben organischen Grundkräfte zurückgeführt werden müsste, welche, überall dieselben, durch ihre verschiedene Verteilung die Besonderheiten der einzelnen Arten und Individuen bedingten. Von solchen Vorstellungen ließ sich leicht die pathologische Hypothese ableiten, welche die Genesis der anormalen Zustände in eine Verschiebung des normalen Gleichgewichts der Grundkräfte versetzte. In dieser Beziehung wurde namentlich Hallers Lehre von der Irritabilität des Nervensystems und die sogenannte Erregungslehre von John Brown von großer Wichtigkeit.

Alle diese Bewegungen in einem Kopfe vereinigt und unter den gemeinsamen Gesichtspunkt der Wissenschaftslehre gebracht, geben Schellings Naturphilosophie. Dieselbe ist zuerst in seinen »Ideen zur Philosophie der Natur« (1797), dann in der Abhandlung »Von der Weltseele, eine Hypothese der höheren Physik« (1798), weiterhin in dem »Entwurf eines Systems der Naturphilosophie« (1799) dargestellt. Außerdem kommen die später geschriebenen Einleitungen und Vorreden zu diesen Schriften, besonders aber eine Reihe von Abhandlungen in den Zeitschriften in Betracht, welche Schelling im Interesse der Naturphilosophie herausgab, auch als er dieselbe bereits einem hohem Gesichtspunkte unterordnete, der »Zeitschrift für spekulative Physik«, die er 1800 gründete, der »Neuen Zeitschrift für spekulative Physik«, welche 1804 erschien, und der »Jahrbücher der Medizin als Wissenschaft« (1806–1808). Es kann kein Zweifel darüber sein, dass die Angriffe, welche diese Lehren später von Seiten der Naturforscher erfahren haben, zum großen Teil berechtigt waren. Aber die Unrichtigkeiten, denen Schelling verfiel, wurzelten zum größeren Teile in dem unvollkommenen Zustande der Naturwissenschaft selbst. Für die Ausführung des Gedankens, ein System der Natur zu konstruieren, war die exakte Forschung damals noch weniger reif, als sie es jetzt noch ist, und wo in der empirischen Kenntnis die Zwischenglieder fehlten, da glaubte Schelling diese Lücken durch Hypothesen ausfüllen zu dürfen, welche er aus seinem Grundgedanken konstruierte. Wo er damit fehlgriff, da hat die spätere Forschung von ihrer experimentellen Sicherheit her auf ihn herablächeln zu können vermeint; wo er damit späteren Theorien und Nachweisungen vorgriff, da hat man von glücklichen Zufällen und unbewiesenen Einfällen gesprochen. Aber man hat nicht bedacht, dass es gerade diese genialen Konzeptionen waren, welche die exakte Forschung der Folgezeit auf den Weg der Untersuchungen geführt haben, mit denen sie jene Einfälle durch positive Erkenntnis widerlegen oder beweisen konnten. Man hat vor allem vergessen, dass gerade für die Entwicklung der exakten Forschung der naturphilosophische Gedanke, die Natur wieder als ein Ganzes zu fassen und die Identität ihres Wirkens in der Mannigfaltigkeit ihrer Formen zu verstehen, eine mächtige Förderung gewesen ist. Wenn die Tendenz einer einheitlichen Naturerklärung den heutigen Naturforschern als selbstverständlich erscheint, so mögen sie nicht übersehen, dass die Ausführung derselben durch das Prinzip, die Umsetzung der Naturkräfte ineinander zu verstehen, in universeller Weise zuerst von Schelling versucht worden ist.

Diese Bedeutung der Naturphilosophie bleibt bestehen, auch wenn sich herausstellen sollte, dass ihr Versuch, das identische Wesen des ganzen Naturprozesses aus dem Zwecke desselben zu begreifen, misslungen ist. In der Art, wie Schelling von der Wissenschaftslehre aus diese Aufgabe erfasste, lag es begründet, dass sein Versuch der Lösung derselben nur t e l e o l o g i s c h ausfallen konnte. D i e N a t u r i s t d i e w e r d e n d e I n t e l l i g e n z . Sie ist die bewusstlose Vernunft, welche Ich werden will. Ihr Wesen besteht daher in dem Triebe, der sein Ziel im Bewusstsein hat. Sie erreicht dies Ziel im animalischen Leben, und das L e b e n ist deshalb der Richtbegriff der gesamten Naturphilosophie. Schelling geht dabei von dem Kant'schen Gedanken aus, der für den Standpunkt der damaligen Naturforschung noch mehr als heute berechtigt war, dass aus einer Natur, deren Prinzipien man von vornherein mechanisch gefasst habe, das Leben niemals begriffen werden könne. Deshalb muss man die Sache umkehren und die Natur aus dem Zweck des Lebens begreifen, welcher in der Wissenschaftslehre aus dem Wesen des Ich deduziert worden ist. Somit sieht Schelling als das ursprüngliche und einheitliche Wesen der Natur ihr Leben an. Was in ihr tot erscheint, ist nur erstarrtes oder noch nicht vollkommenes Lehen. Man darf ihre Erscheinungen nicht in ihrer Vereinzelung auffassen; sie ist vielmehr nichts als ein großer Lebenszusammenhang, ein ewiges Ineinandergreifen der Kräfte, in welchen es nur auf die Lebendigkeit des Ganzen ankommt. Das war derselbe Gesichtspunkt der Naturauffassung, welchen aus seinem ästhetischen Bewusstsein heraus Goethe vertrat, und dieser bildete daher den ersten Berührungspunkt zwischen Schelling und dem großen Dichter. Eine merkwürdige und höchst interessante Beziehung gewann diese Lehre zu S p i n o z a . Die Lehre des vergessenen und geschmähten Juden hatte in dem 9. Jahrzehnt des 18. Jahrhunderts in Deutschland plötzlich eine neue Macht gewonnen. Es ist das Verdienst Lessings, ihre Bedeutung erkannt zu haben, und das ungewollte Verdienst Jacobis, durch den Streit, der sich zwischen ihm und Mendelssohn über den Spinozismus Lessings im Anschluss an Jacobis »Briefe über die Lehre Spinozas« (Berlin 1785) entwickelte, die Aufmerksamkeit darauf noch mehr gelenkt zu haben, als durch seine eigene Behauptung, der Spinozismus sei die vollendete Form aller Wissenschaft. Jedenfalls wurde Spinozas Lehre um dieselbe Zeit, als die Kritik der reinen Vernunft ihre ersten Erfolge erlangte, zu einem Gegenstand eifrigen Studiums in Deutschland, und der Gegensatz, in welchem sie zur Kant'schen Freiheitslehre stand, welcher aber andererseits durch Kants Anerkennung der absoluten Notwendigkeit in der Erscheinungswelt sich aufheben ließ, wurde nicht nur für Fichte zu einem wichtigen Momente in der Weiterentwicklung des philosophischen Geistes. Für die Wirkung jedoch, welche dasselbe ausübte, war weniger der Spinozismus selbst als die Auffassung desselben entscheidend, welche H e r d e r und G o e t h e hatten und welche sich nun auch Schelling mitteilte. Sie übersahen dabei freilich vollständig den Gegensatz, in welchem sie sich mit ihrer im tiefsten Grunde vitalistischen Naturauffassung zu der rein mechanischen Formalität Spinozas befanden, und sie bewunderten an diesem nur seinen großen Gedanken eines absolut einheitlichen, unendlichen Naturzusammenhangs. Auch Spinoza freilich hatte zwischen anorganischer und organischer Natur keinen Sprung und keine Verschiedenheit anerkannt, und diese Universalität des Prinzips zog Herder, Goethe und Schelling zu ihm hin. Aber es wurde dabei vergessen, dass das Prinzip der Natureinheit bei Spinoza das mechanische, hier dagegen das organische war.

Aber auch darin fühlte sich die Naturphilosophie wie Goethe dem Spinozismus verwandt, dass beide ihren Blick auf das a l l g e m e i n e L e b e n d e r g e s a m t e n Natur richteten. Für beide galt deshalb das Individuum nur als eine vorübergehende Erscheinung in dem Gesamtprozess. Auch für die Wissenschaftslehre war das individuelle Ich nur ein Mittel für das allgemeine, das individuelle Bewusstsein nur der notwendige Durchgangspunkt für die ewige und unendliche Realisierung des absoluten Zwecks. Deshalb sind auch der Naturphilosophie die Individuen mit ihrem Sonderbewusstsein nicht die letzte Absicht der Natur, aber ihre notwendigen Mittel. Denn das Leben, auf das es allein ankommt, ist, wie Fichte deduziert hat, nur im Kampf und im Austausch der Kräfte möglich, und das Individuum beruht, wie schon sein Springpunkt, die Empfindung, nur darauf, dass entgegengesetzte Kräfte einander hemmen, binden und beschränken. Alles individuelle Dasein in der Natur ist ein vorübergehender Moment, in welchem das Wechselspiel der Kräfte zum Stillstand kommt, um sogleich wieder zu beginnen.

Der Antagonismus entgegengesetzter Kräfte ist also das eigentliche Wesen der Natur, worauf ihr Leben ruht. D u a l i s m u s u n d P o l a - r i t ä t bilden die Grundform alles natürlichen Geschehens, und dasselbe besteht immer in der Synthesis antagonistischer Momente. So wird das triadische System der Wissenschaftslehre zum Prinzip für die gesamte Deduktion der Naturphilosophie, und in diesem Sinne wird für Schelling der Magnet in seiner untrennbaren Vereinigung polar entgegengesetzt wirkender Kräfte zum Typus der gesamten Naturkonstruktion. Alles Leben ist das Produkt entgegengesetzter Kräfte, und jede einzelne Naturerscheinung kommt nur als Synthesis antithetischer Kräfte zu Stande. Damit betritt Schelling den Boden von Kants d y n a m i s c h e r N a t u r a n s c h a u u n g . Was in der Natur als Ding erscheint, was Stoff oder Atom genannt wird, ist nur das Produkt von Kräften. Die Naturphilosophie verlangt dieselbe Abstraktion von der naiven Weltauffassung, wie die Wissenschaftslehre. Was als Seiendes erscheint, ist ein Produkt des Tuns. Auch in der Natur sind nicht zuerst Dinge da, Körper, Stoffe, Atome oder wie man sie sonst genannt hat, welche Kräfte haben und mit ihnen funktionieren, sondern das Wesen der Natur ist der Trieb und die Kraft, und die physische Realität entspringt erst als deren Produkt.

Nur so ist nach der Naturphilosophie die Einheit des Naturlebens zu verstehen. Sie ist unbegreiflich, wenn lauter selbständige Dinge da sein sollen, die nach Gesetzen, von denen niemand weiß, woher sie kommen und was sie mit diesen Dingen zu tun haben, in Zusammenhang treten. Sie ist aber völlig verständlich, wenn diese Dinge nur die Produkte von Trieben und Kräften sind, welche sämtlich nur die Ausgestaltung eines Urtriebes sind, der sich in die Gegensätze spaltet, um zu leben und um sein Ziel zu erreichen. Nicht als ein Aggregat von Atomen in mechanischen Beziehungen, sondern als das einheitliche Leben einer Urkraft, die in immer wechselnder Gestaltung ihrem Ziele zustrebt, ist das System der Natur zu begreifen. Diese Ahnung schwebte den Denkern vor, welche von einer »W e l t - s e e l e « gesprochen haben, deren lebendige Entfaltung das Universum sei. Weltseele ist das Ich, welches aus dem unbewussten Triebe zum bewussten Leben kommen will und welches durch alle Gestalten der unorganischen und der organischen Natur sich zu dieser Selbsterfassung emporringt; es ist der »Riesengeist«, der sich versteinert findet, der sich wunderlich reckt und dehnt, die rechte Form und Gestalt zu finden, und der endlich in einem Zwerge – »heißt in der Sprache Menschenkind« – vor sich selber staunt.

Hinter dieser großartigen Konzeption des Ganzen bleibt nun freilich die besondere Deduktion, in der die Naturphilosophie die notwendige Umbildung der Naturkraft aus den niederen in die höheren Formen zu konstruieren unternimmt, bedeutend zurück. Es zeigt sich dies vor allem darin, dass Schelling selbst in den verschiedenen Darstellungen die »Kategorien der Natur« nicht immer in der gleichen Reihenfolge und die teilweise sehr gekünstelten Übergänge aus der einen in die andere in sehr verschiedener Weise entwickelt hat, wenn auch selbstverständlich die Grundzüge des Systems dieselben geblieben sind.

Den Ausgangspunkt bildet immer Kants dynamischer Begriff von der Materie. Der Gegensatz der zentrifugalen und der zentripetalen Kraft erschien umso fundamentaler, als auch Fichte in der Deduktion der Empfindung das Verhältnis der unendlichen zu der beschränkenden Tätigkeit des Ich darauf zurückgeführt hatte. Hatte dieser daraus die subjektive Erscheinung der Empfindung abgeleitet, so deduziert nun Schelling mit Kant die objektive Erscheinung der Materie aus demselben Gegensatze, welcher in diesem Falle als derjenige der

Repulsion und der Attraktion auftritt. Auf das Intensitätsverhältnis dieser beiden Kräfte sucht Schelling mit Kant die Funktionen der Schwere, der Kohäsion, der Elastizität, besonders aber die verschiedenen Aggregatzustände und in einigen Darstellungen sogar einen Teil der chemischen Eigenschaften zurückzuführen. Der gesamten ponderablen Materie tritt aber sodann als der notwendige Gegensatz die imponderable oder der Äther hinzu, und aus der Synthesis, aus der gegenseitigen Hemmung beider, deduziert Schelling das Licht und die Wärme. Erst auf der höheren Stufe jedoch tritt das der Natur eigentümliche und auch in dem Verhältnis der ponderablen zur imponderablen Materie noch verdeckte Grundgesetz der Dualität und der Polarität klar und deutlich hervor. Dieselbe beginnt mit den elektrischen Erscheinungen, deren tieferen Grund Schelling im Magnetismus sucht. Wenn die spätere Forschung das Verhältnis geradezu umgekehrt hat, so ist doch nicht zu vergessen, dass es wesentlich auf Veranlassung dieses Schelling'schen Hinweises war, als die ersten experimentellen Untersuchungen über den Zusammenhang der Elektrizität und des Magnetismus von Oerstedt gemacht wurden. Die höchste Form der Polarität glaubte endlich Schelling in den chemischen Wirkungen des elektrischen Prozesses sehen zu dürfen, und in dieser Beziehung wurde namentlich die Entdeckung der Volta'schen Säule (1800) für die Naturphilosophie von großer Bedeutung. Endlich bildet der Galvanismus den Übergang in die organische Welt. In dieser hält sich die Schelling'sche Konstruktion wesentlich mit Kielmeyer an das Verhältnis der drei Grundkräfte der Reproduktionsfähigkeit, der Irritabilität d.h. der physischen Reizbarkeit und der Sensibilität d.h. der animalen Empfindungsfähigkeit. In den niedern Organismen überwiegt die Reproduktion nicht nur in der ungeheuern Masse der Vermehrung, sondern auch darin, dass das einzelne Individuum fast nichts Anderes als ein Durchgangspunkt in der Kontinuität der Gattung ist und dass seine selbständige Funktion und noch mehr seine Empfindungstätigkeit von der allergeringsten Ausdehnung ist. In dem Stufenreich der Organisation kehrt sich dies Verhältnis allmählich um; die Reproduktion nimmt immer mehr ab, sowohl hinsichtlich ihrer Masse, als auch hinsichtlich der Bedeutung, welche sie im Leben des Individuums einnimmt, dagegen wächst umso mehr dessen

Verschiedenheit in der Reaktion auf äußere Einflüsse, und die Fähigkeit der spezifischen Reaktion auf spezifische Reize gipfelt endlich in der bewussten Empfindung. In den höchsten Organismen überwiegt deren Sensibilität derartig, dass die beiden andern Funktionen untergeordnet erscheinen, und dabei erreicht zugleich die Reproduktion ihre vollkommenste, die polare Form; sie tritt als geschlechtliche Zeugung auf. So zeigt sich das ganze Reich der Organismen als eine Variation des Verhältnisses dieser drei Funktionen. Diese seine Einheit tritt in dem gemeinsamen Typus der Organisation hervor, welchen die vergleichende Anatomie zutage gefördert hat. Die Verschiedenheit dagegen tritt in der Gestalt eines kontinuierlichen Fortschritts auf, in welchem durch die feinsten und zartesten Übergänge die niedere Form allmählich in die höhere übergeht. Dieses Verhältnis bezeichnet Schelling als E n t w i c k l u n g . Er hat weder geleugnet noch andererseits ausdrücklich behauptet, dass dieser Übergang des Unvollkommenen in das Vollkommenere eine historische Tatsache d.h. ein zeitlicher Prozess sei, und seine Entwicklungslehre ist daher nicht im eigentlichsten Sinne als Deszendenztheorie aufzufassen. Die Entwicklung ist für ihn ein ideelles Verhältnis, dasselbe wie bei den großen Philosophen des Altertums und wie bei Leibniz; sie will nur sagen, dass die Stufenleiter der Natur ein System von Erscheinungen bilde, in welchem jede einen bestimmten Platz im Verhältnis zu den übrigen einnimmt und in dessen Zusammenhange sich die Grundidee in allen ihren Beziehungen ausbreitet. Diese Entwicklungslehre enthält somit nicht sowohl eine Theorie der kausalen Erklärung, als vielmehr eine Deutung der Erscheinungen. Sie will die Bedeutung begreifen, welche im System des Ganzen dem Einzelnen gebührt; sie ist in letzter Instanz eine Lehre von dem Werte, welcher den einzelnen Erscheinungen in Bezug auf den Gesamtzweck der Natur zukommt. Darum sind alle ihre Deduktionen, alle ihre Vermittlungen und Übergänge teleologisch gemeint, und sie wird nur in dem Sinne auch zu einer Deszendenztheorie, als sie von dem Gesichtspunkte der Wissenschaftslehre ausgeht, dass der Ursprung aller Dinge in dem Zweck zu suchen sei, den sie zu erfüllen haben. Der Übergang der Naturformen ineinander ist bei Schelling nicht mechanisch, sondern teleologisch bedingt. Das war der Grund, weshalb die Naturforschung mit seinen

Auffassungen des Zusammenhanges der einzelnen Naturkräfte und insbesondere der organischen Arten direkt nichts anzufangen wusste. Er will gar nicht die mechanische Kausalität verstehen, wodurch diese Umwandlung vollzogen wird, sondern er begnügt sich damit, zu zeigen, dass der allgemeine Zweck der Natur diese Umwandlung notwendig mache, und er betrachtet diese teleologische Notwendigkeit als den zureichenden Grund ihrer Wirklichkeit. Darin liegt sein großer Abstand von der Kant'schen Teleologie. Für Kant war die Betrachtung der Zweckmäßigkeit das heuristische Prinzip für die Aufsuchung des kausalen Mechanismus, für Schelling ist sie wie für Fichte ein metaphysisches Prinzip der Erklärung. Dieser Abstand ist gerade so weit wie derjenige zwischen dem Kritizismus, der die Metaphysik auf die Erscheinungen beschränkt, und der Wissenschaftslehre, welche durch Aufhebung des Ding-an-sich-Begriffes den Boden für eine neue Metaphysik gewann.

In der Sensibilität der Organismen gipfelt das System der Natur. Sie endet da, wo die bewusste Intelligenz anfängt: bei der Empfindung. Durch die Stufenreihe der Kräfte hindurch erreicht sie zum Schluss den Zweck, auf den sie in bewusstloser Notwendigkeit hindrängt. In dem ganzen Stufenreiche ihrer Erscheinungen ist sie nichts als werdender Geist. Sie ist deshalb im eigentlichen Sinne die sichtbar gewordene Vernunft. Die natürliche und die vernünftige Welt sind im tiefsten Grunde identisch. Die eine enthält unbewusst, was die andere im Bewusstsein hat, und der ewige Prozess der Natur ist nur der, in ihrem bewusstlosen Triebe den Geist zu erzeugen. Mit dieser Durchführung des naturphilosophischen Prinzips überschritt Schelling, ohne dass er es wollte, den Standpunkt der Kant'schen und Fichte'schen Weltauffassung. Der ethischen Metaphysik, welche diese beiden lehrten, war der Gegensatz von Natur und Vernunft wesentlich gewesen. Aber sie waren freilich in mehr als eine Schwierigkeit dadurch verwickelt worden, dass auch sie die Vernunftgesetzgebung in der Natur nach der einen oder der anderen Richtung hin anzuerkennen genötigt waren. Indem Schelling damit völlig Ernst machte und die Natur restlos in Vernunft aufzulösen suchte, gab er jenen Gegensatz auf, und so wurde für ihn die Natur ein reines Vernunftprodukt. Damit charakterisiert sich diese Lehre, welche in der Natur nichts anderes als die bewusstlose Erscheinung der Vernunft sehen will, als physischen Idealismus.

Die Naturphilosophie hatte einen mächtigen Erfolg und gewann in kürzester Zeit eine Reihe bedeutender und begeisterter Anhänger. Ihr ideenreicher Versuch, in der Natur den Geist wiederzuerkennen, übte eine zündende Anregung aus. Aber diese Wirkung war nicht so glücklich wie sie lebhaft war. Sie selbst schon überschritt die rein wissenschaftliche Behandlung der Natur und betrachtete ihr Objekt vielfach unter Analogien und Deutungen, die, mochten sie noch so geistreich konzipiert sein, doch schließlich mehr der Phantasie als dem strengen Denken angehörten. Dies Verhältnis trat, wie immer, noch weit mehr bei den Schülern als bei Schelling selbst hervor. Es bemächtigte sich der ihm Nahestehenden eine Art von Rausch der Naturspekulation, und die Phantasie begann, mit ihrem Spiel von Deutungen, Vergleichungen und Kombinationen jene Orgien zu feiern, welche ihr später die Verachtung der exakten Wissenschaft zugezogen und den Namen der Naturphilosophie zu einem Schmähwort gemacht haben. Am meisten wirkte Schellings Lehre auf poetisch angelegte Gemüter. Seine Konstruktion der Natur war ja selbst mehr ein großartig gedachtes Gedicht als ein wissenschaftliches System, ein Gedicht von einer reizenden Schönheit, für welches, wie bei Dichtungen üblich, nur die Beweise fehlten. Wenn er im Leben der Natur das leise Heraufdämmern des Geistes schilderte, so ist es begreiflich, wie ihn freudig die Dichter begrüßten, die in den Gestalten der Natur, in den phantastischen Bildungen des äußeren Daseins, die Stimmungen und die Geschicke der Seele wiedergespiegelt fanden. So sah sich Tieck von der Naturphilosophie tief ergriffen, und vor allem die Märchendichtung, deren Art es ja ist, den Geist in die Natur hineinzutragen, musste der Schelling'schen Lehre wie ihrem wissenschaftlichen Zwillingsbruder entgegenkommen. Auf diese Weise begannen in der Naturphilosophie Poesie und Wissenschaft ineinander zu verschwimmen. In der analogischen Betrachtung der Natur verwischten sich ihre Grenzen, und die Phantastik fing an, sich für Wissenschaft zu halten. Als ein Typus dafür dürfen die abgerissenen Bemerkungen gelten, welche N o v a l i s (Friedrich von Hardenberg 1772–1801) in seinen »Fragmenten« niederlegte. Neben feinen und geistreichen Wendungen finden sich hier Sätze, in denen das empirische Denken kaum mehr den Rest eines Sinnes zu entdecken vermag. Da heißt die Natur eine versteinerte Zauberstadt oder ein enzyklopädischer Index unseres Geistes, da heißt aber auch der Raum ein Niederschlag aus der Zeit, das Wasser eine nasse Flamme, heißt Farbe das Bestreben des Stoffs, Licht zu werden, und umgekehrt, – da ist Denken Galvanisation, da soll im Schlaf der Körper die Seele verdauen usf. Geht dabei die geistreiche Analogie in Phrase über, welche umso gefährlicher ist, als sie eine tiefe Erkenntnis zu sein glaubt, so sind doch andererseits viel wertvollere Wirkungen von der Naturphilosophie ausgegangen. Sie bot eben doch neben diesen spielenden Deutungen eine Reihe bedeutender Gesichtspunkte dar, welche sich für die Naturwissenschaften fruchtbar entwickeln sollte. So wendete vor allen S t e f f e n s (ein geborener Norweger, 1773 geboren, in Deutschland gebildet und als deutscher Universitätslehrer tätig, in Berlin 1845 gestorben) in seinen »Beiträgen zur inneren Naturgeschichte der Erde« (1801) das Schelling'sche Prinzip auf die in der Umwälzung begriffene und durch seinen Lehrer Werner in Freiberg mächtig geförderte Wissenschaft der Geologie an und stellte zuerst aufgrund der Tatsachen die Idee einer geologischen Entwicklungsgeschichte des Planeten auf, vermöge deren derselbe sich in allmählicher Umbildung zum Träger des organischen Lebens und zu immer höherer Ausbildung desselben befähigt habe. So verfehlt die einzelnen Hypothesen gewesen sein mögen, in denen er diesen Gedanken durchführte, so groß bleibt das Verdienst des Letzteren selbst, und auch dieser beruhte doch schließlich auf dem teleologischen Grundprinzip Schellings, dass alles Leben auch der sogenannten unorganischen Natur in dem Zwecke wurzele, den Geist zu erzeugen. Am meisten jedoch lassen sich selbstverständlich die Anregungen Schellings auf dem Gebiete der organischen Naturforschung verfolgen. Es war ausdrücklich unter seinem Einfluss, dass C a r u s (1789–1869) die vergleichende Anatomie in Deutschland einbürgerte. Der Nachweis der Identität des Baues in der Fülle der Organismen galt auch ihm nur als ein Beweis für die Einheitlichkeit des Planes, nach welchem das gesamte Leben von der unvollkommensten bis zur vollkommensten Form aufgebaut ist. Ein wahrhafter fruchtbarer Vertreter aber dieses Prinzips war L o r e n z O k e n (1779–1851). Er ist neben Goethe für Deutschland der Begründer der Entwicklungsgeschichte; auch er lehrte (»Die Bedeutung der Schädelknochen« 1807) die Theorie, dass man im Schädel nur eine höher entwickelte Form des Wirbels zu sehen habe, er behauptete bereits ausdrücklich, dass das ganze Stufenreich der Organismen, die Tiere so gut wie die Pflanzen, durch allmähliche Umbildung aus einem organischen Urschleim entstanden sei, welcher, in unendlicher Weise differenziert, den Stoff aller Organismen bilde. Er gliederte das ganze Tierreich nach dem teleologischen Gesichtspunkte, dass die sechs verschiedenen Systeme, welche er in der physiologischen Funktion des Menschen annahm, in den sechs Grundklassen des Tierreiches die innerhalb jeder derselben mannigfach variierten Typen darstellen sollen, sodass das ganze Tierreich überall den zerstückten Menschen enthält. Er betrachtet also auch den ganzen Prozess der Organisation als einen Weg der Entwicklung, den die Natur durch viele verfehlte Bildungen hindurch nimmt, um zu der Erreichung des Zwecks der bewussten Intelligenz erst im Menschenleben zu gelangen. Aber ihm lösen sich diese Betrachtungen vollständig von dem Prinzip der Wissenschaftslehre ab, ihm ist schon die Natur – nicht ohne Einfluss Spinozas – eine vollkommen selbständige Existenz, er tritt ganz zum physischen Pantheismus über und sucht denselben in einer Weise zu begründen, deren Formeln bereits auf Schellings absolutes Identitätssystem (vgl. §66) zurückzuführen sind. – Aber das Prinzip der Naturphilosophie leitete noch über das organische Leben hinaus in die Psychologie hinüber. Galt die Natur als bewusstlose Intelligenz, so musste der Übergang von ihr zum Bewusstsein zuletzt in jenen dunklen Regionen des Geisteslebens gesucht werden, welche dem bewussten Vernunftleben in uns zu Grunde liegen. Vom Standpunkt der Naturphilosophie aus musste sich daher für die Psychologie das Bestreben geltend machen, diese »Nachtseite« der menschlichen Psyche, diesen unbewussten Untergrund des bewussten Lebens eingehend zu erforschen und ihn als den wahren Übergang der organischen Natur in das vernünftige Dasein zu begreifen. Solche Tendenzen finden sich bei Carus (»Vorlesungen über Psychologie« 1831 und »Psyche, zur Entwicklungsgeschichte der Seele« 1846), bei Steffens (»Anthropologie«, Breslau 1822), bei B u r d a c h (»Anthropologie« 1827), vor allem aber

bei S c h u b e r t (1780–1860), der dem allgemeinen Publikum wie
Oken als Verfasser verbreiteter Handbücher der Naturgeschichte
bekannt ist. Seine »Ahndungen einer allgemeinen Geschichte des
Lebens« (1806–1821), mehr noch seine »Geschichte der Seele«
stellen diesen Gesichtspunkt in den Vordergrund, und von demselben aus beschäftigte er sich besonders mit der unbewussten Basis der
psychischen Störungen, mit den geheimnisvollen Erscheinungen des
Somnambulismus und jenem rätselhaften Ineinandergreifen bewus-
ter und unbewusster Tätigkeiten, welches die menschliche Psyche auf
der schwanken Grenze der natürlichen und der vernünftigen Welt
erscheinen lässt.

§65. Der ästhetische Idealismus

Schiller und die Romantiker

Die Naturphilosophie, vom Prinzip der Wissenschaftslehre aus begonnen und anfänglich derselben untergeordnet, war bei Schelling mehr
und mehr zu einer selbständigen Disziplin gereift. Sie erschien ihm
jetzt als eine Ergänzung der Wissenschaftslehre. Zeigte die Letztere,
wie das Ich um seines praktischen Zweckes willen die Natur als das
Nicht-Ich setzt, zeigte sie, wie das Ich Natur wird, so hat die Naturphilosophie die umgekehrte Aufgabe, zu entwickeln, wie die Natur zum
Ich wird. Indem Schelling noch daran festhält, sich mit Fichte einig
wissen zu wollen, fasst er dies Verhältnis so auf, dass die Philosophie
oder Wissenschaftslehre nach den allgemeinsten Grundbestimmungen sich in zwei, einander umgekehrt korrespondierende Teile zer-
lege, einen objektiven, welcher als Naturphilosophie die Entwicklung
der Natur zum Bewusstsein darstelle, und einen subjektiven, welcher
die in Fichtes Wissenschaftslehre behandelte Geschichte des Bewusstseins zu seinem Inhalt habe. Diesen subjektiven Teil der Philosophie
benannte Schelling jetzt mit dem Namen der Transzendentalphilosophie oder des t r a n s z e n d e n t a l e n I d e a l i s m u s. Indem er
aber an die selbständige Bearbeitung dieser zweiten philosophischen
Grundwissenschaft geht, bilden sich ihm unter der Hand die Fich-

te'schen Gedanken derartig um, dass das Gesamtbild dieses notwendigen Systems der Vernunfthandlungen ein wesentlich anderes wird. Zu dem Gegensatze der theoretischen und der praktischen Wissenschaftslehre, welcher sich selbstverständlich in diese neue Phase des Schelling'schen Denkens hinüberzieht, tritt der Begriff einer dritten Vernunftfunktion hinzu, welche in der Versöhnung des Gegensatzes den Abschluss des Systems und die Krönung des Gebäudes bildet. Aus den Grundbestimmungen der Kant'schen Philosophie und aus der schon durch die Naturphilosophie bekundeten Einwirkung der Kritik der Urteilskraft auf das Schelling'sche Denken ist von vornherein abzusehen, dass diese verknüpfende Funktion nur die ästhetische sein kann. Wenn aber so der ganze Entwurf, den Schelling hier von der Transzendentalphilosophie machte, auf die Überwindung des Gegensatzes von theoretischer und praktischer durch die ästhetische Vernunft hinausläuft, so lagen die Prämissen dafür zwar vollständig schon in Kants Philosophie; allein, bevor Schelling sich derselben bemächtigte, hatten dieselben bereits eine Weiterbildung erfahren, die jetzt für ihn bestimmend wurde. Dieselbe war nicht von allgemein philosophischem Interesse, sondern von spezifisch ästhetischen Tendenzen ausgegangen, welche durch Kants Werk eine mächtige Anregung erfahren hatten. Ihre Träger waren daher Dichter, welche sich in Bezug auf die Theorie des ästhetischen Lebens mit der neuen Philosophie auseinanderzusetzen suchten und dadurch die für die Weiterentwicklung entscheidende Verschmelzung der philosophischen und der poetischen Bewegung herbeiführten. So wurde die Ä s t h e t i k nicht nur das lebendige Zwischenglied zwischen beiden, sondern auch auf der einen Seite eine Macht in der poetischen Produktion, auf der andern Seite ein wesentliches Moment für die philosophische Weltauffassung. Nach beiden Richtungen hin ist diese Wirkung eine mächtige gewesen, aber sie hatte auch nach beiden ebenso ihre gefährlichen wie ihre segensreichen Folgen. In der Dichtung gab sie zu einer philosophischen Vertiefung Anlass, welche die höchsten und wertvollsten Interessen des menschlichen Denkens zu Objekten einer poetischen Darstellung machte, von der Schillers sogenannte philosophische Gedichte das unerreichte und unvergleichliche Muster sind. Aber sie führte zugleich durch das Überwiegen des theoretisierenden Moments eine Absichtlichkeit und Gekünsteltheit herbei, die der poetischen Produktion schadete, wie es namentlich bei den Romantikern ersichtlich ist. Die Philosophie andererseits gewann dadurch nicht nur einen Blick auf den Zusammenhang des menschlichen Kulturlebens, wie er in dieser großartigen Allseitigkeit bis dahin gemangelt hatte, sondern auch für ihre Darstellung eine viel lebendigere Form, vermöge deren sie mit dem allgemeinen Bewusstsein eine viel innigere Fühlung erzielen und erhalten konnte, als in der abstrakten Schulmäßigkeit; aber es drang zugleich damit in sie, wie es schon bei der Naturphilosophie der Fall war, die phantasievolle Deutung und das ästhetische Bedürfnis überhaupt in einer Ausdehnung ein, welche der strikten Wissenschaftlichkeit feindselig war und dadurch den Erkenntniswert ihrer Konstruktionen auf das lebhafteste geschädigt hat.

Der Führer dieser Bewegung ist S c h i l l e r. Als Dichter wohl hie und da überschätzt, ist er in seiner wahrhaft großartigen Bedeutung für das deutsche Geistesleben selten voll gewürdigt worden. Sie besteht eben darin, dass er die Bahn eröffnet hat, auf der ein Jahrzehnt lang das poetische und das philosophische Schaffen der deutschen Nation Hand in Hand gegangen sind. Und er hat diese Bedeutung dadurch gewonnen, dass er zuerst mit gleich innigem, mit gleich tiefem Verständnis das Wesen Kants und dasjenige Goethes begriff, dass er ihren Gegensatz in sich auszusöhnen und aus ihrer Verknüpfung das Ideal der höchsten Bildung zu gewinnen suchte. Von all den Geistern, in denen der Einfluss jener beiden Genien sich kreuzte, ist er der erste gewesen, ist er mit Schelling der vornehmste geblieben. Er ist zur vollen Reife seines eigenen Geistes erst dadurch gediehen, dass er mit diesen beiden Männern, die ihn merkwürdigerweise anfangs beide abstießen, die innigste Fühlung gewonnen hat. In seinem Wesen ist von Anfang an eine wunderbare Mischung des künstlerischen Geistes, in welchem er schließlich seine Verwandtschaft mit Goethe fand, und des ringenden Charakters, worin er Fichte ähnelte und von dem aus er wie dieser das Verständnis Kants gewann.

Der Gegensatz dieser Elemente bedingte die stürmischen Umwälzungen, die ungelösten Widersprüche seiner Jugend, und erst auf der Höhe seines Lebens in Jena und Weimar klärte er sich zu bewunderungswürdiger Reife ab. Es war in ihm ebenso viel sprühende und spru-

delnde Genialität wie sittenstrenger Ernst und Neigung zur begrifflichen Abstraktion. Der Rigorismus Kants schlug in seinem Charakter
nicht minder verwandte Saiten an, als die schöne Freiheit in der individuellen Lebensgestaltung bei Goethe, und die Gaben des Denkers
waren ihm ebenso eigen wie diejenigen des Künstlers. Er besaß die
naive Kindlichkeit des wahren Dichters und daneben die männliche
Reflexion des Charakters, welcher alles aus Prinzipien zu gestalten und
zu begreifen denkt. Es gibt unter seinen Schöpfungen solche, in denen
das eine oder das andere Element rein und mit ungeteilter Kraft waltet, es gibt viele darunter, in denen namentlich das Letztere das Erstere beeinträchtigt, und die höchsten sind die, in denen beide einander
die Waage halten. Das gerade ist der Charakter seiner Abhandlungen,
mit denen er in die ästhetisch-philosophische Bewegung bedeutsam
eingegriffen hat. Sie behandeln zum Teil besondere Gegenstände der
ästhetischen Theorie, sie besprechen den »Grund des Vergnügens an
tragischen Gegenständen« (1792) oder »das Wesen der tragischen
Kunst« (1792), sie entwickeln den Begriff der »Anmut und der
Würde« (1793), den des »Pathetischen« (1793) oder den des »Erhabenen« (1793 und umgearbeitet 1801); aber sie beziehen immer jedes
besondere Problem auf das Allgemeine, und sie bewegen sich alle um
die gegenseitigen Beziehungen des ästhetischen und des moralischen
Lebens. Der Dichter Schiller sah in der ästhetischen Funktion die wertvollste und vollkommenste Ausprägung des menschlichen Wesens, der
Charakter Schiller unterwarf mit strenger Überzeugung alles menschliche Tun dem sittlichen Zweck. Nennt man das eine das Goethe'sche,
das andere das Kant'sche Ideal, so war der Geist Schillers von beiden so
sympathisch berührt und von beiden so gleichmäßig erfüllt, dass man
vom Anfang bis zum Ende in seiner schriftstellerischen Tätigkeit beide
Elemente verfolgen kann. Ja oft in derselben Schrift überwiegt bald
das eine und bald das andere, je nachdem der Gegenstand das lebhafte
Wesen des dichterischen Denkers nach der einen oder nach der andern
Seite mit sich reißt. Dieser Kampf der Elemente hat weder mit dem
Siege des einen oder des anderen noch mit einer vollen und allseitigen
Versöhnung derselben geendet, sondern ist vielmehr bis in die letzten
Äußerungen Schillers hinein zu erkennen; aber immer neue und neue
Versuche hat er gemacht, mit demselben zum Abschluss zu kommen.

Alle diese Versuche bewegen sich in einer Richtung, welche die Schiller'sche Lehre in einem interessanten Parallelismus zu Kants Religionsphilosophie erscheinen lassen. Wenn es sich um die Aufstellung des moralischen Gesetzes und um die einzelnen Aufgaben handelt, die der vom Naturtrieb beherrschte Mensch zu erfüllen hat, so steht Schiller niemals und auch in seinen letzten Schriften nicht an, dem vollen Rigorismus der Kant'schen Moral zu huldigen; dann gilt auch für ihn als sittlich nur eine bedingungslose und durch die bewusste Maxime herbeigeführte Unterwerfung des sinnlichen unter den geistigen Menschen. Aber anders ist es, wenn man den Menschen in seiner gesamten Entwicklung betrachtet; hier ist er ein sinnlich-übersinnliches Wesen, hier wirkt in ihm die ganze unwiderstehliche und als Bestandteil seines Wesens berechtigte Gewalt des Naturtriebes, und hier wäre zu befürchten, dass, wenn wir ihm das Sittengesetz nur im Gegensatze zu seinem natürlichen Wesen zeigten, er vor der Majestät desselben nur zurückschreckte und dass er in der physischen Notwendigkeit unterginge, ehe er sich zum sittlichen Bewusstsein erhoben hätte. Der im Kampfe begriffene Mensch bedarf einer Unterstützung seiner sinnlichen Natur, um zum moralischen zu werden. Auch Kant hatte das verstanden, und er hatte diese Unterstützung in der Religion gesucht. Schiller hat an vielen Stellen seiner Schriften darauf hingedeutet, dass neben der Religion für diesen Zweck die ästhetische Bildung das wesentlichste Mittel sei. Durch sie soll das natürliche Triebleben veredelt und verfeinert werden, um zu dem Übergange in das moralische Leben fähig zu werden.

Hienach gewinnt es den Anschein, als solle nach Schillers Überzeugung das ästhetische Leben nur das notwendige Mittel sein, um den Menschen aus dem sinnlichen in den sittlichen Zustand überzuführen. Und unter diesem Gesichtspunkte entwarf Schiller in der Tat seine großartigen »Briefe über die ästhetische Erziehung des Menschengeschlechts« (1795–96). Aber die Ausführung dieses Planes geht in mehr als einer Beziehung über den Kant'schen Standpunkt der Ethik hinaus. Sie nimmt zunächst schon ihr Problem nicht in der Aufgabe des einzelnen Menschen, sondern in derjenigen des ganzen Geschlechts. Sie folgt in dieser Hinsicht in entschiedener Weise der Geschichtsphilosophie des Königsberger Denkers. Sie sieht die moralische Ordnung oder, wie Schiller sagt, den »moralischen Staat« als die Aufgabe an, zu welcher sich die Menschheit aus dem Stande des »physischen Staates«, der durch die natürliche Notwendigkeit herbeigeführten Gewaltherrschaft, entwickeln soll, und sie konstruiert als das unumgängliche Zwischenglied den »ästhetischen Staat«, d.h. den Stand des veredelten Naturtriebes, durch welchen allein die Kluft zwischen der physischen Wirklichkeit und der moralischen Aufgabe ausgefüllt werden kann. Im physischen Zustand erleidet der Mensch die Macht der Natur, er entledigt sich ihrer im ästhetischen, und er beherrscht sie im moralischen. Diese Klimax entwickelt Schiller noch in einem der letzten dieser Briefe; aber indem er an der Hand der Kant'schen Begriffsbestimmung das Wesen des ästhetischen Zustandes untersucht, gewinnt ihm derselbe einen von seinem moralischen Nutzen völlig unabhängigen Wert, und während er ursprünglich eine durch das ästhetische Element sich vollziehende Erziehung zur Moralität schildern wollte, gibt er in der Mitte der »Briefe« eine Theorie der Erziehung zum ästhetischen Leben selbst.

Schillers Auffassung ist dabei wesentlich durch die Kant'sche bedingt und bewegt sich in der Darstellung teilweise in den durch Reinhold und Fichte geschaffenen Formen. Die letzte Unterscheidung, welche wir in uns finden, ist diejenige unserer identischen Persönlichkeit und ihrer wechselnden Zustände; jene ist die rein geistige Form, diese sind durch den gegebenen Stoff unserer sinnlichen Natur bestimmt. Aus jener stammt daher der »Formtrieb« als die sittliche Betätigung unseres übersinnlichen Wesens, aus diesen der »Stofftrieb« als die naturnotwendige Entfaltung unserer sinnlichen Natur. In beiden Fällen handeln wir um bestimmter Zwecke willen, gleichviel ob wir dieselben autonom bestimmen oder ob wir darin von dem Einfluss der sinnlichen Reize abhängig sind.

Ein unmittelbarer Übergang nun aus der einen in die andere Art der Bestimmtheit ist nicht denkbar. Der plötzliche Umschlag der sinnlichen Bestimmtheit in die sittliche Selbstbestimmung des Willens ist im psychologischen Mechanismus nicht möglich. (Auch Kant betrachtete die Wiedergeburt als eine unerklärbare Tat des intelligiblen Charakters.) Dieser Übergang muss also dadurch vermittelt werden, dass es einen Zwischenzustand gibt, in welchem weder der

Stofftrieb noch der Formtrieb herrscht und in welchem der Wille weder sinnlich noch sittlich bestimmt, sondern völlig unbestimmt ist. Dieser Zwischenzustand ist derjenige der interesselosen Betrachtung, d.h. nach Kant der ästhetische. Er ist derjenige, in welchem wir dem Objekte nur anschauend, d.h. weder mit sinnlichem noch mit sittlichem Bedürfnis, sondern lediglich mit der Betrachtung gegenüberstehen. Er befreit uns deshalb von der Herrschaft der sinnlichen Triebe und macht uns gerade durch seine Unbestimmtheit fähig, dem sittlichen Triebe zu folgen. Der ästhetisch empfindende Mensch steht nicht mehr unter der Herrschaft der sinnlichen Natur und ist darum dem sittlichen Motive zugänglich geworden. Die Überführung aus der natürlichen in den sittlichen Standpunkt, für welchen Kant die Mysterien des religiösen Glaubens in Anspruch nahm, wird von Schiller in der ästhetischen Bildung gesucht. In diesem Zwischenzustande schweigt also sowohl die sinnliche Begierde als auch der Ernst des sittlichen Strebens. Er ist der bewussten Anspannung des Willens gegenüber derjenige des S p i e l s ; wir wollen nichts von den Dingen, wir spielen nur mit ihnen, indem die Anschauung auf ihnen ruht. Diesen Zustand herbeizuführen, gibt es in unserem Wesen eine ursprüngliche Tendenz, das ästhetische Bedürfnis oder den S p i e l t r i e b. Seine Tätigkeit besteht also darin, den Formtrieb und den Stofftrieb gleichmäßig zu paralysieren und alle unsere Tätigkeiten in einem absichtslosen Spiel zu entfalten.

Ist so der Spieltrieb ursprünglich als das Mittel gedacht, vermöge dessen der sinnliche Mensch fähig wird, dem sittlichen Motive die Bestimmung auf seinen Willen zu gewähren, so erweist er sich nun in seinen Wirkungen derart, dass durch ihn das gesamte Wesen des Menschen zur vollkommensten Entfaltung gelangt. Ist der Mensch nun einmal, was auch die Kant'sche Moral nicht leugnen kann, ein zugleich sinnliches und übersinnliches Wesen, so ist die interesselose Betrachtung derjenige Zustand, in welchem keine der beiden Seiten seines Wesens auf Kosten der anderen überwiegt, in welchem er für die Einflüsse von beiden Seiten her gleich empfänglich ist und in welchem deshalb seine ganze, ihm spezifisch eigene Natur in reinster und vollkommenster Harmonie zum Ausdruck kommt. »Der Mensch ist nur da wahrhaft Mensch, wo er spielt.« Seine sinnliche Natur teilt er mit den niederen Wesen, seine sittliche Bestimmung mit höhern Geistern; das ästhetische Leben, die harmonische Ausgleichung des sinnlichen und des übersinnlichen Elements besitzt er allein. Es ist zu bemerken, dass Schiller diesen Gedanken völlig selbständig bereits in den »Künstlern« aussprach, einem Gedichte, dessen Gesamttendenz auf die Herbeiführung der höchsten sittlichen Kultur durch die Kunst angelegt ist. Der Antagonismus beider Auffassungen steckte in Schiller schon, ehe er von Kant einerseits und von Goethe andererseits abhängig wurde. Nur seine theoretische Formulierung änderte sich. So erscheint denn in seinem Briefwechsel mit Körner und Humboldt und in den Schriften der ä s t h e t i s c h e   Z u s t a n d   als der s p e z i f i s c h   m e n s c h l i c h e   und zugleich derjenige, in welchem das sinnlich-übersinnliche Wesen des Menschen seine höchste Ausgestaltung findet. Schönheit ist Freiheit und Zweckmäßigkeit in der Erscheinung, ist die Harmonie der sinnlichen und der übersinnlichen Welt und damit die Vollendung des menschlichen Geistes, welcher, sonst um die Grenze beider herüber und hinüber schwankend, hier die Ruhe in beiden findet. Dies ästhetische Ideal sieht Schiller in den olympischen Göttern repräsentiert, und das ist bei ihm der kongeniale Zug, der ihn zu den Griechen, der ihn zu Goethe hinführt.

Vor dem Glanz dieses ä s t h e t i s c h e n   I d e a l s   verblasst, wo sich Schillers Betrachtung in dasselbe versenkt, das Kant'sche Moralprinzip, dem der Dichter an andern Stellen bedingungslos huldigt. Aus solchen Stimmungen erklärt sich der Widerspruch, dem er schon früh gegen den Rigorismus des Philosophen in Ernst und Scherz äußerte und der in seinen Schriften bis zum Schluss immer wieder mit der Anerkennung desselben abwechselt. Von diesen Gedanken aus verwarf er dann auch auf dem rein ethischen Gebiete die Notwendigkeit des Antagonismus von Pflicht und Neigung, welche bei Kant geradezu als Merkmal der moralischen Handlung erscheint. Er stellt dagegen das höhere Ideal auf, dass durch die ästhetische Gewöhnung das natürliche Triebleben des Menschen selbst zu einer Veredlung gelange, in welcher er nicht mehr nötig habe, die Regungen desselben durch die sittliche Überzeugung in erhabenem Ernste zu unterdrücken, sondern von selbst und durch die Notwendigkeit seiner edlen Natur tue, was das Gesetz verlangt, sodass er nicht mehr Sklave der Pflicht ist, sondern das Sittengesetz zum Naturgesetz seines Wollens gemacht hat. Dabei gibt Schiller immer zu, dass ein solches Handeln der »schönen Seele«, wenn es aus bloß natürlicher Anlage folgt, moralisch indifferent sei, aber er hält dem Kant'schen Rigorismus gegenüber daran fest, dass eine solche Veredlung der Natur, wenn sie das unter Mitwirkung des ästhetischen Lebens gewonnene Resultat der Kultur und der sittlichen Erziehung ist, die höchste Vollendung des menschlichen Wesens enthalte, und er begründet den Wert dieses höheren Ideals namentlich auch mit dem Hinweis, dass durch diese Wirkung der veredelten Natur der Zustand der Gesellschaft aus der rohen Natürlichkeit in die Herrschaft des Vernunftgesetzes übergeführt werde. Er macht damit den ersten Versuch, einen ethischen Wert auch der Handlungen als solcher zu behaupten, worauf sich ja schließlich auch Kant in der Rechtslehre gedrängt sah, und beginnt somit die Bewegung, welche den streng subjektiven Charakter der Ethik wieder verließ, um ein objektives Prinzip der praktischen Philosophie zu suchen, eine Bewegung, von der, wie es sich zeigte, auch Fichte in seinen späteren Jahren mehr und mehr ergriffen wurde.

Aus dieser verwickelten Stellung Schillers zu Kant erklärt sich nun der große Einfluss, welchen des Letzteren Geschichtsphilosophie auf den Ersteren ausübte. Derselbe war außerdem durch die gemeinsame Hinneigung zu Rousseau bedingt. Für beide Männer ist die Geschichte der Prozess, welcher von der Natur zur Freiheit führt, aber für Schiller war auf diesem Wege das Wesentlichste die ästhetische Bildung. Schon ehe er mit der Kant'schen Lehre vertraut war, hatte er in den »Künstlern« den Gedanken ausgeführt, dass das ästhetische Leben berufen sei, das verlorene Arkadien in höherer Form wieder herbeizuführen und den Menschen durch die Befreiung von der sinnlichen Bedürftigkeit zur Vollendung seines Wesens zu führen. Während er so die Kunst zu einem wesentlichen Momente der historischen Entwicklung machte, führte er umgekehrt in die Ästhetik das Prinzip der geschichtsphilosophischen Konstruktion ein. Die reifste und bedeutendste seiner ästhetischen Schriften, diejenige »Über naive und sentimentalische Dichtung« (1795–1796), ist für die Entwicklung der Ästhetik nicht minder entscheidend geworden, als die Kritik der Urteilskraft. Ihr Schwerpunkt ist darin zu finden, dass sie sowohl die einzelnen ästhetischen Grundbegriffe, als auch die Arten des künstlerischen, insbesondere des dichterischen Schaffens aus dem verschiedenen Verhalten abzuleiten sucht, in welchem sich innerhalb der Entwicklung der menschlichen Kultur der Geist zu dem natürlichen Zustande des Menschen befindet. Der große Gegensatz des Naiven und des Sentimentalen, aus dem dabei alles Weitere abgeleitet wird, läuft darauf hinaus, dass in dem Ersteren das geistige Wesen noch in unbefangener Weise in das natürliche Dasein eingelebt ist, dass dagegen die Wurzel der Sentimentalität in dem Gegensatze der geistigen Kultur zu ihrer natürlichen Grundlage beruht. Ist einmal die unbefangene Einheit der beiden Seiten der menschlichen Natur verloren, so ist das ganze Bestreben des ästhetischen Triebes darauf gerichtet, sie wieder zu gewinnen. Während der naive Zustand sich dieser Einheit nicht als solcher bewusst ist, da in ihm die Gegensätze noch nicht hervorgetreten sind, empfindet der sentimentale dieselbe als ein verlorenes Ideal oder als eine Aufgabe, die er nicht völlig zu erfüllen im Stande ist. In diesem Sinne deckt sich in der Schiller'schen Konstruktion der Gegensatz des Naiven und des Sentimentalen mit demjenigen des Antiken und des Modernen. Die antike Kunst und ebenso das antike Leben gelten ihm als wesentlich natürlich und naiv. Aber dieser Zustand, den die Menschheit verloren hat und der für die moderne Sentimentalität als das goldene Zeitalter erscheint, ist als solcher nicht wieder zu gewinnen. Für unsere Kultur gilt das natürliche Wesen als ein Mangel, den wir wie eine Krankheit empfinden, und alle Tendenz des modernen Lebens läuft darauf hinaus, jenen Zustand in einer höheren, durch das Bewusstsein hindurchgegangenen Form durch die Kultur selbst wiederzufinden. Die Erreichung dieses Zieles ist für Schiller wie für Kant und Fichte das Ende, das Ziel des historischen Prozesses. Und das Streben nach demselben wird deshalb erst in der unendlichen Ferne enden. Aber was die wirkliche Kultur des Menschen nicht völlig erreichen kann, das vermag die Kunst in der Anschauung zu leisten. Im ästhetischen Leben ist jene Zurückführung des Kulturgeistes zur naiven Natürlichkeit möglich, welche im wirklichen Leben niemals ganz gewonnen werden kann. In der Welt des Schönen ist die Aufgabe erfüllt, welche in dem Gedränge der Wirklichkeit immer wieder in die Ferne weiterrückt. Ist der Dichter von der Aufgabe dieser Arbeit selbst erfüllt und stellt er ihre niemals völlige Erfüllbarkeit in seinen Werken dar, so ist er der große Idealist; hat er in seiner ästhetischen Produktion die Aufgabe gelöst, hat er mitten aus der modernen Sentimentalität heraus die antike Naivität wiedergefunden, und vermag er den ganzen Inhalt der mühsam arbeitenden Kultur als ein harmonisches Gebilde natürlicher Einfachheit zu gestalten, so ist er der große Realist. Wenn bei dieser Gegenüberstellung zweifellos die höhere ästhetische Vollendung dem Realisten zufällt, und wenn bei der Zeichnung dieses Gegensatzes dem Dichter auf der einen Seite die eigenen, auf der andern die Züge Goethes vorgeschwebt haben, so vollzog er damit eines der größten und edelsten Selbstbekenntnisse. Auch er verehrte in Goethe das Ideal einer Bildung, in welcher das natürliche und das sittliche Wesen des Menschen aus ihrer Entzweiung, welche die Kultur mit sich gebracht hat, zu ihrer harmonischen Versöhnung zurückgekehrt sind, und welche dem Naturzustand darin gleich und doch über ihn unendlich erhaben ist, dass sie dasselbe, was jener als Gabe und Instinkt besitzt, ihrerseits als ein Bewusstes und Erworbenes genießt.

So nimmt schon bei Schiller die Ästhetik gerade vermöge ihrer Begründung in der Kant'schen Lehre die Tendenz, eine bewusste Zeichnung des Goethe'schen Genies zu werden und zugleich das Ideal jener Bildung aufzustellen, deren Typus eben Goethe ist. Gerade im Bewusstsein dieser Bildung überragten die beiden großen Dichter riesenweit das Zeitalter der Aufklärung, aus dem sie so gut wie Kant hervorgewachsen waren, und sie gaben dieser Überlegenheit in den Xenien den klassischen Ausdruck. Wenn später namentlich durch die Romantiker die »Bildung« geradezu zu einem Stichwort im Gegensatz zur Aufklärung wurde, so lag die Berechtigung dazu eben in dem, was die beiden großen Dichter erreicht hatten. Das achtzehnte Jahrhundert verstand unter »Kultur« des Geistes eine nüchterne theoretische Erkenntnis und eine nicht minder nüchterne Moral der Gemeinnützigkeit. Hier dagegen ist Bildung volle und allseitige Entfaltung des menschlichen Wesens, dass nichts in ihm verkümmere, dass jede seiner Tätigkeiten und Fähigkeiten ihre ungehemmte Entwicklung in der Harmonie seiner ganzen Natur finde. Dies Ideal der Bildung erstreckte sich deshalb hauptsächlich auf die gleichmäßige Entwicklung der sinnlichen und der übersinnlichen Seite des menschlichen Wesens, und es ist eben darum in seiner tiefsten Bestimmung ästhetischen Charakters. In diesem Sinne ist dies Bildungsbewusstsein der Höhepunkt der modernen Kulturentwicklung und die wahre Vertiefung der modernen Kultur in sich selbst. Diese zweite Renaissance der Deutschen ist nicht nur die Vollendung der ersten, welche in der Mitte unterbrochen worden war, sondern sie enthält auch erst die Selbstbewusstwerdung des Grundtriebes, welcher die gesamte europäische Renaissance beseelte. Hier erst wird man sich bewusst, welches der tiefste Sinn aller Gegensätze ist, in deren Versöhnung die moderne Kultur ihre Aufgabe findet. Die beiden Seiten des menschlichen Wesens, deren harmonische Ausgleichung den Inhalt der Bildung darstellt, haben in der historischen Bewegung mannigfache Verhältnisse angenommen. In der antiken Kultur überwiegt der sinnliche, in der christlichen Kultur der übersinnliche Mensch. Die volle Versöhnung dieser beiden Entwicklungen zu finden war von Anfang an die Tendenz der modernen Kultur. Das sinnliche Wesen des Menschen beherrscht seine wissenschaftliche Erkenntnis, das übersinnliche bedingt sein sittliches Bewusstsein und den daran geknüpften Glauben. Und diese »zwiefache Wahrheit« auszugleichen ist das stetige Bestreben des modernen Denkens. Aber die sinnlich-übersinnliche Natur des Menschen offenbart sich in ihrer Reinheit nur in seiner ästhetischen Funktion. Darum war die ganze Renaissance in erster Linie künstlerisch bewegt. Und darum war das Selbstbewusstsein der modernen Kultur in der deutschen »Bildung«, dieses Selbstbewusstsein, welches sich als die aussöhnende Verschmelzung des antiken und des christlichen Prinzips fühlte, durch die Einsicht Kants bedingt, dass die ästhetische Funktion die Synthesis der theoretischen und der praktischen Vernunft sei. Das eben war die große Epoche, dass zu gleicher Zeit diese Synthesis des sinnlichen und des übersinnlichen Menschen in dem modernen Griechen, in Goethe, lebendig war, und es ist das unsterbliche Verdienst Schillers, diesen Moment bis in seine tiefste Bedeutung begriffen und seinen Sinn nach allen Richtungen hin formuliert zu haben. Er ist in Wahrheit der Prophet des Selbstbewusstseins der modernen Kultur.

Als einer der hauptsächlichsten Vertreter dieser vollbewussten modernen Bildung ist neben Schiller W i l h e l m   v o n   H u m b o l d t zu nennen. Auch ihm ist das Gleichgewicht des geistigen und des sinnlichen Wesens das Ideal der menschlichen Ausbildung, auch für ihn gilt Goethe als die Verkörperung dieses Ideals, auch sein Interesse breitet sich mit gleichmäßiger Wärme über alle Wendungen des Kulturlebens in der Geschichte aus, und der ä s t h e t i s c h e H u m a n i s m u s, der alle diese Bildungsmomente mit künstlerischer Ausrundung in sich aufgenommen hat, bildet den Grundcharakter seines reichen und vielseitigen Geistes. Aber der feurigen Begeisterung Schillers gegenüber erscheint Humboldt kühler; der ästhetische Humanismus wird bei ihm oft recht eigentlich eine »interesselose« Betrachtung, und namentlich kommt gelegentlich bei ihm auch die Exklusivität zur Geltung, welche einem solchen Bildungsideal in der Tat notwendig eigen sein muss. Auf der andern Seite ist gerade Humboldt theoretisch und praktisch dafür eingetreten, den großen Gedanken Schillers von einer ästhetischen Erziehung des Menschengeschlechtes zur Durchführung zu bringen. Er machte in dieser Beziehung eine ähnliche Wandlung durch wie Fichte, und während er anfangs versuchte, die »Grenzen der Wirksamkeit des Staates« ganz nach den Auffassungen des achtzehnten Jahrhunderts zu bestimmen, hat ihm später die Erziehung des Volkes und als ihre Krönung die ästhetische Bildung für eine der wichtigsten Aufgaben des Staates gegolten, eine Aufgabe, an deren Erfüllung er selbst als preußischer Minister besonders bei der Gründung der Berliner Universität in der segensreichsten Weise gearbeitet hat. Derselbe allgemeine Begriff der »Bildung«, in der sich das ganze Wesen des Menschen mit harmonischer Ausgleichung zu entfalten habe, weist auf die Gedanken zurück, durch welche er später neben Herder zum Begründer der S p r a c h p h i l o s o p h i e geworden ist; denn er sieht in der Sprache, als dem zentralen Herde aller menschlichen Kultur, die Tätigkeit des Geistes, sich im sinnlichen Laute darzustellen. Gleich sehr physiologisch und psychologisch, gleich sehr durch das Bedürfnis des Gedankens und durch die Notwendigkeit des leiblichen Mechanismus bedingt, ist die Sprache die fundamentale Lebensform, in welcher das Gleichgewicht der sinnlichen und der geistigen Natur des Menschen zum Ausdrucke kommt, und alle ihre Bewegungen und Entwicklungen sind durch das Bestreben reguliert, dies Gleichgewicht, welches sich stets nach der einen oder andern Seite zu verschieben droht, immer wieder herzustellen. Hat er auf diese Weise für die philosophische Behandlung der Sprache eine neue Anregung gegeben, der später besonders August Wilhelm von Schlegel gefolgt ist, so ist es auf der andern Seite bekannt, wie er den ersten Schritt zur Begründung der vergleichenden Sprachwissenschaft getan und damit die exakte Forschung in die Bahnen gelenkt hat, welche sie jetzt geht.

Zu dem Wesen dieses ästhetischen Humanismus gehört in erster Linie die U n i v e r s a l i t ä t d e r h i s t o r i s c h e n B i l d u n g; er folgt jenem von Herder begonnenen Bestreben, die Entwicklung der menschlichen Kultur durch alle ihre Formen hindurch zu verfolgen, die Stellung zu begreifen, welche innerhalb des ganzen Prozesses die einzelnen Völker mit ihrer Bildung einnehmen, und deren reifste Früchte in das eigene geistige Besitztum aufzunehmen. So beruht auf dieser Tendenz der mächtige Assimilationsprozess, durch welchen um jene Zeit der deutsche Geist in einer Reihe musterhafter Übersetzungen die größten Leistungen fremder Literaturen sich zu eigen machte und die Schriftsteller anderer Völker geradezu zu deutschen Nationalschriftstellern umstempelte. So wurde Homer, so wurde bald darauf auch Platon, so Shakespeare, so die romanischen Dichter, so wurden schließlich auch die Schätze der älteren deutschen Literatur für die deutsche Bildung erobert, und so wurden die Lebenssäfte der frühern Kultur in das Blut des deutschen Geistes aufgenommen. Den Mittelpunkt dieser Bewegung bildete die r o m a n t i s c h e S c h u l e. In ihr war dieselbe auch durch den ästhetischen Gesichtspunkt bedingt, den Schiller ausgesprochen hatte, dass nämlich die ästhetischen Grundbegriffe und die poetischen Ideale der Menschheit aus einer geschichtsphilosophischen Auffassung gewonnen werden müssten.

Der Kreis der Romantiker ist eine der bedeutsamsten Erscheinungen in dieser großen Zeit. So zufällig und verwickelt die persönlichen und die literarischen Beziehungen gewesen sein mögen, durch welche er zusammengeführt wurde, so sehr tritt doch in ihm die ganze Konzentration eines ungeheuern Bildungsstoffes, welche den Charakter der Zeitbewegung ausmacht, in klarer Gestalt hervor: eine unendliche geistige Regsamkeit, eine unvergleichliche Fülle des Interesses vereinigt in dem Denken dieser Männer die verschiedensten Richtungen, um sie durch einander zu befruchten. Drei Hauptgesichtspunkte sind es, welche sie leiten: der literarisch-ästhetische, der philosophische und der politische; und indem sie dieselben zu vereinigen suchen, leben sie dem Ideale, dass eine völlige Neugestaltung des gesamten menschlichen Kulturlebens vor der Tür stehe und dass es jetzt gelte, durch ein reifes Verständnis alle großen Produkte des menschlichen Geistes in einer allseitigen Entwicklung zu verbinden und die neue Periode seiner vollendeten Entfaltung herbeizuführen. Nach allen drei Richtungen ist es deshalb die historische Erkenntnis, welche für sie den Boden der Verständigung bilden soll. Selbst in geringem Maße schöpferisch, zeichnen sie sich durch die Feinheit des historischen Sinnes und durch die Fähigkeit aus, die Aufgaben der Gegenwart aus dem vollen Verständnis der Leistungen der Vergangenheit zu begreifen. Von ihnen ist deshalb zweifellos die Bewegung ausgegangen, welche das historische Interesse aufs Neue in die wissenschaftliche Bildung eingeführt hat, und sie sind auch in diesem Sinne die äußersten Gegenfüßler der Aufklärung, deren größter Mangel in ihrer Unfähigkeit bestand, die Bedeutung der Geschichte zu verstehen. An Lessing und Herder sich anschließend, sind sie die Schöpfer der Literaturgeschichte und der Kulturgeschichte geworden. Durch sie vor allem hat die historische Forschung aufgehört, eine Kuriositätensammlung zu sein, und zwar deshalb, weil sie an dieselbe den philosophischen Maßstab einer Gesamtentwicklung legten, deren Fazit die Gegenwart zu ziehen habe. Es ist auch bei ihnen der Kant'sche Gedanke mächtig, dass nur, wo von einem Ziel der Geschichte gesprochen wird, sich beurteilen lässt, was in ihr als Fortschritt charakterisiert werden darf. So sehr sie sich dabei im Einzelnen vergriffen haben, so oft sie genötigt gewesen sein mögen, die noch so großen Lücken ihres historischen Wissens durch Konstruktionen auszufüllen, welche sie ihrer allgemeinen philosophischen und ästhetischen Tendenz entnahmen, und so Hypothesen aufzustellen, welche die strenge Kritik der späteren Forschung verwerfen musste, so sollte doch diese Kritik nicht vergessen, dass der historische Geist, der ihr Gewissen bildet, gerade durch den ausgedehnten Einfluss der Romantiker am lebhaftesten geweckt worden ist. Als nach mancherlei Vorbereitungen sich zuerst in Jena dieser Kreis zusammenfand, waren es drei große Interessen, welche denselben belebten: die Französische Revolution, die Goethe'sche Dichtung und die Kantisch-Fichte'sche

Philosophie. Aus ihrer Vereinigung sahen die Romantiker die Morgenröte der neuen Zeit heraufdämmern, und das Licht derselben suchten sie in einer Bildung, in welcher diese drei »Tendenzen« sich gleichmäßig konzentrieren sollten. Die Herbeiführung eines vernünftigen Zustandes der menschlichen Gesellschaft, welche den Trieb der Revolution bildete, schien ihnen nur dadurch möglich, dass der Geist der Vernunftüberzeugung, den Fichte predigte, zum Durchbruch kommt, und ein allgemeiner Durchbruch desselben schien ihnen wiederum nur durch den Sieg jener universellen und harmonischen Bildung möglich, welche Goethe repräsentierte. Die Hoffnung der Gesellschaft müsse deshalb darauf gerichtet sein, dass die Philosophie der Vernunft und die ästhetische Bildung sich miteinander vereinigten. Alle Linien der menschlichen Kultur laufen an dem Punkte zusammen, wo der Dichter und der Philosoph auf derselben Stelle stehen müssen. Die Philosophie soll den ganzen Gehalt der ästhetischen Bildung in sich aufnehmen, und damit soll zugleich die ästhetische Bildung ihre bewusste Vollendung finden, um die Macht des öffentlichen Lebens und die Basis einer neuen Form der Gesellschaft zu werden. Der Grundgedanke der Romantiker ist das totale Ineinanderaufgehen von Dichtung und Philosophie. Sie waren weder große Dichter noch große Philosophen. Darum konnten ihnen die Grenzen beider Gebiete sich verwischen. Sie waren Männer von universeller Bildung, Kritiker von großen Gesichtspunkten und feinfühlende Bearbeiter der großen Gedanken, welche die Zeit produziert hatte und welche sie mit einem einzigen Griffe zusammenzufassen hofften.

In philosophischer Hinsicht sind sie durchgängig von Fichte beeinflusst, unter dessen persönlicher Einwirkung sie sich in Jena befanden, und unter den Grundbegriffen seiner Lehre ist es hauptsächlich derjenige der produktiven Einbildungskraft, welcher die Brücke zu den ästhetischen Interessen bildete, von denen sie anfangs herkamen. Fichte gründete im Sinne des transzendentalen Idealismus die äußere Welt auf eine Funktion der schöpferischen Phantasie, – derselben Phantasie, schien es, welche im Künstler tätig ist. Bei geringer Neigung zu begrifflicher Schärfe sahen die Dichterphilosophen der Romantik darin eine vollkommene Gleichsetzung beider Funktionen, und so verwandelte sich für N o v a l i s die natürliche Wirklichkeit in eine traumhafte Schöpfung der Phantasie. Wie schon erwähnt wurde, dass er als Anhänger der Naturphilosophie sich ganz in ein spielerisches Analogisieren verlor, so geriet er mit seiner allgemeinen Weltauffassung in einen durchaus verschwommenen Idealismus hinein. Zwar billigte er in persönlicher Überzeugung den ethischen Idealismus, mit dem Fichte die Welt als ein Material der Pflicht ansah, aber er selbst war im Gegensatz dazu eine weiche, träumerische Natur, und so ist ihm auch die weltschöpferische Tätigkeit des Ich nicht die ernste Arbeit des sittlichen Willens, sondern vielmehr ein träumerisches, phantastisches, magisches Walten. »Die Welt wird Traum, der Traum wird Welt.« Das Märchen, als die Dichtungsart, in der Wirklichkeit und Phantasie am meisten ineinander übergehen, in der alle Gestalten in unbestimmter Vieldeutigkeit ineinanderfließen, gilt ihm recht eigentlich als die höchste menschliche Produktion. In Märchen entwickelt sich seine poetische Philosophie, und in ihr gewinnt deshalb die Welt selbst einen märchenhaften Charakter, vermöge dessen alle bestimmten Gestalten in die allgemeine Verwandelbarkeit untergetaucht werden. Sein unvollendeter Roman »Heinrich von Ofterdingen«, der zugleich eine Philosophie und eine Dichtung sein will, ist ein wunderlicher Vexirspiegel, in welchem vor lauter Gleichnissen, Verwandlungen und Allegorien jeder fassbare Inhalt in ungreifbare Ferne zurückflieht.

Wenn deshalb bei Novalis die Dichtung und die Philosophie gleichmäßig sich in eine traumhafte Dämmerung auflösen, so treten die Tendenzen der Romantiker mit umso schärferer Zuspitzung bei Friedrich von Schlegel (1772–1829) hervor. Dieser merkwürdig begabte und doch im letzten Grunde produktionslose Kritiker hat jede Wendung, welche das romantische Denken in dem Jahrzehnt von 1794–1804 durchgemacht hat, auf den schärfsten Ausdruck gebracht, mit übermütiger Rücksichtslosigkeit zugespitzt und durch die Übertreibung selbst wieder zerstört. Persönlich eine intrigante und skandalsüchtige Natur, ist er der Trommelschläger der Romantik gewesen und zeigt nach den guten und nach den schlechten Seiten hin vielleicht am vollkommensten das merkwürdige Wesen dieses interessanten Kreises. Von Lessing und Schiller ausgegangen, an Goethe und Fichte emporgerankt, hat er das Prinzip der Romantik auf seine klassische Form gebracht und hat schließlich zu derselben Zeit, als

Schelling seine theosophische Wendung nahm, aus Verzweiflung an der Durchführung jenes romantischen Ideals einer neuen Gestalt der menschlichen Kultur im Schoße der katholischen Kirche geendet. Schon bei Novalis tritt die Neigung hervor, jene innige Verschmelzung der philosophischen, literarischen und politischen Bestrebungen, jene volle Durchdringung aller menschlichen Lebenstätigkeiten, welche die Romantik suchte und selbst nicht zu schaffen vermochte, in einer ähnlichen Unterwerfung der gesamten Kultur unter ein religiöses Prinzip zu finden, wie sie das Wesen des Mittelalters ausmacht, und Friedrich Schlegel ist der erste von den zahlreichen Vertretern des romantischen Prinzips gewesen, welcher in der radikalen Art, die ihm beiwohnte, durch den Übertritt zur katholischen Kirche diesen Weg in der Tat einschlug. Derselbe lag weit ab von den Bahnen, die er anfangs gewandelt war. Zu dem Opfer der persönlichen Überzeugung gelangte er erst, nachdem er von der schwindelnden Höhe der äußersten Subjektivität herabgestürzt war. Die Theorie, mit welcher er die Romantik zu begründen gedachte, entwickelte sich in ihm aus seiner Auffassung Schiller'scher und Fichte'scher Gedanken, welche mehr ein Missverständnis als eine absichtliche Umdeutung derselben enthielt; sie ist hauptsächlich in den »Charakteristiken und Kritiken« (1801) und in den Fragmenten niedergelegt, welche er in dem von ihm und seinem Bruder 1799 und 1800 herausgegebenen »Athenäum« veröffentlichte. Den Schiller'schen Gegensatz von naiv und sentimental führte er zuerst sehr glücklich namentlich nach der Richtung aus, dass der naive oder klassische Dichter derjenige sei, welcher gewissermaßen in seinem Stoff aufgehe und hinter demselben verschwinde, während bei dem sentimentalen oder »romantischen« Dichter seine Persönlichkeit im Vordergrund stünde und auf den behandelten Stoff ihr eigenes Licht werfe. Den antiken Dichter vergessen wir und versenken uns in die Welt, die er darstellt; zu dem modernen Dichter haben wir ein persönliches Verhältnis und beziehen den von ihm behandelten Stoff auf ihn selbst. Das Wesen der modernen oder »romantischen« Dichtung besteht also in dem Verwalten der Subjektivität. Der moderne Künstler ist die große bedeutende Persönlichkeit, welche freigestaltend über ihrem Stoffe schwebt und ihn aus ihrer Phantasie erzeugt. So erscheint hier die produktive Einbildungskraft nicht mehr wie bei Fichte als allgemeine Vernunfttätigkeit, sondern als die schöpferische Phantasie des Dichters; ihm wird von Schlegel die absolute, grundlose Freiheit zugeschrieben, und die Vernunftnotwendigkeit verwandelt sich in die Willkür des genialen Individuums. Das gilt bei den Romantikern zunächst hinsichtlich der Ästhetik. Was man Gesetze oder Regeln der Kunst genannt hat, sind die Launen der großen Künstler, und der ästhetische Genuss ist das kongeniale Mitleben in ihrer schöpferischen Willkür, ist die Bewunderung der Größe und Freiheit ihrer Persönlichkeit. So gestaltet sich bei diesen Männern das ästhetische Leben wesentlich zu einem Kultus der Genialität, und ihre Theorie enthält nach dieser Seite hin die bewusste Vertiefung jener ersten leidenschaftlichen Bewegung, welche als »Sturm und Drang« sich gegen die Knechtung des künstlerischen Triebes unter regelrechte Formen aufgebäumt hatte; sie wendet sich zugleich mit verächtlichem Hohne gegen die »platte« Aufklärung, welche auch das Dichten zu einer verstandesmäßigen Arbeit hatte machen wollen. Aber Friedrich Schlegel führt dies Prinzip mit kecker Rücksichtslosigkeit auch in die Moral hinüber. Auch hier statuierte er wie Jacobi das Recht des genialen Individuums, sich selbst das Gesetz zu geben und sich über die Regeln zu erheben, welche im gemeinen Leben für den Philister in seiner prosaischen Nüchternheit gelten. Der Kultus der Genialität nimmt auf diesem Gebiete die Form der bedenklichsten Exklusivität an. Es gehört zu den Eigentümlichkeiten der geistigen Bewegung des vorigen Jahrhunderts, dass sie sich auf enggeschlossenem gesellschaftlichen Boden abgespielt hat, und dieser Umstand ist bei den Romantikern zu einem bewussten Gegensatze zwischen ihrer eigenen genialen Freiheit und der großen Masse der Alltagsmenschen geworden. Wie sie sich in ihrem wirklichen Leben nicht scheuten, sich über die Regeln der allgemeinen Moral hinwegzusetzen, so besaß Friedrich Schlegel den Übermut, diese gesetzlose Willkür als ein Recht der genialen Naturen in Anspruch zu nehmen. Sein Roman »Lucinde« (1799) proklamierte eine geniale Moral, der es wesentlich sei, die Schranken der gewohnten Sitte zu durchbrechen, und entwickelte dieselbe hauptsächlich in einer Polemik gegen diejenige Institution, an welcher die Romantiker selbst am meisten sündigten, gegen die Ehe. Indem er den ästhetischen Begriff einer freien Liebe aufstellte, in welcher das sinnliche und das geistige Wesen des Menschen gleichmäßig zur Geltung kommen solle, mochte er manchen prosaischen und hyperspirituellen Auffassungen gegenüber soweit im Rechte sein, dass Schleiermacher diesen im Grunde genommen auf Schillers Ästhetik zurückweisenden Gedanken in seiner durchaus idealen Weise durch seine »Vertrauten Briefe über die Lucinde« (1800) verteidigen konnte. Aber die Durchführung desselben in Schlegels Roman selbst, weit entfernt, eine harmonische Verschmelzung des sinnlichen und des geistigen Elementes der Liebe zur Darstellung zu bringen, erging sich vielmehr teils in Lüsternheit, teils in völlig verfehlter Phantastik. Die geniale Moral der Lucinde zeigt aber auch darin ihren ästhetisierenden Charakter, dass sie die interesselose Betrachtung als ethischen Selbstzweck ansieht. Die sittliche Funktion des Genies ist der Selbstgenuss seiner schöpferischen Phantasie, sie richtet sich nicht auf irgendwelche praktische Tätigkeit, sie dient weder dem eigenen noch dem fremden Nutzen, sie hat keines der Ziele, welche man im gemeinen Leben sittlich nennt, zu ihrem Gegenstande, sie ist keine Arbeit, sondern der in seiner eigenen Freiheit schwelgende Genuss. Der Müßiggang ist das Ideal des Genies und die Faulheit die romantische Tugend. Aus der rastlosen Arbeit des ethischen Ichs bei Fichte ist bei Schlegel das ästhetische Spiel der Phantasie geworden. Arbeit mit allen ihren Zwecken des Alltagslebens bleibe dem Philister: das Genie hat, wie die olympischen Götter, in seiner Freiheit nur die Aufgabe, sich selbst auszuleben und sich selbst zu genießen.

Die Abhängigkeit und die Verschiedenheit des romantischen von dem Fichte'schen Denken tritt hier in voller Klarheit hervor. Auch das Fichte'sche Ich war nur mit sich selbst beschäftigt; aber in der sittlichen Arbeit, die Aufgabe zu realisieren, die sein Wesen ausmacht, war es unendliches Streben. Das romantische Ich soll in seiner Selbstbeschäftigung nur den Launen seiner Phantasie folgen, es ist unendliches Spiel. Von diesem Gegensatze aus gewinnt Schlegel die tiefste Begriffsbestimmung des romantischen Prinzips unter dem Namen der I r o n i e . Er knüpft dieselbe an Fichtes Bestimmung, dass das Ich über jede selbstgesetzte Schranke wieder hinausgeht, und überträgt dieselbe auf die Phantasie des Genies. Die Ironie des künstlerischen Schaffens besteht darin, dass das Spiel der Phantasie jedes ihrer eigenen Produkte wieder auflöst, dass sich die Freiheit der Subjektivität in der Willkür offenbart, mit der sie in keinen ihrer Gegenstände aufgeht, sondern, stets über dieselben herrschend, ihr Spiel fortsetzt und diesen ihren Triumph über den Stoff genießt. Das war die theoretische Ansicht, welche in Verbindung mit dem Mangel an wahrer Gestaltungskraft den Produkten der Romantiker, besonders von Novalis und Friedrich Schlegel selbst, den Charakter der Formlosigkeit aufdrückte, sodass schon die Lucinde, welche das Muster dieser Art poetischen Schaffens sein sollte, selbst nach dem treffenden Ausspruch der romantischen Chorführerin Caroline ein totgebornes Kind war, welches der Pedantismus mit der Sünde statt mit der Phantasie gezeugt hatte. Die ironische Willkür lässt es zu keiner bestimmten Gestaltung kommen, jeder Versuch dazu wird wieder vernichtet, und der unendliche Prozess dieser Selbstironisierung wird schließlich nur willkürlich abgebrochen. Hierin besteht der wahre Gegensatz des romantischen gegen das klassische Prinzip. Während nach dem Letzteren jedes Objekt in der künstlerischen Anschauung seine volle Ausprägung findet, ist in der romantischen Kunst alles nur angedeutet, oft nur allegorisch versucht, und das ganze Werk zeigt ein unendliches Ringen, zu einem Abschluss zu kommen, der nie erreicht wird – ein Erfolg, der auf einem andern Gebiete der Gegenwart als die »unendliche Harmonie« in der Zukunftsmusik bekannt ist. Darin wieder zeigt sich die nahe Verwandtschaft dieses Prinzips mit dem Fichte'schen.

Aber der Begriff der stetigen Beschäftigung mit sich selbst führt Schlegel noch weiter; der Standpunkt der Ironie verlangt von der Philosophie, immer nur das Philosophieren selbst, von der Dichtung, immer nur das Dichten selbst zu ihrem Gegenstande zu machen. Für die romantische Auffassung wird deshalb der reale Inhalt sowohl des philosophischen Problems als auch der poetischen Darstellung gleichgültig. Sie philosophiert nur, um zu philosophieren, sie dichtet nur, um zu dichten, und ihr Interesse liegt deshalb nur bei der Form ihrer eigenen Tätigkeit, in der sich deren Freiheit zum Genusse des Bewusstseins bringt. Das »Tun des Tuns« wird ernstlich durchgeführt. Das Wesentliche der Philosophie ist, sich mit den Formen zu beschäftigen, welche sie schon entwickelt hat, und in dem Bewusstsein von dem Wechselspiel derselben ihr eigenes Wesen zu erfassen, und in den poetischen Versuchen der Romantiker nimmt das Wesen des Dichtens und des Dichters eine große Ausdehnung in dem Umkreis der Gegenstände ein. Damit hängt denn auch die historische Tendenz zusammen, welche die Romantiker zur Geschichte der Philosophie und der schönen Literatur führte.

Die Anschauungen des romantischen Kreises würden jedoch auf die allgemeine Entwicklung der deutschen Philosophie keinen so großen Einfluss gewonnen haben, wie es wirklich geschehen ist, wenn ihm nicht der Hauptträger dieser Entwicklung angehört hätte. Durch persönliche Beziehungen war S c h e l l i n g in den letzten Jahren des Jahrhunderts mit den Romantikern so verbunden, dass er völlig zu ihnen gezählt werden muss. Zu dem unendlichen Reichtum seiner Begabung gehörte nicht nur auch die dichterische, sondern vor allem auch eine hohe ästhetische Empfänglichkeit. Die Bewunderung Goethes ist dabei ein wesentliches Bindeglied zwischen ihm und den Dichtern, Kritikern und Rezensenten, die sich um die romantische Fahne scharten. Allein, was Schlegel zwar immer geistreich, aber meist paradox und oft als unverdauen Einfall, hinwarf, das gestaltete sich in dem großen Sinne Schellings zu einer klar gedachten Theorie, und so sehr sich die Romantiker persönlich von Schiller entfernen mochten, so war es doch die Aufnahme des Schiller'schen Gedankens in die Transzendentalphilosophie, vermöge deren Schelling eine Umwandlung seiner Lehre vollzog, welche als die abgeklärteste Gestalt der romantischen Philosophie und als das vollkommenste Denkmal der Durchdringung des philosophischen und ästhetischen Denkens angesehen werden muss. Diese Wandlung besteht im Wesentlichen in einer allgemeinen philosophischen Ausbeutung der ästhetischen Theorie, welche Schiller als echter Kantianer auf den subjektiven Prozess der ästhetischen Funktion des Menschen bezogen, aber doch auch schon teilweise in eine objektive Bestimmung umgedeutet hatte. Sie ist niedergelegt in der Schrift: »Der transzendentale Idealismus« (1800) und in den Vorlesungen über die Philosophie der Kunst, welche Schelling zuerst im Winter 1799 auf 1800 in Jena hielt und deren Inhalt, allerdings in der Redaktion, welche sie erst bei ihrer Wiederholung in Würzburg erhielten, in seinen Werken vorliegt.

Der transzendentale Idealismus soll die Lehre vom Ich sein, wie die Naturphilosophie die Lehre vom Werden des Ich ist. Zum Wesen des

Ich aber gehört nach Fichte der Gegensatz der bewusstlosen und der bewussten Tätigkeit; der Akt, durch welchen der Inhalt des Bewusstseins erzeugt wird, ist als solcher notwendig immer bewusstlos. Aus dem gegenseitigen Verhältnis dieser beiden Elemente ergab sich die Disjunktion der theoretischen und der praktischen Wissenschaftslehre. Dieselbe wird von Schelling vollkommen akzeptiert. Aus der Abhängigkeit der bewussten von der unbewussten Tätigkeit ergibt sich die theoretische Reihe des Bewusstseins, welche, von der Empfindung anhebend, durch die Anschauung und das Denken bis zur vollen Freiheit des Selbstbewusstseins aufsteigt, in welcher das Ich sich selbst als Wille bewusst wird. Aus der Bestimmtheit der bewusstlosen durch die bewusste Tätigkeit ergibt sich die praktische Reihe des Bewusstseins, welche sich in der gemeinsamen Lebenstätigkeit der Individuen als die Entwicklung der Freiheit durch die Geschichte darstellt.

Während Schelling nach diesen beiden Richtungen nicht ohne große Selbständigkeit der allgemeinen Disposition sowohl als auch der besonderen Auffassung den Lehren von Kant und Fichte besonders in der Erkenntnistheorie und Geschichtsphilosophie folgt, fügt er diesen beiden Reihen eine abschließende Synthese hinzu, welche zwar auf der Kritik der Urteilskraft und auf der Schiller'schen Lehre vom Spieltrieb prinzipiell beruht, aber doch in dieser Ausführung völlig originell ist. Während das Ich sowohl in der theoretischen als auch in der praktischen Reihe in einer einseitigen Bestimmtheit auftritt, muss eine höchste Form seiner Entwicklung gesucht werden, in welcher es zu seiner vollendeten Erscheinung kommt. Bei Fichte wie bei Kant ist der Gegensatz des Theoretischen und des Praktischen derjenige zweier Linien, welche sich erst im Unendlichen treffen; aber das Ich ist einheitlich, und es muss diese seine Einheit des bewusstlosen und des bewussten Tuns auch zur Erscheinung kommen, es muss neben dem theoretischen und dem praktischen Ich eine Funktion des Ich geben, in welcher der Gegensatz jener beiden Tätigkeitsformen aufgehoben ist. Diese Funktion ist die ästhetische; denn das Genie, durch welches sie bedingt ist, ist die bewusstlos-bewusste Tätigkeit des Ich; sein Produkt, die Kunst, ist deshalb die vollendete Darstellung vom Wesen des Ich. Die Wissenschaft als das Produkt des theoretischen Ich und die Moral in ihrer Entwicklung durch die Geschichte als das Produkt des praktischen Ich, enthalten beide einen *progressus in infinitum*; nur die Kunst als das Produkt des ästhetischen Ich enthält die fertige Lösung der Aufgabe, an der jene beiden arbeiten. Soll in der theoretischen Funktion das Bewusste vollständig durch das Bewusstlose, soll umgekehrt in der praktischen Funktion das Bewusstlose vollständig durch das Bewusste bestimmt sein, so erreichen beide ihr Ziel erst in der Unendlichkeit, d.h. in der Erfahrung niemals. Die Kunst dagegen zeigt in der Erscheinung selbst das volle Gleichgewicht der bewusstlosen und der bewussten Tätigkeit, in der sie sich gegenseitig vollständig bestimmen und in der keine über die andere überwiegt. Das Genie ist die Intelligenz, die als Natur wirkt. In der Kunst allein decken sich die sinnliche und die geistige Welt, die sonst überall entweder auseinander oder aufeinander zu streben. Das Kunstwerk ist daher die vollkommene Darstellung des Ich in der Erscheinung, die Kunst ist daher das höchste Organon der Philosophie; denn sie enthält die Lösung des Problems, an welchem das philosophische Denken arbeitet. Jedes wahre Kunstwerk ist eine Welt in sich, eine zur vollkommenen Ausgestaltung gelangte Erscheinung der absoluten Welteinheit; in ihm ruhen der Trieb des Denkens und der Trieb des Willens. Ihr Gegensatz ist aufgehoben, und die Arbeit des Ich, welches sich selbst realisieren will, ist vollendet in der Anschauung, welche die Tätigkeit des Ich in vollkommener Harmonie entwickelt hat.

Getreu dem Zuge der idealistischen Weltanschauung deutet Schelling die psychologischen Bestimmungen, unter denen Kant und Schiller die künstlerische Produktion und den ästhetischen Genuss begriffen hatten, zu allgemeinen philosophischen Auffassungen um, und die abschließende und vollendende Stelle, welche nach Schiller die Romantiker dem ästhetischen Momente für die Entwicklung des menschlichen Geistes zuwiesen, führt bei ihm dazu, dass die Kunst als der Kulminationsbegriff in der metaphysischen Konstruktion der Transzendentalphilosophie erscheint. Die Kunst ist die Vollendung des Weltlebens, sie ist die reifste Erscheinung des Ich, welches den Urgrund aller Wirklichkeit bildet. Damit ist das ästhetische Moment zu dem bestimmenden der Weltauffassung geworden; aus dem Kant'schen und Fichte'schen hat sich der ästhetische Idealismus entwickelt.

Damit ist aber zugleich die Ästhetik nicht nur zu einer, sondern zu der abschließenden Disziplin der Philosophie geworden. Sie ist unter diesem Gesichtspunkte wesentlich eine metaphysische Lehre von der Kunst. Sie betrachtet alles ästhetische Leben nur in Beziehung auf die künstlerische Tätigkeit. Der Genuss eines Naturschönen gilt hier nur als abgeleitet und analogisch, und die Ästhetik entwickelt sich demnach in eine Deduktion des Systems der Künste. Nach dem dialektischen Schema werden diese aus dem allgemeinen Wesen der Kunst abgeleitet, und es wird schließlich gezeigt, dass das allgemeine Wesen der Kunst am reinsten und vollkommensten in der Poesie zur Darstellung kommt. Mit reicher Sachkenntnis und feinstem Geschmack entledigt sich Schelling dieser Aufgabe, und diese seine Vorlesungen über die Philosophie der Kunst sind, obwohl erst nach seinem Tode gedruckt, doch durch ihren persönlichen Einfluss das Fundament geworden, auf welchem Jahrzehnte lang der Ausbau der ästhetischen Theorien in Deutschland erfolgt ist.

§66. Der absolute Idealismus

Schellings Identitätssystem

Der Einfluss des ästhetischen Moments auf die Entwicklung der deutschen Philosophie zeigt sich aber nicht nur materiell in der Bedeutung, welche die Kunst für die Weltanschauung gewann, sondern mit gleicher Energie auch formell. Es ist wesentlich das ästhetische Bedürfnis, vermöge dessen in jener Zeit von den verschiedensten Seiten her verlangt wurde, dass die Philosophie ein in sich geschlossenes System absoluter Totalität sein solle, welches aus seinem inneren Wesen heraus den Gegensatz aller seiner besonderen Aufgaben erzeuge und sich in der Lösung derselben schließlich zu einer harmonischen Versöhnung zusammenfasse. Diesen Gedanken, den schon Hamann in seiner mystischen Unklarheit hingeworfen hatte, vertritt auf dem Fichte'schen Standpunkte die interessante Abhandlung, mit welcher H ü l s e n die Preisfrage der Berliner Akademie über die Fortschritte der Metaphysik seit Leibniz und Wolff beantwortet hatte (gedruckt

1796). Derselbe bewegte die poetischen, aber nicht zur Klarheit vordringenden Spekulationen, mit denen sich H ö l d e r l i n , Schellings und Hegels Freund, abmühte und später auf Hegel bedeutungsvoll einwirkte. Denselben betont sowohl in seiner Korrespondenz als auch in den Fragmenten Friedrich Schlegel. Aber die wichtigsten Folgen, die er gehabt hat, zeigen die großen Systeme Schellings und Hegels. Von ihm aus erhielt Fichtes dialektische Methode eine neue Bedeutung. Die Triplizität derselben mit ihrem Schema von Thesis, Antithesis und Synthesis brauchte nur vollständig auf alle Teile der Philosophie angewendet zu werden, um dieselbe im Ganzen wie im Einzelnen dem ästhetischen Bedürfnis entsprechend zu gestalten. So haben sich die Lehren der deutschen Philosophie zu dialektischen Begriffsdichtungen entwickelt, Weltgedichten, welche mit künstlerischer Komposition auf die Entfaltung der Gegensätze und ihre schließlich voll und ganz austönende Ausgleichung gerichtet sind.

Dies ästhetisch-philosophische Bedürfnis wendet sich bei Schelling zunächst dem Gegensatze der Naturphilosophie und der Transzendentalphilosophie zu. Er hatte denselben zwar aus den Prinzipien der Wissenschaftslehre abgeleitet, aber beide Teile hatten sich ihm unter den Händen derartig umgebildet, dass er sie nicht mehr darauf zurückführen konnte. Die Natur war ihm durch die philosophische Behandlung selbständig geworden und stand ebenbürtig dem Ich gegenüber, dessen Funktionen die Transzendentalphilosophie deduzierte. Aber beide Teile wiesen stetig aufeinander hin. Der Prozess der Natur hat zu seinem Ziele die Genesis des Ich, und dieses wieder entfaltet den Gegensatz seiner theoretischen, praktischen und ästhetischen Funktionen nur durch die Verschiedenheit seiner Beziehungen zur Natur. Darin zeigt sich, dass die Natur und das Ich beide auf demselben Grunde beruhen und dass jene beiden Teile der Philosophie einer höchsten Begründung bedürfen, vermöge deren ihre Gegenstände aus dem gemeinsamen Grunde abgeleitet werden. Diesen aber konnte Schelling nicht mehr wie Fichte als das reine oder absolute Ich bezeichnen, zumal da er sich mehr und mehr daran gewöhnt hatte, das Wort Ich in dem gewöhnlichen Sinne des individuellen Selbstbewusstseins zu gebrauchen; sondern er nannte ihn jetzt schlechthin das Absolute oder die absolute Vernunft. Das hatte zugleich seinen

Grund darin, dass diese Tendenz den romantischen Denker immer energischer von Kant und Fichte zu Spinoza zurückzog, dessen Einfluss, wenn auch in jener von Herder und Goethe vermittelten Form, bereits in dem pantheistischen Zuge der Naturphilosophie sich fühlbar gemacht hatte. Jetzt war Schelling durch die eigene Entwicklung in den beiden Teilen seiner Lehre auf einen Gegensatz von Natur und Geist gestoßen, welcher dem Spinozistischen der göttlichen Attribute Ausdehnung und Denken nahe verwandt war, und die Absicht, für die Naturphilosophie und die Transzendentalphilosophie eine gemeinsame Begründung zu finden, führte von selbst zu einer Lehre, welche in Natur und Geist die beiden Erscheinungsweisen des Absoluten sah, das Schelling denn auch bald, wie Spinoza und mit gleich viel und gleich wenig Recht wie dieser, Gott genannt hat. Mit dieser Wendung Schellings beginnt daher dasjenige, was man als N e o s p i n o z i s - m u s der deutschen Philosophie bezeichnet hat. Wenn man diese Richtung mit Recht als eine Verschmelzung der Kant'schen und der Spinozistischen Prinzipien ansieht, so darf man doch eben nicht vergessen, dass die Auffassung Spinozas dabei wesentlich immer durch das vitalistische Prinzip alteriert war, welches schon bei Herder von der Einwirkung von Leibniz herstammte. Die Stärke des Einflusses Spinozas zeigt sich aber auch äußerlich darin, dass Schelling sogar die geometrische Methode der Ethik mit ihren Axiomen, Lehrsätzen, Beweisen und Korollarien in der »Darstellung meines Systems der Philosophie« (1801) nachahmte, einer Schrift, welche freilich schon bei der Naturphilosophie abbrach und auch wesentlich nur nach dieser Seite in anderen gleichzeitigen Abhandlungen ergänzt wurde. So veröffentlichte er den Aufsatz »Über den wahren Begriff der Naturphilosophie« in der »Zeitschrift für spekulative Physik« (1801) und die »Ferneren Darstellungen aus dem Systeme der Philosophie« in der neuen Zeitschrift für spekulative Physik (1802), so das Gespräch »Über das absolute Identitätssystem« und den Aufsatz »Über das Verhältnis der Naturphilosophie zur Philosophie überhaupt« in dem »Kritischen Journale der Philosophie«, so trug er endlich das »System der gesamten Philosophie und der Naturphilosophie insbesondere« in den Würzburger Vorlesungen vor, welche erst aus dem handschriftlichen Nachlass herausgegeben worden sind.

Die intellektuelle Anschauung, von welcher der metaphysische Idealismus nach Kant ausgehen musste, ist bei Schelling nicht mehr die Fichte'sche Selbstanschauung des Ich, sondern diejenige des Absoluten. Diese kann nicht auf irgendeinem Wege des Denkens erworben und demonstriert werden, sie ist vielmehr eine geniale Intuition, ohne welche für diesen Standpunkt keine Philosophie möglich ist. Da aber auch der anschauende Geist eine Funktion des Einen Absoluten ist, so enthält dieselbe doch zugleich, was Fichte verlangt hatte, eine Selbstanschauung des Absoluten selber, und es ergibt sich daraus der Begriff desselben als der absoluten Identität von Subjekt und Objekt. Indem aber diese Identität, wie es der Begriff des Wissens verlangt, eine vollständige sein soll, ist das Absolute die vollkommene, ungeschiedene Einheit von Subjekt und Objekt, es ist keines von beiden, sondern die völlige I n d i f f e r e n z beider. Der Gegensatz von Subjekt und Objekt setzt sich aber bei Schelling sogleich in denjenigen von Idealität und Realität oder in denjenigen von Geist und Natur um. Das Absolute ist weder ideal noch real, es ist weder Geist noch Natur, sondern die absolute Identität oder die Indifferenz beider Bestimmungen. Der Magnet ist nicht nur der naturphilosophische, sondern der allgemeine metaphysische Typus. Wie der ganze Magnet weder Nordmagnetismus noch Südmagnetismus, sondern die Identität beider und in seinem Mittelpunkte ihre Indifferenz enthält, so ist das Absolute die ungeschiedene Vereinigung aller Gegensätze. Deshalb ist in gewissem Sinne das Schelling'sche Absolute ebenso wie die Gottheit der Mystiker und wie die Substanz Spinozas – das Nichts, und es erklärt sich daraus, weshalb einer seiner naturphilosophischen Schüler, Oken, zum Ausgangspunkt der dialektischen Konstruktion das Zero (± 0) nehmen konnte. Dagegen enthält das Absolute bei Schelling als Indifferenz die Möglichkeit seiner Differenzierung, vermöge deren es sich als Universum zu dem System der verschiedenen Erscheinungen entwickeln kann. Wenn im Absoluten die Gegensätze mit völliger Gleichheit sich gegenseitig aufheben, so befinden sie sich in den einzelnen Erscheinungen in einer Differenz, vermöge deren der eine oder der andere Teil überwiegt. Auch hier liegt das Schema des Magneten vor; wie bei diesem an jedem Punkte sowohl der Süd- als auch der Nordmagnetismus tätig sind, wie die Lage des Punktes zwischen dem Indifferenzpunkt und einem der Pole das größere oder geringere Überwiegen der einen über die andere Kraft bestimmt, so ist auch in jeder der besonderen Erscheinungen Subjektivität und Objektivität, Geist und Natur so enthalten, dass in dem quantitativen Verhältnis beider das Wesen dieser Erscheinung begründet ist. Der große Weltmagnet, der die Indifferenz von Geist und Natur enthält, würde, wenn man ihn zerteilte, auch in seinem geringsten Teil dieselbe Polarität zeigen. Da er aber ein einheitliches Leben darstellt, so zeigt jeder Punkt in ihm ein besonderes Verhältnis der beiden Grundbestimmungen, deren Indifferenz sein Wesen ausmacht.

Die Verschiedenheit der endlichen Dinge besteht also in der q u a n t i t a t i v e n   D i f f e r e n z   d e s   n a t ü r l i c h e n   u n d   d e s   g e i s t i g e n   M o m e n t e s , welche in allen enthalten sind. Darin besteht der Unterschied dieses Neospinozismus von dem Spinozismus selbst; für diesen teilten sich die endlichen Dinge in zwei große, vollkommen geschiedene Reiche, von denen das eine nur die Natur und das andere nur der Geist war. Für Schelling entwickelt sich die absolute Vernunft in zwei Reihen, welche sich aus der Abstufung in dem quantitativen Verhältnis des natürlichen und des geistigen Elementes derartig konstituieren, dass in der einen die Natur, in der andern der Geist überwiegt. Jede dieser Reihen stellt deshalb eine Entwicklung dar, die von dem äußersten Pole her, bei welchem das in ihr überwiegende Moment am selbständigsten und von dem entgegengesetzten am meisten frei ist, bis in die Nähe des Indifferenzpunktes zu einer Erscheinung führt, in welcher es sich mit dem entgegengesetzten Momente am vollkommensten identifiziert. Die einzelnen Stufen dieser Entwicklung bezeichnet Schelling als die Potenzen, und deshalb ist diese seine Lehre auch als P o t e n z e n l e h r e charakterisiert worden.

Das ganze System sollte also eine doppelte Entwicklung enthalten, innerhalb deren jede besondere Erscheinung ihren Platz durch das Verhältnis angewiesen erhielte, welches in ihr zwischen dem geistigen und dem natürlichen Elemente obwaltet. Ausgeführt hat Schelling nur die reale Reihe, diejenige der Natur. Die ideale Reihe, diejenige des Geistes oder der Geschichte, hat er nur angedeutet. Den äußersten Pol der realen Reihe bildet die Materie (oder in den späteren Darstellungen der Raum), worin das objektive Element über das subjektive vollständig überwiegt. Als zweite Potenz folgt das Licht, als dritte und abschließende der Organismus, in dessen höchsten Formen und Lebensbewegungen zwar immer noch das physische Element überwiegt, aber doch andererseits das ideelle die größte Bedeutung erreicht hat, die es innerhalb der natürlichen Reihe erreichen kann. Zwischen diesen drei Stufen sollte in einer Weise, die sich in Schellings Auffassung mehrfach variiert hat, die gesamte Konstruktion der Naturphilosophie Platz finden. Darf man andererseits nach Andeutungen und nach den Prämissen des Schelling'schen Denkens die Gestalt vermuten, welche die ideelle Reihe gefunden hätte, so würde hier der geistige Pol in dem sittlichen Selbstbewusstsein geruht haben, welches sich zur Natur im Gegensatze weiß, es würde als zweite Potenz die gesamte theoretische Reihe mit ihrer Unterordnung unter das Bewusstlose gefolgt sein, und es würde sich diese Konstruktion mit der ästhetischen Tätigkeit abgeschlossen haben, deren Produkt, wenn auch überwiegend ideellen Charakters, doch das Sinnlichste und Natürlichste ist, was die Intelligenz erzeugt.

Wenn sich so aus der Indifferenz des Absoluten die beiden Reihen der differenzierten Erscheinungen entwickeln, so erreicht doch in keiner derselben das Absolute selbst seine volle Darstellung; auch im menschlichen Organismus überwiegt das physische, auch im besten Produkt des Künstlers überwiegt das ideelle Moment. Die letzte Synthese, die vollkommenste Entfaltung der absoluten Vernunft, ist in einer besondern Erscheinung nicht möglich. Aber sie muss vollzogen werden, damit das System sich abschließe, und sie kann deshalb nur in der Totalität aller Erscheinungen, d.h. im U n i v e r s u m gesucht werden. Das Universum ist die vollendete Selbsterscheinung des Absoluten, die totale Entwicklung der Vernunft, es ist die Potenz, in welcher das Absolute aus den Indifferenzpunkt durch die ganze Fülle der Differenzierungen hindurch seine Identität wiederherstellt. Es ist deshalb der Punkt, an welchem die reale und die ideale Reihe sich treffen und zur absoluten Einheit gelangen; es ist der vollkommenste aller Organismen, und zugleich das vollkommenste Kunstwerk; es ist die I d e n t i t ä t d e s a b s o l u t e n O r g a n i s m u s u n d d e s a b s o l u t e n K u n s t w e r k e s. Von hier aus fühlte sich Schelling zu der großartigen Weltdichtung hingezogen, mit der die Naturphilosophie der Renaissance das Weltall als einen Organismus und als ein Kunstwerk betrachtet hatte, und er legte diese Lehren, in denen Wahrheit und Schönheit Eins geworden sein sollten, dem größten der italienischen Naturphilosophen in den Mund. Sein Dialog »Bruno oder über das göttliche und natürliche Prinzip der Dinge« (1802) bringt diese Phase seiner Entwicklung zur vollständigsten Darstellung. Das Identitätssystem oder der absolute Idealismus ist ein ä s t h e t i - s c h e r P a n t h e i s m u s, der die Einheit des sinnlichen und des geistigen Elementes, welche die Ästhetik durch Schiller als maßgebendes Prinzip gewonnen hatte, durch alle Erscheinungen der wirklichen Welt hindurch verfolgt und dadurch die starren Linien des Spinozistischen Naturalismus in die schöne Wellenbewegung eines lebendigen Zusammenhanges verwandelt.

Aber schon in die Darstellung des »Bruno« drängt sich ein anderer Einfluss und mit ihm eine Veränderung der Auffassung ein, durch welche schon leise die Motive einer späteren, vom Identitätssystem wieder abführenden Entwicklung Schellings anklingen. Die dialogische Form ist sichtlich Platon nachgebildet und von allen modernen Nachahmungen des großen hellenischen Vorbildes sicher die vollkommenste. Allein der Einfluss Platons auf Schelling war nicht nur formell, sondern er wurde in den ersten Jahren des neuen Jahrhunderts auch sachlich sehr bedeutsam. Das System der absoluten Vernunft kam aus eigenem Bedürfnis der Ideenlehre entgegen. Es ergriff sie, zog sie in sich hinein und begann sich dadurch innerlich umzubilden. Der große Assimilationsprozess, in welchem der deutsche Geist die Resultate der übrigen Kultur verarbeitete, warf sich nun auch auf die reifsten Produkte der griechischen Philosophie. Es ist höchstwahrscheinlich, dass für Schelling die Hauptanregung dazu von der neuen persönlichen Berührung mit Hegel ausging, welcher nicht so wie jener durch seine Entwicklung auf das naturwissenschaftliche Interesse abgelenkt worden war, sondern in der Stille das antike Moment ihrer Jugendbildung zur vollen Kraft in sich hatte ausreifen lassen. Er sollte später die Verschmelzung der deutschen und der antiken Philosophie auf den vollkommensten Ausdruck bringen, und er war es schon jetzt, der in Schellings Denken das bereits vorhandene Platonische Element derartig verstärkte, dass es in der Darstellung des Identitätssystems immer mehr überwog. Dies Moment bestand in dem Begriffe der intellektuellen Anschauung als einer Selbstanschauung des Absoluten. Soll sich dieselbe auch auf das voll entwickelte und durch die Differenzierungen zur Totalität des Universums hindurchgegangene Absolute erstrecken, so muss das Letztere auch alle seine Differenzierungen in sich anschauen. Diese Differenzierungen also sind danach doppelt vorhanden, einmal als objektive Erscheinungen, d.h. als reale Entwicklungsformen des Absoluten, und zweitens als die Formen der Selbstanschauung des Absoluten. In diesem zweiten Sinne nun nennt sie Schelling I d e e n , und je mehr er diesen Gedanken verfolgt, umso mehr gewöhnt er sich, das in ihnen sich selbst anschauende Absolute G o t t zu nennen. Die Gottheit schaut sich selbst in jenen Ideen an und realisiert diese Ideen in den objektiven Erscheinungen der Natur und der Geschichte. So ist aus der Potenzenlehre eine I d e e n l e h r e geworden; die Potenzen der empirischen Wirklichkeit sind nicht die unmittelbaren Differenzierungen des Absoluten, sondern die Realisierung der Ideen, in welche die Gottheit sich bei ihrer Selbstanschauung differenziert. Eine gewisse Zweideutigkeit entstand dabei in der Anwendung des Terminus ideal oder ideell. In den Potenzen der empirischen Wirklichkeit wurden die reale und die ideale Reihe als ebenbürtig behandelt. Aber indem ihnen nun beiden eine Ideenwelt als Urbild im Platonischen Sinne vorhergehen sollte, erschien das ideelle Moment als das ursprüngliche und das natürliche oder empirische als das abgeleitete. Andere Begriffe kamen hinzu, um die Darstellung dieser Phase der Schelling'schen Lehre eher zu verwickeln als zu verdeutlichen. War nämlich das Absolute selbst als das Unendliche den endlichen Erscheinungen gegenübergestellt worden, so offenbarte sich nun das unendliche Wesen der Gottheit in ihren Ideen. Der Gegensatz der Ideen und der Erscheinungen fällt mit demjenigen des Unendlichen und des Endlichen zusammen, und die Gottheit wird nun gerade in dem Sinne die absolute Identität genannt, dass sie zugleich unendlich in der Idee und endlich in der Erscheinung und dabei in beiden Formen dasselbe ist.

Von diesem Standpunkte aus entwarf nun Schelling das System der Wissenschaften in seinen »Vorlesungen über die Methode des akademischen Studiums«. Ihre Niederschrift (1803) gehört zu dem

Formvollendetsten, was in der deutschen Philosophie je geschrieben worden ist; sie ist auch äußerlich ein leuchtendes Denkmal jener Zeit, welcher Schönheit und Wahrheit wie den Griechen als identisch galten. Sie enthält wieder den ersten Versuch, aus dem philosophischen Gedanken heraus den gesamten vielgliedrigen Organismus der Wissenschaften zu entwickeln und damit jeder ihre Aufgabe und ihre Methode anzuweisen. Wenn dabei auch die universalistische Tendenz verfehlt sein mag, wonach die besondern Wissenschaften bis in ihre einzelne Arbeit hinein von der Philosophie aus durch deren gemeinschaftliche dialektische Methode geregelt erscheinen sollen, so ist doch andererseits die gemeinschaftliche Aufgabe und der ideelle Zusammenhang aller wissenschaftlichen Tätigkeiten nie so glänzend dargestellt und so tief begründet worden, wie in diesen Vorlesungen. Sie verbinden damit den andern Zweck, ein ideales Bild von dem Wesen und der Aufgabe der deutschen Universitäten zu entrollen. Sie sehen in denselben diejenige Institution, in welcher jener in sich zusammenhängende Organismus der Wissenschaften zum lebendigen Ausdruck kommen soll. Die Universität ist kein Aggregat von Schulen des Brodstudiums, in welchen man lediglich sich für bestimmte technische Fertigkeiten vorbereiten soll; sie ist noch weniger ein Sammelplatz für Jünglinge, welche einige Jahre ohne praktische Tätigkeit ihre Freiheit genießen wollen; sondern sie ist eine Schule der wissenschaftlichen Arbeit, an welcher alle Aufgaben der menschlichen Erkenntnis durch ihr stetiges Ineinandergreifen und durch die Gegenseitigkeit der persönlichen und sachlichen Unterstützung zu immer höherer Lösung gedeihen sollen, und an welcher jeder Einzelne lernen muss, den Inhalt seines einstigen praktischen Berufs unter dem wissenschaftlichen Gesichtspunkte und in seinem innigen Zusammenhange mit dem ganzen übrigen Kulturleben zu verstehen. Wer den vollen und reinen Idealismus kennen lernen will, der den innersten Lebenstrieb der deutschen Universitäten bildet, soll diese Schrift lesen; sie ist zugleich das edelste Zeugnis von der Auffassung, die Schelling selbst von seinem akademischen Berufe hatte.

Das Identitätssystem war in der Gesamtentwicklung der deutschen Philosophie ein verhältnismäßig nur kurzer Moment. Schelling selbst verließ es bald und geriet auf theosophische Wege (vgl. §69), und die

Aufgabe, die er sich darin gestellt hatte, wurde nachher in viel durchgreifenderer Weise von Hegel gelöst. Gleichwohl ist eine Reihe von Abzweigungen aus dem Hauptstamm der Entwicklung von diesem Punkte ausgegangen. Als reine Anhänger desselben können K l e i n (»Beiträge zum Studium der Philosophie« 1805) und S t u t z m a n n (»Philosophie des Universums« 1806) gelten. Die Geschichte der Philosophie behandelte von diesem Standpunkte aus F r i e d r i c h A s t (»Grundriss einer Geschichte der Philosophie« 1807); derselbe gab auch ein Handbuch der Ästhetik (1805) heraus, und überhaupt wurde das Identitätssystem namentlich in seiner platonisierenden Form für die Behandlung der Ästhetik ganz außerordentlich fruchtbar. Schon Schiller konnte in der Lehre von dem Absoluten als der Indifferenz des Geistigen und des Natürlichen seinen eigenen Grundgedanken wiedererkennen und denselben deshalb in dem Vorworte zu der »Braut von Messina« in Formen bringen, welche sich durchaus an die Schelling'sche Sprache anschließen. In der Folge aber wurde für die Ästhetik namentlich das Verhältnis der unendlichen Idee zu der endlichen Erscheinung bestimmend. Während das ideelle Wesen der Gottheit in keiner wirklichen Erscheinung voll zur Entfaltung kommt, ist es die Aufgabe der Kunst, die Identität des Unendlichen und des Endlichen, welche von der wissenschaftlichen Erkenntnis niemals vollständig erreicht werden kann, in jedem Kunstwerke derartig darzustellen, dass die Idee vollständig in die Erscheinung, die Erscheinung vollständig in die Idee aufgeht. Wahrheit und Schönheit sind Eins, sie enthalten beide nichts anderes als die Idee in der Erscheinung und sind in diesem Sinne die Synthesis des Sinnlichen und des Übersinnlichen, des Natürlichen und des Geistigen. Mit diesem Begriffe wird in die Ästhetik das Moment des »Bedeutsamen« aufgenommen, welches Herder in seiner Kalligone (1800) im Gegensatz zu dem Formalismus der Kant'schen Ästhetik geltend machte, auch hier wie in der Geschichtsphilosophie mit Recht, sofern es sich um die Ergänzung, mit Unrecht, sofern es sich um die gereizte Bestreitung des gegnerischen Standpunktes handelte. Indem nun so der Grundsatz sich befestigte, dass das Schöne das sinnliche Erscheinen der Idee sei, wurde die deutsche Ästhetik immer ausgesprochener eine Theorie der Kunst und wurde darin dadurch bekräftigt, dass ihre

Ausbildung hauptsächlich in den Händen von Männern der literarischen Kritik lag, welche in der Dichtung mit Recht nach der Darstellung von Ideen zu fragen hatten. Auch die geschichtsphilosophische Tendenz in der Konstruktion der ästhetischen Grundbegriffe konnte dieser Wendung gut folgen; in der antiken oder klassischen Kunst sah man ein unbefangenes und naives Walten der Idee in der sinnlichen Gestaltung; als das Wesen der modernen oder romantischen Kunst dagegen begriff man ein Streben des Künstlers, den zum Bewusstsein gekommenen Gegensatz von Idee und Wirklichkeit wieder zu überwinden. Mit diesen Begriffen hat später S o l g e r (1780–1819) das romantische Prinzip der Ironie auf eine neue Formel gebracht, welche umso origineller erschien, als Schellings eigene Philosophie der Kunst noch nicht veröffentlicht war. Sein »Erwin« (1815) und seine »Philosophischen Gespräche« (1817), deren tiefste Begründung erst durch die postum (1829) herausgekommenen »Vorlesungen über Ästhetik« zur vollen Klarheit gebracht wurde, entwickelt den romantischen Grundbegriff dahin, dass es sich in dem ironischen Verfahren des modernen Künstlers, bei welchem Idee und sinnliche Darstellung nie mehr zur vollen Deckung gelangen, sondern stets die Erstere über die Letztere überwiegt, im Wesentlichen darum handelt, das Endliche dem Unendlichen, die Erscheinung der Idee, das Individuum dem Absoluten aufzuopfern, und dass in dieser Aufopferung das tragische Schicksal des Schönen bestehe, – eine Auffassung, die ganz von selbst durch das Aufgeben alles Besonderen in die Gottheit eine religiöse Färbung der Ästhetik mit sich brachte.

Unter den Männern, welche vom Identitätssystem aus eine verhältnismäßig selbständige Laufbahn beschrieben, ist zuerst J . J . W a g - n e r (1775–1841) zu nennen. Dieser war schon in der naturphilosophischen Periode als Anhänger Schellings mit mehreren Schriften hervorgetreten und machte auch die Phase des absoluten Idealismus mit, trennte sich jedoch, auf dem letztem Standpunkte prinzipiell beharrend, in seinem »System der Idealphilosophie« (1804) von der theosophischen Richtung, die der Meister einzuschlagen begann. Später versuchte er, das triadische Schema des Identitätssystems durch ein tetradisches der Kreuzung von Gegensätzen zu ersetzen und verrannte sich mit seiner »Mathematischen Philosophie« (1811) und seinem »Organon der menschlichen Erkenntnis« (1830) derartig in einen trockenen Schematismus des Methodisierens, dass er alle menschlichen Tätigkeiten nach dieser vierteiligen Methode geregelt wissen wollte. Die Überzeugung der Identitätsphilosophie, dass die Denkgesetze Weltgesetze seien, dehnte er hauptsächlich auf die mathematische Berechnung aus und behauptete, dass sich nach seiner tetradischen Methode alles müsse rechnungsmäßig konstruieren lassen. Seine »Dichterschule« wendete diesen Gedanken schließlich sogar auf die poetische Produktion an, wobei nur anzuerkennen ist, dass er dafür keine Proben der Ausführung veröffentlicht hat.

Weit erhaben über diese Pedanterie, die von dem tiefen, sachlichen Denken Schellings so weit abführte, ist ein anderer Fortbildner des Identitätssystems: F r i e d r i c h   K r a u s e. 1781 geboren, 1802 als Privatdozent in Jena habilitiert, ist er nach stetigen Misserfolgen in der akademischen Lehrtätigkeit, die ihn auch in Berlin und Göttingen verfolgten, und nach einem mit Not und Sorge durchrungenen Leben 1832 in München gestorben. Eine edle Natur, von reinstem Eifer erfüllt, ist er an dem unpraktischen Idealismus seines Wesens und an der Wunderlichkeit seiner philosophischen Darstellung zu Grunde gegangen. In der an sich berechtigten Absicht, die zufällig zusammengesetzte Terminologie der Philosophie durch eine rein deutsche Darstellung zu verdrängen, hat er sich in eine neue, völlig willkürliche und individuelle Terminologie verirrt, welche er die Marotte hatte, für echt deutsch zu halten, und welche seine Schriften für den uneingeweihten Deutschen unlesbar macht. Er hat damit zugleich seine historische Stellung verhüllt, indem er die Grundgedanken der deutschen Philosophie, welche er Kant, Fichte und Schelling verdankte, in seine Sonderlingssprache übersetzte und dadurch auch bei sich selbst den Anschein erregte, als seien es originelle Schöpfungen. Als daher sein Schüler Ahrens die Krause'sche Lehre in Vorträgen und Schriften in das Französische übersetzte (z.B. *Cours de philosophie*, Paris 1836 und 1838), da perlten die allgemeinen Grundgedanken der deutschen Philosophie rein aus der Krause'schen Schale heraus, und so erklärt sich der große Erfolg, den dieselben im romanischen Auslande hatten, wo Krause vielfach heutzutage als der größte deutsche Philosoph gilt. Eine ähnliche Übersetzung ins Deutsche steht noch aus; die wichtigsten und verhältnismäßig lesbarsten seiner Schriften sind der »Entwurf eines Systems der Philosophie« (1804), »das Urbild der Menschheit« (1811), die »Vorlesungen über das System der Philosophie« (1828) und diejenigen »Über die Grundwahrheiten der Wissenschaft« (1829). Was Krause dem Identitätssystem hinzugefügt hat, besteht einerseits in einer größeren Verselbständigung des Absoluten den Erscheinungen gegenüber, andererseits in einer neuen methodischen Behandlung des Ganzen. Er betont vor allem, dass die Gottheit (oder »Wesen«, wie er sie nennt) in ihrer ideellen Selbstanschauung als Selbstbewusstsein oder Persönlichkeit gedacht werden muss, und wenn gleichwohl alle endlichen Dinge nur den Prozess darstellen, in welchem diese sich selbst entwickelt, und so nur in ihr und durch sie leben und subsistieren, so bezeichnet er seine Lehre nicht mehr als Pantheismus, sondern als P a n e n t h e i s m u s . Es ist der Versuch, durch das System der Entwicklung Pantheismus und Theismus zu verschmelzen. Aber die intellektuelle Anschauung, vermöge deren wir uns so als Teile des göttlichen Selbstbewusstseins wissen, soll nach Krause nicht als ein Vorzug begabter Naturen, wie bei Schelling, oder als ein bloßes Postulat der Philosophie gelten, sondern wissenschaftlich gefunden, erworben und einleuchtend gemacht werden; in diesem Verlangen besteht die Verwandtschaft Krauses mit Hegel. Wenn daher auch seine Philosophie in ihrem konstruktiven Teile von der Gottesanschauung wie das Identitätssystem ausgeht, so bedarf sie doch eines vorbereitenden Teils, in dem dieselbe erst gefunden werden soll. Infolgedessen nimmt Krauses Lehre, wie es besonders in der ersten Abteilung von seinem »Abriss des Systems der Philosophie« (1825) hervortritt, methodisch eine Gestalt an, welche als Kopie des Cartesianismus erscheint. Sie bildet wie dieser eine Parabel, deren aufsteigender Ast, der subjektiv-analytische Lehrgang, durch die ganze Reihenfolge der endlichen Wesen und ihre sich immer höher potenzierenden Lebensformen bis zu dem höchsten Punkte führt, von dem aus der absteigende Ast, der objektiv-synthetische Lehrgang, die Konstruktion des Universums aus dem Grundprinzip entwickeln soll; und den Kulminationspunkt dieser Parabel bildet nicht wie bei Descartes das Selbstbewusstsein, sondern etwa wie bei Malebranche die intellektuelle Anschauung, vermöge deren wir nicht nur uns selbst, sondern auch alle Dinge in Gott schauen. In diesem Schema fanden dann, stets in Krauses eigentümliche Terminologie gepresst, nicht nur alle die Grundlehren der deutschen Philosophie ihre entsprechende Stelle, sondern es ergab sich auch hier innerhalb desselben eine universalistische Entwicklung des Systems der Wissenschaften.

Von besonderm Werte ist dabei die Betonung, welche Krause auf die Geschichtsphilosophie legt. Von rechtlichem, sittlichem und religiösem Idealismus getragen, sucht er die notwendigen Entwicklungsformen zu begreifen, welche alles menschliche wie das organische Leben im Individuum und in der Gattung als parallele Prozesse durchzumachen hat, und sieht die Aufgabe des Menschengeschlechts in der durch äußere Zusammengehörigkeit ebenso wie durch innere Gemeinschaft sich ausprägenden Vereinigung der Geister. Jede derartige Institution schildert er – nicht ohne der Analogie des Freimaurerbundes zu folgen – als einen »Bund«, der schließlich in den allgemeinen Menschheitsbund aufzugehen habe. Aber seine Phantasie führt ihn weiter und hofft, dass einmal auch dieser sich als Erdenmenschheit dem allgemeinen Bunde der Menschen des Sonnensystems einfügen und so die Lebensgemeinschaft mit allen vernünftigen Geistern und mit der Gottheit, zu der wir bestimmt sind, erreichen werde.

§67. Der religiöse Idealismus

Fichte und Schleiermacher

Mit dem Identitätssystem hat die idealistische Richtung eine Wendung gewonnen, welche sie über den subjektiven Charakter des Kant'- schen und Fichte'schen Denkens weit hinausführt. Der Konstruktionspunkt der dialektischen Methode wird nicht mehr im Ich, sondern im Absoluten genommen, und die Entwicklung des Unendlichen in die Welt der endlichen Dinge wird dadurch zum wesentlichsten Problem der Philosophie gemacht. Dies P r o b l e m   i s t   a b e r   m i t   d e m   r e l i g i ö s e n   i d e n t i s c h , und so gewann der absolute Idealismus die religiöse Tendenz, welche sich in Schellings eigenem Denken, bei vielen seiner Schüler, in der Umbildung seiner Lehre durch Krause und besonders bei den Romantikern geltend machte. Hier war es wiederum Friedrich Schlegel, der, wie er äußerlich durch seinen Übertritt voranging, so auch in seinen Vorlesungen aus dem Jahre 1804 diese Wandlung theoretisch formulierte und das Verhältnis des Unendlichen zum Endlichen für das Grundproblem der Philosophie erklärte.

Eine merkwürdige Rückwirkung aber hat in dieser Beziehung die allgemeine Bewegung des von ihm selbst ausgegangenen Denkens auf Fichte ausgeübt. Auch er wurde von der Tendenz des absoluten Idealismus ergriffen, und es bildete sich ihm dadurch die Wissenschaftslehre zu einem neuen System um, in welchem ihre besonderen Lehren sich um einen neuen Gesichtspunkt gruppieren sollten. Mit den Jahren milderte sich in ihm der sittliche Rigorismus und die titanenhafte Unruhe des unendlichen Strebens. Der Einfluss Schillers und teilweise auch der Romantiker ist dabei unverkennbar. Immer wertvoller erscheint in der Fichte'schen Darstellung die Kunst und das ästhetische Leben, immer mehr vertieft er sich in die Vorstellung, dass durch dieselbe eine Erfüllung der Aufgaben gewonnen werden könne, welche ihm anfänglich unmöglich zu sein und dem ethischen Begriffe selbst zu widersprechen schien. In der Geschichtsphilosophie, welche in den »Grundzügen des gegenwärtigen Zeitalters« vorgetragen wurde, erschien bereits als das Ziel der Entwicklung das Zeitalter der »Vernunftkunst«, in welchem der vernünftige Zustand des Lebens als ein Produkt der Freiheit, als das sittliche Kunstwerk des Menschenlebens erzeugt werden soll. Aber diese Erzeugung setzt dabei ein Urbild der absoluten Vernunft voraus, und dieser Begriff des Urbildes ist es, an welchem man die Veränderung der Wissenschaftslehre vielleicht am einfachsten sich klar machen kann. Das absolute Ich hatte in Fichtes erster Periode als eine Aufgabe gegolten, welche erfüllt werden soll, aber niemals vollkommen erfüllt wird, und dieses selbst nie Reale sollte dann als der Grund aller Realität erkannt werden. Aber der Trieb des Ich, absolutes Ich zu werden, blieb doch schließlich unbegreiflich, wenn nicht sein Ziel irgendwie gegeben war. Es ist nicht zu verstehen, wie das Ich sich eine Aufgabe setzen kann, deren Inhalt weder in ihm noch außer ihm wirklich ist. Aller Idealismus des unendlichen Strebens gewinnt erst dadurch Sinn und Begreiflichkeit, dass das Ziel des Strebens eine höchste Wirklichkeit ist, der es sich annähert. Parallele Überlegungen waren auf dem theoretischen Felde durch die Auffassung des Wissens in der Identitätsphilosophie nahegelegt. Das absolute Wissen erschien hier als Identität von Denken und Sein. Aber es musste deshalb auch unmöglich erscheinen, so lange man wie Fichte leugnete, dass es ein absolutes Sein gebe. Wenn Jacobi bei seiner Bekämpfung des Idealismus sich in seiner populären Sprache so ausdrückte, die Wahrheit des Wissens setze die »Realität einer absoluten Wahrheit« voraus, so folgte Fichte jetzt demselben Gedankenzuge und trat damit in eine von beiden Seiten empfundene Verwandtschaft mit Jacobi. Der Begriff des absoluten Wissens, von dem die Wissenschaftslehre ausgeht, wird nun dahin definiert, dasselbe sei das absolute Bild des absoluten Seins. In diesem Begriffe des absoluten Seins findet Fichte jetzt den höchsten Punkt seines Philosophierens und denjenigen, welcher noch über dem früheren Begriffe des absoluten Tuns liegt. Das ist die entscheidende Veränderung seiner Lehre. Ebenso wie Kant die Auflösung des ganzen Weltinhaltes im Vorstellungsprozesse, welche als Tendenz in seiner Erkenntnistheorie angelegt war, nicht durchführte, sondern mit dem Begriffe des Dinges an sich zu der Annahme einer absoluten Wirklichkeit und damit zu den Voraussetzungen des naiven Realismus zurückkehrte, ebenso wenig blieb Fichte auf der Höhe der ursprünglichen Abstraktion stehen, welche alle Realität in Funktionen auflöste, sondern kehrte nun zu der Ansicht des gemeinen Bewusstseins zurück, welche das Tun an ein ursprüngliches und absolutes Sein anheftet. In wie weit dabei die Selbstkritik mitwirkte, welche ihm durch die schweren Folgen seines Atheismusstreites aufgenötigt war, in wie weit ferner der Einfluss des ästhetischen Bewusstseins dabei maßgebend wurde, wonach das unendliche Werden und Tun der sinnlichen Erscheinung nur das Bild einer bleibenden ideellen Wirklichkeit sein sollte, in wie weit endlich die erneute Beschäftigung mit Spinoza die formelle Ausführung dieser Gedanken begünstigte und bedingte, – das kann hier nicht im Besonderen ausgeführt werden. Aber alle diese Momente wirkten zusammen, um aus der »Philosophie des Tuns« wieder eine »Philosophie des Seins« zu machen. Auch Fichte gravitierte von Kant zu Spinoza zurück und trat mit seiner zweiten Lehre in die Bewegung des Neospinozismus ein.

Der ewige Trieb des »reinen«, »allgemeinen« Ich, auf dem sich erst das empirische und individuelle Ich aufbaut, muss im Wissen wie im Handeln ein Ziel vor sich haben. Dieses Ziel wurde früher nur im nie vollendeten Werden als das »absolute« Ich gedacht, jetzt ist es für Fichte das a b s o l u t e S e i n o d e r d i e G o t t h e i t. Dieses erzeugt in ewiger Ruhe in sich sein Abbild, das absolute Wissen, welches nun die Stelle des reinen theoretischen Ich einnimmt, und dieses Bild sucht sich ewig zu realisieren in einem unendlichen Streben, welches mit dem reinen praktischen Ich zusammenfällt. In der Konstruktion dieser Grundbegriffe folgt Fichte unverkennbar der Umdeutung der Trinitätslehre, welche Lessing analog den alten Mystikern in der »Erziehung des Menschengeschlechtes« aufgestellt hatte. Dieselbe ist aber bei Fichte hauptsächlich in der Hinsicht wichtig, als nun das Bild oder das absolute Anschauen und Wissen sowohl der metaphysischen Existenz als auch dem Werte nach als das Primäre dem Handeln gegenüber erscheint. Der Primat der praktischen Vernunft hat wieder aufgehört. Wie bei Schelling die Ideen der göttlichen Selbstanschauung als die Urbilder für die Potenzen der empirischen Wirklichkeit gelten, so ist es auch bei Fichte das Abbild der Gottheit, welches den Zweck aller Tätigkeit des Ich bilden soll. Nicht mehr das »Tun um des Tuns willen«, sondern die Realisierung des göttlichen Urbildes ist der höchste Zweck des Lebens. Das Tun ist kein Selbstzweck mehr, sondern es hat seinen Zweck in einem Ziel, das dadurch erreicht werden soll, und dies besteht darin, dass das Ich sich mit dem absoluten Sein, mit der Gottheit Eins weiß. Der Zweck des Tuns also ist jetzt die Ruhe des religiösen Bewusstseins, in welchem das Ich sich mit dem göttlichen Abbilde identifiziert. Darin besteht die Seligkeit des Individuums: das Tun um des Tuns willen führte seine ewige Unbefriedigtheit mit sich; das Tun um der Gottesanschauung willen kann sein Ziel erreichen, wenn die Gottheit nicht mehr als die ewig werdende sittliche Weltordnung, sondern als das absolute, bleibende und ruhende Sein gedacht wird. So hat in der Kontemplation der weltverbessernde Tatendrang des kategorischen Imperativs sein Ende gefunden. Gott zu schauen und sich als sein Abbild zu wissen, ist der wertvolle Zweck, zu welchem alles sittliche Leben hinführen soll. Der sittliche Trieb findet sein Ende, wenn er das Ziel des religiösen Zustandes erreicht hat.

Der ethische Idealismus hat sich in den religiösen verwandelt, und die Wissenschaftslehre wird eine »Anweisung zum seligen Leben«.

Wenn so das Fichte'sche Denken damit geendet hat, dass die ewige Unruhe des sittlichen Triebes in der Seligkeit des religiösen Bewusstseins untergeht, so haben dabei zweifellos auch die Einflüsse eines Mannes mitgewirkt, mit dem Fichte durch die Vermittlung der Romantiker in Berlin in nahe persönliche Berührung kam und welcher innerhalb der idealistischen Denkbewegung der vollkommenste Vertreter des religiösen Prinzips derselben ist. Diese nach allen Seiten hoch bedeutsame Persönlichkeit ist F r i e d r i c h   S c h l e i e r - m a c h e r. Er war 1768 als Sohn eines reformierten Predigers in Breslau geboren und wurde unter dem Einfluss der Überzeugungen der Herrnhuter Gemeinde, von der er sich später trennte, zuerst auf dem Pädagogium zu Niesky und dann auf dem Seminar zu Barby für das theologische Studium vorbereitet, das er 1787 in Halle begann und nach dessen Vollendung er einige Jahre Hauslehrer wurde. Nachdem er sodann zwei Jahre lang Hilfsprediger zu Landsberg an der Warthe gewesen war, ging er 1796 als Prediger an der Charité nach Berlin. Die sechs Jahre, die er in dieser Stellung zubrachte, sind für seine Entwicklung die wichtigsten geworden. In der Anknüpfung zahlreicher, feiner persönlicher Beziehungen entfaltete sich die Reichhaltigkeit seiner mehr und mehr in sich ausreifenden Persönlichkeit, und von besonderer Wichtigkeit war dabei seine Stellung zu den Romantikern, hauptsächlich seine Freundschaft mit Friedrich Schlegel, der um diese Zeit wie sein Bruder August Wilhelm einige Jahre in Berlin zubrachte.

Nur in sehr bedingter Weise freilich ist Schleiermacher dem romantischen Kreise beizugesellen; er hat zu demselben auch in dieser Zeit eine freiere und selbständigere Stellung, in der er ebenso viel gab wie empfing. Während damals Schelling auf dem Punkte stand, ganz in den Naturalismus zu verfallen, dem er in dem »Epikurisch Glaubensbekenntnis Heinz Widerporstens« einen so großartig poetischen und teilweise so übermütigen Ausdruck gab, betonte Schleiermacher von der anderen Seite in seinen »Reden über die Religion an die Gebildeten unter ihren Verächtern« (1799) und in den »Monologen«, der Neujahrsgabe von 1800, dass die allseitige und harmonische »Bildung«, welche die Romantiker anstrebten, sich nur im religiösen Lehen vollenden könne. Aber seine Auffassung des religiösen Lebens war damals über die konfessionelle Formulierung so weit erhaben, dass er wegen seiner Ansichten im Jahre 1802 als Hofprediger nach Stolpe gemaßregelt wurde. Aus dieser Verbannung erlöste ihn nach zwei Jahren eine Berufung als außerordentlicher Professor der Philosophie und Theologie nach Halle. Als dann die Universität Halle bei dem Zusammensturz der preußischen Monarchie geschlossen wurde, ging er nach Berlin und fand erst 1809 eine Anstellung als Prediger, in der er mit mächtigem Erfolge bis an sein Lebensende wirkte. Schon im folgenden Jahre wurde er zugleich als Professor der Philosophie an die nach seinem Entwurfe gegründete Universität Berlin berufen und bildete in der akademischen Wirksamkeit bis zu seinem Tode 1834 jene große theologische Schule, die sich nach ihm nennt. Er ist neben Schelling und Hegel der ebenbürtige Vertreter der universalistischen Bildung, welche damals der philosophischen Arbeit zu Grunde gelegt wurde. Der größte Theologe des Jahrhunderts, der erfolgreiche Förderer der protestantischen Union, war er zugleich ein hervorragender Philologe und hat dies auch hinsichtlich der Philosophie durch zahlreiche Arbeiten über die Geschichte der griechischen Philosophie und durch seine meisterhafte Übersetzung Platons betätigt. Er nimmt aber auch in der Entwicklung der Philosophie eine höchst wertvolle und interessante Stelle ein. Von Kant, Fichte und Schelling gleichmäßig angeregt, hat er die Prinzipien derselben in eine originelle Verschiebung gebracht, durch welche er von der philosophischen Seite her seine persönliche Überzeugung in seinem religiösen Idealismus begründete.

Die theoretischen Grundlagen seiner Lehre sind wesentlich in der »Dialektik« niedergelegt, welche nach seinen Vorlesungen von Jonas herausgegeben worden ist und sich in der dritten, philosophischen Abteilung seiner gesammelten Werke (Berlin 1835–1864) findet. Auch er nimmt darin seinen Ausgangspunkt vom Wissen; aber nicht wie Kant von der Tatsache, sondern wie Fichte von dem Ideal des Wissens, und er fasst dieses mit Schelling als die absolute Identität von Denken und Sein, welche deshalb formell dem Kant'schen Begriff der Apriorität entspricht, d.h. notwendig und allgemein gilt. Aber dies absolute Wissen ist im empirischen Bewusstsein des Menschen nirgends vorhanden; es ist nur die ewige Idee des Wissens, welche nach Fichte'schem Prinzip in unendlicher, nie sich vollendender Realisierung begriffen ist. Deshalb ist die Philosophie nicht Wissenschaft, sondern Wissenschaftslehre; sie ist eine Kunstlehre des Denkens, welche zeigt, wie sich dasselbe seinem Ideale annähern soll, sie ist in diesem Sinne Dialektik und entsteht nach sokratisch-platonischem Prinzip durch das gemeinsame Denken, in welchem wir uns der Notwendigkeit und Allgemeingültigkeit des Denkens bewusst werden. Wenn aber die Apriorität nach dem Schelling'schen Prinzip als Identität von Denken und Sein aufgefasst wird, so gestaltet sich die Kunstlehre des Denkens, welche man sonst Logik genannt hat, von selbst auch zu einer Erkenntnis der Realität. Wie Kants transzendentale Logik, so ist Schleiermachers Dialektik zugleich Logik und Metaphysik. Allein der Standpunkt der Identität, den er mit Schelling einnimmt, hebt dabei innerhalb gewisser, sogleich näher zu bestimmender Grenzen die Kant'sche Restriktion auf, wonach die transzendentale Logik nur mit der Metaphysik der Erscheinungen identisch sein sollte. Alles Wissen setzt also Denken und Sein oder den Gegensatz des Realen und Idealen voraus, wie ihn Schelling definiert hat. Es enthält infolgedessen von beiden etwas, e i n e n   i d e a l e n   u n d   e i n e n   r e a - l e n   F a k t o r . In dem menschlichen Wissen zeigen sich diese beiden Faktoren als die intellektuelle und die organische Funktion, welche stets aufeinander bezogen und nie voneinander getrennt sind. Die intellektuelle Funktion, für sich betrachtet, nennen wir Denken, die organische, für sich betrachtet, Wahrnehmung; aber keine ist ohne die andere, es gibt weder reines Denken, noch bloßes Wahrnehmen; das eine würde, mit Kant zu sprechen, leere Begriffe, das andere blinde Anschauungen geben. Denken und Wahrnehmen verknüpfen sich in der Anschauung, und wenn sie bei dieser Verknüpfung in vollem Gleichgewichte stehen, so ist diese Anschauung die ästhetische. Auch Schleiermachers Ästhetik (von Lommatsch herausgegeben) weist auf Schillers Lehre vom Spieltrieb und die ersten Theorien der Romantiker zurück, indem das Gleichgewicht der sinnlichen und der geistigen Natur des Menschen für sie den Richtbegriff bildet. In dem wirklichen Wissen aber scheiden sich die beiden Faktoren so, dass der eine oder der andere teils im Objekt, teils in der subjektiven Behandlung überwiegt. Daraus ergibt sich eine Vierteilung der besondern Wissenschaften. Das Wissen vom realen Faktor ist die Physik, dasjenige vom idealen Faktor die Ethik. Von beiden aber gibt es eine wahrnehmende und eine denkende, eine empirische und eine theoretische Wissenschaft. So teilt sich die Physik in Naturgeschichte und Naturwissenschaft, die Ethik in Geschichte und Ethik in engerem Sinn. Die beiden Hauptzweige der Wissenschaft aber müssen nach dem Prinzip der Identität zuletzt auf dasselbe hinauslaufen. Die Erkenntnis des Physischen vollendet sich darin, dass, wie die Naturphilosophie gezeigt hat, alles physische Dasein sieh fortwährend in Intelligenz umsetzt, die Erkenntnis des Ethischen begreift das Handeln in seiner steten Beziehung auf das Physische und sucht seine höchste Aufgabe in der vollkommenen Durchdringung und Beherrschung desselben. Das letzte Ziel aller ethischen und physischen Erkenntnis liegt in der Ausführung des Spinozistischen Grundsatzes: *ordo rerum idem est atque ordo idearum.* Aber innerhalb der endlichen Dinge, innerhalb der Modi der unendlichen Substanz, wie Spinoza, oder der Potenzen der göttlichen Offenbarung, wie Schelling gesagt hat, ist diese Erkenntnis nie vollständig; immer überwiegt der eine oder der andere Faktor, und Physik und Ethik befinden sich deshalb nur in stetiger, unendlicher Annäherung aneinander. Das Wissen kommt nie zu Ende; es ist nur als Wissenstrieb, als Denken. Das wirkliche Wissen des Menschen also steht für Schleiermacher unter dem Fichte'schen Begriff des unendlichen Strebens. Aber es ist nur zu verstehen unter der Voraussetzung, dass es eine absolute I d e n t i t ä t v o n D e n k e n u n d S e i n wirklich gibt, unter der Voraussetzung des Identitätssystems und derjenigen Spinozas. Gott als die Identität des Denkens und des Seins, des Idealen und des Realen ist das unerreichbare Ziel, auf welches alle wissenschaftliche Erkenntnis hinstrebt; aber dies Streben ist nur zu begreifen, wenn sein Ziel, die absolute Wahrheit, wenn die Identität von Denken und Sein wirklich ist. Der Glaube an Gott ist die Voraussetzung aller Erkenntnis.

Das ist eine viel durchsichtigere Darstellung als die schwerfälligen Formeln der Wissenschaftslehre, in welche der spätere Fichte denselben Grundgedanken presste: Sie trägt zugleich die klaren Züge der Kant'schen Erkenntnistheorie und ist die vollkommenste unter den positiven Synthesen, welche der Kritizismus mit dem Spinozismus gefunden hat. Der Gedanke, welcher Kants Ideenlehre zu Grunde lag, dass der Trieb des Erkennens auf einem durch dasselbe unerreichbaren Ideal beruhe, wird von Schleiermacher mit den Begriffen der Fichte'schen und Schelling'schen Lehre durchgeführt. Aber zu dem »Ideal der reinen Vernunft« verhält er sich ganz anders als Kant: Er verzichtet zwar wie dieser auf die wissenschaftliche Erkenntnis desselben; wenn er jedoch trotzdem eine bestimmte Vorstellung von der Gottheit hat, so gründet er dieselbe nicht wie Kant auf eine moralische Überzeugung, sondern auf ein G e f ü h l, dessen Vorstellungsinhalt sich mit dem Spinozistischen Gottesbegriffe, wie derselbe von den deutschen Denkern aufgefasst wurde, vollkommen deckt. Darin besteht die eigentümliche und originelle Stellung, welche Schleiermacher in der Religionsphilosophie einnimmt. Er ist nicht Offenbarungstheologe; denn von einer offenbarenden Tätigkeit der Gottheit können wir ebenso wenig etwas wissen wie von seinem Wesen. Er ist ein Gegner des Rationalismus; denn die Gottheit ist unerkennbar. Er bestreitet aber auch die Kant'sche Moraltheologie, welche das religiöse Leben zum Vehikel des moralischen machen will. Er will die Religion ebenso sehr von der Moralität wie von der Erkenntnis frei machen. Seine Religionsphilosophie gründet sich nicht auf die theoretische, nicht auf die praktische, sondern auf die ä s t h e t i s c h e V e r n u n f t. Da Gott nicht gewusst werden kann, so ist die Religionsphilosophie nicht eine Lehre von Gott, sondern eine Lehre von dem religiösen Gefühl. Sie ist der Versuch, dasjenige zum klaren Bewusstsein zu bringen, was in dem religiösen Gefühl als Voraussetzung enthalten ist, – den Inhalt des subjektiven Gefühls sich objektiv zu machen. Das Wesen des religiösen Grundgefühls sieht nun Schleiermacher darin, dass wir uns von einem absoluten Weltgrunde, den wir nicht erkennen und mit Rücksicht auf den wir deshalb auch unser Handeln nicht einzurichten vermögen, in unserer gesamten Lebensbetätigung abhängig fühlen. Er definiert es deshalb als das »s c h l e c h t h i n n i g e A b h ä n g i g - k e i t s g e f ü h l « und dasselbe kann sich nur auf jenen absoluten Weltgrund, auf jene absolute Identität von Denken und Sein, von Realem und Idealem, die Indifferenz aller Gegensätze richten. Schleiermacher bestreitet darum die Möglichkeit, irgendwelche besondere

Eigenschaften der Gottheit auch nur im Gefühle zu behaupten, und ist in seiner Philosophie vollkommen klar darüber, das Objekt des Abhängigkeitsgefühls nicht als Persönlichkeit zu denken. Erscheint so sein religiöses Gefühl durch den Gottesbegriff des von ihm gefeierten Spinoza bestimmt, so ist doch andererseits zu bedenken, dass derselbe von ihm wie von dem ganzen deutschen Neospinozismus nicht sowohl historisch korrekt als die abstrakte Substanz der endlichen Modi, sondern vielmehr als der Urquell des Lebens, als die lebendig schaffende Weltkraft aufgefasst wird.

Es ist der vitalistische Pantheismus, in welchen Herder, Goethe und Schelling die Lehre Spinozas umgedeutet hatten, der auch bei Schleiermacher den Inhalt des religiösen Gefühles bildet. Nachdem er so den Versuch durchgeführt hat, das fromme Gefühl objektiv zu fassen, kann er von diesem Standpunkte aus eine kritische Behandlung der positiven Religionen geben, in welcher das Christentum als die reinste und vollkommenste Form erscheint, in der sich jenes Abhängigkeitsgefühl ausgeprägt hat. Aber die ganze Auffassung des Wesens der Religion wird durch diese Begründung eine neue. Alle dogmatischen Lehren, die supranaturalistischen geradeso gut wie die rationalistischen, gründen die Religion auf eine Erkenntnis und suchen ihr Wesen in einem theoretischen Fürwahrhalten. Die Moraltheologie, wie sie nach Lessings Vorgange Kant aufgestellt hat, gründet die Religion auf eine ethische Überzeugung und sucht ihr Wesen in der sittlichen Handlung, die sie hervorgerufen. Schleiermachers Gefühlsreligion – von der nur gleichnamigen Jacobis weit verschieden – sieht in der Religion, um sie ganz selbständig zu machen, einen rein innerlichen Zustand des Gefühls; sie ist ihm ein Durchdrungensein des ganzen Menschen von dem Gefühle seiner Abhängigkeit dem Universum gegenüber. Dies Gefühl bedarf keiner äußerlichen Gestaltung, weder in der Formulierung einer Ansicht noch in der Erzeugung irgendwelcher Handlung. Es ist ein Zustand, in welchen der Mensch die Harmonie seines ganzen Wesens in ihrem Zusammenhange mit dem Weltleben genießt. Es soll das ganze Leben des Menschen durchleuchten, aber es bedarf keiner eigenen und besonderen Funktion, in der es sich nach außen absichtlich zu erkennen gäbe. Das »fromme Gefühl« ist deshalb durch und durch persönlich und individuell. Indem das Individuum sein eigenes Wesen voll und ganz erfasst, fühlt es sich eben darin von dem Urgrunde aller Dinge und dem Gesamtleben des Universums abhängig. In dieser Hinsicht ist Schleiermachers Religionsphilosophie eine der interessantesten und bedeutendsten Synthesen der individualistischen und der universalistischen Tendenz, welche sich durch das moderne Denken antagonistisch hindurchziehen. Der Gegenstand des Abhängigkeitsgefühls ist die absolute Welteinheit, in der alle Bestimmtheit untergegangen ist: Der Ursprung dieses Abhängigkeitsgefühls liegt in dem vollentwickelten Individuum. Die harmonische Ausbildung der ganzen Persönlichkeit vollendet sich darin, dass dasselbe sich in der ganzen Ausdehnung seines Wesens von dem göttlichen Urgrunde abhängig fühlt. Das fromme Gefühl ist für Schleiermacher der Schlussstein in der harmonischen Ausbildung des Individuums, und seine Lehre bildet deshalb denjenigen Punkt, an welchem das Bildungsideal der Romantiker sich als religiös begreift. Darum aber ist für ihn das religiöse Leben ein durchaus individualistisches, es ist nicht auf Satzungen einer Konfession oder einer Vernunfterkenntnis zu beschränken, und aller Fortschritt des religiösen Lebens der Menschheit geschieht nur durch bedeutende Persönlichkeiten, welche dem Abhängigkeitsgefühl eine neue Gestalt geben und dieselbe in ihrer Umgebung erwecken. Die positiven Religionen sind durch die Persönlichkeit ihres Stifters bedingt, und in diesem Sinne führt Schleiermacher das Christentum auf die sündlose Persönlichkeit Jesu zurück. Die feinere Beziehung zu der romantischen Lehre, die sich bei Schleiermacher überall durchfühlen lässt, zeigt sich auch darin, dass es das religiöse Genie[12] ist, worauf er die Epochen der Religionsgeschichte gründet, und die religiöse Genialität besteht in einer originellen Ausbildung des Abhängigkeitsgefühls. Die wahre Jüngerschaft dem Religionsstifter gegenüber ist die kongeniale Versenkung in das fromme Gefühl, in dem er zuerst gelebt hat. Die Parallele zum Kunstgenuss ist unverkennbar, und es zeigt sich, dass der religiöse Idealismus seine Wurzeln in dem ästhetischen Zuge des deutschen Denkens hatte. Allein diese reine Verinnerlichung, welche Schleier-

---

12 Der Begriff des religiösen Genies ist später von Schleiermachers bedeutendstem Schüler Alexander Schweizer am eingehendsten und glänzendsten entwickelt worden.

macher mit dem Begriff der Religion vollzog, um alles Äußerliche von ihr abzutun, hatte notwendig eine gewisse Unfähigkeit zur Folge, mit der realen Organisation des religiösen Lebens Fühlung zu gewinnen, und erst in seinen späteren Jahren hat Schleiermacher durch mancherlei Konzessionen und Wendungen, die von seinem philosophischen Standpunkte aus als Inkonsequenzen erscheinen müssen, dieser Aufgabe Genüge tun können.

Mit der religionsphilosophischen geht die ethische Bedeutung Schleiermachers Hand in Hand. Auch hier betont er in vollkommenster Weise die Idee der Persönlichkeit und spricht damit auf viel reiferem Standpunkte als ein Shaftesbury das Geheimnis seiner Zeit aus, in der die großen und originellen Individuen sich gewissermaßen drängen. Gerade diese Jahrzehnte zeigen auf allen Gebieten eine Fülle bedeutender Persönlichkeiten, von denen jede den großen Reichtum der gemeinsamen Bildung in einer selbständigen Weise in sich ausgestaltete. Von dieser Feinheit der persönlichen Kristallisation eines gewaltigen Bildungsstoffes, von dieser Filigranarbeit eines reichen inneren Lebens, von diesem Herausarbeiten der Individualität aus einer universalistischen Kultur haben wir Epigonen nur noch eine schwache Vorstellung. Durchschnittsmenschen, die nur in der Masse und in der Einfügung in dieselbe wirken, finden unsere Zeitgenossen schwer den Maßstab für diese Fülle eigenartiger und dabei doch unendlich vielseitiger Geister. Was unsere Zeit ihre Größen nennt, ist fast immer die einseitige Entfaltung einer gewaltigen Kraft, deren Züge unvergleichlich viel gröber ausfallen, als bei den Heroen jener Zeit. Der Triumph der Individualität über den ganzen Reichtum einer universalistischen Bildung ist für uns ein Ideal der Vergangenheit geworden. Wer sich mitten in dasselbe versetzen will, findet es nirgends besser ausgesprochen als in Schleiermachers Ethik. Wir besitzen sie in den beiden postumen Ausgaben von Schweizer (1835) und Twesten (1841). Sie ist schon formell ein sehr schön geschlossenes, liebevoll durchgearbeitetes, architektonisch bewunderungswürdiges »System der Sittenlehre«. Aber sie sucht auch namentlich in ihrem Inhalte alle Härten des Kant'schen und Fichte'schen Rigorismus in dem Geiste abzuschleifen, den schon Schiller vertrat. Auch sie wendet sich gegen den kategorischen Imperativ und vor allem gegen die imperatorische Behandlung der Moralphilosophie. Das Sittengesetz gilt ihr als die innerlich notwendige Funktion des intelligenten Wesens. Es steht deshalb mit dem Naturgesetz nicht in einem notwendigen und prinzipiellen Gegensatze. Es geht vielmehr eine Linie der Entwicklung und Vervollkommnung aus der Natur in die Geschichte. Das Entwicklungssystem von Leibniz und dasjenige von Schelling werden von Schleiermacher im ethischen Sinne gedeutet. Nur da, wo die niederen Triebe mit den höheren konkurrieren, erscheinen die Letzteren im Bewusstsein als ein Gesetz des Sollens. Aber das Ideal ist nicht, dass jene durch diese vernichtet werden, sondern dass beide zu der harmonischen Ausgleichung gelangen, welche durch ihr Wertverhältnis bestimmt ist. Die sittliche Aufgabe besteht also in der vollendeten Ausbildung des Individuums, welches in dem Gleichgewicht seiner verschiedenen Kräfte sein inneres Wesen auszuleben hat. So hat jeder Mensch eine persönliche Aufgabe – Fichte hatte es die Bestimmung des Menschen genannt – und erfüllt dieselbe in einer persönlichen Durchbildung, welche alle Momente des gemeinsamen Kulturlebens auf den einheitlichen Zweck der individuellen Vollendung zu beziehen hat. Das wahre sittliche Leben ist ein Kunstwerk, welches die allgemeinen Lebensbeziehungen in eine individuelle Gestalt konzentriert. Deshalb aber ist die sittliche Entwicklung des Individuums nur auf der breiten Basis des allgemeinen Kulturlebens denkbar und besteht lediglich in einer persönlichen Verarbeitung aller der Momente, welche den Gehalt des Ganzen ausmachen. Das reife sittliche Individuum muss sich mit der Gesamtheit Eins wissen, indem es dieselbe in sich zu einer persönlichen Form gestaltet hat. Von diesem ethischen Standpunkt her gewann Schleiermacher die ideale Schätzung der großen Güter des gemeinsamen Menschenlebens, so begriff er den Staat, die Geselligkeit, die Universität und die Kirche, und so gab er in seiner Lehre das vollkommene Bild seiner eigenen, in sich geschlossenen und doch überall mit dem Gesamtleben in lebendigster Fühlung begriffenen Persönlichkeit.

Die Wirkung derselben ist in der Theologie zweifellos umfassender als in der Philosophie gewesen, und sie betrifft auch auf diesem Gebiete wesentlich erst die Zeit, welche der späteren Darstellung vorbehalten bleibt. In der Philosophie besonders wurde Schleiermacher zunächst vollständig durch den umfassenden Erfolg der Hegel'schen Lehre zurückgedrängt. Nur auf den romantischen Kreis wirkte seine Betonung des religiösen Elements der Bildung unmittelbar zurück. Freilich nur in der allgemeinsten Weise. Denn die Bahnen der Theosophie, die Schelling einschlug, der Weg, auf welchem zuerst Friedrich Schlegel bei dem Übertritt endete, lagen weit von der Richtung ab, in die sie Schleiermacher gewiesen hatte. Aber den Erfolg darf man ihm sicher zuschreiben, dass die Gebildeten unter den Verächtern der Religion den Wert derselben wieder zu schätzen anfingen, wenn sie ihn auch anders auffassten als er. Hauptsächlich für die Naturphilosophie lag der Anschluss an die Spinozistische Fassung des Gottesbegriffs, die Schleiermacher gegeben hatte, nah, und unter ihren Anhängern war es namentlich Steffens, welcher durch die persönliche Berührung in Halle zu Schleiermacher hinübergezogen wurde.

§68. Der logische Idealismus

Hegel

Die Lehre Schleiermachers ist in gewissem Sinne ein Versuch, von Schellings Identitätssystem aus zu Kant zurückzukehren. Sie betrachtet wie der absolute Idealismus die natürliche und die geschichtliche Reihe der Erscheinungen als differenzierte Selbstobjektivierungen des göttlichen Urbildes, aber sie hält das Letztere selbst für unerkennbar und gewinnt seine Vorstellung nur aus dem religiösen Gefühle. Sie hat deshalb auch nicht im Entferntesten eine Erkenntnis davon, wie das Absolute dazu kommt, sich gerade in diesen und keinen anderen Erscheinungen zu offenbaren. Aber im Grunde genommen fehlte die Lösung dieses Problems, welches Schleiermacher gar nicht erst aufstellte, auch in Schellings Identitätssystem. Hier wurde diese Differenzierung zwar überall behauptet, aber nicht begriffen, und das war die selbstverständliche Folge davon, dass das Absolute hier als qualitätslose Indifferenz aller Erscheinungen gedacht war. Wie sich aus diesem bestimmungslosen Grunde die Bestimmtheit der einzelnen Erscheinungen entwickeln sollte, war ebenso wenig zu verstehen wie die Verwandlung der Spinozistischen Substanz und ihrer allgemeinen Attribute in die einzelnen Modi.

Aus der »Nacht des Absoluten«, in der alle Unterschiede verdämmerten, war die feste Bestimmtheit der Gestalten in der Tageshelle der Wirklichkeit nicht abzuleiten. So entstand in der idealistischen Richtung ihre letzte und höchste Aufgabe, die Erscheinungen aus dem Absoluten so zu deduzieren, dass sich einsehen ließ, weshalb dasselbe sich gerade in diese und keine andere Wirklichkeit entwickeln muss. Diese Aufgabe war nur dadurch zu lösen, dass der Begriff des Absoluten aus jener Unbestimmtheit, in der er die Indifferenz aller Besonderheiten enthielt, in eine bestimmte Qualität übergeführt wurde, aus deren Wesen heraus alle seine Entwicklungsformen abzuleiten waren. Dies höchste Ideal aller menschlichen Wissenschaft, das man als solches anerkennen muss, auch wenn man es für unerreichbar hält, bildet die Aufgabe, welche sich H e g e l setzte, und jene Bedingung ihrer Lösung glaubte er darin zu finden, dass er das A b s o l u t e a l s d e n s i c h s e l b s t e n t w i c k e l n d e n G e i s t charakterisierte. Das ist der wahre Sinn seines bekannten Ausspruches: die Substanz müsse zum Subjekt erhoben werden. Mit diesem Bestreben führt die Philosophie in einer ganz anderen Weise als bei Schleiermacher von Schelling zu Kant zurück. Dass alle philosophische Erkenntnis aus der Organisation des Geistes stammt, ist das Grundthema für die ganze Bewegung der deutschen Philosophie. Diese Organisation ist für Kant diejenige des menschlichen Geistes, sie beschränkt sich deshalb auf die Formen des Denkens und wird als Erscheinungswelt von dem wahren Wesen der Dinge unterschieden. Aber schon Kant sah sich in der Kritik der praktischen Vernunft genötigt, einen Teil dieser Organisation als ein für alle vernünftigen Wesen geltendes Gesetz zu betrachten. So durchbrochen, wurde der anfängliche Subjektivismus in der Weiterentwicklung Schritt für Schritt zerstört, und das Identitätssystem betrachtete wieder auch die theoretische Vernunft als ein Weltgesetz. Die Identität von Denken und Sein, von dem alten Rationalismus naiv angenommen, erschien, nachdem sie bei Kant aufgehoben gewesen war, in diesem neuen Rationalismus als ein bewusstes und ausdrückliches Postulat wieder. Sie wurde von Hegel gerade dem Kritizismus gegenüber als der »Mut der Wahrheit«, als »der Glaube an die Macht des Geistes« proklamiert, welcher die erste Bedingung aller Philosophie sei. Für diesen Standpunkt ist die Kant'sche Kritik der Erkenntnis gegenstandslos geworden: Für ihn ist der Geist, dessen Organisation die philosophische Welterkenntnis bedingen soll, nicht mehr der menschliche, sondern der absolute Geist. Nun bezieht sich seine Organisation nicht mehr bloß auf die Formen, sondern auch auf den Inhalt des Denkens. Nun beschränkt sich seine Erkenntnis nicht mehr auf subjektive Erscheinungen, sondern sie umfasst die objektiven Entwicklungsformen des absoluten Geistes. Vom Standpunkt der Identität aus gesehen, ist die Organisation des Geistes zugleich diejenige der realen Welt. Dadurch wird von Seiten der metaphysischen Anschauung die W e l t z u e i n e r E n t w i c k l u n g s g e s c h i c h t e d e s a b s o l u t e n G e i s t e s ; dadurch wird hinsichtlich der philosophischen Methode die Welterkenntnis zu einer dialektischen Deduktion der notwendigen Selbstentwicklung des Geistes. Mit dem Postulat der Identität verbunden, setzt sich Kants transzendentale Logik in eine philosophische Grundwissenschaft um, welche das System der Kategorien als dasjenige der absoluten Wirklichkeit betrachtet. Die V e r e i n i g u n g v o n L o g i k u n d M e t a p h y s i k , welche bei Schleiermacher als das Ideal des absoluten Wissens auftrat, erscheint in Hegels Logik als eine gelöste Aufgabe.

Ähnliche Gedanken waren schon von anderen früher aufgestellt worden. Namentlich B a r d i l i (1761–1808) hatte von einem verwandten Standpunkte aus die Kant'sche Lehre in seinem »Grundriss der ersten Logik« (1800) und in der »Philosophischen Elementarlehre« (1802–1806) bekämpft, und sein und Reinholds »Briefwechsel über das Wesen der neuesten Philosophie und das Unwesen der Spekulation« (1804) hatte diese Gedanken weiter ausgeführt. Die Trennung des Denkens vom Sein, welche der Kritizismus mit sich führt, sei sein Grundfehler und mache alle wissenschaftliche Erkenntnis unmöglich. Wenn das Denken, auf sich selbst beschränkt, nur seine eigenen Formen ausspinnt, so ist es ein Traum und keine Erkenntnis, so ist es haltloser denn ein Spinngewebe, weil es nichts hat, woran es sich anheften kann. (In dieser Hinsicht sympathisieren Reinhold und Bardili mit Jacobis Behauptung, dass der Kritizismus zum Nihilismus führe.) Man muss sorgfältig – so knüpft diese Lehre an die Elementarphilosophie an – zwischen dem Vorstellen und dem Denken unterscheiden; Letzteres ist das notwendige, d.h. das mit der Realität identische Vorstellen. Was notwendig gedacht wird, ist, und nur das Sein wird notwendig gedacht. Deshalb nennt sich dieses System r a t i o - n a l e n   R e a l i s m u s . In ihm ist die Lehre vom Denken die Lehre vom Sein und die Logik gleich der Metaphysik oder der Ontologie; sie wird in diesem Sinne auch von Bardili als Dialektik bezeichnet. Daraus folgt aber auch umgekehrt, dass alles Sein ein Denken ist; denn die Erkenntnis besteht nur darin, dass unser Denken den Begriff, welcher das Wesen des realen Dinges ausmacht, reproduziert. Alles ursprüngliche Sein ist Gedanke oder reale Idee, und wir erkennen dieselbe, indem wir sie subjektiv in uns wiederholen. Der platonische Begriff der ἀνάμνησις erschöpft denjenigen der philosophischen Erkenntnis. Wenn sich auf diesen Grundlagen eine Metaphysik aufbauen soll, so geschieht es nach dem Prinzip, dass alle Verschiedenheit des Seins in der Verschiedenheit der. Intensität des Denkens seinen Grund hat. Damit greift Bardili zu der Monadologie von Leibniz zurück und konstruiert ein System aufsteigender Formen des Seins, welches die allmähliche Verdeutlichung des Denkens zum Maßstabe nimmt. Zugleich erinnert dasselbe an die Schelling'sche Naturphilosophie und entnimmt derselben hauptsächlich den Gedanken, welcher platonisch-aristotelischen Ursprungs ist, dass in der höheren Potenz immer die niedere enthalten sein soll. In der Materie sich passiv genießend, erscheint das Sein in der Pflanze vorstellend und träumend und gelangt im Tier zum Bewusstsein, um sich schließlich im Menschen zum Selbstbewusstsein zu steigern.

Ähnlich wie Bardili ist durch Hegel E r i c h   v o n   B e r g e r (1772–1833, geborener Däne und Professor in Kiel) in Schatten gestellt worden. Er versuchte in seiner »Philosophischen Darstellung der Harmonie des Weltalls« (1808) eine Vermittlung der Wissenschaftslehre und des Identitätssystems, in der vielleicht schon ein Einfluss der Hegel'schen Phänomenologie zu erkennen ist, und jedenfalls lassen ihn seine »Allgemeinen Grundzüge der Wissenschaft« (4 Bände 1817–1827) bereits mehr als einen relativ selbständigen Schüler Hegels erscheinen. Er legt das Postulat der Identität dahin aus, dass die Wirklichkeit nur erkennbar ist, wenn sie selbst ein reales Denken enthält. Die Vernünftigkeit der Welt ist die Voraussetzung ihrer vernünftigen Erkenntnis. Nur eine Welt, die selbst Vernunft ist, kann von der Vernunft erkannt werden, und auch dies nur dann, wenn die erkennende und die zu erkennende, wenn die subjektive und die objektive Vernunft in ihrer Wurzel und in ihrem Wesen identisch sind. Die Natur ist nur erkennbar, insofern sie reales Denken ist. Dieses Prinzip hat Schelling durchgeführt. Aber der Naturphilosophie muss deshalb die Wissenschaftslehre oder die Logik als die Selbsterkenntnis der Vernunft vorhergeschickt werden. Hieraus hat Berger später eine Dreiteilung der Philosophie abgeleitet. Der Geist erkennt sich selbst in der Logik, er erkennt sich als eine äußere und fremd gewordene Realität in der Physik, und er erkennt sich als die dies »Andere« beherrschende Macht in der Ethik. Das Absolute ist die Idee, welche in allem Andern erscheint und welche darin sich selbst realisiert und sich selbst erkennt. Die volle Ausführung und systematische Entwicklung dieses Gedankens war die Lebensarbeit Hegels.

Georg Wilhelm Friedrich Hegel war 1770 in Stuttgart geboren und studierte in den Jahren 1788 bis 1793 auf dem Stift in Tübingen. In der Freundschaft mit Hölderlin und Schelling erfüllte sich sein Geist mit dem ganzen reichen Material der klassischen und der modernen Bildung. Das Griechentum mit seiner harmonischen Entfaltung reiner Menschlichkeit war auch ihm die geistige Heimat. Die Dichter und die Philosophen von Hellas waren ihm durch das ganze Leben hindurch vertraute Freunde, und in dem griechischen Staat verehrte er das Ideal eines ästhetisch-sittlichen Zustandes der Gesellschaft. Die Französische Revolution und die Kant'sche Philosophie, die mit den faulen Zuständen dort des politischen hier des wissenschaftlichen Lebens aufzuräumen versprachen, fanden in ihm die Erste einen begeisterten, die Andere einen still verarbeitenden Jünger. Als er dann einige Jahre in Bern als Hauslehrer zubrachte, vertiefte er sich in historische Studien und folgte zugleich auf das genaueste der philosophischen Entwicklung, welche einerseits Fichte, andererseits Schiller nahm. In denselben Jahren entstand ein Manuskript über das Leben Jesu, welches ihn mit der Lessing'schen Auffassung der religiösen Entwicklung auf demselben Standpunkt zeigt. Nach seiner Übersiedlung nach Frankfurt a. M., wo er sich in der gleichen äußern Stellung befand, wurden zwar die theologischen und die politischen Studien nicht unterbrochen, aber das Hauptinteresse seiner Arbeit fiel schon auf einen Entwurf seines philosophischen Systems, den er in einem ausführlichen Manuskripte niederlegte und teilweise mit Holderlin besprach. Dieser Entwurf zeigt methodisch und inhaltlich bereits die Grundzüge seiner späteren Lehre und beweist, dass sich das Problem derselben unabhängig von dem Identitätssystem bei ihm aus der Kant'schen und Fichte'schen Philosophie entwickelt hat. Aber Hegel besaß bei seinem kühlen und ruhigen, von allem Übermut der Genialität freien Wesen die Strenge gegen sich selbst, dass er die Gedanken in der Stille in sich ausreifen ließ und mit ihnen nicht eher vor die Öffentlichkeit trat, als bis er ihren Abschluss gefunden hatte. Während Schellings Werke, wie die Dialoge Platons, ihren Verfasser in einer stetigen Umbildung begriffen zeigen, tritt das Hegel'sche System schon in dem ersten großen Werke wie die Minerva aus dem Haupt des Zeus fertig und gepanzert hervor, und in seinen Schriften spricht deshalb von Anfang bis Ende, wie es bei Aristoteles der Fall ist, der mit sich selbst einige Denker.

Nach einem Menschenalter der Vorbereitung, der Sammlung und der Verarbeitung begann Hegel im Jahre 1801 sein zweites Menschenalter, dasjenige seiner Lehrtätigkeit. Durch den Tod seines Vaters selbständig geworden, habilitierte er sich auf Schellings Veranlassung in Jena und gab dort mit dem Jugendfreunde das »Kritische Journal der Philosophie« heraus. Er und Schelling meinten damals in ihrer philosophischen Überzeugung einig zu sein, und in den Abhandlungen, die Hegel in diesem Journal erscheinen ließ, zeigt er sich so sehr als ein selbständiger Genosse Schellings, dass über einige dieser Abhandlungen, besonders über diejenige, welche von dem »Verhältnisse der Naturphilosophie zur Philosophie überhaupt« handelt, später ein Streit entstehen konnte, welcher von beiden der Verfasser sei. Von andern Aufsätzen hat sich später herausgestellt, dass die Freunde sie gemeinschaftlich verfasst haben. Aber auch die Abhandlung über »Glauben und Wissen« und die »Differenz des Fichte'schen und Schelling'schen Standpunktes« sind völlig im Geiste des Identitätssystems gehalten. In der Tat lag damals noch die Möglichkeit vor, dass die Schelling'sche Lehre in die von Hegel bereits betretene Bahn einmündete, und, wie oben erwähnt, zeigen die späteren Darstellungen derselben im »Bruno« und in der »Methode des akademischen Studiums« ein Überwiegen des ideellen Faktors im Absoluten, welches ganz in der Richtung von Hegels Grundgedanken lag, das Absolute sei der Geist. Erst als Schelling auf andere Anregungen in Würzburg die theosophische Wendung nahm, vollzog sich mit der räumlichen auch die geistige Trennung der beiden Freunde, welche später zu einer auf Schellings Seite wenig edlen Gegnerschaft geführt hat. Diesen Bruch mit dem Identitätssystem bekundete Hegel durch seine »Phänomenologie des Geistes« (Jena 1807), das erste und in gewissem Sinne das großartigste seiner Werke. Er war mit der Abfassung desselben eben fertig, als der preußisch-französische Krieg den geistigen Kämpfen in Jena für einige Zeit ein Ende machte; er verlor damit die außerordentliche Professur, die er 1805 erhalten hatte, und sah sich genötigt, in den folgenden Jahren in Bamberg als Redakteur einer kleinen Zeitung sein Leben zu fristen. Aus dieser Position erlöste ihn Niethammer, durch dessen Vermittlung er zum Direktor des Ägidien-Gymnasiums in Nürnberg berufen wurde. Das Denkmal dieser seiner Lehrtätigkeit bildet die »philosophische Propädeutik«, welche er für den Unterricht in der obersten Klasse entwarf; zugleich gab er in diesen Jahren sein Grundwerk, die dreibändige »Wissenschaft der Logik« (Nürnberg 1812–1816) heraus. Als die Kriege ausgetobt hatten, erhielt er 1816 gleichzeitig Berufungen nach Berlin, Erlangen und Heidelberg und folgte auf Daubs Anregung der Letzteren, um jedoch schon 1818 nach Berlin überzusiedeln. Von da bis zu seinem Tode, der 1831 durch die Cholera erfolgte, entwickelte er auf dem Berliner Katheder eine ausgebreitete und glänzende Wirksamkeit. Er sah nicht nur die Schaaren seiner Jünger sich von Jahr zu Jahr mehren und die Spitzen des Staates und der Gesellschaft sich in seine Vorlesungen drängen, sondern er fing namentlich durch Vermittlung des Ministers Altenstein an, die Regierung so zu beherrschen, dass seine Lehre geradezu als die »preußische Staatsphilosophie« galt und dass sich auch die übrigen Universitäten mit seinen Schülern bevölkerten. An der Spitze dieser Schule, deren Organ seit 1827 die Berliner »Jahrbücher für wissenschaftliche Kritik« bildeten, wurde er eine Macht in dem geistigen Leben Deutschlands, wie es kaum Kant gewesen war, und der enzyklopädische Charakter seiner Lehre brachte es mit sich, dass alle Wissenschaften in diese Bewegung hineingezogen wurden. Er wurde für Deutschland genau das, was ein Jahrhundert vorher Wolff gewesen war, und zwar deshalb, weil er die Nation in dieselbe rationale Schulung nahm, durch welche sie Wolff für die Zeit ihrer großen Entwicklung vorbereitet hatte. War Wolffs logische Universalität die Bedingung für die gewaltige Entwicklung des inhaltlichen Denkens, welche seit Kant der Idealismus entfaltete, so ist Hegels logische Universalität die abschließende Verarbeitung dieser Entwicklung. Darin besteht ihre Ähnlichkeit, darin aber auch die unendliche Überlegenheit, welche Hegel Wolff gegenüber besitzt. Man kann den Reichtum der Entwicklung, welche der deutsche Geist in jenem Jahrhundert durchgemacht hat, nicht besser beurteilen, als wenn man die Systeme beider vergleicht. Hegel selbst hat nur noch seine »Enzyklopädie der philosophischen Wissenschaften im Grundrisse« (3 Teile, Heidelberg 1817) und die »Grundlinien der Philosophie des Rechts« (Berlin 1821) herausgegeben. In die gesammelten Werke (Berlin 1832–1845) aber, zu deren Herausgabe sich eine Reihe seiner Schüler verbanden, sind außerdem seine Vorlesungen über Philosophie der Geschichte, Ästhetik, Religionsphilosophie und Geschichte der Philosophie nach seinen Notizen und den Nachschriften von Zuhörern aufgenommen worden. Seine Darstellung ist keine glückliche; nur an seltenen Stellen kommt der Gedanke in klarer, gelegentlich auch in schöner und großartiger Form zum Ausdruck. Meist – und das trifft zumal die Vorlesungen – ist es das Ringen des Denkens mit sich selbst, welches in einer schwierigen Terminologie sich offenbart. Der formale Schematismus, der das Ganze beherrscht und sich bis in die feinsten Gliederungen fortsetzt, ist dem Verständnis des Uneingeweihten überall hinderlich, und es ist wohl zu begreifen, dass es heutzutage nur noch Wenige gibt, die durch diese starre Schale zu dem lebenskräftigen und unendlichen fruchtbaren Kerne des Ganzen zu dringen wissen.

Betrachtet man die großen idealistischen Systeme als metaphysische Weltgedichte, so verteilen sie sich nach dem Charakter ihrer Urheber merkwürdig auf die verschiedenen Dichtungsarten. Die gewaltige, zur Tat drängende Persönlichkeit Fichtes entlädt sich in dem dramatischen Aufbau der Wissenschaftslehre. Der umfassende

Weltblick Schellings schildert wie in epischer Ausbreitung die Entwicklungsgeschichte des Universums. Die zarte Religiosität Schleiermachers spricht sich in der lyrischen Schönheit seiner Gefühlslehre aus. Hegels System ist ein großes Lehrgedicht, sein Grundcharakter ist d i d a k t i s c h , und mit der Lehrhaftigkeit, die zu dem Wesen seines Urhebers gehörte, erscheint es den Vorgängern gegenüber oft wie eine prosaische Ernüchterung. In der Tat bestand der Bruch, den Hegel durch die Phänomenologie mit dem Identitätssystem vollzog, darin, dass er sich gegen das »geniale Philosophieren« erklärte. An Stelle der Intuition, welche unmittelbar das Wesen des Absoluten zu erfassen meinte, setzt er wieder die strenge Arbeit des B e g r i f f s . Die Identität von Denken und Sein enthält die Voraussetzung, dass das Wesen aller Dinge die Vernunft sei. Alles, was ist, ist vernünftig, und nur das Vernünftige ist. Aber deshalb muss auch die Vernunfterkenntnis bis in das innerste Wesen aller Dinge zu dringen und sie völlig aus der Notwendigkeit der Vernunft abzuleiten vermögen. Was bisher durch geniale Konzeption, durch Behauptungen und Analogien aufgestellt worden ist, muss sich als ein notwendiges Produkt des vernünftigen Denkens ergeben. Das Identitätssystem soll sich in einen n e u e n R a t i o n a l i s m u s verwandeln. Von dem poetischen Philosophieren geht Hegel wieder auf das wissenschaftliche zurück. Darum hat man sein System mit Recht die Rationalisierung der Romantik genannt.

Aber der Inhalt der Romantik, den Hegel zu rationalisieren vorfand, war eine so starke Geistesmacht, dass der neue Rationalismus sich ihm fügen musste, und dass die Begriffswissenschaft, welche Hegel gab, das allerwunderlichste Durcheinanderschillern der Phantasie und des Verstandes zeigte. Gerade darin besteht die gefährliche Eigentümlichkeit Hegels, dass bei ihm das geniale Philosophieren der Phantasie und der Analogie in dem Kleide begrifflicher Notwendigkeit auftritt. Der rationalistische Charakter seiner Lehre ist deshalb ganz andersartig als derjenige des vorkantischen Dogmatismus. Auf die Reflexionsphilosophie des Verstandes, welche sich streng an die Regeln der formalen Logik hält, sieht auch Hegel vornehm herab, und er mutet dem »rationalen« Denken zu, eine ganz andere Form der begrifflichen Erkenntnis sich zu eigen zu machen, welche er »Vernunft« nennt. Weit über der Verstandeserkenntnis, die nur, wie der Kritizismus gezeigt hat, mit der Anerkennung ihrer eigenen Beschränktheit und mit dem Verzicht auf das wahrhaft wertvolle Wissen enden kann, steht die d i a l e k t i s c h e   M e t h o d e .

Die unmittelbare Abstammung des Hegel'schen Denkens aus der Fichte'schen Wissenschaftslehre zeigt sich in der universellen Ausbildung, welche Hegel dieser Methode gegeben, und in dem Gegensatz, in welchen er dieselbe zu der gewöhnlichen formalen Logik gebracht hat. Zu den schwierigsten Darstellungen der Wissenschaftslehre gehörte diejenige, welche ihre ersten Sätze aus den Problemen entwickelte, welche in den Grundsätzen der formalen Logik enthalten sind. Schon hier trat der Gedanke hervor, dass die Konstruktion der Wissenschaftslehre sich nicht jenem höchsten Prinzip unterordnen könne, welches als der Satz des Widerspruches an der Spitze der formalen Logik steht. Die Realität der Widersprüche im Ich war ja das Prinzip, auf welches die Wissenschaftslehre ihre Entwicklung der Geschichte des Bewusstseins gründete. Diese Auffassung erweiterte sich bei den Nachfolgern vom Ich aus über alle Dinge, die ja als Produkte jenes in sich widerspruchsvollen Ich galten. Die Naturphilosophie mit ihrer Lehre von der Polarität lag bereits ganz in dieser Richtung. Die Romantiker, Novalis und Friedrich Schlegel, sprachen es sehr bald aus, dass »es um den Satz des Widerspruches unvermeidlich geschehen sei«, dass alles Leben auf Widersprüchen beruhe und deshalb durch das Prinzip der formalen Logik nicht begreiflich sei. Diese Sätze entsprechen der Tatsache, dass es entgegengesetzt wirkende, aber doch stets beiderseits positive Kräfte sind, aus deren Wechselwirkung das Geschehen hervorgeht. Aber sie verwechselten diese »Realrepugnanz« mit der logischen »Kontradiktion« in einer Weise, welche Kant in seinem »Versuch, den Begriff der negativen Größen in die Weltweisheit einzuführen«, längst aufgedeckt und wie vorahnend widerlegt hatte. Allein diese Verwechslung griff immer mehr um sich, und sie führte im großartigsten Maßstabe schließlich zu dem Hegel'schen System, in welchem die »Negativität« als die metaphysische Macht der Entwicklung betrachtet wurde. Sollten nämlich die Gegensätze nicht bloß als gegebene Tatsachen anerkannt, sondern durch das Denken als notwendig erkannt werden, so war das nur dadurch möglich, dass die logische Form der Negation als der reale Widerspruch aus der ursprünglichen Position entwickelt wurde. Dies Prinzip sprach F r i e d r i c h S c h l e g e l in seinen Vorlesungen aus den Jahren 1804–1806 (herausgegeben von Windischmann 1836–1837) aus. Auch er hatte damals bereits den Standpunkt des genialen Philosophierens verlassen, und wie er denn immer zwischen Extremen oszillierte, so verlangte er nun eine strenge Methode der Philosophie. Als deren Form behauptete er, wie die Wissenschaftslehre, die T r i p l i z i t ä t, welche durch die Widersprüche hindurch zur höhern Einheit derselben empordringt. Dabei folgte auch Schlegel in diesen seinen späteren Lehren demselben Gedankenzuge wie Bardili und Berger; auch ihm galt dieses Denken, welches sich durch den Widerspruch zur Wahrheit erhebt, als das göttliche Denken, welches zugleich real ist und dessen Reproduktion im menschlichen Geiste »Erinnerung« ist; auch ihm umfasst deshalb diese Methode der Widersprüche zugleich die Logik und die Metaphysik. Der Gedankengehalt, den er in dieser Methode darstellte, und den später seine »Philosophie des Lebens« (1828) und seine »Philosophie der Geschichte« (1829) ausgeführt haben, ist wesentlich mystisch-religiösen Charakters. Er sucht zu zeigen, wie das Unendliche durch die dialektische Notwendigkeit sich in das Endliche verwandelt, wie dies Endliche in dem sündigen Menschen die volle Negation des Unendlichen enthält und wie der ganze Prozess der Geschichte darin besteht, dass das Endliche wieder zum Unendlichen zurückkehrt und schließlich in dasselbe aufgeht, – eine Wendung, welche teils an den Spinozismus Schleiermachers, teils an die letzten Lehren von Schelling erinnert und bei Schlegel auch theoretisch zu dem Gedanken führte, dass die Unterwerfung des Individuums unter das positive göttliche Gesetz dessen höchste und letzte Aufgabe sei.

Den Abschluss aller dieser Bestrebungen bildet Hegels d i a l e k - t i s c h e M e t h o d e. Das Schema der »Dreieinigkeiten«, wie es Schlegel genannt hatte, erscheint hier lediglich als die logische Triplizität von Position, Negation und Aufhebung des Widerspruchs; aber diese Aufhebung wird nicht etwa so gedacht, dass sie allein die Wahrheit sei und die vorangegangenen Momente der Thesis und Antithesis widerlege, sondern so, dass alle drei die notwendigen und realen Entwicklungsformen der Wahrheit sind. Die Widersprüche sind das

Wesen der Wirklichkeit, aber die Wirklichkeit enthält zugleich ihre Versöhnung. Jeder Begriff schlägt mit metaphysischer Notwendigkeit in sein Gegenteil um, aber aus der Synthesis der Gegensätze ergibt sich der höhere Begriff ihrer Vereinigung; an diesem entfaltet sich wieder derselbe Prozess, und derselbe geht so lange fort, bis die abschließende und höchste Synthese gewonnen worden ist. Dieser Prozess ist aber nicht nur derjenige des philosophischen Denkens, sondern, da der Geist und der Begriff das Wesen der Dinge ausmacht, so ist er zugleich die reale Entwicklung, in welcher der Geist aus sich selbst das Universum erzeugt und dadurch zu sich selbst kommt. Die Entwicklung der Begriffe ist also zugleich Logik und Metaphysik. Die notwendigen Formen, welche der Geist in dieser seiner inneren Dialektik erzeugt, sind die Kategorien der Wirklichkeit. Alle Stufen dieses Prozesses gelten für Hegel nicht mehr als subjektive, sondern als objektive Erscheinungen. Die Unendlichkeit der Dinge in ihrer dialektischen Stufenfolge ist die Selbsterscheinung des absoluten Geistes, dessen Wesen es ist, sich in sich selbst zu entzweien und aus der Zerrissenheit in sich zurückzukehren.

Hierauf beruht zunächst die dreigliedrige Haupteinteilung des Hegel'schen Systems. Die Erkenntnis des absoluten Geistes, wie er »an sich« ist, (oder der »Idee an sich«) und der in ihm selbst liegenden Notwendigkeit der dialektischen Entwicklung enthält die Logik, in deren System selbstverständlich bereits alle diejenigen Entwicklungsformen eine entsprechende Stelle finden, welche in den beiden anderen Teilen besonders ausgeführt werden. Der Geist in seinem »Anderssein«, der Geist, wie er »für sich« als ein Gegebenes und Äußerliches erscheint, ist die Natur. Neben die Naturphilosophie tritt endlich als dritter Teil die Geistesphilosophie als die Lehre von den Formen, in welchen der Geist »an und für sich« sich selbst erfasst und seine notwendige Entwicklung vollendet. Jeder dieser Teile gliedert sich dann wiederum nach dem triadischen Prinzip der Dialektik, und dies Schema ist von Hegel mit der äußersten Kunst bis in das Einzelnste durchgeführt worden. Mit der äußersten Kunst: – aber auch mit der äußersten Künstlichkeit, mit einem Virtuosentum der begrifflichen Konstruktion und einer scholastischen Schematisierung, welche hin und wieder sich in Nomenklatur verliert und dabei an die triadischen Ketten erinnert, in denen der letzte der Neuplatoniker, Proclus, die Gedankenperlen der antiken Philosophie aufgereiht hat. Die dialektische Methode legte dem Stoff der Erkenntnis einen Zwang auf, dem sich derselbe oft nur mit wesentlichen Verlusten und immer nur durch die bewunderungswürdige Kombinationsgabe Hegels fügte. Seine Voraussetzung, dass das logische Gesetz der Dialektik das Weltgesetz sei, und dass der menschliche Geist wie den Mut so auch die Kraft habe, die logische Gliederung des Weltzusammenhanges zu verstehen, ließ ihn seine Gedankenverbindungen in den Stoff des menschlichen Wissens hineindenken, auch wo sich derselbe gegen die Schematisierung sträubte. Darum ist sein ganzes System wesentlich konstruktiver Natur. Er besitzt keine Achtung vor dem empirischen Wissen und verwendet dasselbe nur willkürlich, um es in das Fächerwerk der dialektischen Gliederung hineinzustecken und dann als ein Produkt der Selbstbewegung des Geistes daraus hervorspringen zu lassen. So entsteht der Schein, als erzeuge die dialektische Methode all das Wissen, welches die besonderen Wissenschaften in ihrer Weise gewonnen haben, aus sich von neuem und als drohe sie, die übrigen Wissenschaften überflüssig zu machen und in die Philosophie aufgeben zu lassen. In Wahrheit steht die Sache ganz anders. Nicht ein einziger Inhalt des positiven Wissens ist von der dialektischen Methode erzeugt worden, und es konnte von ihr nichts erzeugt werden. Ihre scheinbare Fruchtbarkeit beruht auf einer Kryptogamie mit dem empirischen Wissen. So konnte es sich denn später ereignen, dass der eine oder andere der näheren oder ferneren Schüler von Hegel, wie z.B. weiße, den sachlichen Gehalt dieser Lehre, mit dem Hegel oft so tief gedrungen war, allein ohne die Methode darzustellen versuchte und dass derselbe dabei zu Vieler Erstaunen nicht nur nichts verlor, sondern oft noch gewann. Der eigentliche Sinn der Methode ist also nur der, die gesamte Welterkenntnis, welche die übrigen Wissenschaften in ihrer besonderen Weise gewonnen haben, in ihrem letzten logischen Zusammenhange und als die gemeinsame Entwicklung des absoluten geistigen Weltgrundes zu verstehen, und durch das logische Schema begreiflich zu machen, weshalb der absolute Weltgrund sich gerade in denjenigen Formen entwickelt hat, welche die Erkenntnis der übrigen Wissenschaften als die wirklichen konstatiert hat. Die dialektische Methode verfolgt das absolute Ideal alles menschlichen Wissens; sie ist der Versuch zu begreifen, weshalb die Welt so ist, wie sie sich vor unserer sonstigen Erkenntnis darstellt, und sie glaubt diese Aufgabe dadurch zu lösen, dass sie die Welt als die notwendige Entwicklung des göttlichen Geistes betrachtet und die Stelle und den Wert angibt, welcher innerhalb dieser Entwicklung jeder einzelnen Lebensform des Universums gebührt. Gewiss, dieser Versuch Hegels ist gescheitert, wie denn überhaupt dies Ideal zu denjenigen Kants und Fichtes gehören möchte, deren Wesen die Unerfüllbarkeit involviert; aber es ist ebenso seicht wie billig, sich, wie es heutzutage Mode ist, über Hegel lustig zu machen, der an der Lösung dieser Aufgabe mit aller Kraft eines reichen und gewaltigen Geistes gearbeitet hat. Denn nur mit einer universalistischen Bildung und mit der lebendigsten Verarbeitung alles menschlichen Wissensstoffes konnte jemand sich dieser Aufgabe unterziehen. Die Voraussetzung für die Durchführung der dialektischen Methode war die kolossale Polyhistorie, welche Hegel in der Tat besaß. Dieselbe bezog sich zwar auch auf die Naturwissenschaften, aber in eminentem Sinne auf das historische Wissen, und sie beschränkt sich auf diesem Gebiete nicht auf die Massenhaftigkeit der gelehrten Kenntnisse, sondern sie zeigt sich vor allem in der unendlichen Feinfühligkeit, mit welcher Hegel das Wesen der historischen Erscheinungen auf allen Gebieten des menschlichen Lebens zu durchdringen vermochte. Mit wahrhaft genialer Auffassung verstand er es, die wesentlichen Züge der geschichtlichen Tatsachen herauszuheben, und seine historischen Konstruktionen, so sehr sie auch im Einzelnen mit der Chronologie im Hader leben mögen, sind doch überall durch das reifste Verständnis der inneren Bedeutung der einzelnen Erscheinungen ausgezeichnet und gerade dadurch außerordentlich fruchtbar geworden. Und über all diesem Stoff der Kenntnisse waltet nun Hegels Geist mit einer souveränen Freiheit, er weiß dieselben mit unnachahmlicher Sicherheit seiner systematischen Gliederung einzufügen und die Bedeutung der empirischen Erscheinungen gerade durch die Stellung klar zu machen, welche er ihnen in seiner Konstruktion des Ganzen anweist. Das Bewunderungswürdigste an ihm ist die Beherrschung seines eigenen Wissens durch die dialektische Entwicklung und die unvergleichliche K u n s t d e r S y s t e m a t i s i e r u n g , mit der er den ganzen Gedankengehalt seiner Zeit aus einem Gusse zu entwickeln wusste. Hierin mehr als in der Originalität besonderer Lehren hat der Zauber bestanden, welchen seine Persönlichkeit auf die von der universalistischen Bildung getragene Tendenz seiner Zeit und welchen seine Philosophie auf alle Wissenschaften und besonders auf die historischen ausgeübt hat. In ihm waltete siegreich der wahrhaft philosophische Geist, der alles Besondere aus dem Ganzen verstehen und in seinem Werte für das Ganze beurteilen will. Sein System ist auf dem Gebiete der Wissenschaft das reife Produkt jener universalistischen Bildung, wie es die Goethe'sche Dichtung in der schönen Literatur ist. Dies ist endlich auch seine Stellung in der Entwicklung der idealistischen Philosophie. Seine Lehre bildet den Abschluss derselben, indem sie alles Bedeutende, was von Kant an darin erzeugt worden ist, in ein großes System zusammenfasst. Was Hegel in den einzelnen Teilen seiner Philosophie lehrt, berührt sich mehr oder minder mit den verschiedenen Theorien der idealistischen Richtung; was er hinzufügt ist überall die direkte Anknüpfung an den Plan des Ganzen und die Ableitung durch die einheitliche Methode. Er ist der größte Systematisator, den die Philosophie je gesehen hat, und in seinem Systeme vereinigen sich alle Grundlehren des deutschen Idealismus zu einem geschlossenen Ganzen, das in der Symmetrie seines Baues und in der Herrschaft des methodischen Gesetzes über den Inhalt der Erkenntnisse die vollkommenste Ausführung der ästhetischen Forderung ist, welche in der idealistischen Entwicklung waltete.

Diesem System selbst hat Hegel ein Präludium vorangeschickt, durch welches er dasselbe einführen wollte. Die dialektische Methode setzt keine intellektuelle Anschauung des Genies voraus, sie will eine rein wissenschaftliche und deshalb von jedem zu erwerbende Form der Erkenntnis sein. Aber sie bewegt sich auch nicht in der Art des landläufigen Denkens, und ihr Standpunkt muss deshalb erst aus diesem heraus entwickelt werden. Das menschliche Denken steht nicht von selbst in seiner natürlichen Ursprünglichkeit auf dem philosophischen Standpunkte; es hat ihn erst in der historischen Entwicklung gewonnen, und es muss jeden Augenblick neu dazu herangebildet werden. Diese Entwicklung des philosophischen Standpunktes aus dem gemeinen Bewusstsein ist für den Dialektiker nur dadurch möglich, dass die Widersprüche aufgedeckt werden, welche in dem gemeinen Bewusstsein enthalten sind, und dass durch die innere Nötigung derselben der philosophische Standpunkt als der einzig übrig bleibende dargetan wird. Es gibt eine philosophische Vorbereitungswissenschaft, welche den Geist von seiner gewöhnlichen Gestalt aus durch die Aufzeigung seiner Widersprüche von Stufe zu Stufe drängt und ihn schließlich auf den philosophischen Standpunkt führt. Diese Lehre von den Erscheinungsformen, welche das Wissen durchmachen muss, um vom gemeinen Bewusstsein sich bis zur Philosophie zu erheben, ist die P h ä n o m e n o l o g i e   d e s   G e i s t e s. Dies Werk verfehlt nun freilich seinen Zweck, aus dem populären in das philosophische Denken hinüberzuleiten, so vollständig wie nur möglich. Denn sein Verständnis setzt nicht etwa nur das Interesse und die allgemeine Fähigkeit philosophischer Überlegung voraus, sondern ist geradezu das schwierigste von allen Werken, welche in der gesamten Literatur der Philosophie je geschrieben worden sind. Ein platonischer Dialog und die Kritik der reinen Vernunft sind eine leichte Lektüre gegenüber der Anstrengung, welche das Verständnis dieser Einführung in die Hegel'sche Philosophie verlangt. Fragt man nach dem Grunde dieser merkwürdigen Erscheinung, so liegt derselbe nicht nur in der formellen Schwierigkeit, welche dies Buch mit allen anderen seines Verfassers teilt, sondern vor allem in dem eigentümlichen und ganz unvergleichlichen Inhalt desselben. Der Übergang nämlich vom gemeinen zum philosophischen Bewusstsein ist zunächst als eine erkenntnistheoretische Notwendigkeit aufzufassen, in der die Motive entwickelt werden sollen, durch welche das Denken von Stufe zu Stufe weiterrücken muss, bis es auf dem philosophischen Standpunkt seine Ruhe findet. Aber dieser Prozess ist nach Hegels Überzeugung zugleich der Entwicklungsgang, den jedes individuelle Denken als eine, wenn auch noch so unvollkommene, Manifestation des Weltgeistes mit psychologischer Notwendigkeit durchmacht. Doch damit ist es nicht genug. Für Hegel wie für Schelling gilt auch auf dem geistigen Gebiete das, was die heutige, organische Naturforschung das biogenetische Grundgesetz nennt, die Annahme nämlich, dass die Entwicklung des Individuums und diejenige der Gattung einen vollkommenen Parallelismus bilden. Infolgedessen muss der Prozess, um dessen Darstellung es sich in der Phänomenologie handelt, sich auch in der wissenschaftlichen Entwicklung der menschlichen Gattung, d.h. in der Geschichte der Philosophie und der besondern Wissenschaften wiederfinden. Endlich aber, da alles geistige Leben einheitlich ist, enthält diese Entwicklung nichts als den ideellen Spiegel der allgemeinen Kulturbewegung, und auch in deren Phasen müssen sich somit die Stufen jenes Prozesses wiedererkennen lassen. Dieser mehrfache Parallelismus erweist sich nun als überaus fruchtbar, indem die verschiedenen Formen, in denen derselbe Grundprozess obwaltet, einander erleuchten und verständlich machen, und derselbe bliebe auch vollkommen ungefährlich, wenn die verschiedenen Fäden, deren analoger Verlauf die Voraussetzung bildet, auseinander gehalten oder auch nur in ihrer Verschlingung sorgfältig verfolgt und genau bezeichnet würden. Aber das ist nun gerade nicht der Fall; sondern Hegel bewegt sich vielmehr vollkommen frei und ohne ausdrückliche Bezeichnung fortwährend von dem einen auf das andere Gebiet. Unmerklich und unvermittelt versetzt er den Leser aus der erkenntnistheoretischen bald in die psychologische, bald in die philosophie-geschichtliche, bald in die kulturhistorische Linie, und dieser Wechsel der Betrachtung wird nie sichtbar gemacht, sondern vielmehr absichtlich verdeckt. So bildet die Phänomenologie ein bunt schillerndes Gewebe dieser verschiedenen Fäden, dessen Eindruck zuerst derjenige einer absoluten Verwirrung ist. Wer in dies Buch hineinkommt, muss zuerst glauben, er tappe wie im Nebel herum; denn er weiß nie, auf welchem Gebiete der Untersuchung er sich eigentlich befindet, und jede Gestalt, die er erfasst zu haben glaubt, verwandelt sich sogleich wieder in eine ganz andersartige und verquirlt in eine Unbestimmtheit, in der man nirgends festen Fuß fassen kann. Es steckt in diesem Buche eine geradezu unerschöpfliche Quelle von Geist und von Wissen. Gerade hier betätigt Hegel die Großartigkeit des historischen Blicks, mit dem er die charakteristische Eigentümlichkeit der geschichtlichen Erscheinungen aufzufassen wusste, aber diese tiefe Weisheit ist oft in so überfeine Anspielungen und Andeutungen »hineingeheimnisst«, dass die schärfste Aufmerksamkeit und das reichste Wissen dazu gehören würden, sie alle zu verstehen. Es ist deshalb sehr zu bedauern, dass keiner der Schüler Hegels sich dazu entschlossen hat, einen Kommentar zu diesem Buche zu liefern, welches desselben mehr als irgendein anderes bedarf, und es ist höchste Zeit, dass dies geschieht. Denn das Geschlecht, welches den Reichtum dieses Werks verstehen kann, stirbt aus, und es ist zu befürchten, dass in nicht allzu langer Zeit demselben niemand mehr gewachsen sein wird. Schon jetzt jedenfalls dürften diejenigen, die es auch nur von Anfang bis zu Ende gelesen haben, zu zählen sein.

Die in dieser Weise verwickelte Konstruktion der Phänomenologie folgt dem Leitfaden, dass die Reflexion zeigt, wie auf jeder Stufe das Bewusstsein in Wahrheit etwas ganz anderes ist, als es zu sein glaubte, dass daher jedes Mal die folgende Stufe das volle Bewusstsein des wahren Inhalts der vorhergehenden ist, und dass dieser Prozess erst da endet, wo das Bewusstsein in der Philosophie sich mit seinem eigenen Inhalte vollkommen identisch weiß. Drei Hauptstufen werden in dieser Entwicklung von Hegel unterschieden. Der Zustand des B e w u s s t s e i n s , welcher mit der Gewissheit der sinnlichen Empfindung beginnt, leitet durch den Prozess der Wahrnehmung und der verstandesmäßigen Auffassung der Dinge hindurch bis zum individuellen S e l b s t b e w u s s t s e i n . Dasselbe wirkt zuerst im Gegensatz zur Außenwelt als das zerstörende und dann als das gestaltende und schöpferische Selbst; es zieht sich aus der feindlichen Außenwelt in den stoischen Trotz seiner Unangreifbarkeit zurück, aber es verzweifelt schließlich an sich selbst und unterwirft sich der historischen Autorität. So gewinnt es den Übergang zur Entwicklung der V e r n u n f t , welche auf dem Bewusstsein der Gemeinschaft beruht. Diese höchste Stufe entwickelt Hegel wieder in drei Formen. Die erste ist das v e r n ü n f t i g e S e l b s t b e w u s s t s e i n , welches als beobachtende Vernunft Gesetze der objektiven Welt sucht, aber in der Erkenntnis, dass es nur überall seine eigenen Formen wiederfindet, sich in das praktische Ich verwandelt. Dieses beginnt damit, die Dinge zu genießen, es lernt im Schicksal ihre Eitelkeit verstehen und erhebt sich als Tugend darüber, um schließlich einzusehen, dass auch in jenem Weltlauf die höchste Vernunft waltet, und sich dieser objektiven Macht unterzuordnen. So verwandelt sich das vernünftige Selbstbewusstsein in den s i t t l i c h e n G e i s t . Dessen reine Form ist das griechische Leben mit seinem Aufgehen des Individuums in die staatliche Gemeinschaft. Aber auch hier bricht der Konflikt des Individuums mit der Gattung aus. Das Allgemeine triumphiert als das ungeheuere Selbstbewusstsein des universellen Rechtes; und wieder bäumt sich das Individuum gegen die Allgemeinheit auf: Es entsteht der Konflikt der Bildung und des Glaubens, welcher das Bewusstsein zerreißt und als Aufklärung zum absoluten Terrorismus führt, bis die moralische Weltanschauung die widerspruchsvolle Dialektik der banalen Nützlichkeit und der sittlichen Genialität entwickelt, um schließlich in der R e l i g i o n ihre Vollendung zu finden. Diese als die dritte Form der Vernunft verfolgt die Phänomenologie durch die dreifache Entwicklung als Naturreligion, Kunstreligion und geoffenbarte Religion, um schließlich zu zeigen, dass die Einheit aller endlichen Dinge mit dem unendlichen Geist, welche auf dem religiösen Standpunkte nur vorgestellt wird, in ihrer Notwendigkeit begriffen werden muss, und dass dies die Aufgabe der Philosophie ist, für deren kunstvolle Komposition die Phänomenologie nur die Ouvertüre bildet.

Es konnte hier nur durch diese abgerissenen Sätze angedeutet werden, wie in der Phänomenologie alle Motive der Hegel'schen Lehre bereits kräftiger oder leiser anklingen und wie aus derselben die Stimmen der Weltgeschichte in wechselndem Rhythmus ertönen. Sie erscheinen durchaus nicht in chronologischer Reihenfolge. Je nach der Verwandtschaft, welche sie zu der gerade konstruierten Entwicklungsstufe besitzen, treten bunt durcheinander die Gestalten der antiken Welt, des Mittelalters und der modernen Kultur auf, und Hegels Absicht ist nur die, zu zeigen, dass aus der Fülle aller dieser Gestaltungen heraus die philosophische Erkenntnis sich als die Selbsterfassung des absoluten Geistes entwickeln müsse, welcher in all diesen Formen die verschiedenen Seiten seines Wesens ausgelebt und den Reichtum seiner Innerlichkeit entfaltet hat. Jenes Bewusstsein, welches Schiller proklamiert hatte, dass die moderne Kultur in der Zusammenfassung und Ausgleichung der früheren Lebensformen der Menschheit bestehe, jene Aufgabe, welche die Goethe'sche Dichtung in ihren reifsten Erzeugnissen löste, erscheint bei Hegel als das Problem der Philosophie. Sie soll alles, was der menschliche Geist in seiner Entwicklung, die auf sie hinzielt, in allen Formen seiner Betätigung erzeugt hat, in seiner tiefsten Bedeutung verstehen und zu einem Systeme der Welterkenntnis dadurch zusammenfassen, dass sie alle diese Produkte als die notwendigen Entwicklungsformen des Weltgeistes begreift. Wie Schiller die ästhetischen Begriffe aus einer geschichtsphilosophischen Konstruktion gewann, so will Hegel in umfassenderer Weise die gesamte Philosophie aus dem Zusammenhange der historischen Entwicklung des menschlichen Geistes herausbilden. Das menschliche Selbstbewusstsein ist der zu sich selbst gekommene Weltgeist, die Entfaltung des menschlichen Geistes ist die bewusste Selbsterfassung des Weltgeistes, und das Wesen der Dinge ist aus dem Prozess zu verstehen, welchen der menschliche Geist durchgemacht hat, um seine eigene und um damit die Organisation des Universums zu begreifen. Die Hegel'sche Philosophie betrachtet sich selbst als das Selbstbewusstsein der gesamten Kulturentwicklung der menschlichen Gattungsvernunft, und sie sieht in dieser zugleich das Selbstbewusstsein des in die Welt sich entwickelnden absoluten Geistes. Damit wird diese Philosophie auf der einen Seite zu einer durchaus h i s t o r i - schen Weltanschauung, auf der anderen Seite aber gerät sie in eine vollkommen anthropozentrische Weltbetrach - tung hinein, indem sie die Entwicklung des menschlichen Geistes als diejenige des Weltgeistes ansieht. So zieht Hegel die letzte Konsequenz daraus, dass das Postulat der Identität von Denken und Sein die Organisation der menschlichen Vernunft, welche für Kant den Inhalt aller philosophischen Erkenntnis bildete, in die Organisation der Weltvernunft umdeutete: Es ist die äußerste Folgerung aus der Zertrümmerung des Ding-an-sich-Begriffes, die Fichte gelungen war.

Hegels L o g i k vollzieht die »Erhebung der Substanz zum Subjekt«, indem sie von dem absoluten »Sein« ausgeht, um bei der »Idee« zu endigen und auf diesem Wege das gesamte System der Begriffe durch den dialektischen Fortschritt zu entwickeln. Aber die Kategorien sind hier nicht mehr die Verknüpfungsformen der Verstandestätigkeit wie bei Kant, sondern vielmehr die objektiven Gestalten des Weltlebens, in welches sich die Idee in ihrer Selbstentwicklung entfaltet. Selbst wo jene Verknüpfungsformen mit denjenigen der formalen Logik oder mit Kants transzendentalen Begriffen zusammenfallen, da gelten sie, wie bei Aristoteles, zugleich als die realen Gesetze des wirklichen Geschehens. So wird diese Logik zu dem »Schattenreich der Wirklichkeit«. In der Bewegung des abstrakten Gedankens erzeugen sich die Schemen alles realen Lebens, und in den Evolutionen dieses Balletts der Begriffe soll das Abbild des gesamten Weltprozesses gefunden werden. In das Element der Abstraktion getaucht, sollen die reinen Formen alles Daseins vor dem geistigen Auge hervortreten.

Der erste Teil oder die Lehre vom Sein beginnt mit diesem abstraktesten aller Begriffe, verwandelt ihn in denjenigen des Nichts und findet ihre Verknüpfung in demjenigen, was zugleich ist und noch nicht ist, im Werden, und von da aus gewinnt er durch die Kategorien des Daseins, der Qualität, der Endlichkeit und Unendlichkeit, der Einheit und Vielheit, der Quantität und des Maßes, schließlich den Begriff des »Wesens«, dessen Entwicklung die Aufgabe des zweiten Teils bildet. Auf diesem ganzen Wege ergibt sich aus der Betrachtung der Kategorien eine stetige Rücksicht auf die Probleme der Naturphilosophie, welche die konkrete Durchführung dieser Begriffe im empirischen Gebiete zu ihrer Aufgabe hat. Die Lehre vom Wesen geht von dem Gegensatz des Wesens und des Scheins zu den Reflexionsbegriffen über, durch welche derselbe aufgehoben werden soll, und entwickelt als solche die Identität, den Unterschied, den Widerspruch und den Grund; sie erhebt sich sodann durch das Verhältnis der Erscheinung und der Wirklichkeit zum Absoluten und dadurch zum Gegensatz von Notwendigkeit und Zufälligkeit, der in die Kategorien der Kausalität und der Wechselwirkung ausmündet. Der dritte Teil enthält die »subjektive Logik«; er beginnt mit den Lehren vom Begriff, Urteil und Schluss und führt von da zur Kategorie der Objektivität, die sich als Mechanismus, Chemismus und organische Teleologie entwickelt. Darüber erhebt sich die Idee in dem Prozesse des Lebens, dessen höchste Formen die Erkenntnis und die Moralität bilden, um sich von hier aus in der absoluten Idee zu vollenden. Es ist nicht möglich, in dieser kurzen Übersicht die Übergänge zu reproduzieren, welche das eigentliche Wesen des dialektischen Fortschritts ausmachen; denn der Fortgang des Ganzen ist nicht sowohl durch begriffliche Notwendigkeit als vielmehr durch willkürliche Assoziation und durch den stetigen Hinblick darauf bedingt, dass der Voraussetzung nach diese Logik schon den gesamten Inhalt der philosophischen Erkenntnis *in nuce* und in derselben Anordnung wie das ganze System enthalten soll. Daraus ergibt sich für Hegel die Nötigung oft sehr künstlicher Vermittlungen, die nur im Ganzen reproduziert und nicht auf eine kurze Formel gebracht werden können. Es kommt hinzu, dass Hegels schwierige Sprache gerade auf diesem Gebiete der Abstraktion sich in die größte Dunkelheit verliert, und es steht nur zu hoffen, dass Kuno Fischers Geschichte der neuern Philosophie, welche jetzt vor dieser schwierigsten ihrer Aufgaben steht, die Tiefe und den Reichtum, womit Hegels Geist dies System der Kategorien gewoben hat, in das Verständnis der Gegenwart übersetzen wird. Denn so wenig man an der Konstruktion des Ganzen festhalten mag, so hat doch noch niemand, der diese Logik verstand, es verkennen können, dass eine unendliche Fülle feinster Wendungen und genialer Verknüpfungen oft der scheinbar heterogensten Dinge darin enthalten ist, wodurch fast überall auf die verschiedensten Gebiete des menschlichen Wissens überraschende Schlaglichter fallen. Und gerade darin bestand die befruchtende Kraft, mit der diese Logik auf die übrigen Wissenschaften gewirkt hat. Hegels Prinzip, dass die Logik mit den Formen zugleich auch den wertvollsten Inhalt der Erkenntnis zu entwickeln habe, ist gewiss noch nicht diejenige Gestalt, in welcher die durch Kants transzendentale Analytik begründete »erkenntnistheoretische Logik« bestehen bleiben kann. Aber nur durch das Festhalten an dem Prinzip der Letzteren, dass alle Denkformen nur in der Beziehung auf die Aufgaben des Inhalts ihren Sinn haben, kann die Logik im Zusammenhange mit der lebendigen Wirklichkeit der menschlichen Erkenntnistätigkeit bleiben. Hegel ist nach Aristoteles und Kant trotz aller Willkürlichkeiten seiner Konstruktion der größte Logiker, den die Geschichte gekannt hat, und er ist wie jene beiden andern der Beweis dafür, dass eine wahrhaft originelle und schöpferische Behandlung der Logik nur für denjenigen möglich ist, der mit reicher wissenschaftlicher Erfahrung den Ausblick auf die gesamte Arbeit der menschlichen Erkenntnis gewonnen hat.

Am wenigsten originell ist Hegel in seiner N a t u r p h i l o s o - p h i e . Er folgt hier wesentlich dem allgemeinen Schema der Schelling'schen Lehre, verfährt aber, da er hier am wenigsten mit seinem Interesse, mit seinem empirischen Wissen und mit der Gewöhnung an die diesem Gebiete eigenen Forschungsweisen heimisch ist, noch viel willkürlicher und konstruktiver als sein Vorgänger. Und doch zeigt sich die Tiefe seiner philosophischen Einsicht gerade auf diesem Gebiete darin, dass er die Grenzen der rationalen Deduktion zwar nicht ausdrücklich, aber doch indirekt scharf und genau bestimmt. Die Natur ist der Geist oder die Idee in ihrem Anderssein. Dieser allgemeine Charakter und scheinbar auch die großen Formen dieses Andersseins lassen sich aus Hegels Begriff des Geistes als der sich entwickelnden Idee ableiten, weil sie im Prinzip schon darin angelegt sind. Aber in der Natur ist deshalb überall etwas dem Geiste Fremdes, und dessen besondere Eigentümlichkeit lässt sich nicht deduzieren. Dass überhaupt der Geist sich in diese seine Äußerlichkeit verwandelt, liegt nach Hegel in seinem Begriffe. Wie aber diese Äußerlichkeit im Besondern beschaffen ist, das folgt aus dem Wesen des Geistes nicht. Wenn die Hegel'sche Lehre als die Voraussetzung, dass alles Wirkliche vernünftig und als solches erkennbar sei, ihrem Prinzip nach den äußersten P a n - l o g i s m u s enthält, der je aufgestellt worden ist, so erkennt sie in der Natur selbst die Grenze ihrer Deduktion an; hier kann auch sie nur die allgemeinen Formen und Gesetze aus der absoluten Vernunft entwickeln, und sie muss zugestehen, dass es in der wirklichen Natur überall einen Rest gibt, welcher sich gegen eine solche Ableitung sträubt und eine unerklärbare Tatsache bleibt, gerade wie bei Kant die »Affizierung« durch die Dinge an sich und im andern Ausdruck die »Spezifikation der Natur« oder bei Fichte die »grundlosen« Handlungen der Selbstbeschränkung des Ich. Von seinem Standpunkt aus drückt Hegel sich so aus, dass die Natur ohnmächtig und zu schwach sei, die Begriffsbestimmungen nur abstrakt zu erhalten, und er nennt sie deshalb das Reich der Z u f ä l l i g k e i t . Die Anwendung dieses Terminus deutet aber auf die innige Verwandtschaft hin, welche zwischen dieser und der Aristotelischen Naturauffassung besteht. Auch in jenem größten System der antiken Philosophie war das begriffliche Verhältnis des Wesentlichen und des Zufälligen in eine metaphysische Beziehung umgedeutet worden, und genauso gilt auch für Hegel die deduzierbare Gesetzmäßigkeit der Natur als ihre ideelle Notwendigkeit und dieser gegenüber die tatsächliche Besonderheit nur als eine zufällige Nebenbestimmung. Die Letztere aber wird von Hegel ebenso wie von Aristoteles unter den teleologischen Gesichtspunkt gebracht, dass ihr Zweck lediglich der sei, die ideelle Notwendigkeit zu realisieren, ohne dass sie jedoch dieser Bestimmung vollkommen genüge. Die Äußerlichkeit soll ja schließlich von dem Geiste selbst gesetzt sein, damit sein Wesen darin zur objektiven Erscheinung kommt. Die besondern Stufen dieses teleologischen Prozesses stellen sich nun bei Hegel in ganz ähnlicher Weise wie bei Schelling dar. Den ersten Teil der Naturphilosophie bildet die M e c h a n i k , welche von der Konstruktion des Raumes, der Zeit und der Synthesis, welche dieselben in der Bewegung finden, die Lehre von der Materie, der Schwere und der Trägheit entwickelt und mit der auf die Gravitationstheorie begründeten Auffassung des Sonnensystems endet. In der »P h y s i k « kommen sodann die besonderen Erscheinungen des materiellen Daseins zur Sprache. Es wird von den kosmischen Grundverhältnissen und dem meteorologischen Zusammenhange der Elemente, darauf von dem spezifischen Gewicht, von der Kohäsion, vom Magnetismus und von der Kristallisation, endlich von der Elektrizität und dem Chemismus gehandelt, und es werden dabei in diese dialektischen Konstruktionen auch die spezifischen Wirkungen der Dinge auf die menschlichen Sinne, die akustischen, thermischen und optischen Verhältnisse und die Lehre vom Geruch und Geschmack eingeflochten. Der dritte Teil, die O r g a n i k , beginnt mit der Darstellung des geologischen Lebens der Erde, entwickelt den Gegensatz des Pflanzen- und des Tierreiches und bespricht schließlich die Gestaltung, die Assimilation und die Reproduktion als die drei Grundformen des animalischen Prozesses. Die Untersuchung schließt mit einer Betrachtung des Verhältnisses, in welchem das organische Individuum zu der Gattung steht. In Derselben kommt die ganze Grundauffassung noch einmal leuchtend zutage. Die ideelle Notwendigkeit und Vernünftigkeit ist nicht im Individuum, sondern nur in der Gattung zu suchen. Wie für Schelling, so ist auch für Hegel das Individuum nur ein Durchgangspunkt in dem Leben der Idee, welche darin erscheint; aber er legt das Hauptgewicht darauf, dass der Gattungsbegriff in keinem Individuum voll und rein zum empirischen Dasein kommt. Jedes Individuum trägt in seiner Abweichung vom Gattungsbegriff das Moment der Zufälligkeit in sich, es erfüllt den Zweck, ein Träger des Gattungslebens zu sein, nicht vollkommen, und diese seine »Unangemessenheit zur Idee« ist seine »ursprüngliche Krankheit«

und der wahre Grund seines Todes. Die Individuen gehen daran zu Grunde, dass sie ihre Aufgabe, welche in ihrem Gattungsbegriffe liegt, nicht erfüllen. Dies ist die bedeutendste Form, welche die platonische Ideenlehre bei ihrer Aufnahme in den deutschen Idealismus gefunden hat. Die Gattungsbegriffe sind hier nicht wie bei Platon eine selbständige, für sich existierende Welt der reinen Formen, sondern vielmehr ähnlich wie bei Aristoteles die ideellen Mächte, welche das empirische Dasein teleologisch bestimmen; sie bilden den ideellen Zweck, der niemals vollkommen erfüllt wird und der doch den Lebenstrieb und die Lebenskraft aller der Erscheinungen enthält, in denen nacheinander immer von neuem seine Realisation versucht wird. Der Fichte'sche Grundgedanke, dass das nie reale Ideal den Grund aller Realität in sich trägt, ist zum Prinzip der Auffassung des organischen Lebens geworden, und damit der aristotelische Grundbegriff der Entelechie auf dem Boden des Idealismus zu neuer Fruchtbarkeit gekommen. Wenn wir heutzutage diesen Lehren ferner als je zu stehen glauben, so müssen wir andererseits anerkennen, dass, so lange die organische Naturforschung selbst an der Realität ihrer Klassen-, Gattungs- und Artbegriffe festhielt, eine philosophische Behandlung dieses Verhältnisses nicht großartiger gedacht werden konnte, als es hier von Hegel geschah, und wenn man heute davon zu reden gewohnt ist, dass nicht nur diejenigen Individuen, sondern auch diejenigen Arten der Gefahr des Untergangs mehr als andere ausgesetzt sind, bei denen die zufällige Variation eine unzweckmäßige, d.h. den Lebensbedingungen der Gattung weniger entsprechende Richtung eingeschlagen hat, – sollte man da bei aller Verschiedenheit des Ausdrucks so sehr weit von jenem Hegel'schen Gedanken entfernt sein, der Untergang des Individuums entspringe aus seiner Unangemessenheit zur Idee der Gattung? Die Sprachen der Naturphilosophie von heut und derjenigen vom Anfang unseres Jahrhunderts klingen sehr verschieden; aber was sie darin sagen, ist vielleicht so verschieden nicht, wie es diejenigen anzunehmen geneigt sind, welche sich nie die Mühe gegeben haben, jene geschmähte ältere Naturphilosophie kennenzulernen.

Den dritten Hauptteil des Hegel'schen Systems bildet die P h i l o - s o p h i e   d e s   G e i s t e s . Es ist derjenige, in welchem die hauptsächlichste und die weitestgreifende Bedeutung seines Denkens sich entwickelt. Auch die triadische Gliederung ist hier am glücklichsten durchgeführt und findet in den objektiven Verhältnissen so viel Verwandtschaft, dass die Gegenstände durch die Konstruktion viel weniger vergewaltigt und vielmehr häufig in das allerkräftigste und reinste Licht gebracht werden. Die drei Entwicklungsformen des Geistes sind der subjektive oder individuelle, der objektive oder allgemeine und der absolute oder göttliche Geist. Die P s y c h o l o g i e als den ersten Abschnitt der Geistesphilosophie hat Hegel in der Enzyklopädie nur schematisch skizziert, erst seine Vorlesungen und die Werke seiner Schüler haben dies Gerippe mit Fleisch und Blut umgeben. Ihre Aufgabe ist die, das psychische Leben des Individuums durch alle Stufen seiner Entwicklung hindurch von der ersten Bedeutung, welche die Seele als Entelechie des organischen Leibes hat, bis an den Punkt zu verfolgen, wo sie ihr innerstes Wesen in ihrer Identität mit dem allgemeinen Geiste erkennt. Sie behandelt deshalb in der Anthropologie die natürliche, die fühlende und die in der bewussten Vorstellung zur vollen Wirklichkeit gelangende Seele, in der Phänomenologie den Prozess, durch welchen das Bewusstsein in Selbstbewusstsein und Vernunft übergeht, endlich in der engeren Psychologie die Entwicklung der Vernunft in der theoretischen und in der praktischen Linie, welche zuletzt darin endet, dass der selbstbewusste freie Wille als die Einheit der theoretischen und der praktischen Vernunft sich zugleich als die allgemeine, überindividuelle Vernünftigkeit, als den objektiven Geist weiß.

Was Hegel unter dem o b j e k t i v e n G e i s t versteht, darf man als die Vernunft im menschlichen Gattungsleben bezeichnen. Unter diesen Begriff, dessen Ausführung er nicht glücklich unter dem Namen der »Rechtsphilosophie« zusammenfasste, gehören deshalb alle die Institutionen der menschlichen Lebensgemeinschaft und alle die Prozesse der individuellen und der allgemeinen Entwicklung, welche die Ausprägung der Gattungsvernunft in dem wirklichen Leben der Gattung zu ihrem Inhalte haben. (Hegels Lehre vom objektiven Geist umfasst im weitesten Sinne das ganze Gebiet, für welches heute der geschmacklose Name Soziologie üblich geworden ist.) Es handelt sich also darum, die Entwicklungsformen zu begreifen, in denen die Freiheit des Geistes sich im wirklichen Menschenleben realisiert. Die niedrigste dieser Formen ist nach Hegel das abstrakte R e c h t oder das sogenannte Naturrecht. Es ist die Feststellung derjenigen äußeren Lebensformen, welche die unerlässliche *conditio sine qua non* für das gemeinsame Leben der zur Freiheit bestimmten Geister bilden. Dasselbe wird als Eigentumsrecht, Vertragsrecht und Strafrecht deduziert. Das Letztere kann, da das Hegel'sche Naturrecht für seine Geltung den Begriff des Staates noch nicht voraussetzt und ebenso wenig an das moralische Bewusstsein appelliert, nur auf eine logische Notwendigkeit zurückgeführt werden und wird daher aus dem dialektischen Verlangen abgeleitet, dass das Recht, nachdem es durch das Unrecht aufgehoben worden ist, durch die Aufhebung des Letzteren wiederhergestellt wird. Dieser Triumph des Rechts über seine Verletzung, diese Negation der Negation des Rechts ist die Strafe. – Der Legalität steht nach Kant'schem Prinzip die M o r a l i t ä t gegenüber. Betrachtet jene die rein äußerlichen, so diese die rein innerlichen Formen des objektiven Geistes und behandelt im Sinne dessen, was man sonst Ethik nennt, die Prozesse des subjektiven Geistes, durch welche derselbe seinen Willen dem objektiven Geiste unterwirft. Es ist eine tiefe Weisheit Hegels, die Ethik nicht vom subjektiven, sondern vom objektiven Standpunkt aus zu behandeln; gerade der Subjektivismus der Kant'schen und Fichte'schen Moralphilosophie hat gezeigt, dass das Prinzip der Ethik über dem Individuum zu suchen ist. Aus dem individuellen Ich sind das sittliche Bewusstsein und die sittliche Gesetzgebung niemals abzuleiten; sie wurzeln vielmehr in dem Verhältnis, in welchem sich das Individuum der allgemeinen Vernunft untergeordnet weiß. Der Inhalt der sittlichen Gesetzgebung ist aus ihrer subjektiven Form nur scheinbar zu deduzieren, in Wahrheit stammt er aus der Gattungsvernunft, und diese überindividuelle Abstammung ist auch der einzige Grund seines imperatorischen Charakters. Von diesem Standpunkt ist daher die Lehre von der Moralität auf die Untersuchung der subjektiven Vorgänge beschränkt, welche sich im Individuum aufgrund seines Bewusstseins vom objektiven Geist vollziehen; in diesem Sinne behandelt Hegel den Vorsatz und die Schuld, die Absicht und das Wohl, das Gute und das Gewissen. –

Das Wesen des objektiven Geistes aber vollendet sich erst darin, dass seine äußerliche und seine innerliche Form sich decken. Diese

Synthese der Legalität und Moralität nennt Hegel die S i t t l i c h -
k e i t , welche also ausdrücklich von der Moralität unterschieden
wird. Sie umfasst alle diejenigen Institutionen des Menschenlebens,
welche die Gattungsvernunft zur Realisierung in dem äußeren Zusammenleben bringen, in denen sich deshalb der rechtliche und der moralische Charakter gleichmäßig ausprägt, die Institutionen, welche das
wertvollste Recht darstellen, indem sie das äußerliche Zusammensein
auf die moralische Überzeugung gründen, und zugleich die vollendete
Moralität bilden, indem sie die Herrschaft der Gattungsvernunft zum
Prinzip der äußeren Organisation machen. Als die Grundform dieser
Sittlichkeit behandelt Hegel die Familie und verlegt daher erst an diese
Stelle die Lehre von der Ehe, das Erbrecht und die Theorie der Kinder-
erziehung. Als die zweite Stufe der Sittlichkeit erscheint die Gesellschaft. Hier wird das System der Bedürfnisse, die Rechtspflege und
die soziale Funktion der Polizei und der Korporationen besprochen.
Die Vollendung der Sittlichkeit endlich und die konkrete Realisation
der sittlichen Idee ist für Hegel der S t a a t . An keiner anderen Stelle
seiner Lehre tritt das antike Moment seines Denkens so klar und so
vollendet hervor wie hier. Wenn unsere großen Dichter ihre wertvollsten ästhetischen Überzeugungen aus der innerlichen Neuschöpfung
des Hellenismus gezogen haben, so leistete Hegel dasselbe auf dem
politischen Gebiete. Während selbst ein Mann wie Fichte erst allmählich dazu kam, dem Polizeistaat, welchen die Wirklichkeit ihm darbot,
höhere und zuletzt ethische Aufgaben zuzuschreiben, so ist Hegel von
Anfang an von dem antiken Ideale erfüllt, dass der Staat die lebendig
gewordene Gattungsvernunft des Menschen sein solle. Für den antiken
Menschen war das Staatsleben die Konzentration aller seiner wesentlichen Interessen. Der gesamte Inhalt des gemeinsamen Geisteslebens
prägte sich in ihm aus. Weder Wissenschaft noch Kunst noch Religion, vor allem aber auch nicht der individuelle Lebensgenuss führten neben dem griechischen Staate ein Sonderdasein. Das im Staat
repräsentierte gemeinsame Leben war der alles umfassende Ausdruck
für die höchsten Interessen, die das Individuum bewegten. So haben
Platon und Aristoteles das Idealbild des antiken Staates gezeichnet,
und so wenig mannigmal die historische Wirklichkeit demselben ent-
sprochen haben möchte, so idealisiert sich doch für Hegel ebenso wie

für Schiller das im Staate konzentrierte Gesamtleben des Altertums zu einem lebendigen Kunstwerk, das er an verschiedenen Stellen seiner Werke und seiner Vorlesungen mit begeisterten Zügen geschildert hat. Je weiter das politische Leben seiner Zeit von diesem Ideale abstand, umso größer ist das Verdienst seines Staatsrechts, welches die staatlichen Institutionen als das Fleisch und Blut gewordene Gattungsleben des Menschen und als die ideelle Konzentration aller derjenigen Interessen bezeichnete, durch welche das Individuum sich über sich selbst hinaus zur Gattungsvernunft potenziert. Kant hatte die vollkommene Staatsverfassung für den Zweck des historischen Prozesses erklärt; Herder hatte entgegnet, dass das nur eins der Momente in der gesamten Kulturentwicklung sei, die das Wesen der Geschichte ausmache. Hegel vereinigt diese Gegensätze, indem er den vollkommenen Staat als die Organisation betrachtet, in welcher die gesamte Kulturtätigkeit des Menschen ihre zentrale Realisation und der »allgemeine Geist« seine äußere Verwirklichung findet. In dieser Hinsicht bezeichnet Hegels Staatslehre in der Geschichte des deutschen Geistes den Moment, in welchem derselbe zur Schätzung des sittlichen Wertes des Staatslebens zurückkehrt. Während bei Fichte diese Erkenntnis erst allmählich heranreifte, ist Hegel vermöge seiner durch und durch antiken Überzeugung von derselben von Anfang an und anfangs sogar mit einer Überschwänglichkeit erfüllt, welche ihn im Staate geradezu den »absoluten Geist« selbst finden lässt. Ihm sind deshalb die staatlichen Institutionen, welche das innere Staatsrecht behandelt, die volle Ausprägung des Volksgeistes, und die Staatsverfassung, die er aus diesem Begriffe konstruiert, ist im Wesentlichen die konstitutionelle Monarchie, in welcher der Volksgeist selbst die gesetzgebende Macht sein soll. Allein Hegel ist von dem objektiven Wert, den die staatlichen Institutionen als der Ausdruck des allgemeinen Geistes haben, so sehr erfüllt, dass er den zufällig zu Stande gekommenen Majoritäten des Augenblicks und ihren subjektiven Überzeugungen nicht das Recht einräumen kann, an den wesentlichen Grundlagen des Staatslebens zu rütteln. Der Geist des Volkes spricht nicht im Wechsel der Tagesmeinung noch in der Willkür parlamentarischer Stimmführer, sondern in dem festen Gefüge, welches der Staatsbau durch seine kontinuierliche Entwicklung besitzt. Mit dieser historischen Auffassung ist Hegel echt konservativ und vor allem durch und durch antirevolutionär. Der ehemalige Schwärmer für die Französische Revolution, der in Tübingen als der wildeste Jacobiner und als der Schüler Rousseaus galt, hatte den Schwerpunkt seiner Weltauffassung in dem Begriffe der Entwicklung gefunden, und gegenüber dem Bruch mit der Geschichte, der das letzte Resultat der Aufklärung war, hatte er eingesehen, dass die Vernunft nur in dem historischen Fortschritt walte. So konnte er in gewissem Sinne wegen dieser prinzipiellen Anerkennung für das Recht des historisch Gewordenen als der Philosoph der Restaurationszeit gelten, und so erklären sich mancherlei Angriffe, welche weniger der echte als der radikale Liberalismus gegen ihn gerichtet hat. Wenn er aber gerade in der Vorrede zu seiner Rechtsphilosophie jenen typischen Ausspruch tat: alles, was ist, ist vernünftig, so konnten nur solche, die ihn missverstanden oder nicht verstehen wollten, dies Wort dahin deuten, als ob nach seiner Meinung alle bestehenden Institutionen als absolut vernünftig gelten und deshalb so, wie sie sind, festgehalten werden sollten. Von einem solchen bornierten Konservativismus, den ihm Anhänger oder Gegner imputierten, ist bei Hegel keine Rede. Wer seine Lehre kennt, weiß, dass Vernunft für ihn mit Entwicklung identisch ist, und dass die Wirklichkeit für ihn nur in dem Sinne als vernünftig gelten kann, als sie den notwendigen Prozess einer Entwicklung darstellt, in welcher die ursprüngliche Anlage, d.h. in diesem Falle der Gesamtgeist des Volkes, zur vollen Verwirklichung kommt. Was Hegel bekämpft, ist nicht die Reform, sondern die Revolution, es ist der Wahn, als könne man die Notwendigkeit des historischen Prozesses durch die Dekrete doktrinärer Willkür ersetzen. Wie Lessing und Kant an die Stelle der Aufklärerei die allmähliche Selbstbefreiung des denkenden Geistes, so will Hegel an die Stelle des radikalen Fanatismus die vernünftige Entwicklung setzen. Auf dem politischen Gebiete selbst betätigt er jenen historischen Sinn, welcher in der Bewegung des deutschen Geistes während jener Jahrzehnte vielleicht das kräftigste und fruchtbarste Ferment gewesen ist.

Derselbe Sinn kommt nun an dem Abschlusse der Lehre vom objektiven Geist in der großartigsten Weise zutage. Dem inneren Staatsrecht steht das äußere als die Lehre von der Souveränität des Staates in seinem Verhältnis zu anderen Staaten gegenüber, und dasselbe vermittelt so den Übergang zu der letzten und abschließenden Synthese. Die wahre Verwirklichung der Idee des Staates ist nicht in einem einzelnen wirklichen Staate, sondern in der historischen Entwicklung der gesamten Menschheit, in der W e l t g e s c h i c h t e zu suchen. Sie ist die volle Realisation des objektiven Geistes. Die »Rechtsphilosophie« vollendet sich in der „Philosophie der Geschichte". Hegels Grundgedanke in Derselben ist, zu zeigen, wie im historischen Prozess der Weltgeist sich in den verschiedenen Formen der einzelnen Volksgeister sukzessive entwickelt hat. Jede Periode der Geschichte ist dadurch charakterisiert, dass in ihr ein besonderes Volk die leitende Stellung einnimmt und in seinem ganzen Leben den Inhalt zur Darstellung bringt, welchen der Gesamtgeist auf dieser Stufe in sich selbst erfasst hat. Wenn ein Volk diese Aufgabe erfüllt hat, so beginnt die Zeit seines Niederganges; es tritt in die Dunkelheit, aus der es zur Herrschaft hervortrat, zurück und übergibt das Zepter an ein anderes Volk, dem einst dasselbe Schicksal bestimmt sein wird. Der Untergang der Völker beruht darauf, dass sie ihre Mission erfüllt haben und dass für die neue Entwicklung eine neue Kraft als Träger erforderlich ist. »Die Weltgeschichte ist das Weltgericht«. Aus diesem Gesichtspunkte konstruiert Hegel die vier großen Epochen der Geschichte: die orientalische, die griechische, die römische und die germanische Welt, und sein Bestreben ist darauf gerichtet, das Gesamtleben jeder dieser Perioden derartig zu erfassen, dass der notwendige Zusammenhang, in welchem alle Äußerungen des Volksgeistes auf allen Gebieten miteinander stehen, aus dem innersten Wesen der Entwicklungsphase begriffen werden soll. Seine Philosophie der Geschichte stellt ein Ideal der Kulturgeschichte auf, in der die historischen Tatsachen nicht mehr äußerlich zusammengestellt und nicht nur in ihrer pragmatischen und kausalen Vermittlung erzählt, sondern als notwendige Entwicklungsformen des allgemeinen Geistes erkannt werden. Manche Missgriffe mögen in diese Konstruktion eingelaufen sein; im Allgemeinen bewährt Hegel nirgends mehr als hier die Sicherheit eines historischen Verständnisses, welche die Auffassung der Geschichte noch heute überall beherrscht, wo sie sich von der Detailforschung zu dem großen Gange des Ganzen erheben will. Und jenes »ungeheure Schauspiel«, welches seine Geschichtsphilosophie entrollt, in dem man »von der Höhe des Staatsbegriffs die einzelnen Staaten als ebenso viele Flüsse sich in das Weltmeer der Geschichte stürzen sieht«, ist noch immer die vollkommenste Darstellung, welche wir von dem Sinn der Gesamtentwicklung unseres Geschlechtes besitzen.

Der allgemeine Geist, dessen einzelne Inhaltsbestimmungen in der historischen Entwicklung zur Wirklichkeit werden, ist, in seiner Totalität zusammengefasst und in seiner Einheit gedacht, der a b s o - l u t e   G e i s t. Er entwickelt sich in drei Formen: als Anschauung in der Kunst, als Vorstellung in der Religion, als Begriff in der Philosophie. Das ästhetische, das religiöse und das philosophische Leben sind nur die verschiedenen Ausgestaltungen desselben absoluten Prinzips. Der romantische Grundgedanke kommt hier in einer systematischen Gestalt als der Abschluss des Hegel'schen Systems zur Geltung. Was zunächst die Ä s t h e t i k anbelangt, so ist das Schöne die Anschauung des absoluten Geistes insofern, als es die volle Identität der Idee und der Erscheinung enthält, und so geht auch Hegel auf diesem Gebiete von der Auffassung des Identitätssystems aus, die ihren letzten Ursprung in Schiller hat. Deshalb ist auch bei ihm das Kunstschöne oder das »Ideal« der wesentliche Begriff, für dessen Entwicklung das Naturschöne nur als ein dialektisches Moment betrachtet wird. In der Erzeugung der besonderen Formen des Kunstschönen folgt Hegel sodann durchaus der von Schiller begründeten geschichtsphilosophischen Konstruktion. Die Einheit der Idee und der Erscheinung hat drei Grundformen: die symbolische, welche die Idee in der Erscheinung nur ahnen lässt, die klassische, welche diese Einheit in voller Naivität darstellt, und die romantische, welche den bewussten Gegensatz der Idee und der Erscheinung wieder versöhnt. Die Symbolik verfolgt Hegel durch ihre unbewussten Gestalten, die er in den orientalischen Schöpfungen findet, bis zu den Formen, in denen sie die Natur als die Andeutung der göttlichen Erhabenheit betrachtet, und stellt dann in der Fabel, in der Allegorie und der beschreibenden Poesie die derselben entsprechenden besonderen Kunstformen auf. Das klassische Ideal entwickelt sich aus den Tiergestalten zur Vollendung der olympischen Götter und findet seine Auflösung in der satirischen Einsicht von der Vermenschlichung des göttlichen Prinzips, die darin enthalten war. Wie bei Solger nimmt also auch bei Hegel diese ganze Konstruktion eine wesentlich religiöse Tendenz, der Zusammenhang des Kunstlebens mit der religiösen Entwicklung prägt den besonderen ästhetischen Begriffen fast überall eine religiöse Bedeutung auf, und so wird auch das romantische Prinzip zuerst aus dem christlichen Bewusstsein entwickelt. Es tritt sodann die Erscheinung des Rittertums hinzu, um die Abenteuerlichkeit und Romanhaftigkeit der romantischen Kunstformen zu begründen, und den Abschluss dieser Konstruktion bildet der Begriff des Humors als der frei und objektiv über dem Stoffe schwebenden Subjektivität. Liegt darin etwas von dem romantischen Grundprinzip der Ironie, so zeigt sich dagegen andererseits, wie Hegels kühle, durch und durch sachliche Persönlichkeit sich weit über den willkürlichen Subjektivismus der Romantiker erhob. Es ist außerordentlich charakteristisch, dass ihm die abschließende Kunstform eben jene völlige Ruhe des Humors bildet, von der die Romantiker mit allem Witz und aller Ironie kaum einen Tropfen in sich hatten. – Als dritten Teil endlich gibt seine Ästhetik ein System der Künste, welches auf demselben Grundriss aufgebaut ist; als die symbolische Kunst erscheint die Architektur, in welcher die Beziehung auf den geistigen Inhalt nur angedeutet ist; als die klassische die Skulptur, in welcher die geistige Individualität in ihrer vollen sinnlichen Gestalt wiedergegeben wird; als die romantischen Künste die Malerei, die Musik und die Poesie, welche den allgemeinen Gehalt des Denkens in den Formen des Bildes, des Tons und am vollendetsten der Sprache zur adäquaten sinnlichen Erscheinung bringen.

Das Wesen der R e l i g i o n besteht darin, eine Vorstellung des absoluten Geistes zu sein. Das Gefühl wird deshalb von Hegel mit sichtbarer Polemik gegen Schleiermacher nur zu einem Moment in dem dialektischen Prozess der Entwicklung des Begriffs der Religion herabgesetzt, und es werden die besonderen Religionen aus den Vorstellungsstufen konstruiert, in welchen der absolute Geist im menschlichen Bewusstsein erscheint. Die erste dieser Formen der »bestimmten Religion« ist die Naturreligion. Sie ist zuerst eine Religion der Zauberei, dann, wie bei den Indern, eine solche der phantastischen Naturauffassung, und sie weist über sich selbst hinaus, indem sie im Licht die Macht des Guten ahnt oder, wie in der ägyptischen Symbolik, die Rätselhaftigkeit der natürlichen Gestalten zum Bewusstsein bringt. Die zweite Stufe ist die Religion der geistigen Individualität, welche sich als diejenige der Erhabenheit bei den Juden, als diejenige der Schönheit bei den Griechen, als diejenige des Verstandes bei den Römern entwickelt. Die höchste Stufe ist die absolute oder die christliche Religion. Hier erscheint Gott als das, was er ist, als der absolute Geist. Er erscheint deshalb in der Gestalt der Trinität. Denn der absolute Geist ist einerseits die ewige Idee, welche sich in der Welt entwickelt: als solche ist er der Vater. Er ist andererseits die zum Bewusstsein gekommene, ganz in die Vorstellung eingegangene Idee: als solche ist er der Sohn, der mit dem Vater Eins ist. Er ist endlich die als der allgemeine Geist der Gemeinde in ihr waltende und in ihrer äußeren und inneren Gemeinsamkeit sich realisierende Idee: als solche ist er der Geist. Mit dieser spekulativen Umdeutung der christlichen in die absolute Religion schließt die Hegel'sche Religionsphilosophie. Diese Umdeutung selbst weist auf die mancherlei Versuche zurück, welche seit Lessing in der deutschen Philosophie gemacht worden waren. Aber sie war in dem Hegel'schen Systeme deshalb notwendig, weil in demselben nach dem allgemeinen Prinzip der Entwicklung das letzte und höchste Produkt der Religionsgeschichte als die vollkommene Verwirklichung der religiösen Idee angesehen werden musste.

Was nun endlich die Kunst als Anschauung, was die Religion als Vorstellung, das soll die Philosophie als Begriff enthalten. Aber auch sie löst ihre Aufgabe nur in ihrer historischen Entwicklung. Die Geschichte der Philosophie ist deshalb der abschließende Teil des Hegel'schen Systems. Allein auch sie soll eine philosophische Wissenschaft sein; sie darf sich weder damit begnügen, die Meinungen der Philosophen zu erzählen, noch auch zu erforschen, wie dieselben im Einzelnen dazu gekommen sind, sondern sie hat die ideelle Notwendigkeit dieser Entwicklung zu begreifen. Diese ideelle Notwendigkeit besteht aber darin, dass die einzelnen Momente, welche erst in ihrer konkreten Zusammenfassung den Begriff des absoluten Geistes ausmachen, in der Entwicklung des begrifflichen Denkens sukzessive ebenso zur Geltung gekommen sind, wie die vollendete Philosophie dieselben in ihrem Systeme entwickeln muss und wie andererseits der absolute Geist diese verschiedenen Seiten seines Wesens in der Reihenfolge der historischen Erscheinungen ausgelebt hat. Daraus ergibt sich für die Geschichte der Philosophie jener doppelte Parallelismus, der schon in der Phänomenologie zur Geltung kam. Die Systeme der Philosophie müssen einerseits den Kategorien der Logik entsprechen, welche nur die Ausbreitung des Inhalts des göttlichen Geistes enthalten sollte, und müssen andererseits das Bewusstsein des wesentlichen Gehaltes derjenigen Perioden der Kulturgeschichte in sich tragen, aus denen sie entstanden sind. Jener erste Parallelismus hat nun in der Tat die Hegel'sche Konstruktion gelegentlich verleiten müssen, mit dem tatsächlichen Material der Geschichte der Philosophie teils hinsichtlich seiner Deutung, teils hinsichtlich der chronologischen Anordnung etwas gewaltsam umzuspringen, und derselbe wäre noch gefährlicher geworden, wenn sich nicht andererseits nachweisen ließe, dass Hegel von dieser Anschauung aus von vornherein schon den dialektischen Prozess der Logik im Hinblick auf diesen seinen historischen Doppelgänger angelegt hat, sodass die Übereinstimmung nachher keine Schwierigkeiten finden konnte. Umso bedeutsamer ist der zweite Parallelismus. Hegel hat zuerst eingesehen, dass jedes System der Philosophie ein notwendiges Produkt des menschlichen Denkens und eine notwendige Stufe in der Entwicklung desselben ist; er hat zwar mit der einseitigen Betonung dieser ideellen Notwendigkeit die Bedeutung der individuellen Vermittlungen, durch welche sich dieselbe realisiert, entschieden unterschätzt und damit der Meinung Vorschub geleistet, als ließen sich die Lehren eines philosophischen Systems jedes Mal als die logischen Konsequenzen aus der Grundidee ableiten, welche demselben seine charakteristische Stellung innerhalb der Gesamtentwicklung anweist. Aber er hat andererseits den Gedanken zur Geltung gebracht, dass jedes der philosophischen Systeme einen Versuch enthält, sich des gesamten Inhaltes, den der menschliche Kulturgeist auf der betreffenden Stufe seiner Entwicklung erreicht hat, in der begrifflichen Konzentration bewusst zu werden. Mag auch dann die Ausführung dieses Versuches noch so sehr von der Individualität des Philosophen und seiner persönlichen Stellung abhängig sein, so sind doch immer die in seinem Systeme verwobenen Gedankenmassen dieselben, welche den Gehalt der zeitgenössischen Bildung ausmachen, und so wird jedes philosophische System trotz seiner individuellen Bedingtheit zu einem Spiegel des Kulturzustandes, aus dem es hervorging. Die Geschichte der Philosophie so aufzufassen, hat die deutsche Wissenschaft von Hegel gelernt. Das ist eins seiner größten Verdienste; es ist zugleich die Richtung, in der er die bedeutendsten Schüler gehabt hat. Die Geschichte der Philosophie ist die fortschreitende Selbstbewusstwerdung des menschlichen Kulturgeistes. Hieraus allein, folgert Hegel, kann die Wahrheit der philosophischen Systeme beurteilt werden. Die stetige Veränderlichkeit, welche die Philosophie in ihrer Geschichte aufweist, erklärt sich aus der stetigen Veränderlichkeit des Objekts, welches in ihr zum Selbstbewusstsein kommt: des Geistes selbst. Jedes System ist wahr, insofern es einen bestimmten Entwicklungszustand oder ein Moment der selbst in der Entwicklung begriffenen Wahrheit zum Bewusstsein bringt; es ist unwahr, insofern es dies Moment in seiner Einseitigkeit festhält und in ihm allein das Absolute gefunden zu haben meint. Die volle Wahrheit ist die entwickelte, diejenige, welche alle diese einzelnen Momente in der dialektischen Notwendigkeit erzeugt und sie in die konkrete Einheit zusammenfasst. Die Abstraktion, welche eines dieser Momente isoliert, ist immer nur die halbe Wahrheit. In diesem Sinne begreift nun die Hegel'sche Philosophie sich selbst als den Schlussstein der Entwicklung; ihre historische Grundanschauung besteht eben darin, dass sie alle Momente der Wahrheit, welche in der Entwicklung gesondert und teilweise in feindlichem Gegensatze zueinander aufgetreten sind, in sich aufnimmt und als die notwendigen Formen der Entwicklung begreift, um sie in ihrer Totalität zusammenzufassen und dadurch jedem seine Stellung im Ganzen zu bestimmen. In der Tat ist die Hegel'sche Philosophie mit ihrer umfassenden Systematisierung die Verarbeitung des ganzen Gedankenstoffes der menschlichen Geschichte, und darin besteht ihre universelle und bleibende Bedeutung. Das historische Denken ist bei Hegel ohne die skeptische Konsequenz der absoluten Relativität aller Systeme, sondern es hat den Mut, den ganzen Prozess der Gedanken mit allen seinen Widersprüchen aufzunehmen und als die integrierenden Bestandteile seiner eigenen höchsten Wahrheit zu proklamieren.

Diese Anerkennung enthält zugleich die Kritik dieser höchsten Gestalt, welche der deutsche Idealismus gefunden hat. Denn die Synthese aller übrigen Systeme kann sich nur deshalb für das absolute System halten, weil Hegel von der Ansicht ausgeht, dass in der Entwicklung des menschlichen Geistes der absolute Geist selber seine höchste Entfaltung findet. In Hegels Geschichtsphilosophie, Religionsphilosophie und Geschichte der Philosophie führt nicht nur fortwährend der menschliche Kulturgeist den Namen des »Weltgeistes«, sondern er wird auch tatsächlich als derselbe betrachtet. Darauf allein beruht schließlich die schöne Harmonie dieses Systems, dass die notwendigen Entwicklungsformen des menschlichen Geistes als diejenigen des Universums gelten. Hegels absoluter Geist ist in Wahrheit der menschliche Geist. Darin besteht die weite Kluft, die ihn von Kant trennt. Achtet man darauf, so begreift man auch die dialektische Methode in ihrer innersten Bedeutung. Hat das menschliche Denken sein Maß nur an sich selber, ist es wirklich das absolute, so ist seine eigene notwendige Entwicklung auch die Wahrheit. Die psychologische Notwendigkeit aber des menschlichen Denkens bringt es mit sich, dass seine Entwicklung darin besteht, die Vorstellungen in Fluss zu bringen, sie ineinander übergehen und sich durch die Fülle der Vermittlungen ineinander verwandeln zu lassen. Die Dialektik mit ihren Widersprüchen und ihrer unbestimmten Verwandelbarkeit des Vorstellungsinhalts ist der naturnotwendige Charakter des menschlichen Denkens. Die dialektische Methode besteht also darin, diesen psychologisch notwendigen Prozess mit dem logischen zu verwechseln. Ihr setzt sich deshalb die psychologische Gegeneinanderbewegung der Vorstellungen in einen realen Kampf- und Versöhnungsprozess des Vorstellungsinhalts um. Für sie hat der Widerspruch und die Negation eine metaphysische Bedeutung, und ihre eigene rastlos schaffende und wieder zerstörende Bewegung projiziert sie in eine Weltanschauung des ewigen Werdens.

§69. Der Irrationalismus

Jacobi, Schelling, Schopenhauer, Feuerbach

Der Hegel'sche Panlogismus bringt den Gesamtcharakter der dialektischen Entwicklung der deutschen Philosophie auf den schärfsten Ausdruck. Es handelt sich durchgehends um eine nationale Erkenntnis des Universums – um eine restlose Auflösung der Wirklichkeit in Begriffe der Vernunft. Und das System Hegels verkündet klar und laut die Voraussetzung, unter der allein der Philosophie eine solche Aufgabe gesetzt werden kann, als ihre tiefste Grundüberzeugung: »Alles, was ist, ist vernünftig«. Soll das Universum restlos in eine rationale Erkenntnis aufgehen, so heißt das von vornherein, dass alle Realität selbst schon ein Rationales, – dass, wie Bardili sagte, jedes Ding nichts weiter als sein Begriff, – dass, wie Hegel sich ausdrückte, das Wesen der Dinge der Geist sei. Nur dann ist für die vernünftige Erkenntnis die Welt kommensurabel und bezwingbar, wenn sie selbst bis auf den Grund vernünftig ist. Aus dieser Voraussetzung erwuchs Kants transzendentale Logik; aber sie schloss eben daraus, dass das Weltbild im Kopfe des Menschen, durch die Vernunft bedingt, eine Erscheinung sei, von deren Verhältnis zur Realität wir nichts wissen können. In dem Maße, als diese kritische Restriktion durch die Zertrümmerung des Ding-an-sich-Begriffes dahin fiel, kehrte die Philosophie zu der alten rationalistischen Auffassung zurück. Dieser Prozess spitzte sich bis zu Hegel immer energischer zu, und aus dem Kant'schen Idealismus war nun wieder absoluter, schrankenloser Rationalismus geworden.

Allein das restlose Aufgehen der Wirklichkeit in die »Vernunft« ist nur ein Schein. In Wahrheit bleibt für jedes dieser rationalistischen Systeme ein letztes Etwas übrig, was sich der rationalen Erkenntnis entzieht, was sich für die begriffliche Auflösung als unnahbar darstellt und dem vernünftigen Bewusstsein als inkommensurabel erscheint. Bei aller rationalen Durcharbeitung unseres Bewusstseinsinhaltes bleibt in demselben ein Rest, der wie ein Fremdes und Gegebenes darin steht und der sich aus der Vernunft selbst nicht ableiten lässt. Es gibt im Grunde der Dinge etwas Inkalkulables, – ein geheimnisvolles

Etwas, welches da ist, auf welches wir die Hand legen und welches wir doch nie begreifen können. In der Tiefe des »Deduzierten« ruht ein Undeduzierbares, von dem wir nichts wissen als: es ist!

So findet sich in jedem rationalistischen System ein Rest, an welchem die Vernunfterkenntnis scheitert. Aber nur eins dieser Systeme hat diese Tatsache unumwunden ausgesprochen – der kritische Rationalismus von Kant. Das ist, wie es besonders bei Maimon hervortrat, der tiefste Sinn der Lehre vom Ding an sich. Der Rationalismus bedarf eines G r e n z b e g r i f f s , vermöge dessen er eingesteht: hier liegt ein Unbegreifliches, eine Tatsache, die gilt, ohne erkannt zu sein. Von hier aus fällt vielleicht das schärfste historische Licht zurück auf das innerste Gefüge der Metaphysik von Leibniz. Neben den »ewigen Wahrheiten« nahm er die unerforschliche Tatsache der göttlichen Wahl an, nach welcher unter den zahllosen Möglichkeiten gerade diese Welt in ihrem ganzen Ablauf wirklich geworden sei: auch für ihn liegt also in der Wirklichkeit eine *Vérité de fait* vor, welche für das logische Bewusstsein inkommensurabel bleibt. Bildet so der göttliche Wille den Grenzbegriff des Leibniz'schen Rationalismus, so liegt, wenn auch in ganz anderer Verschlingung der Gedankenfäden, etwas sehr Ähnliches bei Fichte vor: hier ist es die »grundlose« und deshalb unbegreifliche »Tathandlung« des absoluten Ich, welche den für das rationale Bewusstsein undurchdringlichen Träger der gesamten Wirklichkeit ausmacht. Allein derselbe erscheint hier sogleich nach dem Postulat der Identität als unbewusste, überindividuelle Vernunft. So bleibt der rationalistische Charakter gewahrt: aber der Grenzbegriff dieses Rationalismus erweist sich darin, dass für diesen letzten Weltgrund selbst nicht mehr die rationale Erkenntnis, sondern jene »intellektuelle Anschauung« in Anspruch genommen wird, deren mystische und ästhetische Beziehungen in der weiteren Entwicklung immer klarer hervortraten. Diesen Grenzbegriff der intellektuellen Anschauung suchte dann Hegel zu eliminieren, und eben darin bestand die »Rationalisierung« der romantischen Ideenwelt, welche das unterscheidende Merkmal seines Systems bildet: aber er stieß dafür auf einen anderen Grenzbegriff. Denn indem er den »Umschlag« der Idee in die natürliche Wirklichkeit dialektisch zu entwickeln unternahm, traf er in der Natur etwas der Idee Fremdes, eine »Negation«, die nicht nur den Mangel des ideellen Moments, sondern vielmehr eine entgegenstehende Macht der Realität bedeutete und welche er unter den Namen der »Zufälligkeit der Natur« als Tatsache anerkennen musste, ohne sie rationell begreifen zu können. Und so trat wiederum in anderer Form dieser Proteus des irrationalen Restes der Wirklichkeit zutage, und diese »Zufälligkeit« bildete den Grenzbegriff des logischen Idealismus.

Diese Grenzbegriffe der rationalistischen Systeme sind nun die Ausgangspunkte für eine Reihe höchst merkwürdiger und interessanter philosophischer Lehren geworden, welche die Entwicklung des rationalistischen Idealismus von Kant bis zu Hegel gewissermaßen wie ihr Schatten begleiten und deshalb hier zunächst in Betracht kommen. Die kritische Einsicht in die Unzulänglichkeit des Rationalismus, das Wesen der Dinge bis auf den Grund zu begreifen, führt zunächst dazu, dem rationalen ein irrationales Wissen gegenüberzustellen, welches in irgendeiner Tatsächlichkeit seinen Ursprung hat, dann aber zu dem weiteren und wichtigeren metaphysischen Schritte, den Gegenstand dieses irrationalen Wissens aus der Sphäre des »Vernünftigen« herauszuheben und ihm den Charakter sei es der Übervernünftigkeit sei es der Unvernünftigkeit zuzusprechen. Die Systeme der Philosophie, welche auf diesem Wege durch die Reflexion auf die Grenzbegriffe des Rationalismus entstehen und welche um dieser innersten Verwandtschaft ihres Ursprungs willen hier unter der Bezeichnung des Irrationalismus zusammengefasst werden, zeigen natürlich ein sehr verschiedenes Gepräge und stehen untereinander nicht im Zusammenhange einer kontinuierlichen Entwicklung: Es ist vielmehr ein jedes derselben ein Nebenprozess, welcher von dem Hauptstamme des Idealismus auf einer bestimmten Phase seiner Entwicklung nach der Schattenseite hin abgesendet wird. Die Begriffe, mit denen diese Systeme des Irrationalismus arbeiten, sind deshalb immer wesentlich diejenigen des rationalistischen Systems, gegen welches sie sich kritisch und polemisch entwickeln. Darum sind es zum Teil Männer von hervorragender kritischer Begabung, welche diese Systeme aufgestellt haben: Daraus erklärt es sich aber auch, dass nicht minder eben diese Männer ihren Gegensatz gegen die rationalistischen Systeme viel lebhafter empfinden und zur Darstellung bringen, als ihre Abhängigkeit von denselben, und dass erst die historische Forschung über ihre wahre Stellung in der Gesamtentwicklung hat orientieren müssen, die sie selbst vielfach verkannten. Neben dieser sehr mannigfach verwickelten Beziehung zu den rationalistischen Systemen ist endlich allen diesen Irrationalisten auch die Abstreifung der schulmäßigen Form der Begriffsentwicklung und damit die freiere und teilweise populärere Darstellungsweise gemeinsam, vermöge deren sie – in gutem und minder gutem Sinne – auf die allgemeine Bildung häufig einen direkteren Einfluss ausgeübt haben, als die strengeren Formulierungen der rationalistischen Schule.

Der erste in dieser Reihe der irrationalistischen Denker ist F. H. J a c o b i, dessen fruchtbare und förderliche Kritik der Kant'schen Lehre schon an anderer Stelle erwähnt worden ist. Was seine positive Lehre anbetrifft, so wurzelt dieselbe zwar vielfach in den verschiedensten Richtungen der vorkantischen Philosophie; aber ihre Ausbildung und ihre präzise Darstellung knüpft überall an den von ihm bekämpften Idealismus an. Seiner ganzen Persönlichkeit nach gehört er jener Reaktion gegen die nüchterne Aufklärung an, welche mit Sturm und Drang auf das geniale Gefühl der ursprünglichen Individualität pochte. 1743 zu Düsseldorf geboren, zog er sich aus der kaufmännischen Laufbahn, die er anfänglich in Genf begonnen hatte, allmählich ganz in die literarische Tätigkeit zurück und war von 1804 an bis zu seinem Tode (1819) Präsident der Münchener Akademie der Wissenschaften. Von seinen zahlreichen, mit Liebe gepflegten, aber mit unsäglicher Empfindsamkeit und Empfindlichkeit verbundenen persönlichen Beziehungen sind diejenigen zu Hamann und zu Goethe die bedeutsamsten und für seine Lebensauffassung wichtigsten gewesen. Derartiges ist bei ihm umso einflussreicher, als er eine ganz außerordentlich weiche Natur war. Ein Schweben im zartesten Gefühlsleben, ein Wählen in der eigenen Empfindung, ein Forcieren aller persönlichen Verhältnisse machen ihn zum Typus jener Periode subjektiver Verinnerlichung und individueller Durchbildung, welche die Aufklärung abzulösen bestimmt war: aber nicht minder zeigt er auch den genialen Eigensinn, das leidenschaftliche Verranntsein in gewisse Überzeugungen, welches dem melancholischen Temperament anzuhaften pflegt. In seinem Stil drückt sich das durch den Mangel objektiver, ruhiger Beweisführung und das Vorherrschen des warmen Gefühls aus. Seine Schriften bilden keine wissenschaftlichen Darstellungen, sie sind immer im Affekt geschrieben, stets erregt und überschwänglich; sie sind aus der Gestalt von Ansätzen, Anfängen und Einleitungen niemals zu einem fertigen, geschlossenen Werke gereift, und, da in ihnen nicht der Verfasser über den Stoff, sondern der Stoff über den Verfasser herrscht, so enthalten sie keine Beweise, sondern nur Versicherungen; sie ähneln den Werken der alten Mystiker auch darin, dass in ihrer lebhaft dahinwallenden Rede oft aus der trüben Dunkelheit prächtige Blitze des Geistes hervorbrechen.

Allein diese Verwandtschaft mit der Mystik ist bei Jacobi in der Tiefe der Weltauffassung begründet. Das unmittelbare Erfassen des unendlichen und unbedingten Weltinhaltes durch den endlichen Geist ist das Thema aller seiner Rhapsodien, und was seinen Blick für die Bedeutung der kritischen Erkenntnistheorie so wunderbar schärfte, war nur die ihn von Anbeginn erfüllende Überzeugung, dass dieses Ergreifen des Unendlichen niemals durch die wissenschaftliche Denktätigkeit, sondern nur durch das ursprüngliche Gefühl geschehen könne. Deshalb fühlte er sich zu der skeptischen Tendenz der Kritik der reinen Vernunft durchaus sympathisch hingezogen. Die wissenschaftliche Unerkennbarkeit des Übersinnlichen galt ihm als von derselben streng erwiesen. Aber die Kritik ging ihm nicht weit genug; denn sie ließ noch die wissenschaftliche Dankbarkeit einer übersinnlichen Welt bestehen. Deshalb richtete Jacobi sein Augenmerk in erster Linie auf die prekäre Stellung, welche bei Kant der Begriff des Dinges an sich als der Kreuzungspunkt seiner verschiedenen Denkinteressen einnimmt, und zeigte in der oben erwähnten Polemik, in welche Widersprüche sich derselbe notwendig verwickelt. Die wissenschaftliche Kritik muss das Ding an sich nicht als problematisch betrachten, sondern leugnen; der transzendentale muss absoluter Idealismus werden. Die Wissenschaft muss die übersinnliche Welt nicht nur als etwas ihr Unberührbares hinstellen, sondern sie muss sie leugnen. Sie kann nicht einmal den Begriff des Unbedingten bilden, sie kennt nur den kausalen Zusammenhang endlicher Existenzen. Das Postulat der Kausalität muss lauten: Es gibt nichts Unbedingtes. In diesem Sinne bezeichnet Jacobi, wie es gleichfalls der von Kant und Spinoza gleichmäßig beeinflusste Rehberg (vgl. §62) tat, den Spinozismus als die vollendete Form der Wissenschaft, wobei er freilich vollkommen die große Rolle übersieht, Welche gerade in diesem das Unbedingte spielt, und nur auf seinen Naturalismus hinsichtlich des Weltgeschehens reflektiert. Die Wissenschaft, sagt Jacobi, kann nur anerkennen, was sich beweisen lässt. Beweisen heißt etwas aus etwas Anderem ableiten, bewiesen werden kann nur das Bedingte. Das Unbedingte, die höchsten Grundsätze, sind ursprüngliche, allgemeine, unüberwindliche »Vorurteile«. Aber mit dieser Argumentation, welche an sich als die Behauptung unerweisbarer Gründe für alle Beweistätigkeit durchaus korrekt ist, verbindet Jacobi noch die naiv rationalistische Verwechslung der Begriffe von Erkenntnisgrund und Realursache, und begründet damit den Satz, dass ein Gott, welcher bewiesen werden könnte, kein Gott wäre und dass es das Interesse der Wissenschaft sei, dass kein Gott existiere. Naturalismus und Atheismus sind für ihn deshalb notwendige Charaktere der Wissenschaft; es gibt für sie kein unbedingtes, sondern nur bedingtes Sein.

Aber eben deshalb kann sich die menschliche Überzeugung nicht mit der Wissenschaft begnügen. Man muss sorgfältig zwischen u n m i t t e l b a r e r u n d m i t t e l b a r e r E r k e n n t n i s unterscheiden. Alles wissenschaftliche Denken ist mittelbar und setzt somit ein unmittelbares voraus, welches es selbst nicht begreifen kann. (So sprach Fichte vom sekundären Charakter des Bewusstseins.) Es ist das πρῶτον ψεῦδος der rationalistischen Aufklärung, nur glauben zu wollen, was sich wissenschaftlich beweisen lässt. Das unbedingte Sein ist nie zu beweisen, sondern immer nur unmittelbar zu f ü h l e n. Es ist kein Objekt des Wissens, sondern nur ein Gegenstand des G l a u - b e n s. Jacobi schließt sich damit wie Hamann an Humes Gebrauch des Wortes »belief« an, bleibt jedoch in der Anwendung desselben nicht innerhalb der von Hume gesteckten Grenzen der sinnlichen Tatsächlichkeit. Denn er behauptet zugleich, dass dies unbeweisbare Gefühl, durch welches sich das unbedingte Sein in unserem Bewusstsein geltend macht, zwei Grundformen habe: die Gewissheit der sinnlichen Wahrnehmung und diejenige des übersinnlichen Glaubens. Beiden ist das gemeinsam, dass sie die Realität ihres Gegenstandes nicht beweisen können, sondern derselben unmittelbar gewiss sind; beide sind deshalb, wie Jacobi nicht ohne Beziehung auf die Leibniz'-

sche Monadologie ausführt, nur dadurch erklärbar, dass im Akte der Wahrnehmung Wahrnehmendes und Wahrgenommenes unmittelbar Eins sind, dass also die Gewissheit der Wahrnehmung ein integrierender Bestandteil unserer Selbstgewissheit ist. Nur vermöge dieses »Glaubens« sind wir der Existenz der äußeren Welt sicher. Beweisen lässt sich Dieselbe nicht. Die theoretische Wissenschaft kennt nur Vorstellungen, und die Kritik der reinen Vernunft führt, konsequent verfolgt, zum Nihilismus, sie ist eine in alle Ewigkeit um lauter Nichts beschäftigte Vernunft. Als daher Fichte diese Konsequenz zog und das Ich als den nur auf sich selbst gerichteten Trieb definierte, da stellte sich Jacobi ganz auf den Standpunkt des naiven Realismus und behauptete, ein solches »Tun des Tuns«, ein »ursprüngliches Tun« sei absolut unvorstellbar. Alles Tun weise auf ein »ursprüngliches Sein« zurück, das es »zu enthüllen gilt« und das sich nur dem »Gefühl« zu erkennen gibt. Der Realismus, die Annahme einer außer uns existierenden Welt, ist Sache des Glaubens: und so führt Jacobi die naive Weltansicht durch die s e n s u a l i s t i s c h e Gewissheit ein, in welcher ihn seine Vertrautheit mit Bonnet bestärkte. Es wiederholt sich auch bei ihm die häufig erwähnte Tatsache, dass der Antirationalismus mit dem Sensualismus gemeinschaftliche Sache machen muss.

Aber das ist zuletzt nur eine Konzession; das eigentliche Interesse liegt bei Jacobi in jener anderen Wahrnehmungsfähigkeit, derjenigen des Übersinnlichen, welche er in seinen späteren Schriften nach Herders Vorgange mit etymologischer Spielerei »Vernunft« nennt, und es ist nur die Sache seiner persönlichen Überzeugung, dass er dieselbe nicht wie frühere Antirationalisten in irgendeiner positiven Offenbarung, sondern im individuellen Gefühl sucht. Er ist in dieser Hinsicht und namentlich in Bezug auf das Doppelverhältnis zu Kant und Spinoza das negative Seitenstück zu Schleiermacher. Darin besteht auch seine eigentümliche Zwischenstellung, dass er den Glauben an das Übersinnliche weder auf einen theoretischen noch auf einen praktischen Beweis stützt, sondern denselben lediglich im Gefühl sucht und dabei doch mit derselben Unklarheit wie Rousseau eine gewisse Allgemeingültigkeit und Notwendigkeit dieses Gefühles mehr voraussetzt als ausdrücklich behauptet. Zwar spendet er, wie vorauszusehen, Kants Lehre von dem Primat der praktischen Vernunft und seinem

Begriffe des moralischen Glaubens eine begeisterte Anerkennung; aber gegen die kritische Ausführung dieser Gedanken sträubt er sich teils wegen ihrer Richtung auf das »Sollen« statt, wie er verlangt, auf das »Sein« der Postulate, teils wegen ihrer wissenschaftlich beweisenden Form, teils besonders wegen der Rigorosität des Kant'schen Moralprinzips. Das starre Pflichtgesetz erfüllt ihn geradezu mit einer Art von Hass. Wie ihm die I n d i v i d u a l i t ä t die stärkste, lebhafteste und festeste aller Gewissheiten ist, so betrachtet er auch die individuelle Natur als das Heiligste auf dem moralischen Gebiete. Von der moralischen Autonomie hält er sich mehr an das αὐτός, als an den νόμος. Es sind Anklänge an Shaftesbury und dessen Lehre von der großen sittlichen Individualität, mit denen Jacobi das Recht der Subjektivität, sich ihr eigenes Gesetz zu geben und ihr Leben danach zu gestalten, in begeisterter Weise verkündet. In seinen philosophischen Romanen, besonders im »Allwill«, entwirft er das Bild einer solchen großen Persönlichkeit, welche gegen die philisterhafte Eingeschränktheit des landläufigen Moralisierens das sittliche Recht hat, ein Bild, zu dessen Zügen unverkennbar Goethe gesessen hat. Jacobi war selbst eine zu edle und moralisch sichere Natur, als dass dieser ethische Individualismus bei ihm zu dem Übermut genialer Willkür geführt hätte, welchen die Romantiker proklamierten. Aber die Richtung seines ethischen Denkens ist dieselbe. Sie ist deshalb einer wissenschaftlichen Formulierung unfähig und trägt vielmehr alle Züge einer ästhetisierenden Moral. Das Wesentliche in der sittlichen Überzeugung ist auch bei Jacobi die Selbstgewissheit der Freiheit und der Glaube an die Gottheit und die Unsterblichkeit; aber diese Gewissheit ist kein Wissen, sondern eine Tugend. Sie ist lebendige Wirklichkeit, wie alle Wahrnehmung, und der Versuch, sie zu denken, erfasst wie alles Denken nur ihren toten Schatten. Im Verstande ist Fatalismus, Gottlosigkeit und schattenhaftes Wissen; Wahrheit, Freiheit und Gottesglaube sind nur im Gefühl. So nennt sich Jacobi mit dem Kopf einen Heiden, mit dem Herzen einen Christen und sagt: Licht ist in meinem Herzen, aber wenn ich es in meinen Kopf bringen will, erlischt es.

Seine Lehre ist der Beweis davon, wie sich der Kant'sche Dualismus von Wissen und Glauben gestalten muss, wenn er in das populäre

Bewusstsein mit radikaler Konsequenzmacherei übersetzt wird. Bei Jacobi sind alle Brücken zwischen Glauben und Wissen derart abgebrochen, dass es gar keine Verbindung mehr zwischen beiden gibt, dass sie vielmehr in einen vollkommenen und prinzipiellen Widerspruch zueinander gesetzt werden. Für ihn ist die Wissenschaft nicht nur wie für Kant unfähig, die Objekte des Glaubens zu beweisen, sondern vielmehr genötigt, sie zu leugnen. In dieser Hinsicht hat Jacobi einige Ähnlichkeit mit dem großen französischen Skeptiker Pierre Bayle. Er ist wie dieser ein hervorragender Vertreter der Lehre von der z w e i f a c h e n W a h r h e i t. Er bringt den Dualismus von Wissen und Glauben bis auf die scharfe Form, dass seine persönliche Überzeugung überall da anfängt, wo die Beweise aufhören, und dass er von dem Gegenteil desjenigen überzeugt ist, was seiner Meinung nach bewiesen werden kann. Seine Vernunftlehre ist deshalb das äußerste Widerspiel des Rationalismus. Vernunft ist ihm kein Denken, sondern ein »Vernehmen« des Übersinnlichen, und was man sonst Vernunftwahrheit genannt hat, ist für ihn eine Verstandesreflexion. Daraus folgt, dass von einer wissenschaftlichen Schule, die sich an Jacobi angeschlossen hätte, keine Rede sein kann, und Männer, wie W i z e n m a n n, K ö p p e n, S a l a t u.a., welche als seine Anhänger gelten, konnten immer nur in seinen Fußstapfen nachtreten. Aber andererseits hatte doch sein Dualismus mit dem Kant'schen viel zu viel Ähnlichkeit und war viel zu sehr nur eine Verschiebung desselben, als dass man sich darüber verwundern könnte, dass manche Kantianer, namentlich im Gegensatze gegen die Identitätsphilosophie sich mehr und mehr zu Jacobi hinneigten. Und schließlich bot diese Verwandtschaft die Veranlassung dafür, dass Fries eine volle Vereinbarung beider Denker auf seinem psychologischen Standpunkte zu vollziehen versuchte.

Jacobi ist im eigentlichsten Sinne mehr Antirationalist als Irrationalist. Zwar setzte er die Wahrheit des Gefühls geradezu in Widerspruch mit dem reflektierenden Denken, welches er in den früheren Schriften selbst das vernünftige oder rationale nannte. Aber was er als den Inhalt des Glaubens bezeichnet, bleiben doch dieselben Ideen von Gott, Freiheit und Unsterblichkeit, welche Kant mit der gewöhnlichen Sprache als die Gegenstände des vernünftigen Glaubens charakterisiert hatte. Wendet man, ohne sich um Jacobis willkürlichen Sprachgebrauch zu kümmern, die gebräuchlichen Termini an, so ist doch auch seine Lehre die, dass den letzten Inhalt aller Wirklichkeit eine göttliche Vernunft bildet, welche nur die denkende Vernunft des Menschen nicht zu fassen vermöge. Der Antirationalismus von Jacobi betrifft nur noch die Erkenntnis des Absoluten, nicht den Begriff des Absoluten selbst, er ist kritischer Antirationalismus. Die weitergehende Wendung, welche im Absoluten selbst die Unvernünftigkeit entdecken wollte, war erst auf dem Standpunkte der Identitätsphilosophie möglich, wenn der undeduzierbare Rest auch metaphysisch als das der Vernunft Vorhergehende betrachtet wurde. Diese Wendung vollzog S c h e l l i n g in derjenigen Phase seiner Entwicklung, der man den Namen der F r e i h e i t s l e h r e gegeben hat.

Die Veranlassungen dazu lagen in einem Problem, welches die letzte Form des Identitätssystems darbot. Dem Begriff des Absoluten standen darin die göttlichen Potenzen gegenüber. Aber dieselben waren einerseits im Platonischen Sinne als Ideen in Gott aufgefasst, andererseits gelten sie als selbständige Wirklichkeiten in Natur und Geschichte. Das alte Problem von der Substanzialität der einzelnen Dinge der Gottheit gegenüber war darin mehr verdeckt als gelöst. Pantheismus und Theismus schlummerten friedlich nebeneinander. Schelling selbst war anfangs ganz entschieden Pantheist gewesen, und die Naturphilosophen, besonders Oken, prägten diesen Standpunkt noch entschiedener aus. Aber die Notwendigkeit des Fortschrittes hatte Schelling selbst darüber hinausgeführt, und der »Bruno«, sowie die »Methode des akademischen Studiums« lehrten bereits ausdrücklich eine Selbständigkeit des Absoluten der Welt gegenüber und umgekehrt. Wenn nun, wie selbstverständlich, das Absolute mit seinen Ideen als das Ursprüngliche angesehen wurde, so entstand die von dem Identitätssystem ungelöste Frage: wie kommen die Ideen zur Selbständigkeit? oder populär ausgedrückt: wie geht die Welt aus Gott hervor? Diese Frage an die Schelling'sche Philosophie gestellt und damit ihre Fortbildung veranlasst zu haben, ist das Verdienst eines ihrer Schüler. E s c h e n m a y e r (1770–1852) suchte in seiner Schrift: »Die Philosophie in ihrem Übergange zur Nichtphilosophie«

(1803) nachzuweisen, dass die Philosophie zwar die Entwicklung der Ideen in der natürlichen und der geschichtlichen Wirklichkeit begreifen, dass sie aber ihr Hervorgehen aus der Gottheit und diese selbst nicht zu erfassen vermöge und solche Mysterien der Religion überlassen müsse. An dem Punkte, wo die Ideen in ihrem Verhältnis zur Gottheit betrachtet werden sollen, hört das rationale Denken auf, und die Philosophie geht in die Religion über. Von hier aus ist Eschenmayer später immer mehr der Philosophie entfremdet und vom Supranaturalismus gefangen genommen worden und hat in seinen »Grundzügen einer christlichen Philosophie« (1838) namentlich Hegel bekämpft. Seine Bedeutung beruht wesentlich darin, dass er Schelling auf den neuen Weg seines Denkens gestoßen hat. Denn Schelling empfand den Stachel dieser Frage tief, und er beantwortete sie in seiner Schrift: »Philosophie und Religion« (1804) dahin, dass sie von einem Standpunkte gelöst werden müsse, der das religiöse und das philosophische Denken nicht auseinanderrisse, sondern beide zu der Vereinigung zurückführe, welche nur im Laufe der Zeiten verloren gegangen sei. Dieselbe Frage, welche später Hegel auf rein philosophischem Wege zu lösen unternahm, indem er das Absolute als die in notwendiger Entwicklung begriffene Idee auffasste, dieselbe wollte jetzt Schelling durch eine Verschmelzung von Religion und Philosophie d.h. auf dem Wege der T h e o s o p h i e lösen. Damit verlässt er die Bahn des Rationalismus und betritt diejenige des Irrationalismus.

Die Erkenntnis des Absoluten ist, wie auch später Hegel gesagt hat, die gemeinsame Aufgabe der Religion und der Philosophie. Aber das Absolute kann, da in ihm alle Wirklichkeit erschöpft ist, nur sich selbst erkennen. Und nichts Anderes sind die Ideen, als diese ewige Selbstobjektivierung der Gottheit. Die Ideenlehre ist daher die wahre »transzendentale Theogonie«. Als diese Selbstoffenbarung Gottes sind die Ideen in ihm, und sie besitzen in diesem Anteile, den sie an dem absoluten Wesen haben, die Möglichkeit der Selbständigkeit. Dass aber diese Selbständigkeit wirklich geworden ist, dieser A b f a l l d e r   I d e e n   v o n   G o t t, durch den die Welt in ihrer metaphysischen Realität entstand, ist eine aus dem Wesen der Gottheit nicht begreifliche und deshalb nicht als notwendig zu erkennende Tatsache. Hier ist der Sprung im Identitätssysteme; die Genesis des Endlichen aus dem Absoluten ist irrational, sie ist eine U r t a t s a c h e , welche aus dem Absoluten nicht deduziert werden kann. Sie ist deshalb nur anzuerkennen und zu beschreiben. Sie besteht in dem Verlangen der Idee, das Absolute selbst zu sein. Sie trägt an sich alle Züge des – Sündenfalls. Der Akt der Verselbständigung der Ideen, die Genesis der Welt, ist der Sündenfall, er ist eine im Wesen der Ideen mögliche, aber nicht notwendige, er ist eine absolut freie Handlung. In dieser erkennt Schelling Fichtes Tathandlung des Ich. Das Endliche, das unendlich sein will, ist die selbständig werdende Idee, ist die Welt in ihrem Abfall von der Gottheit. Die uralte Auffassung orientalischer Mystik, dass die Sonderexistenz der Einzelwesen Sünde sei, wird in philosophischer Formulierung zum bestimmenden Prinzip des Schelling'schen Denkens, und die Folge davon ist die, dass ihm dann auch das ganze Leben der selbständig gewordenen Idee als eine Sühne des ersten Abfalls erscheint. Das selbständig gewordene Endliche soll in die Gottheit zurückkehren, das ist der ganze Inhalt des historischen Prozesses, der sich auf der Natur als dieser sündigen Verselbständigung des Endlichen aufbaut. Die Mysterien von Fall, Läuterung und seligem Leben enthalten die volle Offenbarung der Gottheit in der historischen Wirklichkeit, und erst nachdem es durch das abgefallene Endliche zu sich selbst zurückgekehrt ist, hat das Absolute seine vollendete Selbstobjektivierung gefunden. Es gilt auch hier das dialektische Prinzip, dass erst aus der Selbstentzweiung das Absolute den Abschluss seiner Entwicklung erreicht.

Damit war Schelling durch seine eigene Entwicklung zu einer Theosophie gekommen, welche derjenigen der alten Mystik sehr nahe stand. Der Gedanke einer Entwicklung des göttlichen Wesens durch die von ihm abfallende Welt hindurch war von ihm zwar originell gefunden, aber er war nicht neu, und es war deshalb von großer Wichtigkeit, dass er um dieselbe Zeit auf denjenigen deutschen Mystiker aufmerksam gemacht wurde, welcher jenen Gedanken mit tiefsinniger Grübelei durchzuführen versucht hatte, auf J a k o b   B ö h m e . Diese Anregung ging von seinem Freunde F r a n z   v o n   B a a d e r (1765–1841) aus, welcher selbst in der nachhaltigsten Weise unter dem gleichen Einflusse stand. Baader selbst bewies den überkonfessionellen Charakter der Mystik dadurch, dass er den Gedanken des Protestanten Böhme mit seiner katholischen Überzeugung in einer Weise vereinbarte, welche freilich die Zustimmung der kirchlichen Macht nicht finden konnte. Auch er hat die aphoristische, behauptungsvolle und wenig wissenschaftliche Denk- und Schreibweise, welche allen Mystikern gemein zu sein pflegt, und seine Werke (16 Bände Leipzig 1851–1860) bestehen meist aus kurzen abgerissenen Blättern. Nur die »*Fermenta cognitionis*« (6 Hefte 1822–1825) und die »Vorlesungen über spekulative Dogmatik« enthalten Zusammenhängendes über seine Lehre, welche man am besten aus den Schriften seines unermüdlichen Anhängers Franz Hoffmann und besonders aus dessen »Spekulative Entwicklung der ewigen Selbsterzeugung Gottes« (Amberg 1835) kennenlernt. Es ist eine etymologien- und analogienreiche Verquickung der Böhme'schen Mystik mit Kant'schen und Fichte'schen Gedanken, welche dieselbe enthält. Es handelt sich um dieselbe Konstruktion des theogonischen Prozesses und um den Aufweis des Parallelismus, in welchem derselbe mit dem Sündenfall und der Erlösung des Menschen stehen soll. Es ist im Grunde genommen die theosophische Umdeutung einer Geschichtskonstruktion unter einem religiösen Gesichtspunkt. Die Entwicklung des Individuums und der Welt sei durch den Anfangspunkt des Sündenfalls und durch den Endpunkt der Erlösung bestimmt und durch sie zu begreifen, und diese Entwicklung enthalte zugleich die Selbsterlösung der Gottheit von ihrem dunklen Urwesen durch, ihre volle und absolute Selbsterkenntnis.

Dieselben theosophischen und theogonischen Gedanken sog nun auch Schelling aus Jakob Böhme ein, aber die Phantastik derselben milderte sich bei ihm durch die Klarheit der Kant'schen Gedanken und namentlich der Kant'schen Religionsphilosophie, welche ja in mancher Hinsicht diesen Problemen nahestand und auch ihrerseits eine spekulative Umdeutung der Lehren vom Sündenfall und von der Erlösung versuchte. Man kann geradezu von einer sukzessiven Wirkung der großen Kant'schen Werke sprechen. Reinholds Elementarphilosophie rekurrierte wesentlich auf die Kritik der reinen Vernunft. Fichtes Lehre steht der Kritik der praktischen Vernunft am nächsten. Schellings Naturphilosophie und die ästhetische Wendung der Philosophie sind durch die Kritik der Urteilskraft bedingt, und seine Freiheitslehre schließt sich teilweise an die Religion innerhalb der

Grenzen der bloßen Vernunft, im Besondern aber an die Theorie des intelligiblen Charakters an, welche darin eine wichtige Rolle spielte. Diese Freiheitslehre entwickelte sich vollständig in den »Untersuchungen über das Wesen der menschlichen Freiheit« (1809), welche Schelling gegen einen plumpen Angriff Jacobis in einer groben und gehässigen Replik »Denkmal der Schrift von den göttlichen Dingen und ihrer Offenbarung des Herrn F. H. Jacobi« (1812) und gegen Einwürfe von Eschenmayer in der von ihm herausgegebenen »Allgemeinen Zeitschrift von Deutschen für Deutsche« (1813) verteidigte.

Das theosophische Problem besteht vor allem darin, dass alles Endliche seinen Grund im Absoluten haben und doch selbst zum Absoluten gehören soll. In diesem Sinne muss also das Absolute seinen Grund in sich selber haben; es muss in ihm zwischen dem Grunde seiner Existenz und seiner vollen und ganzen Existenz, es muss zwischen der Natur in Gott und dem vollendeten Gott, zwischen *deus implicitus* und *deus explicitus*, zwischen seinem Alpha und seinem Omega unterschieden werden, und zwischen beiden Endpunkten muss die Welt der selbständigen einzelnen Dinge als der Prozess der Entwicklung von dem einen zum andern begriffen werden. Das Universum ist die Selbstentwicklung der Gottheit in sich, aus sich, zu sich selbst; es enthält eine große Linie, welche vom Unvollkommenen zum Vollkommenen, vom Natürlichen zum Geistigen, vom Sündigen zum Heiligen führt. Den Anfang dieser Entwicklung bildet also der Grund in Gott, der Urgrund, Ungrund oder Abgrund, wie er auch von Schelling genannt wird. Er ist das absolute Dunkel, das bloße Sein, die vernunftlose Existenz, der Urzufall, der nicht notwendig, sondern eben einfach vorhanden ist. Aber in ihm muss doch die Möglichkeit des Vollkommeneren gegeben sein. Sie kann also nur als ein Trieb, als ein dunkler Drang, als ein unbewusstes Streben bestehen, und so ist der Urgrund der d u n k l e, u n b e w u s s t e W i l l e. »Es gibt in letzter Instanz gar kein anderes Sein als Wollen.« Aber die Tendenz dieses Willens kann wiederum auf nichts Anderes als auf das Absolute gerichtet sein; sie bezieht sich lediglich darauf, dass der dunkle Grund sich selbst offenbar wird; sie ist die Tendenz der Selbstobjektivierung des Willens. So erzeugt sie in Gott fortwährend das Abbild seiner selbst, seine Selbstoffenbarung, und diese besteht in den ewigen Ideen, in jener bewussten Natur in

Gott, welche Böhme Sophia genannt hat. So tritt zum unbewussten Willen die Vernunft. Nun scheiden sich die regellosen Kräfte des dunkeln Willens, und es entsteht durch den Gegensatz der Vernunft und jenes dunkeln Dranges die Welt, – die Welt, in der beide herrschen, die Vernunft in der Gesetzmäßigkeit, Zweckmäßigkeit und Schönheit der Erscheinung, der Wille in jenem ewig unerfüllten Triebe, der wie ein Schleier des Wehs und der Sehnsucht über allem Dasein liegt. Das Geschick dieser Welt besteht aber eben darin, dass mit jener unbegreiflichen Freiheit, die zum Wesen des selbst nicht notwendigen Willens gehört, die Welt sich selbständig gemacht, der besondere Wille sich von dem allgemeinen Willen emanzipiert hat. Deshalb beruht auch das ganze Weltgeschick auf dem Verhältnis des Individualwillens zum Universalwillen. In der Natur ist der Individualwille gebunden und bedingungslos von dem Universalwillen beherrscht, der sich hier durch die *a priori* erkennbaren d.h. vernünftigen Gesetze darstellt, und dieses Verhältnis gilt auch für das animale Triebleben, in welchem nur der psychologische Mechanismus waltet. Dies Verhältnis ist dasselbe, welches Kant und Fichte in ihrer Geschichtsphilosophie als den paradiesischen Stand der Unschuld und des Vernunftinstinktes bezeichnet haben. Erst im Menschen hat sich der Individualwille gegen den Universalwillen empört, und diese Genesis des Bösen ist aus Naturgesetzen nie zu begreifen. Der Sündenfall ist die irrationale, vorzeitliche Tat des intelligiblen Charakters. Mit ihr begonnen, hat der gesamte Prozess der Geschichte zu seiner Aufgabe nur die Überwindung des Individualwillens durch den Universalwillen. Dies ist, nachdem der Individualwille sich einmal selbständig gemacht hat und als solcher nicht mehr zu vernichten ist, nur dadurch möglich, dass derselbe den Universalwillen in sich aufnimmt und sich so in ihn verwandelt; er muss aus eigener Erkenntnis und eigener Absicht zu jenem Verhältnis der Unterordnung zurückkehren, welches in der Natur bewusstlos herrscht. Diese Aufgabe ist diejenige des sittlichen und des religiösen Lebens. So ordnen sich in Schellings Freiheitslehre die Bestimmungen von Kants und Fichtes Geschichtsphilosophie dem theosophischen Gesichtspunkte unter. Der Prozess der Geschichte gilt ihm jetzt, der Natur gegenüber, als die höhere Offenbarung der Gottheit; die Erreichung des Ziels, die völlige Unterwerfung des Individualwillens unter den Universalwillen, welche freilich in der unendlichen Ferne des Endes der Geschichte liegt, ist die Rückkehr der Dinge zu Gott, d.h. die Rückkehr der Gottheit zu sich selbst, die vollendete Selbstoffenbarung des Urgrundes – der *deus explicitus*.

Wer mit der Kenntnis der Schopenhauer'schen Lehre – und wenn eine aus dem Umkreis unserer großen Periode, so pflegt ja diese den Zeitgenossen bekannt zu sein – der bisherigen Darstellung gefolgt ist, der wird in ihr allmählich alle die Steine haben zum Vorschein kommen sehen, aus deren überraschender Kombination sich das glänzende Mosaik des Systems von A r t h u r   S c h o p e n h a u e r zusammengefügt hat. Keiner der großen Denker vielleicht ist über seine historische Stellung in einer solchen Selbsttäuschung befangen gewesen, und keiner hat die wahren Ausgangspunkte seiner Ansichten durch seine Darstellung derselben so sehr getrübt, wie er. Wer ihn ohne historisches Wissen liest, der muss meinen, er habe seine einzige Voraussetzung in Kant und sei von demselben in einer Richtung fortgeschritten, welche der durch die Namen Fichtes und Schellings bezeichneten gänzlich entgegengesetzt sei und gar nichts mit ihr gemein habe. In Wahrheit ist es nur eine überaus originelle Verschiebung der Grundgedanken dieser gesamten Entwicklung, welche Schopenhauer vollzogen hat, und der große Vorzug, den er vor den übrigen Nachfolgern Kants besitzt, besteht wesentlich darin, dass er zugleich ein Schriftsteller ersten Ranges ist. In der philosophischen Literatur aller Völker gibt es keinen Denker, der mit so vollendeter Klarheit und mit so anschaulicher Schönheit den philosophischen Gedanken zu formen verstanden hätte, wie Schopenhauer. So war es ihm gegeben, eine Anzahl von Prinzipien, die er selbst nicht geschaffen, aus der Schulsprache in eine wahrhaft leuchtende und durchsichtige Darstellung zu übersetzen und die gemeinsame Weltanschauung des deutschen Idealismus in Schlagwörter zu fassen, die, als seine Werke einmal anfingen, dem weiteren Publikum bekannt zu werden, eine große Wirkung nicht verfehlen konnten.

Er war 1788 als Sohn eines Danziger Patriziers geboren und wurde von seinem Vater nach längeren Reisen zum Beginne der kaufmännischen Laufbahn genötigt, Als er dann selbständig wurde und seine Mutter, die bekannte Romanschriftstellerin, nach Weimar zog, begann er seine wissenschaftliche Bildung nachzuholen, bezog 1809 die Universität Göttingen und hörte später in Berlin Fichte. Dann nach Jena und Weimar zurückgekehrt, erfreute er sich eines eingehenden Umgangs mit Goethe. Die Jahre 1814–1818 brachte er in Dresden mit der Abfassung seines Hauptwerkes zu, machte dann eine italienische Reise und habilitierte sich 1820 in Berlin. Der geringe Erfolg, den er auf dem Katheder hatte und der sich wiederholte, als er nach Unterbrechung einer dreijährigen Reise abermals den Versuch akademischer Wirksamkeit machte, ließ ihn zuletzt auf dieselbe verzichten, und vom Jahre 1831 an zog er sich in eine grollende Einsamkeit und Sonderlingsexistenz nach Frankfurt a. M. zurück, wo er 1860 gestorben ist.

Schon der Titel seines Hauptwerkes »Die Welt als Wille und Vorstellung« (Leipzig 1819) zeigt die oben berührte glückliche Fähigkeit des Schriftstellers, dem philosophischen Gedanken eine populäre Fassung zu geben. Der Kant'sche Gegensatz von Ding an sich und Erscheinung, die phänomenalistische Lehre, dass die Welt unserer Erfahrung und verständnismäßigen Erkenntnis eben nur eine Welt der Vorstellung sei, die Umlegung des metaphysischen Gesichtspunktes aus der theoretischen in die praktische Vernunft, die Einsicht, dass das wahre Wesen der Dinge im Willen bestehe, – alle diese Grundlehren von Kant, Fichte und Schelling sind in diesem Schlagwort zusammengefasst. Die Welt der Erscheinung ist lediglich eine vorgestellte, sie hat daher für Schopenhauer etwas Traumhaftes an sich, sie ist ein Schleier, der uns das wahre Wesen verhüllt und der zur Täuschung wird, wenn er für dasselbe gehalten wird. Im Besonderen entwickelt Schopenhauer diese Gedanken an dem Begriffe der K a u s a l i t ä t , von welchem seine scharfsinnige Promotionsschrift »Über die vierfache Wurzel des Satzes vom zureichenden Grunde« (Rudolstadt 1813) handelt. Das Hauptverdienst derselben besteht in der ganz scharfen Unterscheidung des metaphysischen Verhältnisses von Ursache und Wirkung und des logischen Verhältnisses von Grund und Folge. Wenn Schopenhauer in den mathematischen Beziehungen und in der »Motivation« noch zwei andere »Wurzeln« des Satzes aufstellte, so hat er später ausdrücklich die Letztere dem Prinzip der Ursache untergeordnet, und es ist andererseits klar, dass die Erstere sich dem Prinzip des Erkenntnisgrundes subsumiert. In ihrer metaphysischen Bedeutung betrachtet nun Schopenhauer die Kausalität als die einzig wahre in dem Kant'schen System der Kategorien und bezeichnet sie, wie es schon bei Fichte in der theoretischen Wissenschaftslehre geschah, als die Grundfunktion des Verstandes, aus der allein in Verbindung mit den reinen Anschauungen der Sinnlichkeit, Raum und Zeit, sich die Vorstellung einer objektiven Welt erzeuge. Er führt namentlich, in physiologische Untersuchungen eingreifend, den Gedanken aus, dass keine Sinneswahrnehmung ohne diese Mitwirkung der Kausalität zu Stande komme, dass nur vermöge derselben sich die Empfindung zum Bilde eines äußeren Gegenstandes projiziere, und diese seine Theorie, welche er hauptsächlich auf optischem Gebiete ausführte und als die Intellektualisierung der Sinneswahrnehmung bezeichnete, hat später durch die Zustimmung von Helmholtz einen bedeutenden Einfluss auf die Physiologie gewonnen.

Die Kausalität als einzige Grundform der Verstandesfunktion bildet deshalb für Schopenhauer auch den einzigen Leitfaden der wissenschaftlichen Erkenntnis. Aber die Letztere ist deshalb auch auf Erscheinungen beschränkt, sie kann immer nur von Bedingtem zu anderm Bedingten fortschreiten, und sie findet bei diesem Fortschritt weder vorwärts noch rückwärts ein Ende. Namentlich ist die Erkenntnis außer Stande, irgendwie den Begriff einer ersten, selbst nicht mehr kausal bedingten Ursache aufzustellen. Die Kausalität ist nicht wie ein Fiaker, den man anhalten lassen könnte, wo es einem beliebt, sondern wie der Besen in Goethes Zauberlehrling, der, einmal in Tätigkeit, in unendlicher Weise arbeitet. Wie für Jacobi, so ist auch für Schopenhauer alle Erkenntnis nur eine anfang- und endlose Kette kausaler Notwendigkeitsbeziehungen zwischen Erscheinungen. Aber der menschliche Geist hat daneben das Bedürfnis, das Ganze der Erfahrung in seinem innersten Zusammenhange zu überschauen, die Erscheinungen in ihrer Gemeinsamkeit zu überblicken und sich der Einheit bewusst zu werden, die darin zur wechselnden Erscheinung kommt. Indem Schopenhauer das metaphysische Bedürfnis so bestimmt, legt er in dasselbe unbewiesen die pantheistische Voraussetzung einer den Erscheinungen zu Grunde liegenden absoluten Welteinheit. Raum und Zeit sind das *principium individuationis*, das Prinzip der Vielheit und Veränderlichkeit. Aber dasselbe gilt eben nur für die Erscheinung, für die Welt der Vorstellung. Das Ding an sich ist die absolute Einheit, die darin verschleiert erscheint. Auch wenn Schopenhauer es nicht selbst ausgesprochen hätte, würde kein Zweifel darüber bestehen können, dass diese seine Überzeugung auf seiner genauen Beschäftigung mit Platon beruht, welche ihm sein Lehrer Änesidemus-Schulze in Göttingen besonders nahegelegt hatte.

Von der absoluten Welteinheit ist eine kausale Erkenntnis nicht möglich; die Einsicht derselben kann deshalb durch wissenschaftliche Methode nicht gewonnen werden. Wenn nun die ganze Aufgabe der Philosophie darauf hinausläuft, dem metaphysischen Bedürfnis Genüge zu tun, so ist dieselbe nicht durch spezifisch wissenschaftliche Arbeit, sondern vielmehr durch eine geniale Intuition zu lösen, mit der der Philosoph den ganzen Zusammenhang der Erfahrung »deutet«. Diese Ansicht ist für Schopenhauers Stellung innerhalb der deutschen Philosophie nach jeder Richtung hin entscheidend. Sie stellt ihn zunächst dem Bestreben gegenüber, die Philosophie als eine apriorische Begriffswissenschaft nach eigener Methode zu entwickeln; er leugnet geradezu, dass jemals ein großer Philosoph auf dem Wege der Methode zu seinen Lehren gekommen sei, er meint vielmehr, der Nachfolger stümpere sich immer erst aus der genialen Schöpfung des Selbstdenkers mühsam die Methode etwa ebenso zusammen, wie der Ästhetiker aus der Produktion des großen Künstlers die Kunstregel zusammenlese. Daraus geht ungewollt hervor, dass auch Schopenhauer das philosophische mit dem ästhetischen Produzieren in eine ganz ähnliche Parallele setzte wie die Romantiker; auch seine Tendenz einer künstlerisch anschauenden Philosophie trägt den Stempel jener Zeit der innigen Verknüpfung von Dichtung und Philosophie. Deshalb war ihm niemand so sehr zuwider wie Hegel, der diesem Zusammenhang ein Ende machen und die Philosophie wieder zu einer reinen Begriffswissenschaft gestalten wollte, wenn auch eben nur wollte. Auf der anderen Seite weiß sich Schopenhauer in der innigsten Berührung mit der Erfahrung. Seine Philosophie will nichts als die Erfahrung erklären. Aber das sei eben nur dadurch möglich, dass vor der unmittelbaren Anschauung sich die geheime Verwandtschaft und das innerste Wesen aller Erscheinungen enthüllt. Metaphysische Erkenntnis ist nicht durch das auf Raum, Zeit und Kausalität beschränkte Denken, sondern nur durch unmittelbares Erfassen des Wesens der Dinge möglich. Indem Schopenhauer das metaphysische Bedürfnis innerhalb der Kant'schen Erkenntnistheorie erfüllen will, spricht er dem Menschen eine intellektuelle Anschauung zu, wenn er auch diesen Namen vermeidet, und er hätte sich nicht so sehr über Fichte und Schelling lustig machen sollen, denen er es nachtat. Auch er fühlte sich vornehm im Besitz dieses genialen »Blickes über die ganze Erfahrung«, welcher nicht durch die Arbeit der wissenschaftlichen Erkenntnis gewonnen werden könne, sondern nur eine Gabe des bevorzugten Geistes sei.

Dazu kommt, dass sogar die Art dieser intellektuellen Anschauung bei Schopenhauer auf ein Haar derjenigen von Fichte gleicht. Es ist die subjektive Selbstanschauung, welche ihm wie Fichte lehrt, dass das wahre, aller Vorstellung und aller Erscheinung zu Grunde liegende Wesen der Persönlichkeit der Wille ist. Wenn das Subjekt sein eigenes Wesen anschaut, so erkennt es, dass sein ganzes Bewusstsein nur seine Selbsterscheinung, sein wahres und unveränderliches Wesen dagegen sein Charakter oder sein Wille ist. Aus dieser Intuition folgert Schopenhauer lediglich nach dem Prinzip des ἑν καὶ πᾶν, dass die metaphysische Betrachtung *per analogiam* den Willen als das allgemeine Ding an sich zu betrachten habe, welches allen Erscheinungen ausnahmslos zu Grunde liegt. Alle Kräfte und Triebe, welche die Erscheinungen darstellen, sind nur Manifestationen des einen unendlichen Willens, auf den wir in uns selbst bei unserer inneren Anschauung stoßen. Dabei muss freilich aus dem Begriff des Willens das Merkmal der bewussten Absicht fortgelassen werden: nur der u n b e w u s s t e W i l l e ist mit der Kraft und dem Triebe zu identifizieren, und diesen meint auch Schopenhauer nur, wenn er gleich sich über diese seine Anwendung des Wortes nicht näher ausgelassen hat. Gerade darauf aber beruht, wie sich leicht absehen lässt, eine gewisse Zweideutigkeit, indem gelegentlich dieser dunkle Welttrieb doch wieder Merkmale zeigt, die eigentlich nur dem bewussten Willen beiwohnen.

Die Welt an sich also ist die Welt als Wille. Schärfer als bei irgendeinem Andern tritt bei Schopenhauer die Tatsache hervor, dass die Weltanschauung auch in der deutschen Philosophie wesentlich eine metaphysische Umdeutung der psychologischen Ansicht enthält. Die vorkantische Philosophie betrachtet überall die Vorstellung als das Prius und den Willen als das durch sie Bestimmte: daher ihr Determinismus, daher ihre Auffassung der logischen Gesetze als Weltgesetze, daher jener intelligible Fatalismus von Leibniz[13]. Die nachkantische Philosophie sieht, wofür Fichtes Lehre von dem sekundären Charakter des Bewusstseins typisch ist, im Willen das bestimmende Wesen des Geistes und in der Vorstellung bloß seine Erscheinungsform; daher ihre Freiheitslehre, daher der Primat der praktischen über die theoretische Vernunft, daher die Lehre vom Willen als dem Ding an sich. In dieser Hinsicht steht also Schopenhauer völlig auf dem Standpunkte der Wissenschaftslehre. Aber er verlässt denselben durch seine gänzlich veränderte Auffassung vom Wesen des Willens. Darin zwar stimmt er mit Fichte überein, dass der Wille als Ding an sich auf nichts anderes als auf sich selbst gerichtet sei: er ist nichts als der Wille zu wollen oder, da nach dieser Lehre alles Leben nur ein Produkt des Willens und im tiefsten Grunde nur immer wieder Wille ist, der »Wille zum Leben«. Aber Fichte bezeichnete dieses Handeln um des Handelns, dieses Streben um des Strebens willen als das sittliche und deshalb als praktische Vernunft. Diese Nebenbestimmung streicht Schopenhauer, und darauf beruht sein ganzer Unterschied von Fichte. Man kann sagen, dass er dabei vielleicht konsequenter verfuhr. Denn die bloß formale Bestimmung des Tuns um des Tuns willen ist in der Tat noch nicht die inhaltliche Bestimmung des sittlichen Tuns, und wird von Fichte nur persönlich und mit Rücksicht auf Kants kategorischen Imperativ so gedeutet. Schopenhauer macht völlig Ernst mit dem Begriff eines unbewussten Willens, der gar nichts weiter will als wollen, der darum seine eigene endlose Fortsetzung involviert, der gar kein inhaltliches Ziel hat und der deshalb der absolut unvernünftige Wille ist. Mit dieser Wendung schlägt Schopenhauers Lehre noch mehr als mit ihrer grundsätzlichen Methodenlosigkeit in den Irrationalismus um. Das Bewusstsein mit allen seinen vernünftigen Formen ist nur die Erscheinung. Das Wesen, das sich darin darstellt, ist die absolute Unvernunft eines Willens, der immer nur wollen will. Mit dieser Veränderung wird Schopenhauers Lehre zur Fratze der Fich-

---

13   Vgl. Bd.1 dieses Werkes, S.485.

te'schen. Beide betrachten den Willen als das Urprinzip aller Dinge: aber die Züge des sittlichen Willens, den die Wissenschaftslehre zum Prinzip machte, verzerren sich bei Schopenhauer zu der Unvernunft eines blinden und inhaltlosen Triebes.

Hieraus erklärt sich ein merkwürdiger Gegensatz, der sich durch alle Lehren Schopenhauers hindurchzieht und der auch in seinen Konsequenzen genau an die Schelling'sche Lehre von der Schöpfung der Welt aus dem unbewussten Willen und der Vernunft erinnert. Als ein Produkt des Willens muss die Erscheinungswelt zweckmäßig d.h. vernünftig sein: als ein Produkt des unvernünftigen Willens muss sie den Stempel dieser Unvernünftigkeit an sich tragen. So verknüpft sich bei Schopenhauer in wunderlicher Weise eine teleologische Naturbetrachtung mit dem Pessimismus, der zugleich ein Ausfluss seiner persönlichen Stimmung ist, und um den Widerspruch voll zu machen, kommt die Schwierigkeit hinzu, wie man sich denken soll, dass jener unvernünftige Urwille die Marotte gehabt hat, in der Gestalt des vernünftigen Bewusstseins zu erscheinen, – eine Frage, die gerade so schwer wiegt, wie im umgekehrten Falle bei dem Optimismus der theoretischen Vernunft das Problem, weshalb die gütige Weisheit eine solche Welt von Elend und Sünde hervorgerufen hat.

Die Naturphilosophie, die Schopenhauer in seiner Schrift »Über den Willen in der Natur« (Frankfurt 1836) ausgeführt hat, zeigt die »Objektivation« des Willens in drei Hauptstufen: In der niedrigsten Form erscheint der Wille als mechanische Ursache, in höherer Gestalt schon in dem organischen Reiz, in vollendeter Entfaltung endlich als bewusstes Motiv des Willens im animalischen Wesen. So stellt sich die Natur als ein Stufenreich von Manifestationen des Willens dar, in welchem derselbe allmählich aus der äußerlichsten in die innerliche Form der Kausalität übergeht. Der ganze Prozess der Kausalität in der Natur hat also den Sinn, dass in ihr der Wille aus der unbewussten sich in die bewusste Erscheinungsform verwandelt, – ein Gesamtresultat, in welchem, so verschieden die begriffliche Formulierung ist, doch der Grundgedanke von Schellings Naturphilosophie unverkennbar wiederkehrt. Diese Verwandtschaft wurzelt in der gemeinsamen Abhängigkeit von Fichte, der alle Kraft und allen Trieb als eine Wirkung des »Willens« auffasste: so ist für Schelling das innerste Wesen der Natur der Trieb, »Ich« zu werden; für Schopenhauer ist es der unbewusste Wille, der schließlich zur Vernunft gelangt. Allein die Allgemeinheit der »Deutung«, welche Schopenhauer nur für seine metaphysische Auffassung der Erfahrung in Anspruch nahm, verhinderte ihn dabei, den tatsächlichen Erkenntnissen der Naturwissenschaft derartig Gewalt anzutun, wie es von Seiten Schellings und seiner Anhänger geschah, und so vertrug sich in der Tat die Schopenhauer'sche Lehre mehr mit denselben, als es seit Kant bei den Philosophen der Fall gewesen war. Darin liegt ein Hauptgrund dafür, dass Schopenhauer später bei der Naturforschung eine verhältnismäßig ausgedehnte Anerkennung gefunden hat. – Auch darin steht Schopenhauers Natur-auffassung derjenigen des späteren Schelling nahe, dass er die Kräfte, Gesetze und Gattungstypen als die wandellosen Ideen bezeichnet, in welchen sich durch den ewigen Wechsel hindurch das konstante Wesen des Willens offenbart. Es ist das Platonische Element, welches sich in dieser Lehre auch bei Schopenhauer geltend macht, welches aber schwer mit der anderen Behauptung zu vereinigen ist, dass der alleine Wille erst durch Raum und Zeit individualisiert erscheint. Die Ideen, als das Unräumliche und Außerzeitliche bilden in ähnlicher Weise eine Zwischenstufe zwischen der Sinnenwelt und dem Willen, wie bei Platon zwischen Derselben und der Idee des Guten.

Dasselbe, was von den Ideen in der Natur, gilt innerhalb der Scho-penhauer'schen Lehre auch für die individuellen Charaktere. Auch sie enthalten eine Individuation des Willens, welche der räumlich-zeit-lichen Erscheinungsform vorhergehen soll. In dieser Hinsicht war Schopenhauer so glücklich, eine volle Übereinstimmung zwischen den beiden von ihm am höchsten verehrten Denkern, Platon und Kant, zu konstatieren, und er führte die Lehre vom intelligiblen Cha-rakter weiter, für welche auch Schellings Freiheitslehre das Interesse neu belebt hatte. Da die Motivation sich als eine Form der natür-lichen Kausalität zu erkennen gab, so nahm auch Schopenhauer für die Entwicklung des empirischen Charakters und für die Genesis aller seiner Handlungen den vollen Determinismus an. Für diese gesamte Erscheinung aber machte auch er den intelligiblen Charakter verant-wortlich, aus dessen unbegreiflicher Freiheit des Seins die ganze Not-wendigkeit des Tuns folge. Im Grunde genommen sind also auch hier die freien Individualcharaktere Dinge an sich, welche als Ursachen der Erscheinung ebenso wie bei Kant figurieren.

Es hängt mit der lediglich formalen und des ethischen Merkmals entkleideten Begriffsbestimmung des Willens zusammen, dass Schopenhauer für die E t h i k eine ganz andere Basis als Kant und Fichte suchen musste. Bei ihm ist der Wille nicht durch ein »Soll« bestimmt, und er muss daher die ganze imperatorische Form der Moralphilosophie verwerten. Er kehrt deshalb zu der früheren Auffassung zurück, dass es sich in derselben nicht um die Aufstellung von Geboten, sondern um die metaphysische und psychologische Erklärung des wirklichen sittlichen Lebens handelt. Infolgedessen geht seine ganze Untersuchung auf den E u d ä m o n i s m u s zurück und betrachtet das Glückseligkeitsstreben als das Grundmotiv des empirischen Willenslebens. Allein die egoistische Form Desselben hängt lediglich an der Täuschung, als ob die einzelnen Wesen für sich bestehende wären. In Wahrheit ist es ja nur der eine, selbe Wille, welcher nur in Raum und Zeit differenziert erscheint[14], und für diese Erkenntnis ist alles, was wir dem anderen Wesen tun, Gutes und Böses, uns selbst getan. Hierauf beruht die Möglichkeit der ethischen Motivation, in welcher das Individuum das fremde Interesse zu dem seinigen macht. Als die Grundform des Altruismus betrachtet aber Schopenhauer nicht sowohl die »wohlwollende Neigung«, als vielmehr das M i t l e i d. Das ist die Konsequenz des P e s s i m i s m u s, der sich bei ihm unmittelbar an den Begriff des Willens anschließt. Denn ein Wille, der immer nur wollen will, ist seinem Wesen nach der in alle Ewigkeit unbefriedigte Wille. Gerade dadurch, dass er seinen Zweck erreicht, erzeugt er sich von neuem, und mit ihm ist deshalb in der bewussten Erscheinung das Gefühl der Unlust notwendig und unentfliehbar verknüpft.

Dieser Argumentation kann man freilich entgegenhalten, dass, wenn der Wille nichts will als wollen, er seinen Zweck ja durch sich selbst immerfort erreicht und so der stets befriedigte Wille ist. Im Besonderen hat daher Schopenhauer immer den Pessimismus eudä-

---

14   An dieser Stelle besteht zwischen der Lehre von der außerzeitlichen Ding-an-sich-haftigkeit der Individuen und der metaphysischen Basierung der Ethik eine von Schopenhauer wie es scheint nicht bemerkte Differenz.

monistisch begründet, indem er die Unerfüllbarkeit des Glückselig-
keitsstrebens aus den Tatsachen zu beweisen suchte. Er wird nicht
müde, die Frivolität zu brandmarken, mit der der landläufige Optimismus dem Elend der Wirklichkeit gegenüber von einer unbegreiflichen Zweckmäßigkeit und Weisheit der Welteinrichtung zu predigen
weiß. Er zeigt, dass dem geringen Quantum von Lustgefühl, welches
in dieser Welt möglich ist, im besten Falle stets eine größere Unlust
des noch unbefriedigten Triebes vorhergeht, und betrachtet deshalb
die Unlust als das positive Gefühl und die Lust nur als den Mangel
derselben. So enthält der Pessimismus bis in die einzelnen Lehren
hinein eine Umkehrung der Theorien von Leibniz' Theodizee: Es ist
der auf den Kopf gestellte Optimismus, beide sind widersprechende
Antworten auf die eudämonistische Frage, deren prinzipielle Verfehlt-
heit Kant eingesehen hatte. Deshalb aber ist nun für Schopenhauer
das Mitleid das ethische Grundgefühl; die sittliche Handlung besteht
ihm in der Linderung der fremden Not und erst sekundär in der tätigen Liebe für das fremde Wohl, wobei hervorzuheben ist, dass er nach
seinen Grundsätzen – der einzige unter den europäischen Moralphi-
losophen – direkt auf die Tiere die sittliche Verpflichtung des Mitleids
und der Liebe ausdehnt.

Allein selbst dies ethische Handeln bleibt doch nur ein Palliativ.
Dem Willen ist die Unlust wesentlich, und eine völlige Aufhebung
des Elends der Welt ist nur dadurch möglich, dass die Axt an diese
tiefste Wurzel, an den Willen selbst, gelegt wird. Es hilft schließlich
nichts, dass der Wille aus der egoistischen in die altruistische Richtung gebracht wird; denn er führt auch so immer nur zum Elend. Es
gibt vor dem Leid nur eine Rettung: das ist die Flucht in das Nichts.
Diese Rettung ist nicht durch die Aufgebung des irdischen Lebens zu
erreichen; denn der individuelle Wille ist ein unzerstörbares Ding-
an-sich, er würde sich sogleich eine neue Erscheinungsform schaffen.
Die Metempsychose lässt den Selbstmord als eine Torheit erscheinen.
Die Vernichtung muss nicht die Objektivation des Willens, sondern
diesen selbst treffen. Erst wenn der Wille aufhört, endigt auch die
Unlust, die er notwendig bei sich führt. Über dem ethischen Handeln
steht der Quietismus der Willenslosigkeit, über der tätigen
Liebe die aszetische Weltentfremdung, die Einsicht in die Nichtigkeit

alles Strebens und die vollkommene Abtötung aller Triebe. Die mystisch-orientalische Lehre vom Aufgehen der sündigen Einzelexistenz in die Gottheit verwandelt sich in das Ideal der absoluten Vernichtung. Fichtes zweite Lehre sah im sittlichen Leben nur die Vorbereitung zu der höheren »Seligkeit« der Gottesanschauung: Für Schopenhauer ist diese Seligkeit das Nichts; die Aufhebung alles Willenslebens ist zugleich die absolute Vernichtung. Denn bei Schopenhauer steht hinter dem Willen nicht mehr, wie in Fichtes zweiter Lehre, das absolute Sein, das der willenlose Intellekt »anschauen« könnte. Die Darstellung dieser Schlusslehre verbrämt Schopenhauer mit Analogien aus der indischen Philosophie, von der damals die ersten Bruchstücke in Europa bekannt wurden; die Büßer am Ganges, die, nicht mehr vom Schleier der Maya getäuscht, sich in das Nirvana versenken, werden ihm zum philosophischen, wenn auch nicht zum persönlich befolgten Ideal. Wie nun freilich nach seinen metaphysischen Bestimmungen diese Quieszierung des Willens möglich sein soll, ist durchaus nicht abzusehen; er erklärt sie deshalb für eine Wiedergeburt, die ebenso ein Myster bleibe wie die Freiheit. In dieser Verneinung des Willens zum Leben, in diesem totalen Aufgehen aller und selbst der sittlichen Willenstriebe sieht Schopenhauer den eigentlich religiösen Akt; er bildet ihm auch den tiefsten Gehalt des Christentums, dessen pessimistische Seite, wie sie in dem Erlösungsbedürfnis unverkennbar ausgesprochen ist, von Schopenhauer gerade im Gegensatz zu dem optimistischen Dogma von der göttlichen Weltschöpfung geflissentlich hervorgehoben wird. So kommt der Philosoph zu der Paradoxie, ein religiöses Verhalten ohne den Glauben an die Gottheit zu statuieren. Bei Fichte und seiner ersten Lehre .war eine ähnliche Kombination insofern vorhanden, als es auch für ihn nicht den Glauben an die Existenz eines göttlichen Wesens, sondern nur denjenigen an ein absolutes, sittliches Ideal gab. Schopenhauers Wille ist der unvernünftige, und sein Ideal ist deshalb das Nichts. Aber weder dies Ideal noch jener dumme Wille können Gott genannt werden: deshalb bekennt sich Schopenhauer zu der »atheistischen Religion« des Buddhismus.

Die absolute Quieszierung des Willens würde mit ihm selbst auch seine gesamte Erscheinungsform vernichten, sie wäre identisch mit dem Ende der Welt. Sie ist also für Schopenhauer, was Kant einen

Grenzbegriff oder eine Idee genannt haben würde. Er betont aber dabei eben das Merkmal ihrer Unerfüllbarkeit in der Erscheinungswelt. Sie gilt ihm deshalb auch nicht als ein Ziel, auf welches die Letztere in allmählicher Entwicklung begriffen wäre. So dumm ist der Wille nicht, dass er auf seine Vernichtung hinarbeitete. Infolgedessen verhält sich Schopenhauer zu den geschichtsphilosophischen Tendenzen auch Kants durchaus ablehnend. Er leugnet jeden Fortschritt im historischen Prozess: Ihm gilt die Geschichte nur als eine ewige, sinnlose Wiederholung des Elends, in welches sich der Wille zum Leben stürzt. Seine Weltanschauung ist völlig unhistorisch; sein Irrationalismus wendet sich vor allem gegen die Geschichte, in der er keine Spur von Vernunft anerkennt, und er ist darin allerdings der konsequenteste unter den Gegnern Hegels.

Allein innerhalb der Erscheinungswelt gibt es doch auch für Schopenhauer bereits eine partielle Vernichtung des Willens, welche deshalb die wahre Seligkeit in derselben gewährt. Im Allgemeinen ist der Intellekt die Erscheinung des Willens und durch ihn bestimmt. Nach dem Primat der praktischen Vernunft liegt der Trieb des Denkens im Willen. Aber es gibt eine Möglichkeit, vermöge deren der Intellekt sich vom Willen zu befreien vermag. Wo er es erreichen kann, interesselos anzuschauen und zu denken, da schweigt, wenn auch nur für Momente, der unselige und törichte Wille, und da entsteht in der bloßen Betrachtung die intellektuelle Lust, welche geradezu als eine Erlösung von den Übeln des Trieblebens wirkt. Es ist klar, welchen Wert in diesem Zusammenhang für Schopenhauer der Kantisch-Schiller'sche Begriff der interesselosen Betrachtung gewinnen musste; sie hat für ihn fast genau denselben Wert wie bei den Romantikern die Ironie, d.h. der Genuss der Phantasie, welche von aller Arbeit des Willens frei geworden ist, und sie bildet für ihn in der Erscheinungswelt die Erfüllung des religiösen Bedürfnisses nach der Vernichtung des Willens. Aber er gibt ihr eine allgemeinere, nicht nur ästhetische, Tendenz. Das interesselose Anschauen gewährt der ästhetische Naturgenuss und die Kunst, das interesselose Denken gewährt die Wissenschaft. In dem ästhetischen und dem wissenschaftlichen Verhalten ist der Intellekt vom Willen frei geworden und betätigt das dadurch, dass er in beiden Fällen sich nicht mehr auf die Besonderheit der einzelnen Erscheinungen, sondern auf das Allgemeine, auf die Idee und das Gesetz richtet, welches sich darin betätigt. So wird auch Schopenhauer ein Prophet jener Bildung, welche in Kunst und Wissenschaft ihre Religion hat und welche darin ihre Erlösung von dem Leide des Lebens findet. Der intellektuelle Genuss ist die wertvolle Selbstbefreiung, welche das vernünftige Bewusstsein dem dunklen und unvernünftigen Weltgrunde abgerungen hat. Und so geht am Schluss der Schopenhauer'schen Philosophie klar und deutlich das dialektische Prinzip des Widerspruchs hervor, in dem sie ihren historischen Ursprung hatte: Der dumme Wille hat – wüsste man nur wie – das vernünftige Bewusstsein erzeugt, welches ihn zu überwinden berufen ist.

Schopenhauers System ist der Beweis davon, dass S c h e l l i n g sich auf dem Wege, der ihn zuerst zu dem Begriffe eines unbewussten und irrationalen Weltgrundes geführt hatte, sich nicht allein befand. Aber auch er selbst ging auf demselben noch weiter fort. Er überzeugte sich immer mehr davon, dass das Wollen das Höchste sei und die unbegreifliche Urtatsache genannt werden müsse. Man kann von ihm nur sagen, dass es ist, nicht dass es notwendig ist, und in diesem Sinne ist es der Urzufall. Es spottet jeden Versuches, es aus irgendwelchen Vernunftprinzipien zu deduzieren. Es ist vielmehr da, mitten in der vernünftigen Welt, und es ist sogar der tiefste Grund, auf dem diese sich aufbaut. Das ganze System der endlichen Dinge ist vernünftig gestaltet, aus der Vernunft abzuleiten und deshalb *a priori* zu erkennen. Aber dass es überhaupt da ist, dass es aus dem Absoluten sich entwickelt hat, dieser »Abfall« des Universums von Gott und derjenige der Vernunft von dem irrationalen Weltgrunde ist selbst nicht rational zu deduzieren. Deshalb bezeichnet Schelling jetzt allen Rationalismus, auch sein früheres Identitätssystem, besonders aber die ganze Hegel'sche Lehre als die Wissenschaft vom Endlichen oder auch als die negative Philosophie, und erklärt es für die schwerste aller Verirrungen, wenn man in dieser die ganze Philosophie zu besitzen meine. Zu ihrer Ergänzung bedürfe es vielmehr einer »p o s i t i v e n P h i l o s o - p h i e «, welche jenen unaussagbaren Weltgrund und seine Entwicklung zu der vernünftigen Welt zum Gegenstande hat. Diese positive Philosophie kann aber selbst nicht eine rationale Deduktion enthalten, sondern muss sich auf die Erfahrung stützen, in welcher sich der unvernünftige Weltgrund geltend macht. Die positive Philosophie will m e t a p h y s i s c h e r E m p i r i s m u s sein. Die Einsicht, dass es einen für die Vernunft unauflöslichen Rest der Erscheinungen gibt, verlangt eine Ergänzung des Rationalismus durch die Erfahrung. Das hat Schelling, der vielgestaltige Vertreter der aprioristischen Philosophie, zum Schluss erkannt. Aber nach den Prämissen seines Denkens kann diese Erfahrung nicht diejenige einzelner endlicher Tatsachen sein; denn diese gehören dem vernünftigen Denken an; sondern es kann nur die Erfahrung sein, welche die Vernunft von dem unendlichen Weltgrunde macht: das religiöse Bewusstsein. Prinzipiell vollzieht also Schelling schließlich genau den Gedanken Jacobis. Aber er fasst dabei das religiöse Bewusstsein nicht wie dieser in einer individuellen Form auf, wodurch jede philosophische Behandlung desselben unmöglich gemacht wird, sondern er verfolgt den Gedanken, dass es der absolute Weltgrund selbst ist, welcher sich in dem vernünftigen Universum entwickelt, und dass somit die einzelnen Momente seines Wesens in den verschiedenen Auffassungen zutage treten müssen, welche die Vernunft im Universum in ihrer bewussten Form von dem Weltgrunde erzeugt hat. Die metaphysische Erfahrung der positiven Philosophie ist also keine andere als das religiöse Vorstellungsleben der Menschheit in seiner historischen Entwicklung. Der metaphysische Empirismus ist derjenige der Offenbarung, aber der Offenbarung weder in einer persönlichen noch in einer konfessionellen Form, sondern vielmehr in der Gesamtheit der Vorstellungen, in welchen sich der Weltgrund für das vernünftige Bewusstsein überhaupt jemals dargestellt hat. In den Kreis dieser Erfahrung gehört also nicht nur diejenige göttliche Offenbarung, welche als solche ausdrücklich geglaubt wird, sondern auch diejenige, welche noch naiv als die natürliche Vorstellung vom Wesen der Gottheit erscheint, d.h. die mythologische Form des Gottesbewusstseins. Deshalb ist die positive Philosophie eine P h i l o s o p h i e d e r M y t h o l o g i e u n d O f f e n b a r u n g . Damit kehrt der Greis Schelling zu Interessen zurück, welche er schon als Jüngling gehabt und nie vergessen hatte. Schon achtzehnjährig schrieb er »Über Mythen, historische Sagen und Philosopheme der ältesten Welt«. Am Ende der Kunstphilosophie deutete er an, dass vielleicht die Naturphilosophie geeignet wäre, eine neue Mythologie zu schaffen, vermöge deren die altheilige Verbindung von Kunst und Religion wieder herbeigeführt werden könne. In diesem Sinne war die Schrift angelegt, welche er unter dem Titel »Die Weltalter« lange versprach, in den Dreißigerjahren teilweise ausarbeitete, aber aus dem begonnenen Druck wieder zurückzog; und dieser Plan war es endlich, den er in den Berliner Vorlesungen ausführte. In das weitere Publikum drangen darüber außer vagen Gerüchten zunächst nur die Nachschrift von Frauenstädt (Schellings Vorlesungen in Berlin, Berlin 1842) und eine Karikatur, welche ein persönlich verbissener Gegner, der Rationalist Paulus, unter dem Titel: »Die endlich offenbar gewordene Philosophie der Offenbarung« aufgrund von Heften der Zuhörer 1843 erscheinen ließ. Erst in den gesammelten Werken sind Schellings eigene Niederschriften für diese Vorlesungen, als die vier Bände der zweiten Abteilung veröffentlicht worden, und so hat sich ein Bild von dem großen Plane gewinnen lassen, den er durch die wunderlichen Konstruktionen des Ganzen hindurch verfolgte. Gleich zu Anfang haben Schellings Gegner mit Phrasen, wie Mystik, Gnostizismus etc. nicht gespart, und dieselben pflegen umso mehr nachgesprochen und nachgedruckt zu werden, als man sich dadurch der Mühe überhebt, jene vier Bände zu lesen und zu verstehen. Aber man braucht in dieser letzten Phase des Schelling'schen Denkens nicht das Heil der Zukunft zu suchen und kann doch die Großartigkeit der Tendenz und die gelehrte Vielseitigkeit sowie den überraschenden Kombinationsblick in derselben anerkennen. Da nämlich nach dem früheren Prinzip für Schelling die Entwicklung der Welt mit derjenigen der Gottheit identisch ist, so erhalten wir eine Religionsphilosophie in der Form einer philosophischen Religionsgeschichte. Dabei waltet im Ganzen der dialektische Grundgedanke ob, dass die einzelnen Momente des göttlichen Wesens in ihrer Vereinzelung sukzessive in der Entwicklung des mythologischen und des Offenbarungsprozesses hervortreten und dass nur die absolute Synthese aller dieser Momente die vollkommene Erkenntnis des göttlichen Wesens enthält. So ist es im Grunde genommen genau das Prinzip der Hegel'schen Philosophie der Geschichte und des Hegel'schen Systems überhaupt, welches Schelling in der Theosophie geltend macht, und obwohl er das irrationale Moment in seiner vollen Bedeutung durchschaut hat, bleibt er doch bis zum Ende Dialektiker. Die besondere Ausführung dieses Planes ist natürlich durch den damaligen Stand der mythologischen Forschungen und Hypothesen bedingt, und man wird Schelling nicht absprechen dürfen, dass er auch hier in das zerstreute Material überaus glücklich den ideellen Zusammenhang hineinzudenken verstand. Freilich verfuhr er dabei mit den historischen Tatsachen gelegentlich ebenso willkürlich, wie einst mit den physikalischen. Wieder fügt sich unter seiner Hand das gesamte Material dem triadischen Schema, und der Gottesbegriff, welcher so gewissermaßen aus dem Niederschlage der ganzen Religionsgeschichte gewonnen werden soll, zeigt die aufsteigende Reihe von drei Entwicklungsstufen. Die erste bildet natürlich jenes unvordenkliche, blind notwendige Willenssein, der dunkle Drang zum Leben, welchen schon die Freiheitslehre als die ewige Natur in Gott bezeichnet hatte und welchen man auch den Schopenhauer'schen Willen nennen könnte. Den dialektischen Gegensatz dazu enthält der sich selbst offenbar werdende Wille, den Schelling wiederum in drei Stufen entwickelt, wonach er zuerst als bewusstlos schaffender Wille die wirkende Naturkraft oder die *causa materialis*, sodann als besonnener Wille das tätige Weltleben oder die *causa efficiens*, endlich als zwecktätiger Wille der sich selbst begreifende Weltzweck oder die *causa finalis* ist. Den Abschluss dieser Selbstevolution bildet also das Bewusstsein, und so erweist sich auch hier, dass die irrationalistische Dialektik auf den Gegensatz von Wille und Denken oder von unbewusstem und bewusstem psychischen Leben hinausläuft. Die Synthesis endlich dieser beiden Momente enthält den absoluten Gottesbegriff als denjenigen einer Überwindung des dunklen durch den offenbar gewordenen Willen. Diese Überwindung ist der Inhalt des christlichen Gottesbegriffes in seiner trinitären Fassung. Die Möglichkeit der Überwindung ist der Vater, die Macht der Überwindung ist der Sohn, die Vollendung der Überwindung ist der Geist. So endet Schelling mit einer spekulativen Umdeutung des positiven Dogma, und der Grundgedanke derselben ist der einer Überwindung des unvernünftigen Weltgrundes durch seine eigene vernünftige Offenbarung. Es ist das positive Gegenstück zu Schopenhauers Lehre von der Verneinung des Willens durch die vernünftige Erkenntnis seiner

Unvernunft. Die volle Herrschaft dieses höchsten Gottesbegriffes erwartet Schelling erst von der Zukunft. In der Geschichte des Christentums konstruiert er mit Kant und Fichte drei Perioden, die petrinische des Katholizismus, die paulinische des Protestantismus und als ihre Versöhnung die johanneische Religion der Liebe, das Christentum der Zukunft.

So erfolglos diese letzte Konstruktion Schellings sich in der Geschichte der Philosophie erwiesen hat, so zeigt doch ihr Grundmotiv, mit wie tiefem Verständnis er bis zum Ende der philosophischen Gedankenbewegung folgte. Er begriff vollständig, dass die Zeit des aprioristischen Rationalismus vorüber war, und dass der unerklärte Rest in der Wirklichkeit für die Philosophie eine Ergänzung notwendig mache, welche nur durch irgendeine E r f a h r u n g gewonnen werden könne. Seinen Versuch, dieselbe nur im religiösen Bewusstsein zu finden, versteht man aus seiner Entwicklung; aber seine Zeit verschmähte ihn und griff umso begieriger nach einem andern, welcher den metaphysischen Empirismus, dessen Notwendigkeit Schelling erkannt hatte, auf dem entgegengesetzten Ende, bei der sinnlichen Wahrnehmung, suchte. Auch dieser führte zu einer Art von Irrationalismus, zu einer freilich ganz andern und viel roheren Lehre von dem unvernünftigen Weltgrunde. Der große Träger der idealistischen Entwicklung war vor der Plumpheit sicher, den bewusstlosen Urgrund der Wirklichkeit in dem materiellen Stoff zu suchen, weicher als ein Vorstellungsprodukt durch die Kant'sche Lehre ein für alle Mal erkannt ist. Aber wer diese vergaß, der konnte wohl wieder an den Gedanken geraten, da, wo der Rationalismus scheiterte, auf die Materie als auf den irrationalen, nur durch die sinnliche Erfahrung in das Bewusstsein tretenden Weltgrund hinzuweisen. Die einzig originelle Form daher, in welcher unter den Deutschen der Materialismus je gelehrt worden ist, ging von einem Manne aus, welcher sich von dem Rationalismus durch die Einsicht in dessen Unzulänglichkeit befreite. Dies ist die historische Stellung L u d w i g   F e u e r b a c h s , und deshalb muss der Prozess, durch welchen er zu seiner »Philosophie der Zukunft« gelangte, schon in diesem Zusammenhange entwickelt werden, wenn auch die religionsphilosophische Zersetzung der Hegel'schen Schule und die materialistische Bewegung, mit denen er verwachsen ist, erst an späterer Stelle zur Darstellung kommen.

Er war 1804 als Sohn des bekannten Kriminalisten Anselm Feuerbach zu Landshut geboren, besuchte in München und Ansbach die Schulen und studierte in Heidelberg und Berlin. Hier sattelte er unter dem Einflusse Hegels von der Theologie zur Philosophie um, beschäftigte sich sodann in Erlangen eingehend mit naturwissenschaftlichen Studien und habilitierte sich an dieser Universität 1828. Da er sich jedoch infolge seiner Schrift »Gedanken über Tod und Unsterblichkeit« (Nürnberg 1830), deren Anonymität nicht gewahrt geblieben war, in der akademischen Laufbahn zurückgesetzt fand, so zog er sich 1832 von derselben zurück und gab sie, nachdem er nach dreivierteljähriger Unterbrechung noch einmal gelesen hatte, vollständig auf, um sich nach seiner Verheiratung nach Bruckberg, der Heimat seiner Frau, zurückzuziehen. Aus dieser idyllischen Einsamkeit trat er zuerst im Jahre 1848 heraus, um in Heidelberg nach Aufforderung der dortigen Studentenschaft Vorlesungen über das Wesen der Religion zu halten. Schlimmer aber wurde er aus dem Idyll herausgerissen, als die der Familie gehörige Fabrik zu Grunde ging, und er sich seit 1859 bis zu seinem Tode 1872 mit den Seinigen zu einer kümmerlichen Existenz in einer Vorstadt von Nürnberg verurteilt sah.

Feuerbach ist der irrationalistische Ausläufer des Hegelianismus, und seine Entwicklung ist daher wesentlich durch den Grenzbegriff bestimmt, welcher sich innerhalb desselben als die Schranke der Deduzierbarkeit darstellte: Es ist das, was Kant die Spezifikation, was Hegel die Zufälligkeit der Natur genannt haben. Bezeichnete der Meister die undeduzierbare Besonderheit der einzelnen Naturerscheinungen als eine Unangemessenheit der Wirklichkeit zum Begriff, so hat schließlich der Schüler diesen Gedanken umgekehrt und war der populären Beistimmung sicherer, wenn er erklärte, dies Verhältnis beweise nur die Unangemessenheit des Begriffs zur Wirklichkeit. Diese Umkehrung entwickelte sich bei Feuerbach sukzessive in dem religionsphilosophischen Streite, der die Hegel'sche Schule seit der Mitte der Dreißigerjahre bewegte. Es ist nicht erforderlich, auf denselben hier schon genauer einzugehen; es genügt hervorzuheben, dass Feuerbachs Stellung innerhalb desselben zunächst durch seine

Ansicht vom Wesen der Gattungsbegriffe und speziell von der Bedeutung des Begriffs der menschlichen Gattung bestimmt war. Gerade in diesem Streite stellte sich bei den »Linken« unter den Schülern Hegels, zu denen Feuerbach wie Strauss gehörte, heraus, dass Hegels »absoluter Geist« eigentlich doch nichts Anderes als sein »objektiver Geist« d.h. die menschliche Gattungsvernunft war, und solange beide Männer an der Realität dieser Idee im Hegel'schen Sinne festhielten, konnten sie, wenn auch als äußerste Gegner des Supranaturalismus, einen religionsphilosophischen Standpunkt ausbilden und festhalten. Aber schon Feuerbachs »Gedanken über Tod und Unsterblichkeit« betonten das Prinzip der Unangemessenheit des Individuums zur Gattung und den Gedanken des Aufgehens des Ersteren in die Letztere in einer derartigen Anlehnung an den Spinozistischen Naturalismus, dass das ideelle Moment der Hegel'schen Lehre hinter den Pantheismus entschieden zurücktrat. Und schließlich ist es denn auch dieser Spinozistische Begriff der unendlichen Natur gewesen, der, von Hegel in die dialektische Entwicklung der Idee aufgenommen, bei Feuerbach seine übermächtige Kraft entwickelte und die Schule des Idealismus zersprengte. Denn als Feuerbach 1839 seine »Kritik der Hegel'schen Philosophie« gab, wies er vor allem darauf hin, dass in der Hegel'schen Dialektik zwar für die Sukzession, aber nicht für die Koordination, zwar für die Zeit, aber nicht für den Raum gesorgt sei und dass darin zwar die Geschichte, aber nicht die Natur ihren Platz finde. Der Hegelianismus als die historische Weltanschauung stehe ratlos vor der Natur, er könne sie nicht begreifen und betrachte sie als das »Zufällige«. Aber gerade dieses Zufällige sei in Wahrheit das Wesentliche; die ganze nach Hegel deduzierbare Gesetzmäßigkeit der Natur hat nur Sinn in der Anwendung auf die spezifische Eigentümlichkeit der Erscheinungen, welche dialektisch nie deduziert werden kann. Das Wesen der Natur ist gerade die Individualisierung, deren Erkenntnis die Hegel'sche Lehre ausdrücklich preisgeben muss. Unter Feuerbachs historischen Arbeiten ist die »Darstellung, Entwicklung und Kritik der Leibniz'schen Philosophie« (1837) die bedeutendste, und der Individualismus dieser Lehre hat bei ihm offenbar die tiefsten Wurzeln geschlagen. Ist deshalb eine Philosophie unfähig, die Individualität und damit die Natur zu begreifen, so muss sie verworfen werden. So wird Feuerbach aus einem Anhänger zum Gegner der Hegel'-schen Philosophie. Während er früher diese so dargestellt hatte, dass sie sorgfältig von der Theologie unterschieden werde, wirft er ihr jetzt vor, sie habe mit ihrer Lehre von der Realität der Idee und von der Zufälligkeit der Natur einen durchaus theologischen Charakter. Im Zusammenhang entwickeln sich diese Gedanken in seinem berühmtesten Werke, dem »Wesen des Christentums« (1841). Die Wissenschaft hat nicht die scholastische Aufgabe, welche sich auch Hegel gesetzt hat, die Religion zu rechtfertigen, sondern nur diejenige, sie zu erklären, und sie kann sie nur aus dem Wesen des Menschen und der psychologisch notwendigen Entwicklung desselben erklären. Feuerbach deckt das Geheimnis der Hegel'schen Lehre auf, indem er offen und präzis den Standpunkt des A n t h r o p o l o g i s m u s betritt. Der Mensch hat einen Begriff von seiner Gattung, und sein Verhalten zu diesem ist der Grund seines religiösen Lebens. Aber er betrachtet denselben nicht als sein eigenes Wesen, sondern als ein fremdes, und er glaubt an die Realität dieses fremden Wesens und schafft sich damit seinen Gott. Die Religion ist also auf diesem anthropologischen Standpunkte eine notwendige Illusion, und zwar diejenige, in welcher der Gattungsbegriff des Menschen als ein dem individuellen Menschen gegenüberstehendes reales Wesen gedacht wird. Alle religiösen Dogmen beruhen auf einer Umkehrung der ursprünglichen Sätze, in denen die idealen Merkmale des menschlichen Gattungsbegriffs als das Wertvollste, als das Göttliche bezeichnet werden. Der Mensch wünscht selbst diesem seinem Gattungsbegriff zu entsprechen, und vermöge dieses Wunsches erscheint ihm sein Gattungsbegriff als die höchste Realität, als Gottheit. Während also Feuerbach früher wie Strauss die Realität der Idee der Menschheit angenommen hatte, sieht er die Letztere jetzt als eine Illusion des Individuums an. Man kann sagen, er ist Nominalist geworden, und zwar deshalb, weil er sich in der Kritik der Hegel'schen Philosophie überzeugt hat, dass aus der Idee die Individualität nicht zu deduzieren ist.

Aber derselbe Gedankengang führte notwendig weiter. Das Allgemeine, der Begriff und die Idee sind das Geistige, die Individualität, das Besondere ist das Natürliche. Die dialektische Methode ist unfähig gewesen, die Natur zu begreifen, und zwar deshalb, weil sie die Idee für die höchste Wirklichkeit gehalten hat. Feuerbachs Naturalismus dagegen behauptet, man müsse die Natur und das Individuum als die wahre Wirklichkeit betrachten. Die Hegel'sche Philosophie stellt den wahren Sachverhalt auf den Kopf; ihr gilt der Geist und die Allgemeinheit, welche nur ein Bild der natürlichen Individualität sind, als das Wirkliche, und darin besteht zugleich nach seiner Ansicht die Gefährlichkeit des Christentums, dass auch dieses die düstere Innerlichkeit des Geistes zur religiösen Weltmacht hypostasiert. Als darum Feuerbach 1843 die »Grundsätze der Philosophie der Zukunft« proklamierte, erklärte er ganz konsequent, dass nur das sinnliche Individuum das Wirkliche und das Allgemeine die Illusion des Individuums sei.

Der Geist ist die Verdopplung und Entzweiung des Individuums mit sich selbst. Er ist nicht das Wesen, sondern das verblasste Abbild der Natur. So negiert in Feuerbach die deutsche Philosophie sich selbst, indem sie ihr Prinzip, den Geist, negiert. Der Geist, der sich bei Hegel als die notwendige Selbstentzweiung begriff, erscheint bei Feuerbach als die Entzweiung des natürlichen Menschen mit sich selbst. Seine Lehre ist in dieser Entwicklung der Selbstmord des Geistes, der sich in den Abgrund der Materie stürzt. Feuerbach musste damit enden, dass er in der Einleitung seiner gesammelten Werke erklärte: »meine Philosophie ist, dass ich keine Philosophie habe«.

Das ist der Fall ins Bodenlose. Feuerbach ist der verlorne Sohn des deutschen Idealismus, der im gemeinen Materialismus enden muss. Wie er damit einer weiteren Bewegung entgegenkam, wie er sich zum Stimmführer einer seichten Reproduktion der entsprechenden Lehren des vorigen Jahrhunderts hergab, wie seine Lehre von der alleinigen Wahrheit des sinnlichen Individuums schließlich zu ethischen und sozialen Konsequenzen führte, vermöge deren er sich zum Verfechter radikaler und revolutionärer Parteien machte, – das kann erst in anderem Zusammenhange dargestellt werden. Hier handelte es sich nur darum, die Tragödie seiner Entwicklung aufzuzeigen, mit der er aus dem Panlogismus heraus zum Materialisten wurde. Diese Tragödie hat in der Tat ihren Ursprung in der Unzulänglichkeit der dialektischen Konstruktion. Er hatte vollkommen Recht damit, dass die Natur und das Individuum aus der Idee und dem Allgemeinen nicht zu deduzieren sind. Der »unlogische Rest«, der unter dem Namen der Zufälligkeit in dem Panlogismus eingesperrt war, zerstörte von innen heraus das ganze Gebäude, und es gehörte nur die kräftige Sinnlichkeit eines Mannes wie Feuerbach dazu, um das zarte Maschennetz der Dialektik zu zerreißen. Und doch trägt andererseits gerade dieser Materialismus die Züge seines idealistischen Ursprunges deutlich an der Stirn und unterscheidet sich eben dadurch von den älteren Lehren, mit denen er sich im Resultat identifiziert. Es ist ein Rest der abgeworfenen Dialektik, der darin zutage tritt, dass Feuerbach den Geist als die Negation der Materie, als die mit sich selbst entzweite Natur betrachtet und gerade in diesem Sinne in der Theorie und in der Praxis bekämpft. Das war eine Art von Nemesis, mit der sich an der dialektischen Methode der Übergang der Begriffe ineinander rächte. Sah Hegel in dem Geist das Ursprüngliche und in der Materie die Negation, die er aus seiner Selbstentzweiung notwendig erzeuge, wie kann man es dem Schüler verargen, wenn er umgekehrt die Materie für das Ursprüngliche, den Geist als die mit sich selbst entzweite Natur betrachtete? Dieser Materialismus ist der Zwillingsbruder des dialektischen Idealismus. Feuerbachs Lehre ist nichts als der umgestülpte Hegelianismus. Die schemenhafte Verschwommenheit, mit der die Begriffe in der dialektischen Logik ineinander zerrannen, gewährte die Möglichkeit, mit derselben Dialektik das Umgekehrte von dem zu konstruieren, was der Meister darin niedergelegt hatte. Diese Tatsache ist noch viel später in einem der merkwürdigsten und wunderlichsten Bücher erkennbar, die je geschrieben worden sind: Es ist das »System der Rechtsphilosophie« von L u d w i g K n a p p (Erlangen 1857), welches Feuerbach auf das Freudigste begrüßte, ein Buch, welches den Materialismus mit der feinsten Dialektik, oft in hohem poetischen Schwunge und mit jener hin und wieder ans Barocke streifenden Kombinationsfähigkeit darstellt, ohne welche die dialektische Methode nicht gehandhabt werden kann. Es ist vielleicht die spiritualistischste Form, in welcher der Materialismus je gedacht worden ist, und während die Sprache sich in die feinsten Abstraktionen verflüchtigt, soll darin der gröbste Stoff als das Wesen aller Dinge und Verhältnisse gelehrt werden.

Der Irrationalismus aber, in welchen Feuerbach die Hegel'sche Lehre verwandelt hat, zeigt sich noch in einer anderen Konsequenz. Denn dieser Materialismus ist selbstverständlich, sofern er sich noch mit einer Betrachtung der Erkenntnistätigkeit abgibt, der einfachste und roheste S e n s u a l i s m u s . Wenn das sinnliche Individuum die einzige Wahrheit ist, so besteht alle Erkenntnis nur in der sinnlichen Empfindung. Diese selbstverständliche Folgerung muss aber deshalb ausdrücklich hervorgehoben werden, weil sie ein interessantes Pendant zu den übrigen irrationalistischen Lehren enthält. Wer die Unzulänglichkeit des Rationalismus durchschaut hat, muss die Erkenntnis jenes undeduzierbaren Restes immer in der Erfahrung suchen. Bei Jacobi erscheint zu diesem Zweck neben der sinnlichen Wahrnehmung die »Vernunft« als das Wahrnehmungsvermögen für das Übersinnliche, bei Schopenhauer die Selbstanschauung des Subjekts, in der es sich als Wille erkennt, bei Schelling die Offenbarung, mit der der göttliche Urgrund im menschlichen Bewusstsein sich selbst entwickelt, bei Feuerbach – die sinnliche Empfindung. Alle diese Systeme des Irrationalismus sind ebenso viele Formen des E m p i r i s - m u s , und es ist von hier aus zu übersehen, weshalb, als der Glanz des Hegel'schen Systems erloschen war, die Philosophie der Epigonen zunächst die Tendenz nehmen musste, eine Ausbildung des Empirismus zu werden. An dem unlogischen Reste mit seinen apriorischen Konstruktionen gescheitert, fiel der philosophische Geist in die Arme der Erfahrung zurück.

§70. Der kritische Realismus

Herbart

Der Umschlag der rationalistischen in irrationalistische Systeme, welchen der vorige Paragraph in seinen einzelnen Gestalten verfolgte, zeigt fast noch charakteristischer als das Hegel'sche System selbst, die außerordentliche Flüssigkeit und Unbestimmtheit der Begriffe, mit denen die bisher betrachtete Entwicklung der deutschen Philosophie nach Kant arbeitete. In der Tat entspricht nun ein solches Übergehen der Begriffe ineinander durchaus dem psychologischen Prozesse, welchen das menschliche Denken unwillkürlich durchmacht, und gerade deshalb erwies sich als der eigenste Charakter des Hegel'schen Systems –

seinem Urheber unbewusst – die metaphysische Hypostasierung der psychologischen Begriffsverhältnisse. Seine Logik war im Grunde genommen eine vortreffliche Psychologie, eine richtige Beschreibung der mehr oder minder verschwommenen Bewegung, vermöge deren die menschlichen Vorstellungen sich ineinander weben und durcheinandermengen. Diese Feinfühligkeit, mit der in dem Gewebe unserer Gedanken »ein Tritt tausend Fäden regt«, dieses phantasievolle Schimmern und Schillern, vermöge dessen sich analoge Denkbestimmungen ineinander mischen, war recht eigentlich ästhetischen Charakters, – aber derselbe entsprach eben deshalb nicht den strengen Anforderungen der Wissenschaft, für welche immerdar die Wolff'sche Forderung »deutlicher Begriffe und gründlicher Beweise« maßgebend bleiben wird. Die Philosophie nach Kant war wirklich, wie er verlangte, eine »Wissenschaft aus Begriffen«: aber ihre Begriffe waren so schwankend, so unsicher, dass sie sich stets ineinander zu verwandeln vermochten und, statt sich abzuklären, vielmehr in eine allgemeine Unbestimmtheit sich auflösten, in welcher jeder seinem persönlichen Naturell nach eine eigene Deutung zu finden vermochte.

Deshalb tat der deutschen Philosophie, um sie zur Strenge der wissenschaftlichen Arbeit zurückzuführen, die Erscheinung eines Kritikers not, der sich der Grundforderung scharfer Begriffsbildung klar bewusst und sie durchzuführen befähigt war. Er musste dem genialen Drange der Identitätsphilosophie gegenüber etwas von dem pedantischen Anstrich haben, welcher der vorkantischen Schulphilosophie eigen gewesen war; er musste der Überzeugung sein, dass mit dem neuen Prinzip der Kant'schen Lehre der strenge logische Methodismus von Wolff nicht zu Grabe getragen, sondern vielmehr mit ihm zu versöhnen und zu durchdringen sei. Es durfte kein sklavischer Anhänger des Alten, aber auch kein enthusiastischer Verehrer des Neuen sein. Diese kritische Mittelstellung, welche für das deutsche Denken außerordentlich wünschenswert und förderlich war, ist diejenige Johann Friedrich Herbarts.

Auch er gehörte zu den hochstrebenden Jüngern, welche sich um Fichte während seiner Jenenser Wirksamkeit scharten. 1776 zu Oldenburg geboren, hatte er 1794 die Universität bezogen und trat in die dort herrschende Gedankenströmung schon mit einer tüchtigen, auf dem Gymnasium und durch persönlichen Umgang erworbenen philosophischen Vorbildung ein. Diese involvierte nicht nur eine gründliche Kenntnis Kants, sondern auch eine eingehende Vertiefung in die Leibniz-Wolff'sche Lehre. Dazu kam eine hervorragende kritische Begabung, um den jugendlichen Zuhörer schon damals selbständig der idealistischen Lehre gegenüber seine Stellung nehmen zu lassen. Er legte dem gefeierten Lehrer über Schellings erste, noch ganz den Fichte'schen Standpunkt vertretende Schriften kritische Bemerkungen vor, in denen er an Stelle der idealistischen Weiterentwicklung eine sorgfältige Prüfung der Kant'schen Lehre für notwendig erklärte. Diese Gedanken reiften dann zu positiven Überzeugungen heran, als Herbart nach Abschluss der Universitätsstudien drei Jahre in der Schweiz als Hauslehrer lebte, eine Zeit, in der für ihn besonders die vertraute Bekanntschaft mit Pestalozzi von Wichtigkeit wurde. 1802 in Göttingen habilitiert, wurde er 1809 durch Wilhelm v. Humboldt nach Königsberg berufen und verließ diesen Wirkungskreis erst wieder 1833, um als Professor nach Göttingen zurückzugehen, wo er 1841, schon als Haupt einer sich um ihn bildenden Schule, gestorben ist.

In Rücksicht auf die Strenge des wissenschaftlichen Denkens war Herbart offenbar in der auf Kant folgenden Generation der berufenste, sein Nachfolger auf dem Königsberger Lehrstuhl zu sein. Seine Auffassung von der Aufgabe der Philosophie, die am besten in seinem »Lehrbuch zur Einleitung in die Philosophie« (Königsberg 1813) zugänglich ist, geht ausdrücklich auf Kant zurück, indem er die Philosophie als eine B e g r i f f s w i s s e n s c h a f t betrachtet haben will. Die Vermischung der philosophischen und der empirischen Disziplinen, welche durch die universalistische Tendenz der Identitätslehre einzureißen drohte, findet an ihm einen nicht minder scharfen Gegner, als jene geniale, die verstandesmäßige Reflexion verachtende Behandlungsweise der Philosophie, welcher dieselbe Richtung zuneigte. Gleich energisch von der Empirie und von der ästhetisierenden Betrachtung sich abgrenzend, soll Herbarts Philosophie eine klare und deutliche Wissenschaft der Begriffe sein. Dabei ist er weit von Wolffs Pedantismus entfernt: Mit freiem Blick umspannt er die Weite des Kant'schen Gedankenhorizonts und sucht innerhalb desselben sich in dem kritischen Zentrum selbst anzubauen. Indem er damit zu der gesamten idealistischen Denkbewegung in bewusstem Gegensatz tritt, knüpfen sich doch seine Lehren der Form und dem Inhalte nach an dieselbe an: Ja, sie enthalten stets gewissermaßen den Rückschlag nach der entgegengesetzten Seite, und sie würden vielleicht ohne diese Kontrastwirkung nicht überall dieselbe Schärfe der Zuspitzung erfahren haben. Dies Verhältnis tritt sehr bezeichnend in seiner Darstellung hervor, welche mit seltenen Ausnahmen immer polemisch von anderen Ansichten, am häufigsten von Kant und Fichte, ausgeht, über dieselben stets neues und wertvolles Licht verbreitet, im Ganzen aber für die unmittelbare Wirkung sehr ungünstig ist, sodass man sich über die Grundzüge seiner Lehre am bequemsten in der Darstellung eines seiner Schüler, z.B. in Hartensteins vortrefflichen »Problemen und Grundlehren der allgemeinen Metaphysik« (Leipzig 1836) orientieren wird.

Ist Herbart mit Kant darin einig, dass Philosophie eine Wissenschaft der Begriffe sei, so weicht er doch von dem Altmeister sogleich darin ab, dass er sie nicht, wie dieser, auch als eine Wissenschaft a u s Begriffen bestimmt sehen will. Nicht der apriorische, sondern der g e g e b e n e Begriff ist ihm der Ausgangspunkt der philosophischen Tätigkeit. Diese gegebenen Begriffe liegen teils in der allgemeinen Erfahrung, teils in den empirischen Wissenschaften vor: Sie werden in unwillkürlicher Betätigung der Erkenntnis gewonnen und haben nie darauf gewartet, dass die Philosophie sie erst begründen sollte. Aber wie sie nun da sind und das ganze System der Erfahrung ausmachen, zeigt sich sogleich, dass es »damit sein Bewenden nicht haben kann«. Der so mannigfach gestaltete Inhalt unserer Weltauffassung bedarf einer allgemeinen Ausgleichung; seine Gegensätze wollen vermittelt, seine Widersprüche gehoben sein. Wichtiger aber ist es, dass, je genauer man zusieht, umso mehr sich das scheinbar Einfache verwickelt, sich gerade das Gewohnteste in ein Problem verwandelt. Das landläufige Bewusstsein freilich streift oberflächlich über die Welt hin, ohne die Abgründe zu bemerken, die in unserem Denken aufklaffen; ihm gilt als selbstverständlich, was es alle Tage anwendet. Philosophenarbeit ist es, in dem scheinbar Selbstverständlichen das Problem zu erkennen. So hat Kant einmal im ironischen Hinblick auf die rationalistische Alleswisserei gesagt, er mache aus der Schwäche seiner Einsicht kein Geheimnis, nach welcher er gemeiniglich dasjenige am wenigsten begreife, was alle Menschen leicht zu verstehen glauben. In gleichem Sinne findet Herbart den Eingang in die Philosophie nur dadurch, dass man sich klar macht, welche großen Schwierigkeiten, welche ungelösten Widersprüche gerade in den Begriffen stecken, mit denen wir als den einfachsten und vermeintlich klarsten fortwährend operieren und welche als das feste Gerippe dem Stoffwechsel unserer Erkenntnis zu Grunde liegen. Vorstellungen wie Ding, Veränderung, Materie, Selbstbewusstsein brauchen wir unablässig, als ob sie die durchsichtigsten und sichersten von der Welt wären: und doch bedarf es nur einiger Besinnung, um uns klar zu machen, dass sie ganze Nester von Widersprüchen sind, und dass sie, statt uns die Erfahrung verstehen zu lehren, vielmehr selbst eine unbegreifliche Verwirrung enthalten. An der Erfahrung selbst also hat die Philosophie nicht zu rütteln; aber sie hat sie begreiflich zu machen, indem sie alle ihre Arbeit darauf verwendet, mit rücksichtsloser Energie die Erfahrung selbst zu Ende zu denken und dasjenige in ihr, was in unklarer Gewohnheit mit Widersprüchen sich behaftet zeigt, zu eliminieren. Zur Lösung dieser Aufgabe aber besitzt die Philosophie nichts als die gegebene Erfahrung selbst und das Denken mit seinen immanenten Gesetzen. Philosophie also ist ein begriffliches Denken des Gegebenen, um es mit voller Klarheit und Widerspruchslosigkeit vorstellen zu können: Sie ist in diesem Sinne B e a r b e i t u n g d e r B e g r i f f e .

Aus dieser Formulierung schon geht hervor, dass Herbart ein Vertreter der formalen Logik im Kant'schen Sinne ist. Und er hält diese ausdrückliche Besinnung auf die formalen Gesetze des Denkens umso mehr für erforderlich, als sie und mit ihnen ihr oberstes Prinzip, dasjenige des Widerspruchs, in der idealistischen Entwicklung mehr und mehr zu untergeordneter Bedeutung herabgesetzt worden waren. Wurden sie doch in Hegels großer Logik nur als ein Kapitel der »subjektiven Logik« abgehandelt, und das vornehme Denken der intellektuellen Anschauung und des absoluten Standpunktes sah auf die Reflexionsarbeit des Verstandes mit seiner Gebundenheit an das Gesetz des Widerspruchs als auf etwas Überwundenes herab. Gerade die Realität der Widersprüche galt dem absoluten Idealismus als das höchste Prinzip der spekulativen Entwicklung. Auch Herbarts Lehre geht von den Widersprüchen des empirischen Denkens aus, aber nicht, um sie metaphysisch zu hypostasieren, sondern um sie durch streng formales Denken zu eliminieren. In dieser Hinsicht verhält er sich zu den Identitätsphilosophen ähnlich wie im Altertum die Eleaten zu Heraklit. Er geht von der Überzeugung aus, dass das Reale nur als durchaus widerspruchsloses Sein zu denken sei. Das höchste Prinzip der formalen Logik, der Satz des Widerspruches, gilt ihm in dem rationalistischen Sinne, dass, was sich widerspricht, nicht wahrhaft real sein könne. Wenn daher unsere Vorstellungen von der Wirklichkeit Widersprüche enthalten – und sie tun es –, so folgt daraus, dass sie so, wie sie sind und in der unwillkürlichen Erfahrung gedacht werden, keine richtige Erkenntnis der Realität gewähren können. Enthält also die Erfahrung mit allen zu ihr gehörigen und aus ihr erwachsenden Wissenschaften ein widerspruchsvolles Weltbild, so ist es die Aufgabe der Philosophie, dasselbe zu einer widerspruchslosen Auffassung der wahren Realität umzuarbeiten.

Auf den alten Platonischen Gegensatz einer widerspruchsvollen Erscheinungswelt und einer wahren, von der Metaphysik zu begreifenden Welt der Dinge an sich läuft somit auch Herbarts Lehre hinaus: aber er hat denselben in einer durchweg originellen und allen früheren Ansichten der Sache gegenüber selbständigen Weise behandelt. Er leugnet zunächst, dass es außerhalb der Erfahrung selbst irgendeine Quelle für die metaphysische Erkenntnis gibt. Eine rationalistische Metaphysik, welche aus den bloßen logischen Formen eine inhaltliche Welterkenntnis abzuleiten versuchte, ist nach Kants vernichtender Kritik nicht mehr möglich. Aber auch Kants »Metaphysik der Erscheinungen« ist unmöglich, sowohl in ihrer positiven als auch in ihrer negativen Tendenz. Auch die reinen Formen der Erkenntnis, als welche Kant Raum, Zeit und die Kategorien behandelt hat, glaubt Herbart als Produkte des Vorstellungsmechanismus ableiten zu können und kann daher eine aus ihnen zu entwickelnde apriorische Erkenntnis nicht zugeben; andererseits mögen die sinnlichen Empfindungen, deren Verschmelzungsprozesse zu jenen Formen führen, noch so subjektiven Charakters sein, sie haben doch immer eine Beziehung auf die Wirklichkeit, und die Versuche des Idealismus, sie lediglich für Produkte der Vorstellungstätigkeit auszugeben, sind alle gescheitert. »So viel Schein, so viel Hindeutung auf das Sein.« Wenn daher der

Schein, der sich in der Erfahrung darstellt, als ein durch und durch widerspruchsvoller sich zu erkennen gibt, so bleibt nur übrig, ihn so lange begrifflich zu bearbeiten, bis diese Widersprüche aufgehoben sind. Ist dadurch die E r f a h r u n g b e g r e i f l i c h g e m a c h t , so ist das die einzige Möglichkeit zu einer Vorstellung von den Dingen an sich zu gelangen, und der Verwirklichung einer solchen Metaphysik steht dann nichts entgegen, weil die Erscheinungen immer doch in dem Wesen begründet sein müssen.

Für diese Bearbeitung der Erfahrungsbegriffe hat nun Herbart ein Verfahren aufgestellt, welches er die M e t h o d e d e r B e z i e h u n g e n nennt und welches bei aller Verwandtschaft mit Fichtes dialektischer Methode doch in der Absicht und im Resultat gleich sehr von demselben abweicht. Auch er geht dabei von dem synthetischen Charakter aus, den alle Erkenntnisurteile an sich tragen. Sie bestehen scheinbar in der Gleichsetzung eines Begriffes mit einem anderen: a ist b. Diese Gleichsetzung widerspricht den logischen Gesetzen des Widerspruchs und der Identität, wonach jeder Begriff nur sich selbst gleichgesetzt werden kann. Wollte man nun dieser Schwierigkeit etwa dadurch entgehen, dass man das Objekt als einen Allgemeinbegriff auffasste, dessen einzelnen Exemplaren, a_1, a_2 usw. nur das Prädikat b zukomme, so würde man in ganz dieselbe Schwierigkeit verfallen, indem man jeden dieser Artbegriffe mit dem Prädikatsbegriffe gleichsetzte. Dagegen entgeht man dem Widerspruche, sobald man das Prädikat der Beziehung gleichsetzt, welche zwischen zweien oder auch mehreren dieser besonderen Begriffe obwaltet. Der Satz a = b verliert seinen Widerspruch, wenn sein eigentlicher Sinn sich in die Formel bringen lässt: $a_1 : a_2 = b$. Wo sich also in den Erfahrungsurteilen Widersprüche finden, da wird versucht werden müssen, ob man nicht den fraglichen Begriff in eine Anzahl von Arten einteilen kann, um aus der Beziehung derselben zueinander das Prädikat zu entwickeln, welches ihm allein nicht ohne Widerspruch zugeschrieben werden konnte.

Diese abstrakte Formel gewinnt nun sogleich eine lebendige Anwendung, sobald man besondere Probleme ins Auge fasst. Das Wichtigste derselben ist das der I n h ä r e n z , das Verhältnis des Dinges zu seinen Eigenschaften. Ist es schon ein Widerspruch, dass in dem gewöhnlichen Urteile das Ding einer Eigenschaft gleichgesetzt wird, so ist es noch widerspruchsvoller, in demselben Begriffe mehrere Eigenschaften zu vereinigen, welche danach auch gleich sein müssen, während sie doch durchaus voneinander unterschieden werden sollen. Ist es ein Widerspruch, dass a = b sei, so ist es noch widersprechender, dass dasselbe a auch = c und = d sei, weil dann auch b = c = d sein würde. Diesen Widerspruch führen wir nun in der Tat immerfort aus; immer behaupten wir, dass dasselbe Ding mehreren Eigenschaften gleich sei, und können doch gar nicht sagen, wie es kommen soll, dass dasselbe Ding, welches weiß ist, zugleich auch hart sei usf. Eine Lösung dieses Widerspruchs gibt es nur durch die Methode der Beziehungen. Die Vereinigung vieler Eigenschaften in einem Dinge ist nur dadurch möglich, dass dasselbe Ding in vielen Beziehungen zu andern Dingen steht, und dass jedes Mal dasjenige, was wir seine Eigenschaft nannten, nicht sowohl es selbst als vielmehr eine Beziehung ist, in welcher es zu andern Dingen steht. Der Satz a = b = c = d löst sich dadurch in eine Reihe von Sätzen auf: $a : a_1 = b$, $a : a2 = c$, $a : a3 = d$ usf., Sätzen, welche weder in sich noch untereinander einen Widerspruch enthalten. Was wir also gewöhnlich die Eigenschaft eines Dinges nennen, ist in Wahrheit nur die Beziehung, in welcher dasselbe zu irgendeinem andern Dinge steht. So ist »weiß« die Eigenschaft eines Körpers nur in Beziehung auf das Licht, welches er reflektiert, hart nur die Beziehung eines Körpers auf einen andern, der in den Raum, welchen er einnimmt, eintreten will usf. Alle Eigenschaften sind Beziehungsbegriffe. Von einer Eigenschaft, die einem Dinge an sich und ohne Beziehung auf ein anderes Ding zukäme, können wir uns gar keine Vorstellung machen. Und doch müssen wir dieselbe annehmen; denn nur in ihr kann der Grund dafür liegen, dass das Ding in seiner Beziehung zu andern Dingen gerade diese und keine anderen Eigenschaften entwickelt. Der Satz der Identität verlangt, dass wir jedes Ding mit einer einfachen und konstanten Qualität ausgestattet denken, vermöge deren es mit sich selbst absolut identisch ist und bleibt. Aber diese einfachen Qualitäten der Dinge an sich können wir niemals erkennen, da alle Eigenschaften, die wir vorstellen, die Beziehungen der Dinge auf andere Dinge enthalten. Alles, was wir Eigenschaften nennen, sind, mit Locke zu reden, sekundäre Qualitäten; die primären, einfachen Qualitäten der Dinge sind unerkennbar. Deshalb erkennt Herbart an, dass die Dinge an sich unerkennbar sind; aber er behauptet, dass sie als »R e a l e « von einfacher Qualität angenommen werden müssen, um die Vorstellung von Dingen mit ihren Eigenschaften, aus denen sich unsere Erfahrung zusammensetzt, durch die Mannigfaltigkeit der Beziehungen zwischen diesen Realen begreiflich zu machen. Was ein Ding in seinem eigensten Wesen ist, können wir weder erfahren noch durch Denken erschließen. Aber dies sein unbekanntes Wesen ist der einzige Grund der Mannigfaltigkeit von Eigenschaften, in denen das Ding in seinem Verhältnis zu anderen Dingen erscheint. Ganz ähnlich löst sich nun auch das analoge Problem der V e r ä n d e r u n g. So wenig wie wir irgendeine Eigenschaft eines Dinges kennen, die dasselbe ohne Beziehung auf ein anderes Ding besäße, so wenig können wir uns den Übergang des Dinges aus einem Zustande in einen andern aus ihm allein und seiner einfachen Grundqualität erklären. Wo nur ein Wesen existierte, gäbe es kein Geschehen, kein Tun und kein Leiden. Alle Veränderung ist Reaktion eines Realen gegen ein anderes, ist die S e l b s t e r h a l t u n g seiner eigenen Qualität gegen die S t ö - r u n g , welche es durch ein anderes Reales erfährt.

Trotz der kritischen Anerkennung der Unerkennbarkeit der Dinge an sich entwickelt hiernach Herbarts Philosophie eine Metaphysik, deren Grundzüge er in den »Hauptpunkten der Metaphysik« (1806) angelegt und in der »Allgemeinen Metaphysik nebst den Anfängen der philosophischen Naturlehre« (1828 und 1829) ausgeführt hat. Ihren Grundcharakter bildet also der P l u r a l i s m u s d e r S u b s - t a n z e n . Auch hinsichtlich der Weltanschauung steht Herbart der monistischen Tendenz, welche. die gesamte Identitätsphilosophie beherrscht, scharf gegenüber. Wenn man darin eine Rückkehr zu Leibniz gesehen hat, so wäre es wohl in dieser Hinsicht korrekter, von einer solchen zu Wolff zu sprechen. Denn erstens sind Herbarts Reale keine in der Entwicklung begriffenen Monaden, sondern vielmehr einfache und unveränderliche Substanzen; zweitens sind diese unerkennbaren Qualitäten weder als körperlich, noch als psychisch zu bezeichnen. Drittens fehlt bei Herbart wie bei Wolff zwischen diesen Substanzen das Bindeglied der prästabilierten Harmonie. Infolgedessen wird Herbarts Weltanschauung derartig atomistisch, dass von einem inneren Zusammenhange der Realen, welcher sich in dem

Prozesse des Geschehens entfaltete und denselben möglich machte, im eigentlichen Sinne bei ihm keine Rede ist. Er ist auch darin der äußerste Gegenfüßler der idealistischen Metaphysik. Machte diese die vergeblichen Anstrengungen, aus der absoluten Welteinheit die Vielheit der Erscheinungen als deren notwendige Entwicklungsformen zu deduzieren, so ist es andererseits der Herbart'schen Philosophie nicht gelungen, von der Vielheit der Realen aus zu einer lebendigen Welteinheit zu kommen. Als ein Zeichen davon ist es anzusehen, dass der Gottesbegriff in Herbarts theoretischer Philosophie gar keine Rolle spielt und bei ihm nur als Objekt eines ethischen Bedürfnisses erscheint, welches in unserer Auffassung der zweckmäßigen Gestaltung der gesamten Natur eine Bestätigung seines Glaubens finde. Infolgedessen ist Herbart auch von jener spekulativen Umdeutung der positiven Dogmen, welche in der Identitätsphilosophie einen so großen Raum einnahm, weit entfernt, und seine Religionsphilosophie gewinnt eben dadurch eine gewisse Farblosigkeit, welche unter Umständen der Verbreitung seines Systems förderlich sein konnte und gewesen ist.

Allein die pluralistische Weltanschauung bringt dem Begriffe des Geschehens gegenüber eine Reihe von Schwierigkeiten mit sich, denen Herbart kaum entgangen ist. Bot die dialektische Philosophie eine Lehre vom ewigen Werden, in welcher es kein Sein gab, so haben wir hier eine Lehre vom Sein, in welcher es im Grunde genommen kein Werden gibt. Vergleicht man beide, so ist es etwa so, als ob denselben chemischen Stoff H_2O der eine Forscher, der ihn nur bei der Temperatur über Null beobachtet hat, für flüssig, der andere, der ihn nur unter Null gesehen hat, für fest erklären wollte. Das eigentliche Wesen der Realen ist bei Herbart durchaus unveränderlich. Das Geschehen in der Welt kann also nur darin bestehen, dass die Realen in wechselnde Beziehungen treten, die aber an ihnen selbst nichts ändern. Es ist daher ein völlig äußerliches »Kommen und Gehen« der Substanzen, für welches sinnliche Bild Herbart den Begriff eines intelligiblen Raumes aufstellt, in dem sie sich alle bewegen. Weshalb freilich und nach welchen Gesetzen diese Bewegung stattfindet, das ist der menschlichen Erkenntnis durchaus verschlossen; von dem w i r k - l i c h e n G e s c h e h e n wissen wir ebenso wenig, wie von den Qualitäten der Dinge an sich. Wir müssen beide nur annehmen, um uns das scheinbare Geschehen und die scheinbaren Eigenschaften der Dinge, welche die Erfahrung darbietet, zu erklären. Indem nämlich die Substanzen im intelligiblen Raume sich berühren, treten sie miteinander in die Beziehungen, vermöge deren an ihnen die erfahrbaren Eigenschaften erscheinen, und durch den Wechsel dieser Beziehungen ergibt sich aus dem wirklichen Geschehen die Veränderung der erscheinenden Eigenschaften oder das s c h e i n b a r e G e s c h e - h e n . Alle diese in die Erscheinung fallenden Eigenschaften und Veränderungen aber bleiben dem eigentlichen Wesen der Dinge fremd; sie sind deshalb nur »z u f ä l l i g e A n s i c h t e n « derselben. Dieser Begriff hat bei Herbart eine etwas zweideutige Stellung zwischen subjektiver und objektiver, zwischen erkenntnistheoretischer und metaphysischer Bedeutung. In manchen seiner Ausführungen scheint es, als ob die Beziehung der Realen aufeinander lediglich in das auffassende Bewusstsein verlegt werden sollte. Aber dann würde alles wirkliche Geschehen aufgehoben sein, und es wäre dann nicht einmal mehr zu begreifen, wie das die Realen in Beziehung setzende Bewusstsein selbst einen Wechsel in seiner beziehenden Tätigkeit erzeugen könnte, der dann das einzige wirkliche Geschehen bilden müsste. Herbarts Meinung ist vielmehr, dass das wirkliche Kommen und Gehen der Substanzen diejenigen Selbsterhaltungen derselben gegen die Störungen durcheinander hervorruft, welche das Bewusstsein als die erfahrungsmäßigen Eigenschaften und Tätigkeiten auffasst, und diese für das Bewusstsein durchaus notwendigen, durch das wirkliche Geschehen bedingten Ansichten werden nur in dem Sinne »zufällig« genannt, als sie das Wesen der Dinge an sich nicht treffen.

Das scheinbare Geschehen entwickelt sich nun auf zwei voneinander zu sondernden Gebieten. Das Bewusstsein selbst, welches dasselbe auffasst, ist ebenfalls eine Reaktion des einfachen Seelenwesens, welches zu den Realen gehört. Betrachtet man es von dieser Seite, so enthält es insofern die unmittelbarste aller Erkenntnisse, als es eben selbst die scheinbaren Eigenschaften und Veränderungen dieses Seelenwesens darstellt. Die Vorstellungen sind die Reaktion der an sich unbekannten Seelensubstanz gegen andere Substanzen, mit denen dieselbe durch das wirkliche Geschehen in Beziehung tritt. Insofern dieselben aber auf dieser Beziehung beruhen, so enthalten sie zugleich in sich die scheinbaren Eigenschaften derjenigen Substanzen, gegen welche die Reaktion stattfand, und bilden so die Erfahrung von den übrigen Realen. Indessen treten nun auch diese untereinander in Beziehungen und verändern eben damit die scheinbaren Eigenschaften, mit denen das Bewusstsein ihr Zusammensein auffassen muss. Die Metaphysik des scheinbaren Geschehens teilt sich dadurch in zwei Teile: die Eidologie, welche in die Psychologie, und die Synechologie, welche in die N a t u r p h i l o s o p h i e ausläuft.

Was zuerst die Letztere anbetrifft, so liegt Herbarts Interesse bei derselben darin, die Grundbegriffe, mit welchen die empirische Naturforschung operiert, aus seinen metaphysischen Voraussetzungen abzuleiten und zu widerspruchsloser Gestaltung umzuarbeiten. Mit dem feinen kritischen Grenzbewusstsein, das ihn auszeichnet, sucht er die Philosophie davor zu bewahren, in die Arbeit der besonderen Wissenschaften hineinzupfuschen und dasjenige, was dieselben erkannt haben, noch einmal, nur in anderer Weise erkennen zu wollen. Er will nur zeigen, dass die Widersprüche, in welche die Begriffe der Materie, des Atoms usw. sich verwickeln, verschwinden, sobald man in denselben nur die Erscheinungsform des wirklichen Geschehens, welches uns unbekannt ist, erblicken will. Seine Naturphilosophie ändert daher an den besonderen Erkenntnissen der Naturforschung nichts; aber sie ist auch gerade infolgedessen sowohl nach der guten, als auch nach der schädlichen Seite hin ziemlich wirkungslos geblieben. Sie vertrug sich mit der empirischen Forschung, aber sie befruchtete dieselbe nicht: Sie verhielt sich eben völlig umgekehrt wie die Schelling'sche. Sie lehnt deshalb auch alle dynamische und teleologische Naturbetrachtung ab und stellt sich auf den Standpunkt des Mechanismus auch für die Erklärung der physiologischen Erscheinungen und der biologischen Umänderungen. Herbart sucht zunächst darzutun, dass der sinnliche Raum die notwendige Erscheinungsform des Zustandes der unvollkommenen Durchdringung ist, in welchem sich die Realen bei ihrem »Zusammensein« befinden, wobei man freilich mit in Kauf nehmen muss, dass die räumlichen Verhältnisse in dem Begriffe des intelligiblen Raumes, des »Kommens und Gehens« der Substanzen doch schon vorausgesetzt waren. Durch eine sehr künstliche Konstruktion werden dann der Begriff des Atoms als des starren Elements und weiterhin diejenigen des Moleküls und des Körpers gewonnen, wobei die Attraktion als das Prinzip der Durchdringung, die Repulsion als dasjenige der Unvollkommenheit dieser Durchdringung gilt. Dadurch nun, dass die Tendenz der Durchdringung und, subjektiv gefasst, der Versuch des Bewusstseins, die Realen vollständig zusammenzufassen, niemals gelingen kann, entsteht der objektive Schein der Bewegung. In der Entwicklung dieses Begriffes zeigt sich am meisten die oben erwähnte Zweideutigkeit der Lehre von den zufälligen Ansichten. Auf der einen Seite soll die Bewegung nicht in den Dingen vorgehen, sondern nur etwas sein, was dem Zuschauer widerfährt, auf der anderen soll diese Beziehung zwischen den Dingen ein objektiver Schein in dem Sinne sein, dass derselbe auch ohne irgendein beobachtendes Bewusstsein ein Verhältnis derselben bildet. Neben der Bewegung ist es hauptsächlich noch die Verschiedenheit der Stoffe, welche die Synechologie aus den verschiedenen Verhältnissen konstruiert, in denen sich die Elemente der Materie durch ihren Gegensatz zueinander befinden. Herbart gewinnt daraus eine Vierteilung aller Körperlichkeit in ponderable Materie, Wärmestoff, elektrisches Fluidum und Äther, aus welchem Letzteren er neben dem Licht auch die scheinbare *actio in distans* der ponderablen Materie erklärt wissen will.

Bedeutsamer und einflussreicher ist Herbarts P s y c h o l o g i e. Dieselbe hat er neben kleineren, teils methodologischen, teils sachlichen Abhandlungen in dem »Lehrbuch zur Psychologie« (1816) und in seinem Hauptwerk: »Psychologie als Wissenschaft, neu gegründet auf Erfahrung, Metaphysik und Mathematik« (1824–1825) dargestellt. Auf diesem Gebiete hat er durch seine originelle Auffassung einen mächtigen Umschwung hervorgerufen und eine Tendenz begründet, die noch heute die fruchtbarste Bedeutung besitzt. Aus der Konsequenz seiner Metaphysik ergab sich ein klares, wissenschaftliches Prinzip, welches den unbestimmten, halb belletristischen Betrachtungen, auf welche sich so vielfach die psychologische Untersuchung beschränkt hatte, in der wirksamsten Weise gegenübertreten konnte und selbst da anerkannt werden muss, wo man in ihm nicht die ganze Methode der Psychologie sehen will. Wenn Herbart auch hier zunächst polemisch verfährt, so befindet er sich in vollem Rechte gegenüber jener mythologisierenden Theorie der seelischen »Vermögen«, mit der man die Seele in lauter kleine Seelchen zersplittert, um für verwandte Erscheinungen eine gemeinsame Kraft anzunehmen. Hatte schon Änesidemus-Schulze im Kampf gegen Reinhold und Kant die Unbrauchbarkeit und Schädlichkeit dieses Begriffs der empirischen Psychologie betont, so hat Herbart gegen denselben einen systematischen Vernichtungskampf geführt. Von einer wissenschaftlichen Psychologie kann nur dann die Rede sein, wenn man sich entschließt, ebenso wie in der Naturwissenschaft die komplizierten Erscheinungen nicht auf besondere *qualitates occultae* zurückzuführen, sondern sie aus den gesetzmäßigen Kombinationen elementarer Vorgänge zu erklären. Dies Prinzip in der deutschen Philosophie zuerst aufgestellt zu haben, ist das große Verdienst Herbarts. Es ist persönlich umso größer, als sich eine direkte Abhängigkeit von der englischen Assoziationspsychologie, die in gewisser Weise denselben Gedanken vertrat, bei ihm nicht nachweisen lässt. Bei den Engländern ist es die nominalistische Tendenz, welche sie zur Leugnung der Realität solcher Allgemeinbegriffe wie Wille, Verstand usw. bringt; bei Herbart ist es die metaphysische Ansicht von der einfachen Qualität des Seelenwesens, welche verbietet, in demselben eine Anzahl verschiedener Grundkräfte anzunehmen. Die Verschiedenheit der psychischen Tätigkeiten kann bei ihm nur auf den wechselnden Beziehungen beruhen, in welche die Seele zu andern Realen tritt. Daraus aber ergibt sich von vornherein eine einseitige Bestimmtheit seiner psychologischen Ansicht. Die Selbsterhaltung der Seele gegen das Zusammensein mit anderen Realen ist Vorstellung, und damit wird für Herbart die V o r s t e l l u n g z u d e r e i n z i g e n G r u n d f u n k t i o n d e r S e e l e . Alle übrigen psychischen Tätigkeiten bestehen nur in Vorstellungsverhältnissen. Hierin besteht hauptsächlich Herbarts Verwandtschaft mit der vorkantischen Philosophie. Die Tätigkeiten des Willens und des Gefühls gelten ihm wie dieser immer nur als Vorstellungsverhältnisse, und gegen jene Ansicht von dem Primat des Willens über das Denken, welcher Fichte den schärfsten Ausdruck gab, musste er sich nach jeder Richtung sträuben. Daraus folgte dann wieder, dass er die gesamte Freiheitslehre der deutschen Philosophen verwarf und zum Leibniz'schen Determinismus zurückkehrte.

Dass es nun zwischen den Vorstellungen überhaupt Verhältnisse gibt und somit all' die Kombinationen eintreten können, deren Erklärung allein den Gegenstand einer wissenschaftlichen Psychologie bildet, das beruht auf der Tatsache, dass die Vorstellungen, mit denen die Seele sich gegen andere Realen selbst erhält, nicht mit dieser Berührung wieder verschwinden, sondern in der Seele als Vorstellungskräfte bestehen bleiben und dadurch untereinander in die mannigfaltigsten Verhältnisse geraten. Die Einheitlichkeit des Seelenwesens verlangt, dass diese verschiedenen Formen ihrer Selbsterhaltung sich miteinander vereinigen. Die Folge davon ist, dass, da diese Vereinigung wegen der Verschiedenheit des Inhaltes der Vorstellungen nicht vollständig geschehen kann, sie sich gegenseitig hemmen. Ist im Bewusstsein nur eine Vorstellung, so nimmt sie dasselbe in seiner ganzen Energie in Anspruch; sind es aber mehrere, so üben die Vorstellungskräfte aufeinander eine Hemmung aus, vermöge deren jede an ihrer Intensität umso mehr verlieren muss, je stärker die Intensität der Vorstellung ist, von welcher sie gehemmt wird. Hierauf beruht nun die Möglichkeit, den psychologischen Mechanismus der Vorstellungen einer m a t h e m a t i s c h e n   B e r e c h n u n g zu unterwerfen. Die Hemmungssumme, d.h. die Gesamtintensität, welche die miteinander konkurrierenden Vorstellungen verlieren, verteilt sich unter die einzelnen derartig, dass nach ihrem ursprünglichen Intensitätsverhältnis jede umso weniger verliert, je stärker sie war. Macht man daher über die Größe dieser Hemmungssumme eine Annahme – und Herbart setzt voraus, dass dieselbe der Intensität der schwächeren Vorstellung oder bei mehreren der Summe der schwächeren Vorstellungen gleich sei, – so lässt sich mathematisch berechnen, wie viel von jeder nach der gegenseitigen Hemmung übrig bleibt. In dieser Weise will Herbart nach der Kant'schen Forderung die Psychologie zur Wissenschaft erheben, indem er den mathematischen Kalkül in sie einfügt und auch für sie die Übereinstimmung der metaphysisch-mathematischen Deduktion mit dem empirischen und tatsächlichen Wissen in Anspruch nimmt. Es ist der erste Versuch, aus ihr eine theoretische Naturwissenschaft nach Newton'schen Prinzipien zu machen. Und selbst wenn man die allgemeine Durchführbarkeit desselben auf dem psychologischen Gebiete bestreitet, muss man einerseits die großartige Konsequenz dieser Behandlungsweise bewundern, andererseits aber die Anwendbarkeit derselben auf bestimmte Gebiete, wie z.B. die Empfindungslehre, durchaus anerkennen.

Die Voraussetzung aber dieser mathematischen Behandlung der Psychologie bildet die Annahme einer verschiedenen Intensität der Vorstellungstätigkeit, welche Herbart als selbstverständlich ansieht. Die Verwandtschaft mit Leibniz zeigt sich dabei vor allem darin, dass er wie dieser als eine Funktion der Vorstellungsintensität das Bewusstsein betrachtet. Besitzt die Vorstellung eine gewisse Intensität, so wird sie bewusst, und ist ein »wirkliches Vorstellen«. Wird sie unter diesen Grad herabgedrückt, so wird sie unbewusst und ist nur noch ein »Streben vorzustellen«. Den niedrigsten Grad, bei welchem die Vorstellung noch bewusst ist, nennt Herbart die Bewusstseinsschwelle. In dem Mechanismus der Vorstellungen kommt es deshalb darauf an, ob die Hemmung, welche die Vorstellungen aufeinander ausüben, derartig ist, dass eine oder die andere derselben unter die Bewusstseinsschwelle herabsinken muss, und das ganze Seelenleben erscheint bei Herbart wie ein Kampf, den die Vorstellungen wie in einem engen Raume miteinander führen, und bei dem es darauf ankommt, ob die einen oder die andern je nach ihrer Intensität über die Schwelle in den erleuchteten Teil eintreten können, den das Bewusstsein oder das wirkliche Vorstellen darin bildet. Die Gleichgewichtsverhältnisse, in welche die Vorstellungen dabei miteinander treten, sind die Gefühle, und in dem »Sichheraufarbeiten« einer Vorstellung gegen die Hemmungen der übrigen sieht Herbart dasjenige, was man Begehren nennt. Die Psychologie ist nichts als eine »Statik und Mechanik des Geistes«, welche die Gesetze dieser Bewegung mathematisch zu deduzieren und empirisch zu bestätigen hat.

Diejenigen Vorstellungen nun, welche gleichzeitig zum wirklichen Vorstellen gekommen sind, geraten dadurch in eine Verwachsung, vermöge deren sie sich zu Vorstellungsmassen verknüpfen, assoziieren und komplizieren, deren einzelne Teile, wenn sie wieder zum Bewusstsein gelangen, die andern ebenfalls in dasselbe emporzuziehen, d.h. zu reproduzieren streben. Vorstellungen, die aus dem Bewusstsein verschwinden, sind nicht überhaupt zu Grunde gegangen, sondern existieren vermöge der Hemmung nur noch als Streben vorzustellen und werden unter geeigneten Umständen, sei es »frei steigend«, sei es durch die Assoziation, wieder zum wirklichen Vorstellen. Jene Massen aber, welche sich in dem psychologischen Mechanismus zusammengefunden haben, üben auf die neu eintretenden Vorstellungen eine Art von Attraktionskraft in der Weise aus, dass sie die verwandten darunter in sich aufzunehmen und mit sich zu verschmelzen suchen. Diesen Prozess bezeichnet Herbart als denjenigen der A p p e r z e p - t i o n und schreibt ihm die Rolle zu, dass vermöge desselben der Besitzstand, welchen die Seele sich bereits erworben hat, alle neu hinzukommenden Vorstellungen sich assimiliert und so alles Neue in den Zusammenhang des Früheren einfügt.

Aus der gesetzmäßigen Bewegung der ursprünglichen Vorstellungen, welche sich auf diese Grundformen zurückführen lässt, sucht nun Herbart alle die komplizierten Gebilde sowohl des theoretischen als auch des praktischen Verhaltens zu erklären, welche in der inneren Erfahrung vorkommen. Von ursachlosen Funktionen kann bei dieser Auffassung nicht die Rede sein, und die höchsten und wertvollsten Tätigkeiten müssen als Produkte des psychischen Mechanismus aufgefasst werden. Darum griff Herbart hauptsächlich die Kant'sche Idee der intelligiblen Freiheit an, obwohl er mit seiner Lehre von der metaphysischen Urqualität des einfachen Seelenwesens, welche den Grund für alle »Selbsterhaltungen« in der Erscheinung bilde, vielleicht mehr als andere sich diese Lehre hätte zu eigen machen können. Aber abgesehen davon, dass Herbart jene Urqualität für völlig unerkennbar hielt, konnte er auch der religionsphilosophischen Verwendung, welche Kant von dem Begriffe machte, nicht beitreten; denn danach sollte in der »Wiedergeburt« der intelligible Charakter sich in völlig unbegreiflicher Weise verändern, was mit Herbarts metaphysischen Prinzipien unvereinbar war. Infolgedessen blieb in seiner Lehre nur ein Determinismus übrig, der in allen wesentlichen Zügen mit demjenigen von Leibniz übereinstimmte. Aber auch alles dasjenige, was von angeborenen Begriffen oder angeborenen Formen im menschlichen Geiste behauptet worden war, musste bei Herbart in dieser Weise als Erzeugnis der psychischen Entwicklung angesehen werden, und er benutzte dann namentlich seine Theorie der »reihenweis abgestuften Verschmelzung«, um im Gegensatze zur transzendentalen Ästhetik Raum und Zeit aus der Empfindungstätigkeit abzuleiten. Besonders wichtig aber ist es, dass sich derselben Behandlung auch der Begriff des I c h unterwerfen muss. Herbart weist scharfsinnig nach, dass das Fichte'sche »reine Selbstbewusstsein« den Widerspruch einer doppelten unendlichen Reihe involviere. Wenn es als das sich selbst Vorstellende definiert wird, so ist dabei das, was vorstellt, und das, was vorgestellt wird, immer wieder nur das sich vorstellende Ich, und so fort bis ins Unendliche. Bei dieser formalen Bestimmung kommt niemals ein Inhalt heraus, bei welchem die Vorstellungstätigkeit Halt machen könnte. Insofern hat Fichte recht gehabt, dass das Ich nie zu Stande kommt, sondern nur im unendlichen Streben sich zu realisieren sucht. Aber dieses widerspruchsvolle reine Ich ist auch gar nicht gegeben, sondern nur eine formelle Abstraktion Fichtes; das gegebene, das allein begreiflich zu machen ist, ist das empirische Selbstbewusstsein, und dies ist stets inhaltlich bestimmt. Das Ich weiß sich jedes Mal in einem bestimmten Zustande, es wird also immer durch bestimmte Apperzeptionsmassen gebildet, welche, mehr oder minder wechselnd, aber doch schließlich an einem konstanteren Kerne haftend, die neu eintretenden Vorstellungen assimilieren. Das Ich ist also gewissermaßen der Schneidepunkt aller derjenigen Vorstellungsreihen, welche in der Entwicklung des Individuums durch den Mechanismus der Vorstellungen entstanden sind. Dieser Schneidepunkt wandert mit gewissen Grenzen in dem Inhalte des wirklichen Vorstellens, und seine Identität liegt nur einerseits in der Gleichheit der Apperzeptionsprozesse, andererseits in der Kontinuierlichkeit der Vorstellungsentwicklung. Fichtes und Herbarts Behandlungen dieses schwierigsten aller Probleme stehen sich diametral und einander ergänzend gegenüber: Jener richtet seine Untersuchung auf die identische Einheit des Ich und vermag daraus keinen individuellen Inhalt abzuleiten; dieser betont den individuellen Inhalt derartig, dass die formale Einheit und Identität verloren zu gehen droht. Jedenfalls aber betrachtete Herbart das Leben der Seele als einen naturnotwendigen Entwicklungsprozess und nicht wie Fichte als die Äußerung einer unnahbaren und unbegreiflichen Freiheit. Für den letzteren Standpunkt war es eigentlich durchaus irrationell, von einer Erziehung zu sprechen, da die »Freiheit« des Ich doch keiner naturnotwendigen Beeinflussung unterliegt und deshalb keinen Einwirkungen zugänglich ist, die sich voraussehen und planvoll hervorrufen ließen. Umgekehrt forderte Herbarts Theorie der psychischen Entwicklung geradezu dazu auf, zu untersuchen, wie der nach äußeren Anregungen naturnotwendig verlaufende Mechanismus des Seelenlebens in solche Bahnen gebracht werden kann, dass er zu beabsichtigten Erziehungszwecken notwendig führen muss. Deshalb entwickelte nicht nur Herbart selbst von seiner Psychologie aus eine sehr glücklich angelegte und durchgeführte P ä d a g o g i k , sondern es ist dies auch dasjenige Spezialfach, in welchem seine Lehre die tiefsten und nachhaltigsten Einflüsse ausgeübt hat.

Bei solchen psychologischen Überzeugungen musste Herbarts Behandlung der Ethik in seiner »Allgemeinen praktischen Philosophie« (1808) ganz anders als bei Kant und bei Fichte ausfallen. Sie konnte weder auf ein Freiheitsgesetz des Sollens noch auf den Begriff des Ich begründet werden. Vielmehr schlägt Herbart einen ganz andern Weg ein, um die Kant'sche Tendenz einer vollkommenen Selbständigkeit der Moralphilosophie und ihrer gänzlichen Unabhängigkeit sowohl von der Psychologie als auch von der Metaphysik mehr als irgendein anderer zu realisieren. Er geht dabei von der Tatsache aus, dass es neben den theoretischen Urteilen B e u r t e i l u n g e n gibt, in welchen sich Billigung oder Nichtbilligung eines erkannten Gegenstandes ohne jede Rücksicht auf die Art, wie derselbe zu Stande gekommen ist, ausspricht. Diese Beurteilungen beziehen sich immer auf Verhältnisse des Vorstellungsinhalte, und je komplizierter dieselben sind, umso weniger ursprünglich kann die Beurteilung sein. Es muss deshalb eine Anzahl einfacher Verhältnisse geben, welche den Gegenstand eines ursprünglichen Wohlgefallens oder Missfallens bilden, und aus deren Komplikation die abgeleitete Beurteilung verwickelterer Verhältnisse erklärt sein will. Die Wissenschaft von diesen einfachen Verhältnissen, welche die Billigung oder Missbilligung bei sich führen, nennt Herbart Ä s t h e t i k und stellt sie, der Logik und der Metaphysik gegenüber, als den dritten selbständigen Teil der Philosophie auf. Denjenigen Teil der Ästhetik, welchen man gewöhnlich mit diesem Namen bezeichnet und der durch die Beurteilungsprädikate der Schönheit und der Hässlichkeit charakterisiert ist, haben erst Herbarts Schüler bearbeitet, er selbst hat sich auf die Ethik als auf denjenigen Teil der allgemeinen Ästhetik beschränkt, welcher es mit den einfachen Verhältnissen der sittlichen Beurteilung zu tun hat. Dieselben müssen durch begriffliche Bearbeitung der moralischen Billigungen und Missbilligungen gewonnen werden, welche in der Erfahrung tatsächlich ausgeübt werden. Auch hier also sträubt sich Herbart gegen die monistische Tendenz eines obersten Moralprinzips: Auf allen Gebieten ist er davon überzeugt, dass das menschliche Denken auf einer Anzahl ursprünglicher, nicht mehr aufeinander zurückführbarer Inhaltsbestimmungen beruhe, die es nur in ihrer Reinheit festzustellen und miteinander in »Beziehung« zu setzen gelte. Die einfachen W i l l e n s v e r h ä l t n i s s e , welche den Gegenstand des ursprünglichen moralischen Beifalls bilden, nennt Herbart die sittlichen Ideen, und er stellt deren fünf auf: die Idee der »inneren Freiheit« als der Übereinstimmung des Willens mit dem eigenen Urteil, die Idee der »Vollkommenheit« als der richtigen Größe der Willensbestrebungen, die Idee des »Wohlwollens« als des Willens, welcher das fremde Wohl zu seinem Gegenstande macht, die Idee des »Rechts« als die Regel der Willensübereinstimmung verschiedener Individuen und das Missfallen am Streite, endlich die Idee der »Billigkeit« als der Vergeltung der guten und der bösen Handlungen. An diese fünf ursprünglichen schließen sich sodann fünf abgeleitete Ideen als diejenigen der sittlichen Institutionen an, in welchen jene ersten zur Realisierung kommen und welche deshalb den Inbegriff der sittlichen »Güter« enthalten. Herbart entwickelt sie (in umgekehrter Reihenfolge) als das Lohnsystem, die Rechtsgesellschaft, das Verwaltungssystem und das Kultursystem, welche vier in der b e l e b t e n G e s e l l s c h a f t zu einer organischen Einheit verbunden sind. So geht die Ethik in S o z i a l p h i l o s o p h i e über, und Herbart konstruiert den Begriff des S t a a t e s als den Lebensprozess der Menschheit, in welchem alle diese Güter zur Entwicklung kommen. Allein er sieht nun wieder im Staate wesentlich einen sozialen Mechanismus; auch ihm ist der Staat »der Mensch im Großen«. Die Elemente, aus denen er besteht, sind die wollenden Menschen, und die Staatslehre

ist mehr eine Statik und Mechanik der sozialen Kräfte, als eine rechts-
philosophische Konstruktion, die Staatskunst eine Berechnung der
psychologisch-sozialen Notwendigkeiten. Denn das Gleichgewicht
der sozialen Kräfte, in welchem das Wesen des Staates besteht, wird,
wie Herbart namentlich dem doktrinären Liberalismus entgegenhielt,
nicht durch die Rechtsformen herbeigeführt, welche vielmehr selbst
erst das Produkt des sozialen Mechanismus sind, sondern nur durch
die psychologische Bewegung der den Staat konstituierenden Individuen. Sitte, Wohlwollen und Bildung sind deshalb ungleich festere und
wertvollere Säulen der staatlichen und gesellschaftlichen Ordnung als
abstrakte Rechtsbestimmungen, und der Sinn der äußeren Lebensformen der Menschheit liegt in der psychologischen Bewegung, aus der
sie hervorgegangen sind.

§71. Der Psychologismus

Fries und Beneke

So scharf der Gegensatz ist, in welchem sich Herbart zu der idealistischen Philosophie sowohl in ihrer rationalen als auch in ihrer irrationalen Tendenz befindet, so ist er mit derselben doch darin einig, dass
er die umbildende Entwicklung der Kant'schen Philosophie in der
metaphysischen Richtung sucht. Freilich bringt seine Bekämpfung des
Axioms der Identität von Denken und Sein es mit sich, dass er mehr als
alle anderen Nachfolger des großen Königsbergers auf die erkenntnistheoretische Basis zurückgeht, und alle seine metaphysischen Lehren
beruhen auf dem echt kritischen Bestreben, »die Erfahrung begreiflich zu machen«: Die Lösung dieser Aufgabe sucht jedoch auch er auf
dem Wege einer Metaphysik, welche zwar die Dinge an sich und das
wirkliche Geschehen für unerkennbar erklärt, aber doch über ihr Verhältnis zur Erscheinungswelt eine weit umfangreichere theoretische
Erkenntnis behauptet, als es Kant zugestanden haben könnte. Allein
neben allen diesen metaphysischen Bestrebungen der nachkantischen
Philosophie, in welchen zweifellos der schöpferische Fortschritt des
philosophischen Geistes enthalten ist, laufen nun eine Reihe anderer

Versuche einher, welche das kritische Prinzip der Selbsterkenntnis der menschlichen Vernunft in die Sprache der e m p i r i s c h e n P s y - c h o l o g i e zu übersetzen und die grundlegenden Untersuchungen der Erkenntnistheorie mit vollem Bewusstsein in die a n t h r o p o l o - g i s c h e Erfahrung zu verlegen suchen. Je wichtiger für Kants gesamte Kritik der apriorischen Erkenntnis die bei ihm niemals ausdrücklich herausgehobenen psychologischen Voraussetzungen waren, umso mehr konnte man glauben, seinen Absichten zu entsprechen, wenn man in der Selbsterkenntnis des menschlichen Geistes die Grundlage aller philosophischen Untersuchungen suchte: und je mehr die großen metaphysischen Systeme, welche sich aus seiner Lehre entwickelten, im Geheimen mit einer bestimmten psychologischen Grundansicht operierten, umso näher lag die Möglichkeit, dass man ihre Lehren ausdrücklich auf die anthropologische Erkenntnis zu stützen unternahm. So ist der P s y c h o l o g i s m u s eine konstante Nebenerscheinung der metaphysischen Systeme: Er besteht an jedem Punkte in einer Verarbeitung der metaphysischen Lehren unter dem Gesichtspunkt der empirisch-psychologischen Begründung, und seine Vertreter gehen sämtlich von der Ansicht aus, das »subjektive Prinzip« der modernen Philosophie laufe darauf hinaus, dass in der empirischen Psychologie als der Selbsterkenntnis des erkennenden Geistes die Grundlage der gesamten Philosophie gesucht werden müsse. Er ist die nächstliegende Form des »metaphysischen Empirismus«, auf welchen das Scheitern der rationalistischen Deduktion von allen Seiten hinwies. Die Überzeugungen der ihn vertretenden Männer sind daher ähnlich, wenn auch in viel positiverer Weise als diejenigen der Irrationalisten, durch die metaphysischen Systeme bestimmt, für welche sie in anthropologischen »Selbstbeobachtungen« die empirische Basis zu gewinnen trachten, und wesentliche oder prinzipielle Neuerungen sind – von dem allgemeinsten Gesichtspunkte abgesehen – nicht von ihnen ausgegangen: Ihr Kampf gegen die großen Systeme wird stets mit den Gedanken geführt, die diesen selbst entnommen sind.

Einer der bedeutendsten dieser Psychologisten ist gleich der erste, derjenige nämlich, welcher sich in dieser Weise der empirisch-psychologischen Begründung zu dem Kant'schen System selbst verhält.

Jacob Friedrich Fries (1773 geboren, unter dem Einfluss der Herrnhutischen Brüdergemeinde zu Barby und Niesky erzogen, auf den Universitäten Leipzig und Jena gebildet, 1801 in Jena habilitiert, 1805 als Professor der Philosophie nach Heidelberg, 1816 nach Jena berufen, nach seiner Beteiligung am Wartburgfest suspendiert, 1824 als Professor der Physik rehabilitiert und 1843 zu Jena gestorben) hat in seinem Hauptwerk »Neue Kritik der Vernunft« (1807) die Kant'-sche Lehre auf eine psychologische Ansicht zu stützen gesucht, die er in dem »Handbuch der psychischen Anthropologie« (1820) sachlich und terminologisch genauer fixiert und in seinen zahlreichen übrigen, auf alle Teile der Philosophie sich erstreckenden Schriften weiter ausgeführt hat. Er geht von der Überzeugung aus, die nach manchen Richtungen unangreifbar und z.B. auch von Herbart anerkannt worden ist, dass die Untersuchung über die apriorische Erkenntnis, welche die Vernunftkritik ausgeführt hat und ausführen soll, selbst aposteriorischen Charakters ist, indem alle »transzendentalen Bedingungen« der Erkenntnis in der tatsächlichen, empirisch gegebenen Natur der menschlichen Denktätigkeit aufgesucht werden. Nur durch die Erfahrung selbst werden wir uns jener »reinen Formen« bewusst, welche als immanente Gesetze unserer Vorstellungstätigkeit die allgemeinen und notwendigen, d.h. apriorischen Bestimmungen alles Erfahrungsinhaltes bilden. Kants gesamte Untersuchung ist somit nach Fries psychologischen Charakters, und man soll sich nicht scheuen, dies offen auszusprechen. Darin war richtig, dass der Leitfaden von Kants Kritik überall eine psychologische Voraussetzung und das Kriterium ihrer Entscheidungen immer eine psychologische Einsicht oder Ansicht ist; aber es darf nicht vergessen werden, dass den Grund, den Kant für die Apriorität der Vernunftformen suchte, niemals ihre empirische Funktion bildete. Fries seinerseits behauptet, die ganze Aufgabe der Kritik bestehe in der R e f l e x i o n auf die von dem menschlichen Geiste unmittelbar ausgeübte Erkenntnistätigkeit. Dabei zeigt sich nun, dass alles Wissen des Verstandes in seiner demonstrierbaren Gewissheit auf Voraussetzungen beruht, welche das reflektierende Denken nicht erzeugt, sondern übernimmt. Das Denken ist – genauso hatte der von Fries so lebhaft bekämpfte Fichte gesprochen – immer nur sekundären Charakters; es hat stets nur mittelbare Gewissheit und ist nur eine

Reflexion auf die unmittelbare Gewissheit, welche ihm vorhergeht und der es seinen Inhalt entnimmt. In dieser Entgegensetzung ist Fries vollkommen von J a c o b i abhängig und stimmt ihm auch darin bei, dass die unmittelbare Gewissheit nicht im reflektierenden Denken, sondern im Gefühl enthalten ist. Wenn er deshalb auch ein Vertreter der Gefühlsphilosophie ist, so unterscheidet er sich von Jacobi eben darin, dass er verlangt, die unmittelbare, dunkle Gefühlserkenntnis solle durch die Reflexion in das klare und sichere Bewusstsein erhoben werden, und deshalb ist seine Lehre ungleich viel wissenschaftlicher und objektiver geworden als diejenige Jacobis, welche sich mit dem Pathos des unklaren, subjektiven Gefühls begnügte. Andererseits aber verfolgt nun auch Fries den Gedanken, dass die unmittelbare Gewissheit, indem sie in das reflektierende Bewusstsein aufgenommen wird, notwendig die lediglich subjektiven Formen desselben annehmen muss und auf diese Weise zu einer Erscheinungswelt herabsinkt. Unser Denken ist die Reflexion auf unser unmittelbares Gefühl; aber es ist notwendig in seine, ihm eigentümlichen Formen gebannt und erkennt daher lediglich die Erscheinungsform der Wahrheit. Alles Wissen bewegt sich in den Reflexionsformen der Subjektivität, welche wir durch die Selbstbeobachtung unserer Erkenntnistätigkeit uns zum Bewusstsein zu bringen vermögen. Die »Neue Kritik« gibt in der Analyse dieser Formen des reflektierenden Bewusstseins sehr viel feine und geistreiche Untersuchungen; namentlich die Kategorienlehre ist von Fries durchaus selbständig und originell behandelt und auf die Kategorien der Relation zugespitzt worden. Allein das demonstrierende Wissen ist deshalb gänzlich auf die Anwendung dieser Formen beschränkt: Es verliert allen Boden unter den Füßen, sobald es dieselbe überschreiten will. Für die wissenschaftliche Erkenntnis gilt Kants Beschränkung auf die Erfahrung und Erscheinung. Von der äußeren Natur wissen wir nur so viel, als sich mathematisch und mechanisch berechnen lässt. Die Prinzipien der Naturerkenntnis sind lediglich mathematisch und mechanistisch: Auch die Organismen wollen in dieser Weise begriffen sein, und es ist ein Fehler Kants, auf sie die teleologische Betrachtung auch nur für wissenschaftlich anwendbar erklärt zu haben. In der Erkenntnis der inneren, psychischen Natur dagegen verlässt uns – trotz Herbart – die mathematische Erkenntnis; hier sind wir lediglich auf deskriptive Analysis angewiesen, – eine Behauptung, die bei Fries umso schwerer wiegt, als er auf diese Erfahrungswissenschaft die ganze Philosophie gründen wollte. Während aber so die wissenschaftliche Erkenntnis auf die naturnotwendige Erscheinung angewiesen ist, enthält das unmittelbare Gefühl den Glauben an die Welt der Dinge an sich: die Kant'schen Ideen von Gott, von der intelligiblen Freiheit und dem übersinnlich-unsterblichen Wesen des Menschen erscheinen hier als Objekte des unmittelbar selbstgewissen Gefühls, und zwischen jenem Wissen der Erscheinungen und diesem Glauben der Dinge an sich wird von Fries ganz der schroffe Dualismus angenommen, der Kant und Jacobi gemeinsam war. Dennoch gibt es für Fries eine Vermittlung zwischen beiden, und seine Wertschätzung der Kritik der Urteilskraft, welche er für Kants größtes Werk erklärte, zeigt sich auch darin, dass das Gefühl wieder zuletzt zwischen der theoretischen und der praktischen Vernunft vermitteln soll. Als ästhetisches Gefühl zeigt es uns in unmittelbarer Anschauung die übersinnliche Idee in die sinnliche Erscheinung verwachsen, als religiöses Gefühl lässt es uns in der Zweckmäßigkeit der Natur die Weisheit des göttlichen Schöpfers verehren. Wenn wir so die Erscheinungen in ihrer mathematischen Notwendigkeit erkennen und wissen, wenn wir an die Dinge an sich als die sittlichen Werte glauben, so »ahnen« wir in dem ästhetischen und dem religiösen Gefühl, dass in den Erscheinungen eben jenes wahre, sittliche Wesen der Dinge erscheint. Die rein naturalistische Beschränkung der Erfahrungserkenntnis, der moralische Glaube an eine Welt der Werte und der Würde der menschlichen Bestimmung, die Parallelisierung des ästhetischen und des religiösen Gefühls in der gemeinsamen Bedeutung, dass in beiden das Verhältnis der Erscheinung zur Idee, des Bedingten zum Unbedingten geahnt wird, – das alles sind Theorien, die, in Kant angelegt, bei seinen verschiedenen Nachfolgern in besonderen Formen entwickelt worden sind: Bei Fries erscheinen sie auf der gemeinsamen Basis einer lediglich anthropologischen Untersuchung und als die Lehren einer empirischen Psychologie, und darin besteht seine eigentümliche und selbständige Stellung. Aber gerade diese Begründung der Grundlehren der Kant'schen Philosophie auf die empirische Psychologie hatte etwas Eindringliches und unmittelbar Einleuchtendes an sich, was des großen Erfolges in weiteren Kreisen sicher war. Ähnlich sprachen sich Fr. van Calker in seiner »Urgesetzlehre des Wahren, Guten und Schönen« (1820) und Chr. Weiss in zahlreichen Schriften aus, unter denen namentlich die »Untersuchungen über das Wesen und Wirken der menschlichen Seele« (1811) hervorzuheben sind, und später schloss sich an Fries eine umfangreiche Schule an, welche sich namentlich auch auf theologischem Gebiete Ausbreitung und Geltung verschaffte.

Wie Fries zu Kant und Jacobi, so verhielten sich geringere Geister zu Kant und Fichte. Zunächst ist in dieser Hinsicht Wilhelm Traugott Krug (1770–1842) zu nennen, welcher die Kantisch-Fichte'schen Lehren auf »Tatsachen des Bewusstseins« zurückzuführen suchte. Aus seiner überaus fruchtbaren Schriftstellertätigkeit ist das »Handbuch der Philosophie« (1820) am meisten verbreitet gewesen; das präziseste ist wohl der »Entwurf eines neuen Organon der Philosophie« (1801) und die »Fundamentalphilosophie« (1803). Von der Mendelssohn'schen Art des Philosophierens ausgegangen, sah er auch in der neuen philosophischen Bewegung nichts als eine Analyse des Bewusstseins, welche den Inhalt des gesunden Menschenverstandes kritisch festzustellen habe. Die letzte Tatsache, auf welche dabei das sich selbst beobachtende Bewusstsein stoße, der absolute Inhalt des Selbstbewusstseins sei die Verknüpfung des Denkens mit dem Sein. Deshalb sei sowohl der Realismus, der nur die Ursprünglichkeit des Seins, als auch der Idealismus, der nur diejenige des Denkens anerkennen wolle, von vornherein verfehlt; der einzig wahre Standpunkt sei der transzendentale Synthetismus, welcher in dem empirischen Selbstbewusstsein diese Tatsache der gegenseitigen Beziehung von Denken und Sein konstatiere und sie zum Ausgangspunkt aller philosophischen Gewissheit mache. Denn diese sei nichts als der Glaube an die Tatsachen des Bewusstseins. Enthält diese Lehre eine psychologische Umstempelung der Fichte'schen Theorie vom Ich, so ist sie andererseits ein Synkretismus Reinhold'scher und Jacobi'scher Gedanken auf der Basis der empirischen Psychologie. – Bedeutender ist der Versuch, welchen Friedrich Bouterwek (1766–1828), ein als empiristischer Ästhetiker und Literaturhistoriker sehr geschätzter Mann, in seiner »Idee einer Apodiktik« (1799) gemacht hat, um eine psychologische »Selbstverständigung« des Kritizismus zu gewinnen. Er führt zunächst aus, dass die logischen Formen des Denkens niemals zu einer andern als formalen und hypothetischen Erkenntnis führen; er entwickelt sodann, dass die Transzendentalphilosophie den Spinozistischen Begriff eines absoluten Seins realisiere, aber alle Individualität und Verschiedenheit, alles Geschehen und Tun lediglich für Erscheinung erklären müsse, und er zeigt sich in dieser Spinozistischen Konsequenz, die er aus Kant ableitet, schon hier durchaus von Jacobi abhängig, dem er später immer mehr anheimgefallen ist. Er fügt endlich hinzu, dass uns nur unser eigenes empirisches Selbstbewusstsein uns als handelnde Individualitäten erkennen lasse und dass diese Selbstbeobachtung die einzige Möglichkeit sei, uns auch die äußere Welt zu erklären. Indem unser Wille, der das absolut Gewisse unserer Selbsterkenntnis ist, bei seinem Handeln auf Widerstand stößt, erkennen wir die Welt, welche in der Transzendentalphilosophie nur als einheitliches Sein erschien, als eine unendliche Vielheit lebendiger Kräfte. Die Selbsterkenntnis, in der wir uns als wollende Wesen erfassen, enthüllt uns das Geheimnis der Dinge: Wir müssen sie ebenso wie uns selbst als lebendige Kräfte ansehen. Deshalb bezeichnet sich dies System als absoluten Virtualismus. Fichtes Selbstanschauung der Intelligenz als Wille ist also hier in eine Selbstbeobachtung der empirischen Psychologie verwandelt, und was später Schopenhauer als seine geniale Deutung der Erfahrung bezeichnete, erscheint hier ausdrücklich als eine auf die innere Erfahrung gestützte Analogie: wobei nicht zu vergessen ist, dass Bouterwek in Göttingen lehrte, wo Schopenhauer seine ersten Studien gemacht hat. – Zeigt Bouterwek in seiner Auffassung der Transzendentalphilosophie eine entschiedene Abhängigkeit von Schellings Neospinozismus, so hat auch dessen Schule ihren Psychologisten in Ignaz Paul T r o x l e r (1780–1866) aufzuweisen. Derselbe war ein fast sklavischer Anhänger der Naturphilosophie und des Identitätssystems gewesen; aber er nahm schon durch seine »Blicke in das Leben des Menschen« (1812) und später in seiner »Naturlehre des menschlichen Erkennens oder Metaphysik« (1828) und in der »Logik« (1830) eine selbständige Stellung denselben gegenüber ein. Das Wesentliche daran ist, dass er die Identität von Denken und Sein dahin deutete, die Gesetze des menschlichen »Gemüts« seien diejenigen des Universums; der Mensch sei Mikrokosmos, und alle seine

Welterkenntnis bestehe in seiner Selbsterkenntnis. Alle Philosophie ist A n t h r o p o s o p h i e , und diese besteht nur in dem Wissen der Selbstbeobachtung. In der Ausführung dieses Gedankens legt Troxler an die empirische Untersuchung in einer äußerst unfruchtbaren Weise das tetradische System der Kreuzung von Gegensätzen, welches Wagner (vgl. §66) aufgestellt hatte. Eine Unterscheidung von Geist und Seele, Leib und Körper bildet die Grundlage, auf der sich eine schematische Entwicklung der gesamten Welterkenntnis aufbauen soll.

Der konsequenteste und radikalste Vertreter des Psychologismus ist derjenige, welcher in dem oben bezeichneten Verhältnis zu Herbart steht: F r i e d r i c h   E d u a r d   B e n e k e . 1798 in Berlin geboren, in Halle und Berlin gebildet und an der letzteren Universität habilitiert, wurde er 1822, wie es scheint nicht ohne Mitwirkung Hegels, von der akademischen Tätigkeit suspendiert, dozierte einige Jahre in Göttingen und kehrte dann nach Berlin zurück, wo er 1832 eine außerordentliche Professur erhielt und 1854 gestorben ist. Seine sehr zahlreichen Schriften enthalten die ausgesprochenste Form des Psychologismus, welche in der Geschichte der Philosophie je aufgetreten ist. Er meint nicht nur wie Fries, dass die Erkenntnistheorie und von da aus alle übrigen philosophischen Disziplinen auf die empirische Psychologie begründet werden müssen, sondern seine Anschauung ist die, dass deren Aufgabe nicht die Aufsuchung einer apriorischen Erkenntnis, die es gar nicht gibt, sondern die Entwicklungsgeschichte des empirischen Bewusstseins sei. Er fühlte sich infolgedessen am meisten mit den englischen Assoziationspsychologen und der schottischen Schule verwandt, deren Vertreter er eifrig studiert hatte und in seiner »Neuen Psychologie« (1845) in Deutschland bekannt zu machen suchte. Die Grundzüge seiner Lehre hatte er bereits 1820 in der »Erfahrungsseelenlehre als Grundlage alles Wissens« dargestellt; als er darauf Herbarts Schriften genau kennenlernte, wurde dessen verwandte Theorie für die Ausbildung seiner Ansichten von entscheidendem Einfluss. So gestaltet erscheinen sie in seinem Hauptwerk, dem »Lehrbuch der Psychologie als Naturwissenschaft« (1833) und teilweise schon in den »Psychologischen Skizzen« (1825 und 1827).

Beneke teilt mit Herbart die Grundvoraussetzung, dass alles psychische Leben auf der Bewegung einfacher Elemente beruhe, deren

Gesetze oder »Grundprozesse« es festzustellen gilt. Aber die psychologische Untersuchung soll nach ihm weder auf Mathematik noch auf Metaphysik, sondern lediglich auf Erfahrung gegründet werden, und diese Erfahrung ist im Gegensatz zu der äußeren die i n n e r e E r f a h - r u n g . Die Psychologie steht deshalb völlig ebenbürtig der Naturwissenschaft gegenüber, sie ist wie diese eine Erfahrungswissenschaft; aber sie gewinnt ihre Erfahrung nicht durch den äußeren, sondern nur durch den inneren Sinn. Sie ist die N a t u r w i s s e n s c h a f t d e s i n n e - r e n S i n n e s . Ihre methodischen Mittel sind die Selbstbeobachtung der psychischen Tatsachen und die Induktion, welche aus der Analyse derselben die Einsicht in die Grundprozesse gewinnt, aus denen sich die komplizierten Erscheinungen zusammengesetzt haben. Die ganze Absicht der Beneke'schen Lehre ist also darauf gerichtet, die Gesetze der Entwicklung zu erkennen, durch welche das seelische Leben den Inhalt und die Formen gewinnt, die unsere Erfahrung darin vorfindet. Denn darin hat der Begründer der Lehre vom inneren Sinn, Locke, Recht gehabt, dass nichts Fertiges von Vorstellungen oder Willensrichtungen der Seele angeboren ist, sondern alles von ihr durch die Erfahrung erworben wird. Aber andererseits ist es ein Missverständnis, diese *tabula rasa* zum reinen Nichts zu machen, aus dem nie etwas werden könnte. Die Seele muss vielmehr aus einer Reihe von Anlagen bestehen, welche die Möglichkeit in sich tragen, dass sie aufgrund äußerer Anregungen sich zu der ganzen Fülle ihres späteren Lebens entwickelt. Hier macht nun freilich dieser Empirismus, wie es jedem geht, unversehens eine metaphysische Annahme: Die Seele gilt bei Beneke nicht als eine einheitliche, qualitativ fest bestimmte Substanz, sondern vielmehr als eine Summe von Anlagen, die ihrer Verwirklichung entgegenstreben. Diese Anlagen nennt Beneke die »V e r m ö g e n « der Seele. Er versteht darunter nicht jene hypostasierten Klassifikationsbegriffe der älteren Psychologie, deren Beseitigung er für Herbarts größtes Verdienst erklärt, sondern die spezifischen Formen der Reaktionsfähigkeit auf äußere Reize, z.B. die Fähigkeit, rot zu empfinden. Dieser Vermögen sind also von vornherein sehr viele, und sie ordnen sich je nach ihrer Verwandtschaft zu bestimmten Gruppen an. Zu einem wirklichen seelischen »Gebilde« aber werden sie erst in der Verbindung mit den ihnen adäquaten »Reizen«, die sie aus der Potentialität in die Aktualität überführen. Ohne den Reiz sind also die Vermögen eigentlich nur Triebe zur Vorstellung. Die Seele besteht aus einer Fülle solcher Triebe, welche nur auf den Reiz warten, um zu wirklichen Vorstellungen zu werden. Von hier aus erhellt am besten Benekes Verhältnis zu Fichte. Beiden besteht die Seele aus Trieben: aber für Fichte ist sie ein System von Trieben, welche zusammengehören, sodass einer nicht ohne den andern sein kann; für Beneke ist sie nur sozusagen ein Bündel von Trieben, welche zufällig zusammen sind und von denen jeder für sich besteht: bei Fichte ist die Seele das einheitliche System, das sich notwendig in die besonderen Triebe gliedert, bei Beneke ist sie nicht einmal eine einfache Substanz, die Triebe besäße (wie bei Herbart), sondern eine Verwebung zufällig zusammengekommener Vermögen.

Für die Entwicklung des Seelenlebens nimmt nun Beneke vier Grundprozesse an. Die Aneignung der entsprechenden Reize durch die Vermögen ergibt die ursprünglichen Empfindungen. Dazu kommt zweitens, dass die Seele im Laufe ihrer Entwicklung immer neue Urvermögen erwirbt. Das ist durch die Tatsache bewiesen, dass sie später auf Reize reagiert, denen sie sich früher verschlossen zeigte. Wie aber diese Erwerbung zu denken sei, wie die vorhandenen Vermögen durch die Kumulation der Reize zur Erzeugung neuer Vermögen veranlasst werden, darüber hat Beneke nur äußerst künstliche und ungenügende Hypothesen und Erklärungen aufstellen können. Reiz und Vermögen sind aber in dem Gebilde der wirklichen Vorstellung beweglich miteinander verbunden, sodass die bewusste Vorstellung wieder in die beiden Faktoren auseinander und diese in andere Vermögen hinüberfließen können. Dadurch verwandelt sich das Gebilde in eine »Spur« oder »Angelegtheit«, welche bei neuer Reizung wieder zum Gebilde werden kann und ein stärkerer Trieb als zuvor geworden ist. Endlich besitzen die Vorstellungen die Fähigkeit, nach dem Maße der Gleichheit ihres Inhalts sich anzuziehen und eine engere Verbindung miteinander anzustreben. Aus diesen vier Vorgängen, der Entstehung von Vorstellungen durch Reize, der Erwerbung neuer Vermögen, der Reproduktion und der Assoziation muss der gesamte Vorstellungsverlauf bis in alle seine Verzweigungen hinein erklärt werden.

Auch darin ist nun Beneke mit Herbart einig, dass die Vorstellung in ihrer Bedingtheit durch Reiz und Vermögen das Grundgebilde des psychischen Lebens ausmacht und dass alle übrigen »Bildungsfor-men« der Seele nur auf die verschiedenen Verhältnisse der Vorstel-lungen zurückgeführt werden sollen. Ist der Reiz dem Triebe gegen-über zu schwach, so entsteht das mit dem Unlustgefühl verknüpfte Begehren nach voller Erfüllung des Triebes. Genügt er demselben und geht er zugleich ganz darin auf, so entsteht das deutliche Wahrneh-men, die interesselose, reine Vorstellung. Besitzt der Reiz einen Über-schuss über das vom Vermögen Verlangte, so entsteht das Lustgefühl. Steigert sich derselbe bis zum Übermaß, so entsteht das Gefühl der Abstumpfung und des Überdrusses. Und tritt endlich ein solches Übermaß plötzlich ein, so entsteht das Schmerzgefühl.

Die zahlreichen sorgfältigen Beobachtungen und feinsinnigen Ana-lysen, welche in diese Theorien eingeflochten sind, gehören mehr der empirischen Psychologie als der allgemeinen Philosophie an. Das prin-zipielle Interesse an der Sache liegt darin, dass Beneke den Versuch macht, auf empirischem Wege eine Entwicklungsgeschichte des See-lenlebens zu geben, welche dessen ganze Ausbreitung aus den Urver-mögen und deren mannigfaltiger Reaktion auf die äußeren Reize nach dem Prinzip der Naturgesetzlichkeit ableitet. In diesem Grundcha-rakter der Beneke'schen Lehre ist es begründet, dass dieselbe sich im eminenten Grade und noch mehr als die Herbart'sche zur Grundlage für die P ä d a g o g i k eignete, welche denn auch schon Beneke selbst in seiner »Erziehungs- und Unterrichtslehre« (1835 und 1836) und nach ihm hauptsächlich sein Schüler D r e s s l e r ausgebaut hat. Schon Beneke kam immer wieder darauf zurück, dass das dem Menschen Angeborene, die Urvermögen seiner individuellen Seele, verhältnismä-ßig der späteren Lebensfülle gegenüber nur von sehr geringer Ausdeh-nung und bei den verschiedenen Menschen von nur unbedeutender Verschiedenheit sei (er beschränkt die individuelle Anlage wesentlich auf die in der Intensität der Urvermögen bestehenden Temperaments-verhältnisse), dass dagegen alles, was man populär Anlage, Talent, Genie usw. nenne, durch die Einwirkung der Reize auf die Vermögen erworben sei, und der Grundgedanke seiner Pädagogik ist daher der, dass in der Erziehung diese Reizwirkungen derartig geregelt werden sollen, dass sie zu einer dem Zwecke der Erziehung entsprechenden Entwicklung, Bereicherung und Befestigung der Urvermögen führen.

Auf diese psychologische Grundansicht stützt nun Beneke nicht nur seine Logik (1842), deren Problem er in der Entstehung der Begriffe durch den Verschmelzungsprozess der Vorstellungen findet, und sein »Natürliches System der praktischen Philosophie« (1837 und 1840), welches sich aus der Wertschätzung der Reize hinsichtlich der Steigerung oder Herabsetzung der Vermögen entwickelt, sondern auch seine »Metaphysik und Religionsphilosophie« (1840). Das Letztere ist aber nur durch das Prinzip der analogen Deutung möglich, welche die Ergebnisse der Selbsterkenntnis auf die äußere Welt überträgt. Eine ursprüngliche und absolute Gewissheit gibt eben nach Beneke nur die innere Erfahrung; es ist Kants Grundfehler, auch auf sie die Phänomenalität ausgedehnt zu haben, die der äußeren Erfahrung gegenüber das Richtige ist. Wollen wir die anderen Dinge erkennen, so bleibt uns nur übrig, von ihnen vorauszusetzen, dass sie sich analog verhalten, wie wir es in uns selbst erkannt haben. Die Formulierung der Begriffe von Substanzialität und Kausalität gestaltet sich danach bei Beneke nach der Ansicht, die er vom Wesen und Tun der Seele hat: Die Substanz ist ein Aggregat von Vermögen, und ihre Tätigkeiten sind die Verwirklichungen dieser Vermögen durch Reaktion auf die von anderen Substanzen ausgehenden Reize. Weiterhin führte dieses Prinzip zu der Ansicht, welche Beneke als seinen Spiritualismus bezeichnete, dass nämlich in allen, auch den körperlichen Dingen etwas der Seele Analoges gedacht werden müsse, – eine Monadologie ohne prästabilierte Harmonie. Schließlich, da unsre Kenntnis der Außenwelt überall Lücken zeigt, müssen wir im Begriffe der Gottheit die Idee der Welteinheit bilden, deren Realität wir mehr glauben und ahnen dürfen als erkennen können.

Mit dieser Übertragung der psychischen Erfahrung auf die Metaphysik spricht der Psychologismus in Beneke das Geheimnis aus, welches, wie sich zeigte, zuletzt auch den großen metaphysischen Systemen zu Grunde lag: die Umdeutung der menschlichen Selbsterkenntnis in Welterkenntnis. Und so enthüllt die ganze »Dialektik« der nachkantischen Philosophie nur die tiefe Weisheit, welche in dem Prinzip Kants liegt, dass alle philosophische Erkenntnis nur die Einsicht in die Organisation der menschlichen Vernunft ist.

* * *

411

Mit dieser Nachlese endet der Versuch, die reifen Garben zu binden, in welche die Kant'sche Saat aufgeschossen ist. Nach jener großen Zeit sind über die deutsche Philosophie Herbst und Winter hereingebrochen. Die schöpferische Überkraft, aus der System auf System quoll, war versiegt, und auf den Rausch der Spekulation folgte die Ernüchterung. Es kam hinzu, dass die Nebel der Restaurationszeit über Europa und am dichtesten über Deutschland lagerten. Und als dann diese trübe Atmosphäre sich zu lichten begann, als es wieder frischer und reger wurde, da war – wenige Träger der großen Tradition ausgenommen – die Verbindung des philosophischen Gedankens mit der universalistischen Bildung verloren gegangen, die das Geheimnis jener Blütezeit ausmachte. Die Zeiten haben sich schnell geändert. Zweifellos ist dem Gesamtwissen jener Zeit das der Gegenwart weit überlegen: aber dafür zersplittert es sich jetzt in die einzelnen Köpfe und Tätigkeiten, und das Individuum, unfähig, seine Bildung aus dem Ganzen herauszuarbeiten, muss sich für die Einseitigkeit seiner Berufsarbeit meist durch einen eitlen Dilettantismus entschädigen, der von allem kostet, um sich von nichts zu nähren. Zweifellos sind wir politisch reifer und den Aufgaben der äußeren Existenz weit gewachsener geworden: aber in der Not des Kampfes fehlt uns der Friede, uns seiner Früchte zu freuen, und mit Neid müssen wir auf jene Zeit zurückschauen, der es vergönnt war, mitten aus einer gewaltigen Schöpfertätigkeit heraus ihren geistigen Gehalt in schöner Harmonie zu genießen. In der Hast des modernen Lebens ist keine Zeit für die »interesselose Betrachtung«, und in dem Geschiebe unseres sozialen Mechanismus ist kein Raum für den »Spieltrieb«. Wem das Leben nicht in die Jagd nach der Lust, wie immer er sie nenne, aufgeht, dem ist es zu ernster Arbeit geworden, und nur an dem fernen Horizonte der Erinnerung und der Sehnsucht erscheint das Bild jener goldenen Tage, in denen auch bei uns, wie einst in Hellas, die Wahrheit mit dem Lichte der Schönheit strahlte.